Nikolaus Harnoncourt
Meine Familie

Inhalt

Vorwort

Diese Erinnerungen sind der familiäre, private Teil der Aufzeichnungen meines Mannes, der vom Beginn der Erwähnung der Familie Harnoncourt de la Fontaine im 13. Jahrhundert bis Anfang der 1950er Jahre reicht. (Der andere, anschließende und vor kurzem veröffentlichte Teil ist die Chronik des Concentus Musicus.) Weiter wollte er nicht mehr schreiben, er fand dies nicht nötig. Über die Zeit danach konnten ja unsere Kinder und Enkel, für die er schrieb, in unseren seit 1953 alljährlich von ihm zusammengestellten Familienalben nachlesen.

Er erzählt hier vor allem vom Leben der Familien seiner Eltern. In seinem letzten Lebensjahrzehnt wurde sein familienhistorisches Interesse immer intensiver, die Recherchen und die verfügbaren Quellen umfangreicher, ein Familienarchiv begann zu entstehen. Dazu kam dann das Drängen der Enkel nach einer lesbaren Familiengeschichte, so daß sich mein Mann 2011 entschloß, daran zu arbeiten.

Er schrieb dazu: »Alles, wofür ich keine Quelle angebe, habe ich selbst erlebt oder in direkten Gesprächen erfahren – es besitzt die ›Zuverlässigkeit‹ von Erinnerungen; d.h., jemand Anderer erinnert sich an dieselben Ereignisse vielleicht ganz anders. Die Verwandten nenne ich aus meiner Perspektive (Onkel – Großmama – Papa etc.) oder ich erkläre die Verwandtschaft. NH = ich = Niki … viel Vergnügen.«

Begonnen hat er mit einem Portrait seiner Mutter, ihre stark ausgeprägten Eigenschaften haben ihn immer wieder beschäftigt. Als Urenkelin Erzherzog Johanns stammte sie aus der Familie Meran, sie hat das ganze 20. Jahrhundert durchlebt, 1899 bis 1997

Als ihre Mutter (»Großmama«) 1952 starb, hatte diese 93 leibliche Nachkommen (10 Kinder, 43 Enkel und 40 Urenkel). Die Familie Meran war und ist sehr präsent, besonders in der Steiermark und in Graz. Die Ferienzeit in Brandhof und die Aufenthalte im Meranhaus in Grundlsee waren voll von herrlichen Erlebnissen für die Enkelschar. Gelegentlich, bei speziellen Gelegenheiten, erwähnte mein Mann mit Vergnügen, daß er auch Blut von Dschingis Khan in seinen Adern habe (früher hat man noch nicht von Genen gesprochen).

Die Familiengeschichte der Harnoncourts war ganz anders, turbulent und nicht so geordnet wie die der Merans. Die Familie Harnoncourt wurde in der ersten Hälfte des 20. Jahrhunderts stark gebeutelt durch die Ereignisse des Ersten Weltkrieges: vorher reich, dann total verarmt. Erst die Begegnungen mit Onkel René (damals Direktor des Museum of Modern Art), der viel von der Familie erzählt hat, erweckten das historische Interesse meines Mannes an diesem Teil der Familie, die sehr künstlerisch geprägt war.

Man kann sich gut vorstellen, daß es für mich eine große Herausforderung, aber vor allem ein großes Erlebnis war, in eine so riesige, interessante Familie hineinzuheiraten. Ich finde, daß die Schilderungen meines Mannes von kulturhistorischer Anschaulichkeit sind, und möchte sie deswegen, obwohl sie so persönlich und privat sind, preisgeben und mit dem interessierten Leser teilen.

Ich halte mich, im Sinne meines Mannes, an den »Urtext« und schließe mich seinem Wunsch an: viel Vergnügen.

Teil I

Platsch – Brandhof

Platsch – sie drehte den Kübel um und das ganze Wasser klatschte auf den kleinen nackten Buben; dem verschlug es den Atem, er konnte nicht weiterbrüllen, kriegte keine Luft, japste beklommen, aber als er sich wieder erfangen hatte, brüllte er weiter wie vorher – wie schon seit 20 Minuten. Er war schon weiß vor Zorn (oder was?) – und, wie Mama ratlos meinte, absolut nicht zu beschwichtigen.

Es war schon das dritte Mal in dieser Woche: er brüllte einfach los, niemand wußte warum – außer ihm selbst natürlich – und niemand wußte, wie man ihn ruhigstellen oder gar beschwichtigen konnte. Ratschläge gab es genug: die Reitbauers meinten: »Laßts ihn halt brüllen, er wird schon aufhören, wenn er nimmer kann« – doch dazu hatte keiner die Geduld und Nerven. Es gab auch pädagogische Ideen: »Das Kind braucht Liebe!« – aber in den Arm genommen wurde er noch lauter. »Eine Feste mit der Rute auf den Hintern« – jetzt bemerkte man erst richtig, welche Reserven es noch gab. Der Bub brüllte grundsätzlich nur im Haus oder direkt davor, im Hof; in diesem Fall wurden stets nach einiger Zeit Fenster geöffnet und neugierige Frauen erschienen – Tanten, Kinderfrauen oder Hauspersonal. Brüllen mit Publikum im Parterre und in den Rängen, dramatisches Brüllen, denn niemand kannte die Ursache und niemand konnte Höhepunkt und Ende vorhersehen – spannend, theaterwirksam. (Das Ende ist jämmerlich, uninteressant, kein triumphaler Höhepunkt, eher ein Absacken in kleines Schluchzen und Erschöpfung.)

Einmal erschien am Fenster des Frühstückszimmers die Großmama, groß, beherrschend, die reichen, langen grauen Haare am

Hinterkopf kunstvoll hochgesteckt. Eine Zeitlang hörte sie sehr aufmerksam zu, es wirkte fachmännisch, dann schloß sie das Fenster und kam herunter in den Hof – ehrfurchtgebietend: »Da gibt es nur zwei Möglichkeiten«, sagte sie zu Mama, die inzwischen etwas schuldbewußt zu den faszinierten Hörern gekommen war, »überschreien – und wenn das nichts nutzt, einen Kübel kaltes Wasser.« Das Überschreien wurde gelegentlich versucht, es endete immer mit dem Sieg des Brüllers – man konnte ihn eben nicht *über*schreien. Einzig die Reitbauers, die bäuerlichen Wirtschafter am Anwesen, hatten das Rezept und die nötige Geduld; all die pädagogisch ausgebildeten Tetas (Kinderschwestern) und akademisch gebildeten Ratgeber scheiterten. –

Der kleine Bub aber rätselte herum: ich brülle, weil ich es will; aber warum will ich gerade brüllen – bin ich so zornig oder will ich, daß alle mich für zornig halten oder gar dafür bemitleiden? All die anderen Regeln erfüllte er einsichtig oder gönnerhaft: nicht Daumen lutschen, den Teller leer essen, auch Karotten, Einbrennsuppe, Marmeladebrot ... Schwarzwurzeln essen, ›Leib und Seel‹-Hoserl anziehen, Hände auf den Tisch – auf den Rücken im Frühstückszimmer (wegen der Nippes: Bauernhausmodelle, fein geschnitzte Figuren, kleine Glassachen etc.), aber bei seinem Zorngebrüll oder gar wenn er sich brüllend auf den Boden warf und ihn alle ratlos umstanden, zu beschwichtigen suchten, erst wütend, dann immer gütiger auf ihn einredend, da mußten ihm einfach alle, alle die ›Großen‹ und auch die anderen Kinder, dienen, da war er der Herrscher und konnte für alle an ihm begangenen Untaten grausame Rache nehmen. – Merkwürdig, daß er unter den vielen Kindern dort als einziger dieses Privileg beanspruchte, daß er keine echten Nachahmer fand – die Normalschreier, -heuler und -greiner betonten ja nur den Abstand.

Irgendwann wurde ein ›Ich‹ aus ihm, dem dann langsam Kindheitserinnerungen kamen. Die früheren sind allerdings auch von den ›Großen‹ erzählt. »Nein-nein, nein-nein« – das erste wie eine müde Polizeihupe (Quart abwärts), das zweite wie ein österreichischer Kuckuck (kleine Terz abwärts) ... Ich habe bald herausgefunden, daß die Brüll-Technik keine Dauerlösung ist. Andrerseits ist doch zweifellos das meiste abzulehnen, wenigstens zunächst – wenn es sich wider Erwarten doch als brauchbar erweist, kann man ja immer noch ja sagen. Mama sagte später oft und mit großem Nachdruck am Ende einer Klage über mein Verhalten: »Dein erstes Wort war NEIN.« (Aber wenn sie es mir dann vormachte, war es immer die oben erwähnte, fast gesungene, elegische Zweier- oder Vierergruppe.) – Ich sehe heute, ich hatte recht. Mit dem Brüllen, solange ich nicht reden konnte, und dann mit dem NEIN. Ist es nicht überhaupt das wichtigste Wort? JA klingt zwar lieb, ist aber doch hochgefährlich: es unterbindet jede Überlegung, jede Debatte. Paff, Schluß! Die dann hochkriechenden Zweifel lassen dich leiden, krank werden. Wie soll man da wieder anknüpfen, wo das JA alles abgeschnitten hat? Es geht nicht, solche Korrekturen sind unglaubwürdig, JA ist prinzipiell und gültig. Die notwendigen neuen Verhandlungen kommen nicht zustande, fast nie … Dagegen das herrliche NEIN! Es setzt Argumentationsapparate in Bewegung, Überredungsversuche – aber auch eigene Zweifel. Beide müssen jetzt denken, und was immer daraus entsteht, es wird ein breit fundiertes Resultat.

Wie dankbar muß ich sein, daß dieses Nein mir blieb! Wovor hat es mich bewahrt durch all die vielen Jahrzehnte! Klar, es hat mir auch einiges eingebrockt, aber fast immer mit schließlichem Nutzen. – Ich habe also meine sprechende Kindheit mit Nein begonnen; wenn es vielleicht damals Trotz war, es blieb und zeigte sich später als Weisheit: nur das Nein bewegt die Gedanken – das Ja tötet sie. Eine Frage, die man mit Ja beantworten kann, ist keine Frage, sondern eine Selbstverständlichkeit. Oft wurde mir gesagt: »Bitte antworten Sie mit Ja oder Nein.« Meine Antwort konnte nur sein: »Ja oder nein« (wir alle kennen das) oder gleich überhaupt: »Nein«, denn Nein hat nicht das schrecklich Endgültige des Ja, es ist vom Prinzip her vorläufig, weil es sich mit Hilfe neuer Erkenntnisse ändert.

Warum kennt die Kunst kein Ja? Sofort würde es Kitsch. Sie kennt nur das Nein, die große Frage, den tieferen, furchtbaren Einblick. Echte Kunst ist ja auch deshalb immer Opposition. Dagegen kann und darf man sich nicht wehren wie die modernen Pseudo-Psychologen mit ihrem ›positiven Denken‹, das jeden Gedanken und jede Einsicht ausschließt. Genaugenommen ist natürlich NEIN genauso abschließend wie JA, aber hier will ich es einmal nicht ›genau‹, sondern praktisch nehmen: ›nein‹ als ›wohl kaum‹ oder so.

Merkwürdig, daß auch meine scheinbar stille und besonnene Mutter auf unsere Fragen und Bitten stets und sofort mit »nein« reagierte. Wir wußten und fühlten, daß das nicht endgültig war, sie hatte ja unsere Argumente noch gar nicht gehört … und wenn schließlich doch das Ja daraus wurde, dann verteidigte sie es bis zur Wildheit. Aber sie hat ja auch eine krasse Vorgeschichte, die ich auch von ihr selbst erzählen lassen will.

»Wechselbalg? Ich?«

»Ich gehe in mein Versteck, nehme die Gummischnur und einen kleinen verfaulten Paradeiser und platsch, zerrinnt er schon auf ihrem Decolleté. Es war ein ›wichtiger‹ Besuch, und meine Freude an diesem phantastischen Empfang war entsprechend groß.

Wie kommt so ein Mistbratl wie ich in unsere Familie? Alle waren sie brav und fügsam, gut formbar durch die Erzieher und Fräuleins – natürlich waren das ausgebildete Fachkräfte, christliche Pädagogen, die von ihrer geliehenen Macht Gebrauch machen durften; sie hatten selbstverständlich auch Strafgewalt. Also bei mir bissen sie sich die Zähne aus, ratlos probierten sie eine Methode nach der anderen: Liebe, Überredungskunst, kleine, nach und nach immer größere Essensstrafen, Strafaufgaben schreiben: hundertsiebenundzwanzigmal in Schönschrift ›Ich will nie mehr mein Essen ausspucken, weil es eine Gottesgabe ist‹, und da habe ich schon dreißigmal das ›nie mehr‹ ausgelassen und ›immer‹ geschrieben; was für eine schreckliche Gotteslästerung! Was soll man tun, wenn dieser Wechselbalg … ja, das wird es sein: ich bin ein Wechselbalg *(Grimm, Wechselbalg: ›bezeichnung eines von einem unhold erzeugten und an stelle eines menschenkindes der wöchnerin untergeschobenen kindes … sie sind bösartig, ungebärdig … sie werden auch für kinder des teufels gehalten‹; oder ›ein aus der art geschlagener, seines geschlechts unwürdiger … überhaupt ein moralisch mißratener‹),* eine Herrscherin im Bösen, die wohl das ganze Haus vergiftet.

Die Popos schmerzten, immer wieder übersah man die Gurte mit Reißnägeln auf den Sesseln. Zum Unterricht kam ich nur, wenn ich gerade Lust hatte, das Fräulein Seyffert oder die Miß O'Shean aufs Blut zu sekkieren. Ach ja, morgen will ich Fischleim in die Handarbeitstasche schütten, da wird die Wolle schön zusammenpicken, und gestern, das war überhaupt das Köstlichste! Wir haben doch einen umlaufenden Balkon in der Bibliothek, mit einer Leiter; da oben war ich genau zu Beginn der Englischstunde mit einer Tintenflasche in der Hand. Die Miß wartet verzweifelt, ruft: ›Come along, child!‹, schließlich schreit sie wie wild, rennt suchend herum; lächerlich mit ihren Zappelschritten! Kaum ist sie in der Bibliothek unter mir, ziehe ich die Leiter ein und lache, meckernd wie ein höllischer Ziegenbock. ›You naughty girl‹ – und schon floß ihr die Tinte über den Kopf und das drapfarbene Kleid. Da meckert es noch viel lauter …«

Noch immer ein bißchen stolz, hat sie etwa 40 Jahre später ihrem Jüngsten, Franzi, erzählt, daß sie sich gerne im Klavierzimmer auf einen Kasten gesetzt hat und wenn die bucklige Lehrerin sie suchte, auf ihren Rücken gesprungen ist, um sie zu schrecken … Sie hat auch Lily von ihren Klavierstunden erzählt: »Zweimal pro Woche, einmal von Noten, einmal auswendig.« Das Notenspielen haßte sie, so stieg sie aufs Fensterbrett im 2. Stock: »Auswendig oder ich springe!« … Die Klavierlehrerin erstarrt vor Angst – sie erreicht fast immer triumphierend ihr Ziel … Hilflosigkeit im ganzen Haus angesichts dieses Kindes. Die Hauslehrer schlagen in ihren Büchern nach: keine Präzedenzfälle. Die Eltern beraten sich und sehen sich ohnmächtig: der totale Autoritätsausfall. Was sollte man mit ihr noch machen? Strafen, strafen, das ganze Repertoire durch; keine Wirkung, nur immer wieder dieses Lachen! Sie steckt ja noch die Geschwister an mit ihrer unerschöpflichen Bosheitsphantasie! Die Mama (Großmama) weint, damit erreicht sie nichts, nur immer wieder dieses Lachen … nach und nach breitet sich lähmende Desperation aus im Palais. Die letzte Hoffnung: der Papa (Großpapa). Den hatte man von solchen Schwierigkeiten stets ferngehalten, sein Haus mußte ja funktionieren mit all dem Spezialpersonal. Probleme hatte er schon im ›Reichsrat‹, dem er als Enkel Erzherzog Johanns angehörte, genug. Er war also die letzte Rettung, die allerletzte.

»So wurde ich vor ihn gebracht, ich lachte. Meine schon sehr lange und vielfältige Sündenliste wurde ihm vorgetragen. Auch sein strenger Blick und sein sprachloses Knurren erreichten mich nicht – ich lachte. Dann knöpfelte er seine Lederhosenträger los, die Miß mußte meinen Popo freilegen und er haute knurrend drauflos. Die Miß wandte sich schluchzend ab und Mama schaute streng ... ich lachte, lachte, lachte ... ›Hol mir den neuen Roßknecht, den wilden Klachl‹, brummelte er seinen Diener an. Zehn Minuten eisiger Stille, keine Miene bewegt sich, man hört nur das leise Knurren Papas und mein jetzt ebenfalls leises Meckern. Der Knecht stampft herein, Pferdedunst breitet sich aus, wieder mußte die Miß meinen Popo freilegen. ›Da‹, sagte Papa und zeigte hin, ›aber fest‹, und der drosch mit dem Zaumzeug auf mich ein. Mama und die Miß heulten auf. ›So‹ – der Knecht geht zurück in den Stall. Das Kleid fällt über meinen blutigen Popo – ich kann nicht mehr lachen, es tut weh. Alles das konnte mich nicht zur Umkehr bewegen. Die Verlockung war einfach zu groß: ich beherrschte das ganze Haus, meine große, ehrwürdige Familie und sogar die Dienstbotenschar. Was geschieht als nächstes? Meine Phantasie wucherte ständig, ich schwamm direkt in köstlichen, stets neuen Ideen – wenn das Schlimmheit war oder gar böse und sündhaft, dann war es herrliche, köstliche Schlimmheit, tausendmal schöner als die lahme Bravheit der Geschwister. Dieses elementare Vergnügen war unheilbar und trieb mich an, allen Strafen und Martern zum Trotz.

Schließlich kam der letzte, schlagende, vernichtende Trumpf. Die gütige Mama hatte ihn gefunden: die Erste Heilige Kommunion wurde mir verwehrt. ›Zuerst mußt du den Teufel *(den ›Luzifer‹, den ›Lichtbringer‹ – so sagte sie)* austreiben.‹ Das war hart, das war bitter, ich war ja fromm und gläubig. Nie hätte ich gedacht, daß der Teufel in mir wohnt, daß meine Untaten die Welt in ihren Grundfesten erschüttern konnten. Es waren doch meine ganz persönlichen Geschichten, die waren doch, samt all den Strafen, nur einfach lustig, ein tolles Theater, das mein Temperament unbedingt haben mußte, immer fiel mir noch etwas ein, das ganze Haus mußte mitspielen, ob sie wollten oder nicht, getrieben von meiner wilden und immer wilderen Phantasie! Das soll also der Luzifer in mir anrichten?! Ja, ich mußte das glauben und dann glaubte ich es. Es war schrecklich, schlimmer als die ärgsten Strafen. Der Teufel also – das war die letzte verzweifelte Reaktion auf mein Wesen. Und sie traf mich ins Mark. Ich sehnte mich ja so nach der Heiligen Kommunion, und ich war auch so gut vorbereitet von Pater Benedict. War es wirklich der Teufel, dem ich verfallen war, war ich wirklich ein Wechselbalg? Zwei ganze Jahre ging es hin und her. Alle meine Freundinnen durften schon das Sakrament empfangen – seit zwei Jahren! War wirklich so etwas Schreckliches in mir?

Schließlich fand ich – hart genug – den Weg: die Heilige Kommunion verwandelte mich ... Ich mußte Mama (Großmama) versprechen, ›ein neuer Mensch zu werden‹, denn ›so lang der Teufel in deinem Herzen wohnt, kannst du den Heiland nicht empfangen‹. Wirklich: an diesem so heiß ersehnten Tag wurde ich für alle, die mich kannten, ein anderer Mensch. Wirklich! Das meckernde Lachen hatte sich in ein brodelndes Kochen verwandelt, ich spürte es in meinem Inneren, niemand hörte es, und niemand durfte es je bemerken.«

Mama wurde ja dann ganz ›brav‹, nur noch ›ein Bündel Disziplin‹ – die ruhigste unter ihren Geschwistern ... solange alles normal verlief. Innerlich war es wohl oft oder vielleicht sogar immer auf des Messers Schneide, und vor dem ›Umkippen‹ hatte sie selbst am meisten Angst. Einmal nahm Großpapa sie nach Monte Carlo mit – das war eine große Ehre für sie und ein Beweis, daß die Eltern ihr jetzt einwandfreies Benehmen zutrauten. Er fuhr gelegentlich dorthin und ging auch in den Spielsalon, immer mit einem abgezählten Geldbetrag. Er ließ sich nie zu Geldabenteuern hinreißen, er verlor oder gewann, und Schluß. Natürlich nahm er einmal auch Mama/Laja dorthin mit, das Casino war ja die Sensation von Monte Carlo. Er gab ihr sogar Geld (natürlich nicht viel) und vernünftige Ermahnungen und Ratschläge. So spielte sie dann auch und geriet in den Strudel der Leidenschaft. Sie verlor, und dann gewann sie und schließlich konnte sie nicht aufhören ... Da man Großpapa kannte, ließ man sie ohne weiteres überziehen, noch und noch – sie war schon so in Rage, außer Kontrolle, in einer Art Trance – schließlich mußte Großpapa sie auslösen. Sie wußte, sie durfte nie wieder da hineingeraten, sie war eine ›Spielerin‹, mehr noch, hatte eine wohl unheilbare Spielsucht. Auch in Schloß Glanegg bei Onkel Fritz ist's beim Roulette passiert: die Spielleidenschaft riß sie fort und Großpapa hatte nach ihrer Heimkunft eine große Schuldenlast abzutragen.

Als junges Mädchen war sie eine leidenschaftliche und sehr gute Tänzerin. Wenn sie mit uns Kindern durch die Stadt ging, zeigte sie gelegentlich auf ältere Herren – »der war ein besonders blöder Tänzer« oder, ein einziges Mal begeistert, »das war mein bester Tänzer«. Da vibrierte sie, als wollte sie gleich lostanzen. Stimmt, wir haben gelegentlich gehört, daß sie eine hervorragende Tänzerin gewesen war, als junges Mädchen – aber daß das so wild war? Beim Tanzen konnte sie wohl ihr elementares Temperament freilassen, und bei jeder Erinnerung brach es wieder heraus. Mama hatte aber auch eine starke musikalische Seite, so ließ man sie Geige lernen, und weil sie eine ›Stimme‹ hatte, schickte man sie zu Elisabeth (Lisl) Höhnel (später Gräfin Wickenburg), einer renommierten Gesangslehrerin, da war sie richtigen Opern- und Liedsängern bald ebenbürtig. Das könnte ja einiges erklären: man sagt ja immer, daß Talente und auch besondere Eigenschaften vererbt werden! – Da gibt's ja, meinem Empfinden nach, einige Parallelen – aber auch Wurzeln, die sich erst in späteren Generationen entfalten wollen.

Zurück zu mir, dem Brüll- und Nein-Kind

Was mich noch begleitete und begleitet seit meiner Kindheit, ist mein Zorn. Großmama sprach immer wieder von den Erziehungsbüchern eines ungarischen Priesters. Sie hat ja selbst auch so etwas für Kinder geschrieben; in Brandhof las sie uns daraus vor und zeigte uns die Illustrationen. Ich fand sie scheußlich und die Texte haßte ich – so heuchlerisch war doch die liebe Großmama gar nicht!

»Der Hans gibt sein Bett her dem Freund, der zu Gast,
leg selbst mich am Boden, wenn du's nur gut hast.«

Solch gräßliche Sprüche sollten mich ›erziehen‹? Ich kaufte mir insgeheim ein Buch von Tihamér Tóth (der war Spiritual in einem Priesterseminar), ich glaube, es hieß ›Der Charakter‹, in der Buchhandlung am Hauptplatz (ca. 1940). Das war derart streng und die Übungen und Maßnahmen höchst radikal – aber still und unbemerkt bekämpfte ich so meinen Zorn … vielleicht mit Erfolg?

Im Jahr 1942 oder eher 1943 fuhr Mama mit meinem Bruder Karli und mir nach Wien zu Dr. Wantschura, einem Homöopathen. Großmama und Tante Minki (Kottulinski, älteste Schwester von Mama) waren total von der Lehre Samuel Hahnemanns infiziert, wir wurden bei jeder Verwundung oder Beule mit Arnica und Belladonna traktiert. Wir wohnten im Hotel Meißl & Schadn am Neuen Markt (die Aristi stiegen dort ab) und waren schockiert, daß – wohl kriegsbedingt – viele Wanzen uns in den Betten überfielen. – Dr. Wantschura nahm uns einzeln vor, fragte, untersuchte, horchte ab und klopfte mit einem Silberhammer auf die Knie … »Was haben wir denn da?« Die Reflexe gehen nicht! Große Gegenprobe mit furchtbarem Muskelanspannen … die Reflexe gehen. Ja, was ist denn da los? Ich muß mein ganzes Tun und Lassen erzählen, auch die Übungen von Tihamér Tóth … na klar! »Du hast dir die Reflexe wegtrainiert!« Dabei wollte ich nur den Zorn bekämpfen – und als Nebenwirkung ist diese Nicht-Reaktion bis heute geblieben. Im übrigen verschrieb er Aurum, Prunus, Quercus, Veronica – alles weiße Pülverchen, die uns bestens konservieren sollten. Diese Wien-Reise war schon mitten im Krieg, da war ja inzwischen einiges vorgefallen, seit wir 1931 nach Graz übersiedelt waren. Zwölf riesige Jahre, fast unsere ganze Kindheit!

Wieder zurück, in die Frühzeit des Erinnerns – da waren wir in Graz, im Palais Meran. Als wir 1931 aus Berlin nach dem Zusammenbruch der Tiefbaufirma, wo Papa als Ingenieur gearbeitet hatte, zurück nach Graz gekommen sind, hatte Großpapa Meran, der offenbar Papa sehr schätzte, uns geholfen und unserer Familie eine Wohnung im Parterre links seines Palais Meran, Leonhardstraße 15 gegeben. Da haben wir bis 13. Dezember 1938 gewohnt, wahrscheinlich umsonst, denke ich. – Meine Erinnerung setzt sehr stückelweise nach der Geburt meiner Schwester Lily ein: Mama schiebt den Kinderwagen mit einem dicklichen, raunzenden Mädchen drin, links trotte ich und halte mich mit der rechten Hand an der Schiebestange fest, der ein Jahr jüngere Bruder Pilli symmetrisch rechts dazu. Den Kinderwagen hatte sie in Berlin gekauft, ein zusammenklappbarer Gegenstand aus Eisenbändern und weißer Wichsleinwand, den wir 25 Jahre später in Wien für unsere Kinder verwendet haben (»Musterstück aus dem Technischen Museum«, spotteten die Leute da; wir hatten ihn blau adjustiert).

Vis-à-vis in der Leonhardstraße war das Hotel ›Zur goldenen Birn‹ (jetzt Parkhotel), und an den Straßenecken Brandhofgasse und Lichtenfelsgasse standen meist Dienstmänner mit Handkarren, sie hatten rote Kappen mit Messingschildern, in denen Nummern ausgestanzt waren. Hier warteten sie immer auf Kundschaft, weil vom Hotel gelegentlich Gäste mit Gepäck kamen. Der eine mit der Nr. 12 schien Mama zu kennen, als er uns kommen sieht, hellt sich sein faltiges Gesicht auf, die Augen starren uns an: »Schlimme Laja!«, murmelt er boshaft. Wir fragen … »Ich war ein wildes Kind, unzähmbar, zornig, wie ihr ja schon wißt. Dieser Dienstmann ist der Roßknecht von damals.« Dann erzählt sie uns von ihren Schlimmheiten, sie schien fast ein bißchen stolz darauf zu sein – das soll unsere gute, ruhige, immer gefaßte Mama gewesen sein (die wir tagsüber nur selten sahen, weil sie am Eßtisch saß und Strümpfe stopfte oder an ihrem Schreibtisch Briefe schrieb)? Sie war praktisch nie richtig angezogen, hatte eine schwarze weiß bedruckte Kleiderschürze an, als wollte sie sagen, ja demonstrieren: »Ich bin keine verwöhnte Comtesse, ich arbeite.«

Alle Bekannten lobten ihre Ruhe und Überlegenheit, die kindliche ›Schlimmheit‹ war in ihr Gegenteil verwandelt. Aber im Inneren brodelte wohl ständig der Vulkan, lauerte auf den Ausbruch. So kleine, fast unmerkliche Ausbrüche gab es ja immer wieder: wenn sie mit uns in der Eisenbahn fuhr, und wir sahen eine uniformierte Respektsperson, einen Schaffner oder einen Polizisten, bettelten wir: »Bitte schimpf den zusammen, bitte!« Sie hatte uns schon gelegentlich solche Schauspiele geboten, wenn sich so einer blöd anstellte, nicht helfen wollte, keine richtige Auskunft gab – da konnte sie ganz schön loslegen und die stolzen Uniformträger wurden nur mehr jämmerlich. Oder die ›samstäglichen Spiele‹. Eine Zeitlang, bis in die ersten Kriegsjahre, spielten wir am Samstagabend am Küchentisch oder im Salon – wer eben da war von der großen Familie – Hütchen, Kartenspiele, Mensch-ärgere-Dich-nicht oder irgendwelche von Papa gemachten Brettspiele. Wenn sie gewann, gab's keine Probleme, aber wehe, wenn sie verlor! Sie, die gute, ruhige, fromme Frau – schwindelte dann schamlos. Sie war eine echte ›Spielerin‹, sie konnte nicht verlieren. Kaum wagten wir, sie zu entlarven – »Mama, du schwindelst!« –, da konnte sie wild werden und das ganze Spiel zusammenschmeißen, ihr Gesicht wurde zornrot und sie schrie herum, wußte offenbar überhaupt nicht, was sie sagte. Man konnte sich die stoisch ruhige, überlegene Frau des Alltags nicht vorstellen, und sie selbst wußte da wohl auch nicht, wer sie wirklich war. Ja, wer war sie wirklich? Sie hatte sich als junges Mädchen, als begeisterte Tänzerin (sie war ja die beste weitum!), als Meran-Comtesse ihr Leben wohl ganz anders vorgestellt. Wir waren jedesmal aufgewühlt und erschrocken: war das unsere allseits geschätzte, ja verehrte Mutter?

Öfters gingen wir ›in die Stadt‹ zur Escompte-Bank (was hat Mama da gemacht? Vielleicht die kleine ›Apanage‹ abgeholt, die ihr Großpapa Meran gewährte), zu Leo Podesser in die Herrengasse Kinderbekleidung kaufen (dabei kann ich mich nicht erinnern, je etwas Neues angehabt zu haben, komisch), dort standen zwei Pappendeckelmädchen als Reklame, wir nannten sie nach der Mundstellung das Mädi Kiii und das Mädi Kooo – oder zum Stiefelkönig, da gab's Röntgenapparate, da konnte man seine eigenen Füße anschauen, ob die Schuhe paßten, man sah aber auch in Grün oszillierend alle Fußknochen (das wäre heute sicher wegen der Strahlung verboten).

Wie waren wir angezogen? Im Sommer an Feiertagen die ›Froschkleiderln‹, Hose und Oberteil aus einem Stück hellgrüner Strickwolle mit weißen Rändern – die haben wir als unmännlich gehaßt. Normalerweise ein Leinenleiberl mit schmalen Trägern, hinten drei Zwirnknöpfe und rechts und links je einen Zwirnknopf, an dem man ein Gummiband mit mehreren Knopflöchern anknöpfelte; die gestrickten langen Strümpfe (sehr verächtlich) hatten am oberen Rand einen Zwirnknopf, den man ans Gummiband anknöpfelte, so daß der Strumpf oben blieb. Manchmal gab's die ›Leib und Seel‹-Unterhosen, Oberteil und Unterteil in einem, mit einem Schlitz hinten, weil man sie ja am Klo nicht herunterziehen konnte, darüber hatten wir einfache Hemden und Hosen mit Hosenträgern. Bei kaltem Wetter einen Mantel – diese Sachen haben wir, wie die Schuhe, von den älteren Geschwistern geerbt und mußten darauf aufpassen, weil sie ja an die jüngeren weitergingen. Wo waren die neuen Sachen?

Ab ca. 1933 ging ich, und ein Jahr später auch Pilli, in Tante Renatas Kindergarten im Familienhaus in der Grabenstraße 21. Tante Renata (Schwester von Papa) wurde ›Auntie‹ (gesprochen wie geschrieben) genannt. »On your places for gymnastics«, auf dieses Kommando breitete jeder ein Frottédeckerl aus und kniete darauf, dann Turnen zu ihrem Klavierspiel. An den Wänden waren riesige Bilder, die Onkel René (Bruder von Papa) bei einem seiner Europabesuche 1932 gemalt hatte: ›The cow jumps over the moon‹ und anderes. Wir sangen oder krähten oft Papas und Onkel Renés ›Animal Alphabet‹. Es waren 30 bis 40 Bürgerlein: Fritzi Herzl (vom Stiefelkönig), Heimo Widtmann, ›Piper‹ Gutherz, Helge Baldrian (blonde Locken), Inge Ogrinz, Roswitha Franz, ›Burz‹ Feberger, Raldi Stübchen-Kirchner waren vormittags im Kindergarten; nachmittags im Englischkurs waren Rolf und Dieter (›Apfi‹ wegen seiner Bäckchen) Ostheim, Xandi Götz, Gustl Uranitsch und Heini Pfusterschmid. Den Rolf, der ca. fünf Jahre älter war, habe ich angeblich so angeschwärmt, daß ich »gehen wir rolfen« gesagt habe zum Kindergartenweg. Die Götz und Ostheims waren Nazis und als Xandi einmal das Horst-Wessel-Lied ›Die Fahne hoch, die Reihen dicht geschlossen‹ sang, haben die Kinder das zu Hause erzählt. Baron Pfusterschmid schrieb: »Verehrte Gräfin Harnoncourt, wir können Heini leider nicht mehr zu Ihnen schicken, denn im Kurs wurde das Horst-Wessel-Lied gesungen, und das schadet seiner Seele.« Tante Renata konnte es mühsam ausbügeln; es wäre ja eine Katastrophe für sie gewesen, weil sie und Großmama (Harnoncourt) von den Einnahmen des Kindergartens und der Englischkurse lebten.

Im Kindergarten gab es sehr lustige Kostümfeste, wofür wir aus Krepp-Papier die tollsten Kleider machten, einige Kinder waren sehr originell und hübsch kostümiert. Der Höhepunkt war aber unsere Gruppe ›Rotkäppchen‹: Alice 9 Jahre alt, ein ziemlich großes Rotkäppchen, René siebeneinhalb als Jäger, ich als Wolf und Pilli eineinhalb als Großmutter im Kinderwagen! Wir hatten durchschlagenden Erfolg.

Im Sommer 1934, 1935 und 1936 gab es für die Kindergartenkinder ein Badehaus am Attersee, ›Happy Holydays‹ genannt (es gibt ein Photo davon) – Dr. Moravek hatte es gekauft (die sogenannte ›Villa Baronin Gagern‹), er war ein Schulfreund von Papa, mit Zosia (Soscha) verheiratet und Chefarzt vom Feldhof, der Nervenheilanstalt. Zosia war bald eine enge Freundin Tante Renatas; die beiden richteten eigenhändig das Haus her, es mußte gemalt und angestrichen werden, Betten für die Kinder besorgt. Sie führten auch gemeinsam dieses englische Sommercamp mit bis zu 14 Kindern. Wir waren nie dort; kein Geld.

Noch eine Erinnerung aus dieser Zeit: einmal, da war ich ca. 5 oder 6 Jahre alt, mußten Pilli und ich zu Weihnachten im Blindeninstitut (bei der Leonhardkirche) vorspielen, ich auf der Blockflöte. Ich zitterte so (Lampenfieber wohl?), daß ich keinen einzigen Ton herausbrachte, weil die Flöte vor meinem Mund so hin und her wackelte, daß ich nicht hineinblasen konnte; dabei wußte ich ja, die sehen mich eh nicht, weil sie blind sind.

Ferien in Ungarn

Wir fuhren jeden Sommer nach Ungarn, entweder nach Mór oder nach Szentlőrinc, abwechselnd jedes zweite Jahr. In Mór war das Landhaus von Tante Emmy (Trauttenberg), der Mutter von Mamas erstem Bräutigam Imre; sie sagte ›Mama‹ zu ihr. Wir fuhren mit der Bahn über Komárom, bei der Ankunft rief Mama »Hordár!« aus dem Fenster, schon kam ein Träger angelaufen. Dann fuhren wir mit der Kutsche – der Kutscher sagte zu Mama: »Csókolom a kisztihandját« (ungarischdeutsch für »Küß die Hand«) – in einer aufwirbelnden

Staubwolke zum Schloß. Der Diener János, Hansi gerufen, schleppte die Koffer und wurde zum Freund: ›Krebsen‹ fangen im Teich – »ein Riesenschäär!« – und alle möglichen Spiele wie Baumhäuser bauen und solche Sachen. Wir aßen Mohnpotitze (köstlich!), gebacken von Rézi-Néni, der Köchin, und freuten uns über Tante Emmys vom Rauchen kratzige Baßstimme. Wir sahen mit Schrecken, wie die Gänse ›geschoppt‹ wurden: in einer Kiste mit einem Loch, aus dem der lange Hals herausragte – der Schnabel wurde aufgespreizt und ein Kukuruzbrei hineingepreßt und mit der Hand durch den ganzen Hals wie durch einen Schlauch gestriffen. – Von Mór aus fuhren wir gelegentlich mit der Kutsche nach Csákberény zu Onkel Philipp (Meran, Mamas Bruder). Da gab es Hirschkäfer und sogar ein Auto mit Chauffeur Joskó. Auch Wildschweine waren aufregend.

Das letzte Mal waren wir wohl 1938 oder 1939 dort. Bei der Heimfahrt schlief Mama in einer Ecke des Coupés, an ihren Mantel gelehnt, Pilli und ich brachten die kleine Lily so zur Verzweiflung, daß sie als letzte Rettung Mama aufweckte: »Mamchen, die Buben sekkieren mich so!« Klatsch, hatte sie eine Ohrfeige von Mama, die durch das blöde Kosewort ›Mamchen‹ in Wut gebracht war – Mama schlief weiter. Jetzt tat Lily uns schon fast leid, die Ohrfeige hätte wohl eher uns gebührt. – Jedes zweite Jahr fuhren wir zu Tante Janka (schwarz) und Tante Erna (rothaarig) nach Szentlőrinc. Da fischten Pilli und ich in der Gyöngyös, aber wir fingen nichts, weil unsere Angeln aus gebogenen Stecknadeln keine Widerhaken hatten. Tante Erna (Szécsen) war uns zu rauh und streng. In diesen Jahren bekam Mama meistens ein Kind, war also hochschwanger (mit Karli, Franzi).

Brandhof

Nach den Ungarnwochen fuhren wir noch auf ein paar Wochen nach Brandhof, wo es ein eigenes Harnoncourt-Kinderzimmer direkt unter der Uhr auf der Hofseite gab. Mama und ihre Schwestern hatten ihre eigenen Zimmer im 1. Stock. Weil die ›Stainzer‹ (die Kinder von Onkel Franzi Meran) jeden Sommer, die Goess (Tante Ruschi), die Ungarn (Onkel Hansi und Onkel Philipp Meran) und die

Mayr-Melnhofs (Tante Marianne) gelegentlich kamen, waren immer viele Kinder mit ihren Tetas da – wir mit Lelle und ab ca. 1938 mit Rosa (Schinnerl). Natürlich waren wir ständig im Freien: ›auf der Almhütte‹ hieß eine riesige Wiese mit Wäldchen und Tennisplatz. Wir bildeten Parteien, die sich bekämpften, bauten Burgen aus Abfallbrettern von der Sägemühle, manchmal raubten wir auch richtige neue. Nägel mußten wir finden und geradeklopfen, zuerst mit Steinen, dann mit Hämmern, schließlich hat jeder irgendwelche alte Werkzeuge aufgetrieben.

Es gab Paare: Alice (Schwester) und Maritzi hatten am Eingang zum Kampelgraben eine Burg gebaut, Laja und René (Bruder) brachten nichts zustande, weil René dauernd komponierte. Er wollte Papa imitieren, von dessen Kinderopern er gehört hatte: 1937 ›Die Wurzelkinder‹, 1938 ›Das gestohlene Herz‹. »Wir hämmern Herzen rot von Blut, das stehet unserm Handwerk gut«, sangen der Herzensmeister (der war ich) und seine Gesellen. »Ich komme von der Erde, ach bitte, laßt mich ein, ich hab mein Herz verloren, es kann nur hier zu finden sein«, sang die kleine Lily (Schwester) oder Lotti. Es gab auch eine Aufführung im Klavierzimmer, in Kostümen und mit Publikum – für alle in Brandhof Anwesenden, auch Jäger und Dienstboten.

Oft kamen Wallfahrer (Mariazell!) vorbei, die am Brunnen Wasser tranken, manchmal wollten sie das Museum besichtigen, da machte dann einer von uns die Führung. Besonders meine Cousine Lotti war sehr beliebt, sie erfand zu jedem Fingerknöchelchen Andreas Hofers, das sie als Hexenklaue bezeichnete, eine Gruselgeschichte, und jedesmal eine andere. Jeden Sommer gab's eine große Hochzeit Lottis mit mir, sie war ›Titüli‹, ich ›Hutzlibrazli‹, alle anderen, auch die Großeltern, waren Gäste oder ›Gefolge‹: Pilli ›Feng-e-feng‹, Lily das ›Putzweibelgeck‹ – um nicht ›gack‹ sagen zu müssen. Manchmal kamen Zigeuner vorbei. Großpapa erlaubte ihnen, mit ihren Wagen ein paar Tage zu bleiben – ihre Tanzbären, ihre Csárdás-Musik und ihre Kunststücke waren für uns sehr aufregend. Die rauben keine Kinder – obwohl das in manchen Brandhofer Büchern grausig beschrieben wird.

Die Bücher in Brandhof sind ein eigenes Kapitel. Wir durften nur die lesen, die im Kinderfrühstückszimmer waren, die übrigen Bücher waren nur für die ›Großen‹, und auch unsere Bücher waren zensuriert: Großmama hatte alle anstößigen Seiten, etwa bei der ›Frommen Helene‹ von Busch, zusammengeklebt, was diese natürlich besonders interessant machte, und wir kletzelten die ›Syndetikon‹-Klebestellen sorgfältig wieder auseinander.

Zwischendurch wurden Schmetterlinge gefangen – fachgerecht mit einem feinen Netz –, dann aufgespannt auf einem Spannbrett und nach dem Trocknen in einen Glaskasten gespießt und beschriftet. Vormittags flogen die schönsten Kaisermäntel, Aurorafalter und Admirale immer nordwärts über die große Wiese, die anderen Kinder hatten sie mir zuzutreiben. Ich fing nach strenger Klassifikation (›Kaisermantel 2. Klasse‹) nur die allerschönsten. Hier schwindelten wir: einem Scheckenfalter, der eine prachtvoll perlmutterartig schimmernde Unterseite hatte, rissen wir die Flügel aus, klebten sie umgekehrt an den Körper und schrieben unter das unbekannte Prachtstück: »Gesträuchswiesenvögelchen«. Der Name stammte von Lotti, die ja eine phantasievolle Dichterin war: »Momochens Mondfahrt« war eine ihrer Geschichten über einen Nasenpopel. Einmal haben wir in einem großen Gurkenglas einen wunderbar samtig-braunen Trauermantel gezüchtet, mit herrlich elfenbeinfarbigem Rand, von der gefräßigen Raupe über die Puppe bis zum naß ausschlüpfenden Falter. Kaum hatte er seine Flügel ausgebreitet und getrocknet, brachte ich ihn schon um! Ich denke, der Glaskasten mit der wunderschönen Sammlung steht oder hängt noch irgendwo.

Die ›Großen‹ – Eltern, Onkel, Tanten, Gäste – sahen wir kaum, außer es passierte etwas. Einmal lagen da Baumstämme bereit zum Abtransport, ein ziemlich dünnes Holz stand einladend ca. einen Meter vor. Da konnte man herrlich federnd schaukeln, wir alle taten es mit Vergnügen, da rutschte ich ab und fiel – gar nicht tief – ins Gras, direkt auf die abwehrende, verdrehte Hand. Es tat weh, aber das hatte man zu überwinden. Mama war gerade auf ein paar Tage zu Papa nach Graz gefahren. Als sie zurückkam, wunderte sie sich über meine Handhaltung: »Iß nicht so blöd! Die Hände gehören auf den Tisch.« Nach einiger Zeit meinte sie, da müsse doch etwas untersucht werden. Sie fuhr mit mir nach Mariazell ins Spital, röntgen, der Unterarm war gebrochen und ganz falsch zusammengewachsen. Der Doktor brach den Arm nochmals, richtete ihn ein, auuuuu! – und Gipsverband. Wie ein Sieger zog ich in Brandhof ein und durfte mir ein Trostgeschenk aussuchen; es war ein ›Stratosplan‹, ein kleines Flugzeug aus Draht, mit Gummi bespannt, das man mit einer Gummischleuder starten konnte! Toll! Wenn man die Heckflügel ein bißchen verbog, konnte es richtige Kapriolen und Loopings machen.

Die Grosseltern Meran

Bei Regenwetter war der große Dachboden in Brandhof unser Spielplatz. Da gab's Germanenhelme aus Papiermaché. Mama und ihre Schwestern hatten als Kinder besonders gern ›Germanen‹ gespielt – das Nibelungenlied, vielleicht angeregt von Großpapa (Meran), der ein begeisterter Wagnerianer war und jeden Sommer nach Bayreuth fuhr. Diese Wagner-Begeisterung Großpapas und vielleicht auch der Grazer (es gab eine bedeutende Wagner-Gemeinde) muß wohl tiefere politische Gründe gehabt haben. Großpapa war ja nicht besonders musikinteressiert; aber mit Wagner war das etwas anderes. Wagner hatte sein Werk, besonders ›Parsifal‹ und den ›Ring des Nibelungen‹, schon immer als geradezu sakrale Botschaft gesehen, deren Überbringer er war, was ihn – wie er meinte – berechtigte, Unterstützung, Gefolgschaft, Huldigung und persönlichen Luxus zu fordern; das stehe ihm zu! Der bayerische König Ludwig fühlte sich verpflichtet, seinem Freund und Inspirator jeden Wunsch zu erfüllen: Förderung seines Werkes, luxuriöses Wohnen in der Schweiz und dann in Bayreuth, wo ihm sowohl das Festspielhaus als auch der Wohnpalast ›Wahnfried‹ zur Verfügung gestellt wurde. Auch der junge deutsche Kaiser Wilhelm wurde zum begeisterten Wagnerianer. Es war eben geweihte, heilig-deutsche Kunst, radikal gegen alles ›Undeutsche‹, mit ungewöhnlich scharfem antisemitischen Einschlag.

Nach Wagners Tod wurde dieser Kult immer fanatischer, dem bald auch der Großteil des deutschen Adels verfiel. Die Wagner-Witwe Cosima wurde zur angebeteten ›Hohen Frau‹, die die Bayreuther ›Parsifal‹- und Wagnerfestspiele zu einem gesellschaftlichen

Zentralereignis machte. Wie dieser Wagner-Germanen-Fanatismus in die Familie Meran eindrang, ist mir ein Rätsel. Vielleicht war das Denken Erzherzog Johanns durch seine Präsidentschaft der Deutschen Nationalversammlung 1848/49 und durch das Erlebnis der Napoleonischen Kriege und Herrschaftsansprüche irgendwie ›großdeutsch‹ oder gar ›germanophil‹ geworden; da könnte Großpapa angesteckt worden sein – er verehrte ja den Erzherzog, seinen Großvater.

Jedenfalls war er bis zum Ausbruch des Weltkriegs 1914 ein eifriger Bayreuth-Wagnerianer. Natürlich war das der Grund, warum seine Kinder, besonders die Töchter (!) – die Söhne waren derart von der Jagd okkupiert, daß ihnen solche kulturpolitischen Interessen fremd waren –, in Brandhof wie wild Germanen spielten. Wir fanden dort am Dachboden ihre Germanenhelme, -schilde und sonstiges Gerät (kunstvoll aus Papiermaché), Mama erklärte uns die Benützung und welche Rollen (Loki, Siegfried, Walküre etc.) sie gespielt hatten. Sie war auch als alte Frau noch begeistert von ihren kindlichen Germanenspielen, was aber ihre Ablehnung alles Nazihaften überhaupt nicht beeinflußt hat; und wir haben von Großpapas ›Wagnerismus‹ keinerlei Infektion bekommen – da war wohl Papas wienerisch-folkloristisches Musikverständnis ein uneinnehmbares Bollwerk. Die letzten Endes innige und verhängnisvolle Beziehung des ›Wagnerismus‹ mit den Nazis (auch Benützung der Runen und Symbole) hat wohl nur den jüngsten und unjägerischsten der Söhne, Onkel Karl, angesteckt, der schließlich zum fanatischen Nazi wurde.

Aber Großpapa war auch abgesehen von dieser Leidenschaft eine merkwürdige Persönlichkeit: er galt als sehr streng, seine Angestellten mochten ihn trotzdem. Er sprach wenig, und wenn, dann knapp und knurrend. Sein scharfer, sarkastischer Humor ängstigte vor allem die älteren Tanten. Einfach war wohl sein Denken: alles sei geregelt via Gehorsam: dem Kaiser in irdischen, der Kirche in religiösen Belangen. Geradezu stolz war er, sich seinen ›Kinderglauben‹ bis ins Alter bewahrt zu haben! Merkwürdig! Und das war buchstäblich zu nehmen. In seiner Familie durfte kein Wort des Katechismus in Frage gestellt werden, ja Religionsgespräche, die über blinden Glauben hinausgingen, waren unmöglich (das hat Mama später anläßlich der hitzigen Diskussionen bei uns staunend hervorgehoben).

Ein unlösbares Rätsel für mich war Großmama. War Großpapas Autorität gleichsam naturgegeben, seine Lebensrolle, dann beruhte ihre Autorität auf ihrer sehr starken persönlichen Ausstrahlung. Sie war eine große, schlanke, auffallend schöne Frau. Wenn man sie näher kennenlernte, fand man zwei diametral entgegengesetzte Charaktere: hinter ihrem gütigen, liebevollen Gesicht gab es eine geradezu diamantene Härte, die wohl niemand da vermutete. Bevor die Erziehung des Kindes begonnen werden konnte, mußte der Eigensinn, ja auch der ›Wille‹ gebrochen werden – erst dann konnte ›aufgebaut‹ werden. Hinter allem Bösen – und es gab viel davon – lauerte der Teufel.

Das war in die Fundamente ihrer Erziehungsmethoden eingemeißelt. Bei ihren Kindern waren die Resultate sehr unterschiedlich: Rebellion bei Mama und Onkel Karl, Unterwerfung bei den anderen, mit Ausnahme von Tante Minki. Die Freudsche Psychoanalyse hätte da reiches Forschungsmaterial. Bei einigen von ihnen brach im hohen Alter furchtbare Angst heraus, verworfen zu sein, vom Teufel besessen, von Gott verstoßen. – Ich habe etwa 1975 ein altes ›Hausbuch‹ erworben, in dem beschrieben wird, bei der »Kinder-Zucht« (Erziehung) »ist vor allen Dingen dahin zu trachten, daß in den ersten Jahren so gleich dem Kinde der Wille gebrochen werde«, und »man soll die Kinder mit der Rute schlagen, keinesfalls mit der bloßen Hand«– das könnte von Großmama sein.

Auch im Familienleben war sie sehr direkt. 1931 war sie zur Geburt meines Bruders Philipp (Pilli) nach Berlin geeilt. Der hatte eine dicke Zunge, die meist zwischen den Lippen vorstand: »Laja, schau, die Zunge! Ich glaub, der wird ein kleines Trotterl.« Nach dem Tod von Großpapa 1947 wurde Großmama unerwartet aktiv: sie initiierte für ihre in Graz anwesenden Enkel und deren Anhang wöchentliche Diskussionsabende, zu denen sie namhafte Geistesgrößen einlud – die auch tatsächlich kamen. Ich war in diesem Kreis zwar auch willkommen, wenn ich gerade in Graz war, aber ich hatte einen merkwürdigen Geruch in der Familie: so etwas wie ein Kommunist zu sein. Meine Gedanken und gar meine Äußerungen wurden eher nicht geschätzt – gescheit fand man sie schon, aber nicht konform und an Familienfragen desinteressiert, was nicht stimmte. Man kannte sich bei mir nicht aus: sind vielleicht alle Künstler immer irgendwie Kommunisten? Aber Großmama war ja sicher und unbeirrbar. Damals gründete sie mit ausstrahlendem Enthusiasmus ein soziales Hilfswerk: ›Die Spinne‹ (Bekleidung) – ›Die Biene‹ (Ernährung) – ›Die Ameise‹ (Arbeit). Hingebungsvoll und erfolgreich bis zuletzt (sie starb 1952).

Weiter in Brandhof

Jetzt kann ich am Brandhofer Dachboden fortsetzen: Es war unser Paradies für Regentage. Fledermäuse flatterten herum oder hingen an den Balken. Mein Bruder Franzi fand in der ›Kostümkiste‹ eine gestreifte Seidenhose. Er zog sie an und führte, quasi uniformiert, Pilgergruppen durch die Kapelle und das Museum und kassierte 48 Schillinge. Großmama, erstaunt über die ungeheure Summe, ließ ihm 10 Schillinge, den Rest kriegte das Altersheim Gollrad.

Am sandigen Dachboden lag auch ein uraltes Klavier aus Mahagoni, auf dem wir herumsprangen, was einen metallischen Klang gab – die Beine lagen daneben. – Nach dem Krieg, ich studierte seit 1948 in Wien, erinnerte ich mich an das Brandhofer ›Dachbodenklavier‹. Ich bettelte Tante Wilhelmine das Klavier ab; es mußte wohl von Erzherzog Johann nach Brandhof gebracht worden sein, 1791 gebaut von Anton Walter (dem Besten von allen). Nach jahrzehntelanger Restaurierungs-Odyssee steht es jetzt in unserem Musikzimmer.

Sonntags gab's immer eine Messe in der Kapelle, gehalten von Monsignore Schneider, später von Pater Hosp, Pilli und ich ministrierten. Am Sonntag hatten wir saubere ›Sonntagssachen‹ an, durften auch nicht so wild herumtoben, dafür wurden uns, vor allem von Mama, Steirerlieder beigebracht. Die mußten ›echt‹ sein, nicht so wie von manchen Tetas mit »Hondriä …« – das ist kitschig, das darf der Großpapa nicht hören. Aber »Was schlägt d'n da drobn am

Tannabam ... und wann ma a z'rissn und z'lumpat san, und wann ma das tanzn schön kann ... da laß ma die Fetzn nua flodazn, es geht ja koan Teixl was an« – das ist echt und schön, das liebte er. Aber das muß richtig temperamentvoll, geradezu wild gesungen werden, da konnte Mama ganz außer sich geraten vor Ärger und Feuer: »So gehört das!«, und sie explodiert bei jedem Wort und stößt ausdruckskräftig ihr temperamentgeladenes Kinn vor. Was ist los?! Ist das Mama? Die ruhige, überlegene? Was ist in sie gefahren? Da spürte man dann, daß es unter der gezähmten Oberfläche die alte wilde Laja noch gab.

Erzherzog Johann, der den Brandhof erworben hatte, als Musterbetrieb, um zu beweisen, daß auf 800 bis 1200 m Seehöhe ertragreiches Wirtschaften möglich ist (Kartoffeln, Gemüse, Roggen, Viehwirtschaft), hatte vor 1830 das ursprünglich bäuerliche Gebäude ausgebaut: neugotische gewölbte Kapelle mit Fresken von Schnorr von Carolsfeld und einer schönen Orgel. Das große Speisezimmer, auch neugotisch, hatte gußeiserne Heiligenstatuen, die weiß lackiert waren (aus der Gießerei in Gußwerk), und prachtvolle Fenster mit Fensterscheiben von Kothgasser gemalt! Im 1. Stock gab es Bilder von Gauermann und Ender, auch sehr schöne Papiertapeten und viele sehenswerte Nippes. Die Möbel, auch ein Tafelklavier, waren aus Eichenholz, einheitlich neugotisch – auch die 24 Sessel im Speisezimmer. Im rechten Flügel gab es eine steile Stiege aus gegossenen Eisenplatten, der linke Flügel endete mit einer bequemen Holzstiege; die stammte aber, ebenso wie der ausgebaute 2. Stock, von einer späteren Erweiterung.

Es geisterten auch allerhand aufregende Geschichten herum, hinter vorgehaltener Hand natürlich. Großmama sei eine begeisterte Spiritistin und ›Tischerlruckerin‹! Da säßen angeblich einige der ›Großen‹ mit ihr im Kreis um einen runden Tisch, die flach ausgebreiteten Hände über dem Tischrand mußten sich ganz leicht berühren und einen Kreis bilden, munkelte man, und dann fing der Tisch an zu wandern, leicht schwebend. Natürlich ging das nur im Halbdunkeln, vielleicht mit einer oder zwei Kerzen. Stimmt das wirklich? Wir zweifelten und glaubten es zugleich; aber unsere fromme Großmama?? Die mache noch ganz andere Sachen, ging das Gerücht: ganz allein eilte sie durch Zimmer und Gänge, ein kleiner Tisch hüpfte vor ihr her, mit ausgestreckten Armen und flach gespreizten Fingern leitete sie ihn – magnetisch (!) – und der sprang sogar über die Stiegen!

Irgendwie war die ganze Familie Meran von dieser Art ›Spiritismus‹ oder ›Magnetismus‹ oder auch Hellseherei fasziniert (vielleicht seit Generationen schon, vom Dr. Mesmer her). Tante Minki entdeckte irgendwann, daß sie für Wünschelruten sensibel war. Sie kultivierte es, konnte schließlich Schichten im Boden feststellen, natürlich auch Wasseradern – sie war so wissenschaftlich orientiert und interessiert, daß sie sich für Untersuchungen und Bodenmessungen der Hochschule für Bodenkultur zur Verfügung stellte. Angeblich waren ihre ›gewünschelten‹ Angaben genauer als die Bohrungsmessungen. Als sie an der Schilddrüse operiert wurde, verlor sie diese Fähigkeit. – Interessant!

Mama erzählte von einem berühmten Hypnotiseur im Stefaniensaal in Graz. Die ganze Familie war da. Alle zogen ihre Überkleider aus, wenn er es frieren ließ; und ›wenn das Wasser stieg‹, kletterten viele auf die Sessel, manche sogar die Vorhänge hinauf! Nur Mama blieb ungerührt. Stolz erzählte sie: »Mich kann man nicht hypnotisieren.« Sie vertraute ihrer Willenskraft. – Okkultismus und Hypnose und alles, was mit derart ›Übersinnlichem‹ zusammenhing, war offenbar damals derart in Mode, daß sogar die frömmsten Aristokraten davon angesteckt waren. (Später kommt auch Papa via Dr. Magg damit in unguten Kontakt.) All diese okkulten Aktionen bekamen wir Kinder natürlich nie zu sehen – es waren aber faszinierende magische Gerüchte.

Brandhof war schon seit vielen Jahrzehnten der Sommerort der Familie Meran. Wenn diese also ca. zwischen 1895 und 1916 im Juli nach Brandhof fuhr, mietete Großpapa einen Eisenbahnzug nach Kapfenberg – und einen weiteren (schmalspurigen) von dort nach Au-Seewiesen; dort warteten die Pferdewagen aus Brandhof. Es gab ein paar Gepäckwaggons mit Schiebetüren, je einen Waggon für die weibliche Dienerschaft (Köchin, Kammerjungfer, Beschließerin,

Küchenmädeln etc.) und einen für die Männer (Kammerdiener und Gewehrputzer Großpapas, vier Diener, ein paar Burschen zum Silberputzen und zur Betreuung der Petroleumlampen, Kutscher und Roßknechte etc.), einen Waggon für die Söhne mit ihren Erziehern und Lehrern und dem Kaplan, einen für die Töchter mit ihren Gouvernanten, Lehrerinnen (auch Klavier- und Violinlehrerinnen), Fräuleins, Kindermädeln und einen für die Eltern selbst mit eventuellen Tanten und Onkeln, Fräulein Martha etc.

Für die ›Großen‹ war die Jagd die Hauptsache: in allen Gängen und Zimmern hingen hunderte sauber beschriftete Gamskrickeln, Reh- und Hirschgeweihe, alles war voll davon. Fast jeden Tag ging jemand auf die Jagd, mit einem Jäger und Hund, nach Osten zur Fladenalm oder nach Westen zur Graualm oder nach Süden zur Girgeralm – dort durften wir dann nicht spielen und Lärm machen. Großpapa ritt meistens auf einem Haflinger (Erika, Berta oder dem jungen Krawattl), weil er nicht mehr so gut zu Fuß war. Der Reitbauer Hans, der Wirtschafter, führte das Pferd vor und half ihm hinauf. Großpapa hatte eine Technik, sich ohne Taschentuch vom Pferd aus zu schneuzen (er hielt mit dem Finger ein Nasenloch zu und das andere wirkte als Düse, was wir Kinder sehr bewunderten.) Die Onkel und sonstigen Jagdgäste bekamen die mühsamen, schwer erreichbaren Abschußaufgaben.

Ich machte mich in diesem Jagdmilieu unbeliebt, weil ich schon als kleines Kind behauptete: »Jagdlust ist Mordlust.« Als ich 9 oder 10 Jahre alt war, schickte Großpapa mich und Pilli mit einem Flobert-Gewehr zur Jagd auf ein Murmeltier; der Holzer Sepp, der Revierjäger, hat Pilli geführt, der Jungjäger Mattl mich. Wir gingen in aller Früh in die Almlucken, ein paar Murmeltiere verschwanden in ihrem Bau. Jetzt mußten wir uns hinter Reisigschirmen schnell so einrichten, daß wir den Bau sahen, aber von dort nicht gesehen werden konnten – schwierig. Bewegen durfte sich kein Blatt, nach einer Stunde Starre kamen die Tiere vorsichtig wieder heraus und Mattl gab mir das Zeichen ›schiaßn‹. Ich habe das Tier, das man am Kopf treffen mußte, wahrscheinlich, hoffentlich, gefehlt, worüber ich heute noch froh und erleichtert wäre.

Brandhof hatte eine eigene Aura und auch einen besonderen Geruch, nach Zirbenholz (fast alle Möbel sind aus Zirbenholz) und Petroleumruß. Es gab kein elektrisches Licht. Jeden Abend zündete Franz oder Peter die wichtigsten Lampen in den Gängen im Parterre, im 1. und 2. Stock an. Ganz einfache Petroleumlampen mit einem Glasbehälter (so konnte man sehen, ob genügend Petroleum drin war), auf dem der Messingbrenner saß, mit einer Schraube, um den Docht höher und tiefer zu stellen; dieser Docht war ein ca. 2 cm breites Band, das jeden Tag an der Brennstelle gestutzt wurde, damit es nicht rußt. Wenn Fasern vorstanden, wurde die Flamme an dieser Stelle dunkler und rauchte, und der Glaszylinder wurde schwarz. Diesen Glaszylinder nahm man herunter, wenn man die Lampe anzündete, und steckte ihn dann wieder drauf, wodurch die Flamme hell und gleichmäßig abgerundet wurde. Hinter dem Zylinder war ein kleiner runder Spiegel an der Lampe befestigt, so wurde das Licht ein bißchen in den Gang gestrahlt. Es war sehr gemütlich und schön. In jedem Zimmer war eine Petroleumlampe; diese Lampen waren anspruchsvoller, hatten schöne Keramikgestelle und Glasschirme. Lesen oder schreiben konnte man nur unmittelbar daneben. Im Salon gab es eine oder zwei größere Tischlampen mit einem ›Gasstrumpf‹; die hatten ein nahezu weißes Licht und brannten viel heller als die gewöhnlichen Lampen mit ihren gelben Flammen. Natürlich gab es in den Zimmern und auf den Gängen viele Kerzen in Messingleuchtern, auch volle Zündholzschachteln waren im Haus verteilt. Und es gab ein Telephon mit Kurbel zum Postamt Gollrad. – Ich kann mir das heutige Brandhof mit elektrischem Licht und wer weiß was sonst noch gar nicht vorstellen.

Ein eigenes Kapitel war das Essen. Resi Schrei kochte mit zwei Küchenmädeln in der großen Küche, die sie souverän und furchteinflößend beherrschte. Für die Erwachsenen wurde im Speiszimmer unten serviert; für das Abendessen zog man sich um: festlich steirisch oder zivil. Am Freitag gab's Forellen aus der Salza. Die wurden von einem Waidjungen aus Weichselboden gebracht, lebendig in einem länglichen Fassl, das er an einem Riemen auf der Schulter trug. Sehr anstrengend und ein weiter Weg.

Manchmal durfte eines der Kinder bei den ›Großen‹ essen, das war eine Ehre, aber man mußte schön angezogen sein, gute ›Tischmanieren‹ haben und durfte nur reden, wenn man gefragt wurde. Der Diener Franz (es gab auch einen Peter) servierte einhändig, mit weißen Handschuhen, die andre Hand am Rücken – da war schon das Herausnehmen eine Kunst. Aber Reh mit Cumberlandsauce oder Wenckheim-Creme (Nachspeise) war schon einige Opfer wert. Im Kinderspeiszimmer oben im 1. Stock, wo wir mit den Kindsfrauen aßen, war das Essen viel einfacher, aber wir waren dort auch ungezähmter. Ein besonderes Privileg war das Frühstück bei Großpapa: er saß allein in seinem Arbeitszimmer mit einem grünen Samtkapperl auf der Glatze. Manchmal durfte ich (als sein Täufling!) zu ihm kommen. Ich küßte ihm artig die Hand und durfte dann das ›Eierkapperl‹ abheben und essen, wozu er freundlich knurrte.

In Brandhof habe ich mit ungefähr 9 Jahren zu schnitzen angefangen. Pfeil und Bogen aus Haselstecken haben wir selbstverständlich schon von klein auf gemacht, die Pfeile aus Fichtenholz so zugeschnitzt, daß sie genau und weit flogen (wir haben leider nie einen Bussard erwischt). Aber das Interesse an Holzarbeit war latent vorhanden. Beim Brennholz, das vor der Küche zum Heizen geschlichtet war, gab es schöne runde Erlenholzscheiter, die eigentlich Gesichter sein wollten, und ich werkelte mit dem Taschenmesser dran herum – ja, das waren dann gleich richtige Charakterköpfe. Der Reitbauer Hans sah, wie ich mich plagte, und schliff die abgebrochene Klinge von einem Jagdknicker(messer) so zurecht, daß man sie ohne Griff festhalten konnte und der vordere, runde Teil schön scharf war. Jetzt wurden die Köpfe noch viel schöner, toll! Wenn man da Löcher für den Zeigefinger hineinbohrte, von unten, konnte man Kasperltheater spielen – fast war ich ein bißchen stolz.

Es gab auch besondere Jagd- und Sommergäste unter den Erwachsenen. Einige Sommer kam ein ›Kemal Pascha‹ aus Ägypten, er hatte einen weißen Schnurrbart und ritt immer auf die Gamsjagd. Einmal kam ein ›Maharadjah‹ aus Indien, der wurde in einem Tragsessel getragen (er war aber nicht invalid, nur sehr reich und ›vornehm‹) – der hatte ein 12-schüssiges Schnellfeuergewehr und schoß ganz wild und unwaidmännisch herum, bis er endlich traf. Von diesen gut zahlenden Jagdgästen wurden wir Kinder eher ferngehalten. Aber es gab auch so Halbverwandte, mit denen wir Kontakt hatten: Hansi(bubi) Steffenelli (Sohn der älteren Schwester Großpapas) mit Frau, beide sehr elegant, mit einem wilden, jähzornigen, verwöhnten fünfjährigen Buben, Hannele, der ständig herumbrüllte, kratzte und biß.

Und natürlich gab es hier immer auch einige Tanten. In allen Familien lebten die unverheirateten Töchter als ›Tanten‹, unentbehrliche Aufsichtspersonen (heute Babysitter), Erziehungsgehilfinnen – sozusagen für alles, was anfiel. Solche Tanten waren allgegenwärtig; viele hießen Mausi, sie waren meist sehr streng bis zur Bissigkeit – es gab aber auch nette, die waren dann allseits beliebt bei den Kindern. Ein Sonderfall war Tante Tildy (eine polnische Fürstin Sapieha), sehr fein und unnahbar (mit komplizierter weißer Hochfrisur), mit ihrer Tochter Bisiam (Tante Bischa nannten wir sie). Die brachte uns polnische Lieder bei, und als ich eines davon 30 Jahre später dem Geiger Stefan Plott (der Pole war) vorsang, wurde der ganz verlegen und sagte, das sei das Ordinärste und Schlüpfrigste, was er je gehört habe. Die Tante ergötzte sich wohl an unseren unschuldigen Porno-Gesängen – pfui!

Im Sommer 1939 waren die ›Großen‹ dauernd beim Radio im Wintersalon. Am 1. September 1939 weint Großmama. »Schrecklich, schon wieder Krieg!« Da gab's entsetzliche Meldungen – Angst! – und Krieg gegen Polen und alle wußten, daß der sich ganz schnell ausbreiten würde. Man hatte ja noch den Weltkrieg in den Knochen mit seinen Schrecken, und jetzt schon wieder! Damals hat man begeistert ›für die gerechte Sache‹ gekämpft – aber jetzt gab es eine allgemeine Depression und Angst. Nur Onkel Karl (Meran) war hysterisch aufgekratzt. Die Kottulinski-Buben mußten sofort einrücken; auch Eberhard (Sohn von Tante Isabelle Harnoncourt) – in eine Sportkompagnie, da war er mit den Arlberg-Schikanonen wie Hannes Schneider und Tenniscracks zusammen, er rechnete sich selbst auch dazu als Spitzensportler. Wir Kinder haben's einstweilen noch kaum gespürt im Brandhofer Paradies mit seiner alten Geschichte … unserem Brandhof, mit dem alten Bergwerk in Gollrad, wo man schöne Erzsteine finden konnte …

Alltag in Graz

Das waren also die Sommerferien in Ungarn und Brandhof. – Wie war sonst unser Leben in diesen Jahren im Palais in Graz? Für uns Kinder sehr sorglos; es gab ja den großen Garten und jeder von uns hatte ein kleines Beet für Radieschen und vielleicht sogar Erbsen. Im Winter durfte Papa mit einem Wasserschlauch die Wiese bespritzen, und das war dann ein kleiner holpriger Eislaufplatz. In der wärmeren Jahreszeit spannte er ein Tennisnetz auf – es gab gar keinen Tennisplatz, aber eine etwas schräge Wiese. Hubert und Eberhard (Harnoncourt) kamen oft aus der Schumanngasse mit Papa Tennis spielen. Das waren sehr besondere, fast irreale Vettern (verglichen mit der Meran-Herde). Immer wieder kommen die beiden – wir kannten sie überhaupt nur zu zweit. Eberhard sehr sportlich und ehrgeizig mit seinen ordentlich gescheitelten Haaren und Hubert eher nachlässig und völlig uneitel mit langem, zottig wucherndem Haarpelz, das war dann für uns sein Markenzeichen. Die beiden erschienen immer gemeinsam, und sie hatten auch ihre Eigenschaften auf sonderbare Weise reziprok-gemeinsam: erst bei beiden zusammen war alles da, eben Hubert und Eberhard.

Die beiden hatten eine schwere Kindheit, weil ihr Vater, Onkel Hubert (ältester Bruder von Papa), ja starb, als sie noch ganz klein waren. Tante Isabelle wanderte sozusagen hungrig mit den Buben durch die Verwandtschaft: nach Rozinka zu Onkel Wladimir Mittrowsky (Bruder der Großmutter Harnoncourt) und nach Hajan (Schloß in Mähren, nahe Brünn) zu Tante Mädy Deym (Schwester von Papa) mit ihrer riesigen Kinderschar – die waren etwa im gleichen Alter wie die beiden – und nach Opeka (Schloß im Norden Kroatiens) zu Tante Josefine (Schwester von Papa) und Tante Nandine Bombelles. In Graz kamen die beiden oft zu Besuch. Hubert sprach nie über Sport, Eberhard immer. In der Nazizeit verloren wir uns zuerst aus den Augen. Ich kann mir keinen von ihnen bei der Hitlerjugend vorstellen. Im Krieg spürte man wieder das einigende Doppelprofil: Eberhard sehr widerständig und zugleich sehr soldatisch und literarisch. Selbst vom Kriegsschauplatz schrieb er ironische Anti-Nazi-Gedichte an Tante Isabelle, seine wahrheitsfanatische, immer gefährlich politisch rebellierende Mutter. Und Hubert das genaue Gegenteil; seine ebenso große Widerständigkeit zeigte sich im Ignorieren und radikalen Anders-Sein. Über etwa auch vorhandenes Literarisches wußten wir nichts – nach dem Krieg arbeitete er in einer Buchhandlung und als Photograph.

Hubert wurde zum Rätsel. Ich habe ihn *nie* in Uniform gesehen (weder HJ- noch Militäruniform). Die langen Haare – verpönt bei den Nazis – wurden eher noch länger, die Körperhaltung schlaffer, dezidiert unmilitärischer. Natürlich mußte auch er zum Militär, aber er wurde nie ein ›Soldat‹ – so wenigstens schien es uns. Er war die leibhaftige ›Wehrkraftzersetzung‹. Ich glaube, daß er nie ein Gewehr in der Hand hatte, jedenfalls konnte man ihn sich nicht bewaffnet vorstellen. Bei der Waffenausgabe war immer gerade bei ihm kein Gewehr mehr da. Eine Zeitlang war er in Obertraun (Krippenbrunn) beim Dachstein und kam gelegentlich zu Besuch nach Grundlsee – zeitlos langhaarig und in Zivil natürlich; ganz unglaublich, denn das war ja verboten. Oder hat bei ihm einfach alles wie Zivil ausgeschaut? Es ist unvorstellbar, daß er je einen Schuß abgegeben hätte, sogar auch, daß jemals jemand auf ihn geschossen hätte. – Vollkommen rätselhaft, diese unsoldatische und wohl einmalige Militärzeit. Wenn nur damals mehr Soldaten so gewesen wären! Ihm gebührt ein ›Denkmal des Idealsoldaten‹ – des totalen Zivilisten.

Eberhard war im Krieg verwundet worden – er hatte ein total versteiftes Bein; in Wien wurde er 1949 mehrmals operiert. Damals wurde Evipan als Narkosemittel verwendet, und angeblich antwortet man da auf Fragen, ohne es zu wissen. Davor hatte er panische Angst und so mußte ich im Spital immer bei ihm sein (ich war ja damals in Wien), so daß er vor der gefürchteten Fragerei der Krankenschwestern beschützt war. Er studierte Theaterwissenschaft – sein Ideal war Cocteau, der war auch das Thema seiner Doktorarbeit.

Natürlich gab's bei uns auch die Kinderkrankheiten: im Winter 1935/36 (Pilli sagt 1936) bekam ich zuerst Masern (meinte Dr. Heschl, Kinderarzt der Harnoncourts seit dem Weltkrieg), dann Diphterie, da mußte ich ins Spital. Damals war gerade der Abessinien/Eritrea-Krieg Mussolinis, und ich hatte Spielsoldaten, um mir die Zeit zu vertreiben. Ich bekam grausliche Infusionen, wobei sich in der linken Armbeuge eine ›Phlegmone‹ bildete – angeblich wegen einer schmutzigen Spritze. Als ich – ziemlich elend – nach Hause durfte, kam täglich der schuldige Assistent Assmann und behandelte – umsonst, triumphierte ich! – die Riesenwunde mit furchtbar brennendem Lapisstift. Dann bekamen alle Geschwister Scharlach, genau in der Inkubationsfrist nach meinen ›Masern‹ – Dr. Heschl hatte sich geirrt. Mama sperrte sich mit ihnen ein im Schlafzimmer (als Quarantänestation) und ich wurde nach Brandhof geschickt zur Erholung.

Dort hatte Tante Lori (Schwester von Mama) einen mondänen Winterbetrieb mit Sonnenterrasse überm Gemüsegarten, mit organisierten Schikursen (Major Högel war der rauhbeinige Schilehrer) und Tanz (zu Grammophonmusik) eingerichtet; eine mir fremde Welt (wie Ölgemälde von Walde) mit geschminkten Schönheiten und Playboys, die pomadisierte Haare hatten und ständig schlüpfrige ›Schlager‹ sangen oder am Kurbel-Grammophon spielten. Im ›Rauchsalon‹ (im Sommer hieß der ›Klavierzimmer‹) hörte man die großen Cousins und Cousinen singen:

»Ich möcht von dir ein Photo, und wär es noch so klein,
mit hinten einem Motto: ›Ich gedenk ewig Dein!‹
Ich möcht von dir ein Photo, daß ich dich immer seh.
Am Waschtisch, am Schreibtisch und auch überm Bett.
Ja, das wär so nett. Ich möcht von dir ein Photo!«

Oder aber:

»Jeder macht mal eine Dummheit,
irgendeine kleine Dummheit,
das war so, das ist so und bleibt so!
Räche Dich doch nicht mit Stummheit,
ich bereue meine Dummheit,
das war so, das ist so und bleibt so!
Hab' ich Dir auch weh getan, so komm doch wieder her,
damit ich Dich streicheln kann und auch vielleicht noch mehr ...«

Und dazu tanzten sie. Dazu kamen noch einige ›paying guests‹ – so nannte sie Tante Lori –, die wohl das Ganze finanzierten und die eine merkwürdig unbrandhoferisch-verruchte Note hineinbrachten. Diese Unterhaltungen fand ich schon sehr exzentrisch und mondän. Als ich nach zwei Wochen gesund nach Graz zurückkam, lebte die Familie wieder normal in der mit Gas desinfizierten Wohnung, und der Abessinienkrieg war auch vorbei.

Das Leben in der Leonhardstraße blieb unverändert. Im Wirtschaftsgebäude wohnte Herr Erhard, ein Arbeiter und fanatischer Nazi (wie wir später entdeckten), und Herr Gödl, der ein Taxi hatte und eine 15jährige Tochter, Nora, die mit kokett wackelndem Kopf vorbeistöckelte. Herr Wöhrer, der Portier, hatte eine große schwarze Kappe und eine kleine hexenhafte Frau, die behauptete, eine Großnichte von Schubert zu sein; ihre Tochter, die Wöhrer Pepi, war debil, konnte nicht sprechen, nur blöken und grunzen. Wenn die Fenster offen waren und sie sich am Gitter festhielt und so hineinröhrte, bekam (mein Bruder) René Angst – mich störte es nicht. Im 1. Stock wohnten die Großeltern mit Tante Marie-Maroo (eine Schwester Großpapas) und Fräulein Martha Rizor, eine uralte Königsbergerin, die auch immer mit dem Kopf wackelte und der wir begeistert zuhörten, wenn sie Märchen erzählte: »Manntje, Manntje, Timpe Te, Buttje, Buttje in der See, myne Fru, de Ilsebill, will nich so, wie ik wohl will«, dann kam der Steinbutt aus dem Wasser und hörte sich die Wünsche an. Fräulein Martha war ursprünglich die Hauslehrerin und Erzieherin Großmamas (etwa 15 bis 20 Jahre älter als sie), die sie in die Ehe mitgebracht hatte (es gibt ein Buch mit Erinnerungen von ihr). Außerdem gab es ein paar Hausgehilfinnen: Marie Herbst, um Großmama zu frisieren (die Haare gingen fast bis zum Boden) und sie zu bedienen, die Köchin Resi Schrei, die Wäscherin Frau Kielnhofer. Im rechten Flügel des Palais gab es die ›Tanzschule Lilli Schönemann‹, da sahen wir komische Wesen kommen und gehen.

Bei uns gab es Lelle, eine Art gebildeter Kinderfrau; die wurde von Großpapa bezahlt als Geschenk an Mama, weil sie ›arm‹ geheiratet hatte. Als Lelle heiratete und zu ›Frau Karl‹ wurde, kam Rosa(lia)

Schinnerl, eine Bauerntochter aus Semriach, die bis 1945 bei uns blieb – sie heiratete im Krieg einen Kleinstbauern aus Gösting, den Herzog Franz, der damals bei der Fliegerabwehr (Flak) eingerückt war –, und eine Köchin Hanni Lukas, die von Mama weggeschickt werden mußte, weil sie ein paar Schillinge gestohlen hatte; sie ging dann zu ihrem Bruder Alex als Pfarrersköchin nach Turnau bei Aflenz.

Nach ihr kam 1936 oder 1937 Luisi Spari aus Gams; eine fabelhafte Frau, die Holz hacken und schmieden konnte, sehr politisch war – sie verehrte Kanzler Seipel –, sie hatte irgendwie ihren Bräutigam verloren und keine Chance für das ihr gemäße Leben als Bäuerin. Da sie – glaub' ich – zwölf Geschwister hatte, mußte sie in die Stadt ›in Stellung‹ gehen. Von Luisi lernte ich das fachmännische Holzhacken. Sie war so rund, so klar; richtig und falsch – keine Zweifel. Luisis Ratschläge, Urteile und Ermahnungen paßten immer.

Mama konnte plötzlich, aus einem nichtigen Anlaß, zu erzählen beginnen ... wie in ihrer Familie die Söhne und die Töchter streng getrennt waren – die Buben mußten Matura machen, die Mädeln nur Hauptschule, alles mit Hauslehrern, nur zur Prüfung mußte man in die Schule gehen – die Trennung war so streng, daß man nicht einmal gemeinsam aß! Bis die Älteste und überhaupt Selbständigste, Minki, mit einem Aufstand gemeinsame Mahlzeiten erzwang – wir müssen doch unsere Brüder kennen!

Und da gab's noch eine groteske Leidenschaft in der Familie Meran: den Fußball! Großpapa hat sich irgendwann für diese neue englische Sportart interessiert, hat sich an der Gründung des GAK (Grazer Athletiksport-Klub), mindestens an der Fußballsektion, beteiligt. Dann wollte er natürlich auch selbst ›kicken‹ (ein englisches Wort, wie alle im ›Football‹: offside, Goal, Foul, Center-Half, out, Hands, Dribbling, Tackling etc.). So stellte er mit seinen Söhnen und Dienern eine Mannschaft zusammen – es fehlte nur einer zur Elf! So wurde das Unglaubliche, ja eigentlich Unmögliche gemacht: Laja (Mama) wurde als Tormann rekrutiert – die war ja in ihren Schlimmheiten auch wie ein Bub. Vielleicht war Großpapa insgeheim auch ein bißchen stolz auf seine wilde Tochter.

Dabei entwickelte Mama ungeplant eine seltsame Leidenschaft für diesen Sport, ging eifrig zu den Spielen des GAK, wurde zur Kennerin und schrie empört bei jedem benachteiligenden Regelverstoß; sie kannte noch 20 Jahre später die Namen und Eigenschaften aller Spieler, besonders für Gaber schwärmte sie. Sie las ja die ›Tagespost‹ grundsätzlich von der ersten bis zur letzten Zeile (solange sie lesen konnte), und da konnte es anhand der Fußballberichte plötzlich zu einem Leidenschaftsausbruch kommen, so wie dann zu ihrem 70. Geburtstag: da hatten wir Kinder – und die Enkel – sie am 1. November 1969 zum Grazer Derby (Sturm gegen GAK) eingeladen; die Leidenschaft des Spiels und der Zuschauermenge riß sie mit – sie sprang auf und schrie: »Foul! Schiedsrichter, Schweinerei, pfui!!«, obwohl sie praktisch fast nichts mehr sah. Als der GAK-Spieler Stering drei Tore schoß, drehte Mama mit einem wilden Csárdás-Gesicht durch und schlug auf den vor ihr sitzenden wildfremden Zuschauer mit ihrem Blindenstock ein!

Auch über ihr geliebtes Ungarn (sie sprach ja perfekt Ungarisch) erzählte Mama ganz spontan, und über das Tanzen. Bei normalen Festen und Tanzereien waren die Brüder frei, die Mädeln streng ›chaperoniert‹. Aber da gab es eine unerklärliche Ausnahme: nach der Ernte in Ungarn, wenn die große Dampfdreschmaschine weggeführt worden war, die Strohballen aufgetürmt und die Säcke mit dem Getreide verstaut, engagierte Großpapa eine Zigeunerkapelle, damit die Arbeiter und Arbeiterinnen ihre Freude hatten – und Mama durfte mittanzen, absolut ›unchaperoniert‹! Die ganze Nacht tanzte sie auf dem gestampften Lehmboden, vorwiegend Csárdás. Es ist kaum zu glauben, so streng die Töchter gehalten waren – sie durften ja nie allein (unchaperoniert!) ausgehen –, so locker ließ man sie an diesem Erntefest teilnehmen. Da gab's keine edlen Tanz- oder Gesellschaftspartner, nur schwitzende Arbeiter, und die wollten temperamentvolle Tänzerinnen. Mama war so eine. Wenn sie davon erzählte – tremtrrrempadapada tremtrremm –, glühte sie in Erinnerungsbegeisterung. Wie beim Csárdás im Friska-Teil die Musik nach und nach immer schneller wurde – umpa ummpa – und wie die Tänzer ihre Körper der Musik überließen, Rhythmus, Klang eins wurden mit der bebenden, schweißdampfenden heißen Nachtluft, immer schneller, bis alle den Boden verloren, wie es sich bei diesem Tanz gehört, und erschöpft daliegen. – Ja gibt's denn so etwas? Dieser Tag war eine jährliche Ausnahme im abgezirkelten Ablauf des gräflichen Lebens. Mama war jedesmal wieder hingerissen, wenn sie es erzählte, und wenn sie mir erklärte, wie der Csárdás gespielt gehört, dann geriet sie jedesmal ganz außer sich: so muß es sein! »Was ihr da machts, ist ganz falsch, das hat ja keinen Pfeffer und kein Paprika, das kann man ja nicht aushalten.« Dann schaute sie um sich, fand wieder zurück in die Alltagsprosa – wer war sie jetzt wieder?

Einmal luden wir sie in eine Weinstube ein, wo eine Zigeunerkapelle spielte (Prímás Béla Bambo). Der Prímás spürte sofort, wo sein Spiel geradezu magnetisch aufgesogen wurde – bald lag sein Geigenhals an ihrer Schulter und ihr Strahlen und Vibrieren inspirierten ihn. Sie kannte eben alle Raffinessen und Ausbrüche dieses Tanzes und konnte noch als alte Frau ganz wild-wütend werden, wenn solche Tänze nicht richtig gespielt wurden. Da bebte alles in ihr von trrm-ta, trrrrma-ta ... Da hätte ich mich als ahnungsloser Musiker nicht unter ihre Augen getraut.

Ein großes Ereignis war die Promotion Papas 1933 nach extrem kurzem (4semestrig!) Studium, ohne je eine Vorlesung besucht zu haben! In dieser Studienzeit führte Papa die Bauaufsicht bei der Wechsel-Bundesstraße. Jetzt war er Dr. jur. et Dipl.-Ing., Tante Renata schreibt: »Nach der Promotion Déjeuner bei Meran: Consommé Marineur, Truite Ingenieur, Roti Docteur, Dessert Compositeur.« Damit war wohl die Zeit der Arbeitslosigkeit (nur mit Gelegenheitsarbeiten) vorbei, Papa bekam eine ganz kleine Beamtenstelle beim Land. Die große Erleichterung spürten auch wir Kinder – ein einigermaßen auskömmliches Leben und eine gewisse Sicherheit.

Um diese Zeit kam ich in die Elisabethschule (Herbst 1935). Die Lehrerin Sigl – eine anerkannte Pädagogin, man sah sie auch am Sonntag im Dom beim rechten Seitenaltar – führte ein strenges Ritual ein: sie kam in die Klasse, sagte: »Grüßt!«, und die 40 Buben riefen synchron: »Österreich!«, dann las sie nach dem Alphabet die Namen, und die Angesprochenen sagten: »Hier!« Irgendwann kam noch die Frage dazu: »Vater?« Die Antwort war bei mehr als der Hälfte »arbeitslos«, bei den anderen die Berufe »Hilfsarbeiter«, »Fabrikant«, »Eisenbahner«, »Rechtsanwalt« – ich sagte »Ingenieur«, vielleicht ab ca. 1936 »Beamter«. Danach wurde jeden Tag ein Lied gesungen, wobei die Frau Lehrerin den ›Brummern‹, die nicht singen konnten, so wirksam half, daß nach ein paar Wochen ein richtig schöner Klang kam (fand ich). Wir lernten mehrere Lieder pro Schuljahr. Alle Schulkinder mußten eine Jause mithaben, die wenigen Wohlhabenden (z.B. der Sohn des Papiersackelfabrikanten Volckmar) hatten Buttersemmeln mit Käse- oder Wurstscheiben, wir hatten Brote mit dünn billiger Schnittmarmelade drauf; leider wurde das Brot davon so schwammig-feucht, das war mir unangenehm. Ein paar ganz Arme hatten nichts mit, die baten dann: »Gib ma a Ecksen!« In der Nähe der Schule war ein Waisenhaus, das Pestalozzi-Heim; die ›Pestheimer‹ hatten bräunlich karierte Jacken an, alle gleich. Den Religionslehrer Hagenhofer konnte ich nicht leiden, er zog einen an den Ohren, wenn man ›störte‹. Er hatte eine Stoppelfrisur mit einer ausrasierten Stelle in Münzgröße – eine ›Tonsur‹.

Papa war natürlich weder von seiner Beamtenarbeit noch von den familiären Sportaktivitäten im Park ausgelastet, er machte noch immer ganz viel extra. Klavier spielen (er nahm sogar noch Klavierstunden bei Frau Prochaska), Spiele basteln für Weihnachten und Straßenbahnwaggons aus feinen Ahornbrettern mit Motor für die Eisenbahn, die manchmal am Sonntag aufgebaut werden durfte. Sogar einmal ein Segelflugzeug – und natürlich komponieren. Für den groß ausgeschriebenen Coolidge-Kortschak-Preis 1932 der Urania (Graz) schrieb er eine Violinsonate, die nur echte Solisten spielen konnten, und reichte sie ein ... und gewann einen Preis!! Es waren ziemlich viele Dollars. Mama lauerte auf Aufbesserung im Haushalt ... oder irgend etwas Tolles ... oder ... Papa ließ sich einen Frack machen. Mama schüttelte verständnislos den Kopf. »Ein Musiker braucht einen Frack!« Er hat ihn nie angezogen.

Wir lebten an der Armutsgrenze, allerdings mit dem Riesenvorteil einer Wohnung und eines Gartens. Unsere Kleidung war sehr einfach und sparsam, meist vom Älteren zum nächsten vererbt. Das Essen sehr einfach: Frühstück werktags Sterz und Karo-Franck-Kaffee, mittags und abends etwas Gemüse mit Kartoffeln und ›Einbrenn‹. Nudeln waren selten (toll!), Fleisch nur sonntags, Fisch nie. Mama sagte: »Anderen geht's noch viel ärmlicher«, und sie bestand darauf, einen Buben als Kostgänger zu nehmen, Otto Fabsitz war sehr still und dankbar. – Papa und Mama sprachen oft von Politik, mit Angst, was kommen könnte.

Wir gingen jeden Sonn- und Feiertag in den Dom zur Messe. In der Karwoche gab es die ›Zeremonien‹ und am Karfreitag gingen wir mit Mama in mehrere Kirchen ›Gräber besuchen‹; da waren sehr theatralische Szenen aufgebaut, etwa ein Engel, der den Stein wegwälzt, und die geharnischten Grabwächter, bei manchen ›Gräbern‹ gab es eine lebensgroße Wachsfigur des toten Jesus mit den Wundmalen, das Ganze raffiniert beleuchtet. Ein großes Ereignis war die Fronleichnamsprozession quer durch die Stadt mit den festlich geschmückten ›Altären‹ an markanten Plätzen. Unter dem prachtvollen ›Himmel‹ ging der Bischof Pawlikowski mit dem ›Allerheiligsten‹, davor die kleinen Kinder, vor allem Mädchen, ganz in Weiß, mit Blumenkränzen im Haar, die kurzbehosten Buben weniger auffallend, dann die verschiedensten Gruppen: die Ministranten, die ›Jungfrauen‹ (hunderte ›Mädchen‹, ca. 16 bis 70 Jahre alt, mit bodenlangen weißen Hemden, einem hellblauen Seidenband mit Medaille um den Hals und einem weißen Kranz im Haar), die Pfadfinder in ihren pittoresken Uniformen, das österreichische Jungvolk in Hellgrau. Ich glaube, daß die Heimwehren in Uniform mit den Schildhahnfedern auf den Kappen und die ›österreichischen Sturmscharen‹ auch mitgingen. Danach kamen die Frauen, die Männer und am Ende das ›Volk‹. Viele Hunderte gingen in diesen Formationen und Tausende standen an den Straßenrändern. Es wurden geistliche Lieder gesungen und Rosenkranz gebetet. Bei den ›Altären‹ gab es festliche Riten – bei den Salutschüssen sagte Mama: »Mund auf, Ohren zu!« (damit das Trommelfell nicht platzt).

Eine jährliche Spannung ging vom 6. Dezember aus: Nikolo. Wir hängten am 5. abends weiße Strümpfe ins Fenster und erwarteten, sie am Morgen gefüllt vorzufinden. Besuche durch verkleidete Nikolos und Krampusse lehnte Mama ebenso wie das Christkind als Geschenkbringer grundsätzlich ab – man darf die Kinder nicht anlügen (wir waren weit und breit die einzigen Kinder, die nicht ans Christkind glaubten!). Die Strümpfe waren – rätselhaft, von wem? – mit roten Äpfeln, Mandarinen und Dörrzwetschken gefüllt; daneben war eine Rute aus Birkenzweigen: für die schlimmen Kinder. Sie wurde notfalls angewendet – aber ordentlich! Ich spüre das scharfe Brennen noch heute am Popo. Diese Rute spielte aber auch eine ganz andere Rolle: am 28. Dezember, dem ›Unschuldige-Kinder-Tag‹. Da durften wir sie nehmen und die Eltern ›wichsen‹, dazu sangen wir:

»Frisch und g'sund, frisch und g'sund,
alle Jahr rund und g'sund
und das Christkindl am Hochaltar,
das wünschen wir zum neuen Jahr!«

Am Sonntag hatten Luisi und Rosa ›frei‹. Rosa schlief meist den halben Tag, Luisi las eifrig und ging manchmal ins ›Panorama‹ in der Herrengasse – manchmal nahm sie uns mit. Dort konnte man – gegen Bezahlung natürlich – in beleuchteten Guckkästen durch Lupenokulare verschiedene ›sensationelle‹ Szenerien betrachten: das Leben in fernen Ländern, in Afrika mit plastischen nackten Negern und gefährlichen Tieren, in Indien mit Elefantenritten, in Grönland bei den Eskimos, in Amerika bei den Indianern; sehr eindrucksvoll und lehrreich.

Natürlich wurde zu Hause in fast jeder freien Minute Musik gemacht. Papa spielte Klavier für sich selbst und für uns – so hörten wir, unterm Klavier kriechend, Gershwins ›Porgy and Bess‹. Papa sang alle Rollen, die Noten hatte ihm Onkel René, der mit Gershwin befreundet war, aus Amerika geschickt. Für uns war das Klavierüben eher eine lästige Pflicht. Mit 8 Jahren erlöste mich Papa vom Klavier und ich durfte bei Herrn Kortschak (einem Taubstummenlehrer und sehr gut ausgebildeten Cellisten) Cello lernen. Herrlich! Er hatte eine resche Frau (Annerl) und zwei Söhne, Hans-Georg und Max, die studierten. Max hatte Schmisse (Säbelnarben) im Gesicht. An der Wand hingen Säbel und Studentenkappeln. Die waren alle begeisterte

Nazis. Als dann im Frühjahr 1938 Österreich (leider mit großer Begeisterung) an Nazideutschland angeschlossen wurde, zeigte fast jeder seine Gesinnung durch Armbinden oder Hakenkreuzabzeichen. Nach einer Cellostunde wollte mich Prof. Kortschak nicht so weggehen lassen mit dem Cello: »Die hauen dich, machen es kaputt! Du mußt ein Hakenkreuz anstecken.« Aus seinem Angebot suchte ich mir das kleinste aus und ging nach Hause. Mama war wütend, als sie mich so kommen sah, und riß die Nadel aus der Jacke. – Am 11. März sprach Kanzler Schuschnigg im Radio: »Dem allfälligen Einmarsch deutscher Truppen ist kein Widerstand entgegenzusetzen. Gott schütze Österreich!«

Graz 1938

In dieser Zeit gab's auch Wahlen (am 1. April). Mit ›Ja‹ hatte man zu stimmen – alle stimmten so, nur unsere Luisi und Großmama stimmten mit ›Nein‹. Es gab nur *einen* Stimmzettel mit einem dicken Kreis (JA) und daneben einen dünnen (Nein). Man sollte ihn am Tisch *vor* der Kommission markieren. Der Vorsitzende: »Es ist doch eine Schande, sich in einer Zelle zu verstecken, um dem Führer sein ›Ja‹ zu geben!« – das hat uns Luisi erzählt. Dadurch wußte man, wer mit ›Nein‹ stimmt, es war weniger als ein Prozent – eine Mutprobe. Eine alte Gräfin Pachta zu einem Nazi-Hausgenossen: »Mit meinem NEIN können Sie sicher rechnen.«

Graz war so Hitler-wahnsinnig, daß man schon vor dem ›Anschluß‹ Hakenkreuzfahnen am Rathaus aufzog – dafür bekam Graz den ›Ehrentitel‹: ›Stadt der Volkserhebung‹. Hitler kam daher schon im April 1938 nach Graz, er wohnte im Parkhotel, direkt vis-à-vis vom Palais Meran. Selbst mein Physikprofessor, ein kritischer Mensch, ist damals die ganze Nacht mit ›Heil‹-Rufen durch Graz getaumelt. Später hat er sich vor seine Klasse gestellt, hat laut gebetet und gesagt: »Wie ich sowas machen konnte, kann ich selbst nicht begreifen.« Im Park des Palais lagerten hunderte schwarz uniformierte SS-Männer als Leibwache, wir mußten ihnen Wasser bringen. Das Palais mußte geschmückt werden mit Reisiggirlanden und einer roten Hakenkreuzzunge unter jedem Fenster. Herr Erhard kümmerte sich um die Dekoration. Hinterm Gitterzaun drängten sich Hunderte, sprangen wie Affen und brüllten: »Wir wollen unseren Führer sehn« oder: »Lieber Führer, sei so nett, zeig dich mal am Fensterbrett«. Großmama stand am Fenster und sprach so laut sie konnte (trotzdem unhörbar): »Eins, zwei, drei, nieder mit der Hitlerei.« Einer der Einpeitscher am Zaun war Onkel Karl, Mamas jüngster Bruder. Der hatte sich schon als Schüler den Nazis angeschlossen, war beim Juliputsch 1934 dabei, flüchtete nach Deutschland und trat aus der Kirche aus. (In Brandhof mußten wir immer für ihn beten, daß er wieder brav würde.) Jetzt war er bei den Siegern. Er benahm sich am allerwildesten, affenartigsten hinterm Eisenzaun. (Später, im Krieg, – er war inzwischen beim SD, der Spezialformation der SS – mußte er den Großmufti von Jerusalem bewachen, der nach dem ›Endsieg‹ das muslimische Palästina zu einem deutschen Satelliten machen sollte.) Onkel Karl war mir der liebste Onkel (ich mußte nur von seinem Nazitum absehen), gescheit, witzig – ich versteh's nicht. Nach dem Krieg, 1945, wurde er eine Zeitlang in Glasenbach bei Salzburg eingesperrt, dann heiratete er und wurde wieder katholisch.

Bei uns in der Familie wußte man nicht recht, was aus diesem ›Umsturz‹ (so wurde der ›Anschluß‹ Österreichs genannt) werden sollte. Tante Isabelle und ihre zwei Buben haßten die Nazis, Papa war indifferent, Mama war dagegen. Aber plötzlich gab es Arbeit, die deprimierende Arbeitslosigkeit war zu Ende: Autobahnbau, Stahlindustrie, Rüstung ... wir verstanden nicht wirklich, um was es ging, nur, daß überall auf ›die Juden‹ geschimpft wurde – in der Schule, auf Plakaten etc., weit über den alten, ›harmlosen‹ Antisemitismus hinausgehend (auch in Papas Operetten waren ja die komischen Figuren meist Juden).

René und Alice mußten gleich zu HJ (Hitlerjugend) und BDM (Bund Deutscher Mädel). Alice schaffte es ohne Uniform, wie? Ich mußte erst ab meinem 10. Geburtstag 1939 zur HJ. Der Dienst war im ›Pestheim‹, dem Pestalozzi-Waisenhaus, Mittwoch und Samstag, er war Pflicht, denn wir waren per Reichsgesetz Mitglieder der Hitlerjugend! Gegner dieser totalitären Maßnahme hatten lebensgefährliche Sanktionen zu erwarten, Kinder wie Eltern. Man mußte lernen, in Marschkolonne zu marschieren, die Unterführer brüllten ihre Kommandos heraus.

Mein Jungzugsführer (grüne Schnur) war ausgerechnet Rolf Ostheim, der beim ersten Dienst eine zackige Ansprache an die 40 Zehnjährigen hielt. »Ich bin Rolf, man nennt mich Nuggl, und das ist mein persönlicher Adjutant Willi Wertheimer« – ein blonder drahtiger Bub, zwei Jahre jünger als Rolf und hervorstechend zackig. Immer wenn Juden oder Amerikaner oder dann Russen verspottet werden sollten in Sketches, war er der Aggressivste. Xandi Götz – vom Kindergarten Tante Renatas – tat sich brutal hervor, auch als HJ-Führer und blutiger Schläger bei den gefürchteten ›Geländespielen‹. Ich kann mich noch an die Bücher erinnern, an die weltanschauliche Schulung. Wenn ich heute irgendeinen Film über diese Zeit sehe, kann ich nicht abschalten, ich merke jeden Uniformfehler und jeden Textfehler der Lieder. Die Riten von Feiern hatte man dermaßen verstanden, sie konnten Leuten, die überhaupt nichts damit zu tun hatten, Begeisterungsschauer über den Rücken jagen.

Ich wurde wegen ›Reinrassigkeit‹ und blauer Augen ganz schnell als ›Führeranwärter‹ ausgewählt. Da hatte ich Ausbildungslager am Packer Stausee. Später in Radegund mußte ich einmal der angetretenen Einheit ein Lied anstimmen: »Es klappert der Huf am Stege ... drei, vier ...« Keiner singt! Was habe ich schon wieder falsch gemacht? »Es klappert ... es klappert ...« Alle lachen mich aus, armselig errötet stand ich da – das war mein erstes Dirigieren! Weil ich der Kleinste und Jüngste war, durfte ich mir beim Boxen (das gehörte wie Schießen zur Ausbildung) den Gegner aussuchen. Ich wählte einen strahlend Blonden, der irgendwie human und nett aussah – der drosch mich erbarmungslos zusammen. Bei der ›Mutprobe‹ ging's schon besser – ich war ja gewöhnt, irgendwo aus dem Fenster zu springen, beim Baumkraxeln herunterzufallen oder solche Sachen, dabei brach ich mir öfters Knochen oder zerrte Muskeln und Sehnen. Mama mußte gar nicht mitgehen: ich wußte die Wege zum Anna Kinderspital (von Ururgroßmutter Anna Plochl gegründet) in der Heinrichstraße, dann zum Chirurgen Dr. Schäfer, auch zur

Schwester Walfrieda, er kannte mich schon, gipste ein oder schnitt auf, Verband und fertig.

Aber in Radegund wars anders: vormilitärische Schulung, alle 120 Buben auf den Wasserbehälter am Schöckelhang, vorne 4 m hinunter, von hinten begehbar: wir stehen oben – der SS-Ausbildner schreit: »Wer traut sich nicht, da herunterzuspringen?« Einer hebt die Hand: ich! Stolz denke ich, springen jederzeit, aber nicht auf Kommando (wenn auch alle, ich nicht!). Beim Fahnenappell abends, Formation in U-Form, muß ich vortreten und alle brüllen im Sprechchor: »Feigling!« Da war ich auch stolz (selten genug) – es hätte mich demütigen sollen.

Apropos Willi Wertheimer: ca. 40 Jahre später, wir hatten am 1. Dezember 1976 ein Konzert in Basel, da funktionierte etwas nicht mit dem Cembalo. Ein älterer Herr – der Direktor des Konzerthauses – kam herein, schaute mich an: »Kennst mi net?« – »Keine Ahnung.« – »I bin der Willi Wertheimer!« – »Was, der Obernazi?« – »Ich bin kein Nazi, ich bin Jude. Die Ostheims haben mich, den Halbjuden, unter Lebensgefahr durch die Nazi-Kriegszeit gelotst und gerettet, auch dein Papa hat geholfen; nur der Xandi Götz hat mir fast das Genick gebrochen!« Unglaublich!! Ich erinnere mich genau, wie Wertheimer den fanatischen Hitlerjungen gespielt hat. So etwas gab's also auch! Wenn das aufgeflogen wäre, wären alle Beteiligten umgebracht worden.

Tante Isabelle und die Nazis

Das einschneidendste Erlebnis in der Nazi-Zeit war die Verhaftung Tante Isabelles. Onkel Hubert war 1914 direkt von einem Tennisturnier zum Militär eingezogen worden, überlebte die russische Offensive in Galizien zwar, war aber schwer angeschlagen durch Ruhr und andere Krankheiten; kaum war er einigermaßen wiederhergestellt, mußte er wieder ins Feld, er war bald sehr entkräftet. Da war die Hochzeit 1918 mit der offenbar kraftvollen und optimistischen Tante Isabelle wohl ein Rettungsanker. Bis zu seinem frühen Tod 1924 scheint er sehr glücklich gewesen zu sein. Tante Isabelle hatte dann ein hartes Leben als Witwe, nur unterstützt von ihrer Mutter und Marie, der originellen tschechischen Hausgehilfin. Sie war die gesinnungsstärkste und mutigste Nazi-Gegnerin der ganzen Familie. Ihr Rückgrat und ihre Kompromißlosigkeit – trotz der Sorge um die beiden Söhne – wurde nicht immer verstanden. Sie war eine echte Heldin und ein Vorbild für uns alle.

Sie hatte natürlich weiter mit ihren geflüchteten jüdischen Bekannten korrespondiert, und sie hörte selbstverständlich – wie sie sagte – englische Radiosender. Das eine wurde durch die Briefzensur, das andere durch den Hausmeister (Schumanngasse) ›aufgedeckt‹, der sie dann angezeigt hat. Beim Prozeß vertrat sie tollkühn ihr Tun.

Hier auszugsweise ihr eigener Bericht, 1945 an ihre Freundin Marga M. Simson gerichtet:

»Am 12. Mai rief mich Dr. Thayer (PG und Hasenfuß) an: die GESTAPO würde auch zu mir kommen ... ich rannte zum Schreibtisch und zum Ofen (Papiere verbrennen) ... an Ebi *(Sohn Eberhard)* im Feld: ›Thank God, I have only a fourth of blood of this idiotic (deutschen) race and you have still less ...‹ Am 15. Mai klingelts: ›Hier Geheime Staatspolizei!‹« Sie fanden diesen und einen anderen Brief, in dem sie voll Begeisterung über antideutsche Ausschreitungen in Wien berichtet: »Der Pöbel zertrümmerte das Auto von Baldur von Schirach und zerschnitt die Pneus ... und jeder, bei dem man vermutete, daß er aus dem Altreich sei, wurde aus der Tram herausgeschmissen. Desgleichen erzählten Bekannte, daß sie es selbst anhören mußten, wie Emmy Göring in der Wiener Oper ausgepfiffen wurde. In Graz sind wir leider noch nicht so weit.« Auch berichtet sie von den Verbrechen an Juden im Osten, wobei sie mit den Worten schließt: »Es ist nicht eine Ehre, ein Deutscher zu sein.« Im Zuge der weiteren Ermittlungen gegen sie werden auch Briefe an ihre an der Front stehenden Söhne entdeckt, in denen sie ihnen Nachrichten, die sie vom Londoner Sender hat, weiterleitet. Wegen »Volksverrat durch Lügenhetze und wegen Rundfunkverbrechen« wird sie schließlich vom Volksgerichtshof in Berlin am 24. Juni 1942 zu 10 Jahren Zuchthaus verurteilt. Im Urteil heißt es, daß »diese unwahren

Behauptungen ... geeignet sind, eine schwere Gefahr für das Ansehen des deutschen Volkes und Reiches herbeizuführen. Die Gefahr ist auch tatsächlich eingetreten, denn die jüdische Emigrantin Simson hat die Falschmeldungen, die ihr von Bedeutung erschienen, sogar abgeschrieben.«

Diese Briefe spielten dann in ihrem Prozeß eine Hauptrolle:

»... mich nahmen sie mit (Mama und Marie waren erstarrt vor Entsetzen) ... der Kerl brüllte mit mir ... ich sagte: ›Hitler, den kann ich nicht leiden!‹ ... er schrie und schrie ... Herr Blümel sagte: ›Inspektor, überlassen Sie mir diese Frau.‹ ... ich wurde in Zelle 6 gesperrt ... er begann mich mit dem Radiohören zu sekkieren ... ich glaube, daß es selten vorkommt, daß man mit der Gestapo so offenherzig war wie ich; am dritten Tag, der schlaue Hund: ›Sie können sagen, daß Sie Auslandsradio gehört haben, Sie sind so schwer belastet, daß es keinen Unterschied macht.‹ ... ich sagte ihnen glatt, nur die Gestapo werde schuld sein, daß das 3. Reich zugrunde gehen werde ... er machte mir ein Kompliment: ›Sie sind ein Charakter!‹ ... ich weinte zum ersten Mal. Diese Umgebung: Mörder, Diebe, Dirnen! ... der Untersuchungsrichter war ein anerkanntes Schwein ... ich wurde in den Keller gesperrt ... Man hatte bei Ebi im Feld – o unvorsichtiges Kind! – alle meine Briefe gefunden ... ein kleiner Preuße, mein spezieller Feind, ihm habe ich es zu verdanken, daß ich ›Landesverrat‹ bekam, die Gestapo hatte mich nur für ›Heimtücke‹ eingeliefert ... (zu Herrn Blümel:) ›Sie haben mir eine Gefälligkeit erwiesen ... und wenn sich die Zeiten ändern, kann ich vielleicht was für Sie tun.‹ ... nach 6 Monaten durfte Mama *(Mutter Bissingen)* mich besuchen ... am 30. März: ›Auf Transport!‹ ... am 1. April kam ich in Berlin an – feiner Witz, 1. April! ... Moabit ist feudal ... sonnige Zelle, Einzelhaft ... auf meinem Gang nur Landesverräter, lauter schwere Fälle ... alle Tage Todesurteile ... am 9. April 1942 Verhandlung: ›Ihre Sache steht sehr schlecht‹, das hieß Volksgericht! ... im schmutzigen Keller Wände voller Namenszüge und Todesurteil, Todesart ... 15, 20, 25 Jahre usw ... um 11.30 begann die Verhandlung = farce à la Molière! Die Richter in Rot wie Kardinäle ... Es dauerte bis 3 Uhr ... ›Halten Sie den Mund! Antworten, wenn man fragt!‹ usw ... wurde als ›Abschaum der Menschheit‹ betitelt … ein glücklicher Zufall: Ebi war gerade in Berlin … ich durfte ihn nachher sehen … der Richter, der miese Knopf vom 5. Senat, vor meiner Verhandlung sprach er 5 Todesurteile … (über mich:) ›Da schreibt eine Katholikin einen Brief, gibt ihn dem protestantischen Pfarrer – und der bringt ihn dem Juden. Typisch!‹ … der Staatsanwalt sah so fabelhaft aus, daß es mir geradezu leid tat, ihn hassen zu müssen … am Gang sah ich Ebi und flüsterte ihm zu: ›10 Jahre, bissel viel!‹ … und der Anwalt: ›Seien Sie froh, daß Sie ihren Kopf behalten haben!‹ … ich werde bis Kriegsende sitzen … Aber der liebe Gott hat es gut gemeint, denn wäre ich herausgekommen, hätte mich die GESTAPO als ›Politische‹ sofort ins KZ gesteckt … eines Tages: ›Auf Transport!‹ – der Schrecken aller Zuchthäusler. Von Berlin bis Bayern 10 Tage … der Mensch hält ja mehr aus als das Vieh … in Aichach um 9 Uhr abends … 378 Zellen für Einzelhaft! … habe geglaubt, der Lärm würde mich wahnsinnig machen: alle Weiber in Holzpantinen, alle Kommandos durchs ganze Haus gebrüllt, schrille Klingeln … Behandlung nicht schlecht, wenn man sich ans Anschreien gewöhnt hat … Bücher: ›Mein Kampf‹ (v. A. Hitler) … ich habe mich selten so gut unterhalten! … der Anstaltsarzt mit einem großen, auf Menschen dressierten Hund war ein SS-Scherge … dann wurde ich zu einer Sadistin in die Zelle gesperrt … unser Weihnachtsfest 1943 war fantastisch, natürlich heimlich … im Juli 1944 nach Kolbermoor … da gab es nur Stacheldraht, unsere Leiden waren auf KZ eingestellt … am 24. April 1945 wieder: ›Auf Transport!‹ … am 4. Mai um 10 Uhr abends kamen die Amerikaner, wir waren befreit!!«

Zwischen den Zeilen steht noch viel unausgesprochenes Leid … Angst und Sorge um die Buben und ihre Mutter … Körperlich angeschlagen, geistig ungebrochen, kam sie zurück. Endlich, 1946 bekam sie wieder ihre kümmerliche Trafik (damals auch ›Tabakregie‹ oder ›Tabak-Verschleiß‹ – solche Schilder fand man noch in den 50er Jahren) vom Kriegsopferverband, weil ihr Mann Offizier gewesen war.

In der Goethestrasse

Bei uns zu Hause, in der Goethestraße, wurde immer heftig diskutiert, vor allem mit Papa, der meine häufig extremen Ansichten nicht akzeptierte. Manchmal konnte er sich richtig aufregen. Ich hatte im Bücherschrank die ›Kulturgeschichte der Neuzeit‹ von Friedell entdeckt und darin gelesen; seine Denkweise überzeugte mich schon im Vorwort – toll, genauso denke ich! – und ich sagte zu Papa bei der nächsten Auseinandersetzung: »Das kann nicht falsch sein, das schreibt sogar der Friedell!« Da wurde er etwas unsicher oder verkrampft ... »Der Friedell ist ein Journalist, den kann man nicht ernst nehmen ... und außerdem hast du das Buch nie gesehen und den Namen nie gehört, verstehst du mich!« Ich spürte, das war ihm ernst, die Diskussion war weit weg, alles war wie versiegelt. Und er nahm die drei grünen Bände und stellte sie wieder in den Bücherkasten – und ich studierte sie fasziniert und begeistert bis zur letzten Seite, aber ich sprach nicht mehr davon. Nach dem Krieg wußte ich es: Friedell war ein Jude (er hatte sich in Wien aus dem Fenster gestürzt, als die SA-Männer sein Haus betraten) – wenn ich in der Schule oder sonstwo seinen Namen genannt hätte, wäre am nächsten Tag die Gestapo bei uns gewesen. Noch heute sehe ich Friedell als meinen großen Lehrer. Die drei grünen Bände stehen bei mir in der Bücherstellage.

Der Krieg war für uns weit weg, aber das Leben war für alle ärmlich. Man brauchte nicht viel Geld, weil es nichts zu kaufen gab. Alles war genau rationiert: ohne Lebensmittelkarten bekam man nichts, nicht das kleinste Stückchen Brot; Kleiderkarten, Bezugsscheine für Metall ... Fast alle einigermaßen gesunden Männer zwischen 17 und 45 Jahren wurden zum Militär eingezogen, ihre Arbeitsstellen wurden von Frauen oder von Kriegsgefangenen eingenommen. Frauen waren Polizistinnen, Eisenbahn- und Tramwayschaffnerinnen, fuhren Lastautos, arbeiteten in Fabriken, machten die schwere Bauernarbeit (manche Bauern hatten Franzosen oder Ukrainer als Knechte, auch in Brandhof gab's Ukrainer).

Papa hatte die Arbeit von mehreren Leuten zu erledigen, er war ›uk‹ (unabkömmlich), konnte nicht zum Militär geholt werden.

Natürlich komponierte er in seiner Freizeit: eine Cellosonate für mich, Kammermusik für uns alle, wobei er das Können von jedem berücksichtigte (das kleine und das große Quartett und einige Lieder). Alice spielte Klavier (nicht toll), René Bratsche, ich Cello, Pilli Klavier, später auch Geige, und die Kleinen waren noch für nichts, auch nicht sehr ehrgeizig. Oft spielte Papa am Sonntag oder abends Klavier – vorm Krieg eher die von Onkel René geschickten Sachen von Gershwin oder die Lieder von Leopoldi (einem geflüchteten jüdischen Kabarettmusiker): ›Schön is so a Ringelspü‹ oder ›Warum spült bei die Schinkenfleckerl alleweil des Fleisch Versteckerl‹ oder ›I bin a stülla Zecha‹, aber auch eigene Sachen wie ›Kunerol‹, ›Der Graf, der Wimpffen kommt‹, ›Kyrie eleison heißt mei feins Weib‹, ›Am Nil‹, ›Servus Brezina, hat er zu mir gsagt!‹, natürlich auch Arien aus seinen Opern und Operetten. Sein Repertoire war unerschöpflich.

Ich kapselte mich ab, so gut ich konnte, nach allen Seiten. Schule: nur das Nötigste, keine Hausaufgaben – die schrieb ich, wenn's sein mußte, in der Schule von meinem Nachbarn ›Stoni‹ ab; Cello: jeden Tag eine halbe bis eineinhalb Stunden üben, HJ (Mittwoch und Samstag, da kam man ja nicht aus). Ich richtete mir im Badezimmer eine Art mobile Werkstatt ein, da verbrachte ich jede freie Minute: meistens Schiffsmodelle (Maßstab 1:200), dazu beschaffte ich mir Pläne von der deutschen Kriegsmarine. Ich war so genau, daß sogar der von mir auch handwerklich bewunderte Papa sagte, das könne er nicht. Auch Mama war beeindruckt. Wenn Gäste kamen, mußte ich immer ›Schiffe herzeigen‹, da renommierte sie mit mir. Wenn Papa zu Hause war, mußte ich mit ihm eine Cellosonate von Beethoven oder von ihm vorspielen.

Mein Cellounterricht war jetzt anders organisiert. Prof. Kortschak wurde Direktor der Taubstummenanstalt und ich kam ans Konservatorium in die Griesgasse zu Prof. Wolfgang Grunsky (aus Köln). Man wollte in Graz ein Zentrum der Musikerausbildung schaffen, die ›Reichshochschule für Musikerziehung‹ im Schloß Eggenberg mit einem deutschen Rektor, Felix Oberborbeck (ein Obernazi, oft in SS-Uniform). Dahin übersiedelte Grunsky mit seinen besten Schülern (darunter ich). Bei einem Vortragsabend im Stefaniensaal 1942, wir spielten eine Marcello-Sonate, Pilli Klavier, bekam ich meine erste Kritik: »Öffentlicher Vortragsabend ... zeigen, was sie gelernt haben ... man hört Orgel, Klavier, Geige, Flöte ... Ein Schüler am Cello fiel durch füllige Tongebung, rhythmische Sicherheit und die Gabe musikalischer Einfühlung auf ...«

Dann, 1943 oder 1944, gab's den ›kulturellen Wettbewerb der Hitlerjugend‹ in ganz Deutschland. Da wurde ich – wieder mit Pilli als Begleiter – Gebietssieger (Südost-Steiermark) und durfte oder mußte im Stefaniensaal auftreten! Toll! (50 Jahre später grinste mich das alte Podium vertraut an.) Aber abgesehen von diesen Erfolgen wurde mein Treiben eher mißtrauisch beäugt: »Schulaufgaben gemacht? Cello geübt?« – »Ja«, log ich regelmäßig. Ich kann mich nicht erinnern, je eine Aufgabe zu Hause gemacht zu haben. Meine Schulhefte beweisen das: da ist nur die erste Seite ordentlich, dann Geschmiere vom Unterricht und jede Menge Karikaturen der Professoren und der Kollegen. Die mußte ich oft herausreißen, weil sie von den Mitschülern gesammelt wurden.

Bei den Sprechtagen war Mama immer ganz verzweifelt: »Beim Pilli ist alles korrekt, keine Klagen ... aber bei dir, da sind sie ganz entsetzt über dein Desinteresse: keine Mitarbeit, keine Hausaufgaben!« Immer wenn etwas gezeigt werden mußte, log ich: »Zu Hause vergessen!« – »Dabei wäre er ja gescheit«, klagten sie. Ich hatte eigentlich immer, jeden Tag, Angst, geprüft zu werden, aufzufliegen oder gar durchzufallen; aber ich hatte nie ein schlechtes Gewissen – auch nicht wegen der dauernden Lügerei. Mir ging es nur um Zeitgewinn. Normalerweise stand ich in der Früh im letzten Moment auf, um gerade rechtzeitig in die Schule zu kommen, um 8 Uhr wurde der Haupteingang zugesperrt! Wer zu spät kam, mußte läuten und durch die Direktion gehen. Mit dem Verweigern der Hausaufgaben quetschte ich mir meine kostbaren ›Arbeits‹-Stunden am Nachmittag heraus – aber am Sonntag! Da stand ich um 5 Uhr früh auf, ministrierte die erste Messe und stürzte mich auf meine Schiffe (manchmal waren es auch Segelflugzeuge, zuerst kleine und als Krönung zuletzt das ›Entenflugzeug‹ mit über 2 m Spannweite; das flog ganz toll!). Papa ging oft mit den Kindern in die Umgebung von Graz:

Plabutsch – Schöckel – Platte, da drückte ich mich, da konnte ich ›arbeiten‹. Luisi mochte das überhaupt nicht: »Knechtliche Arbeit am Sonntag ist Sünde«, aber die Schiffe bewunderte sie auch.

Ich benützte Papas Werkzeug und ergänzte es mit feinen eigenen Eroberungen. Ich hatte ja keinen ›Eisenschein‹, aber ich freundete mich mit Herrn Zamek an, der eine ganz alte Eisenhandlung in einem Keller hatte, da gab es tolle Sachen, die er mir ohne ›Schein‹ verkaufte. Das Geld dafür mußte ich ›verdienen‹ oder sparen: wir bekamen ja ab ca. 6 Jahren ein winziges Taschengeld; das mußten wir monatlich abrechnen (auf den Groschen, ab 1938 auf den Pfennig), auch Schreibzeug und Schulhefte mußten wir davon bezahlen. Papa war sehr streng, wenn was nicht stimmte, wurde etwas abgezogen im nächsten Monat. Erspartes Geld durfte man ›privat‹ verwenden; außerdem konnte man durch außerordentliche Arbeiten (Holz hacken, Geräte reparieren etc.) etwas verdienen.

Jeder von uns sparte auf ein Fahrrad. Papa hatte für jeden eine raffinierte Tuschzeichnung gemacht mit so viel Feldern, wie ein Rad kostete. Beim Einzahlen mußte man rot für »gesch.« (geschenkt) und blau für »verd.« (verdient) ausmalen. Wenn alles voll war, wurde ein ganz einfaches Rad gekauft. Fahren durfte man ab 10 Jahren, Papa übte mit uns auf der Goethestraße vorm Haus, es war ja eine unbefahrene Sackgasse.

Ja, wie waren wir überhaupt vom Palais weggekommen? Kurz nach dem ›Anschluß‹ (Frühjahr 1938) verkaufte Großpapa Meran das Palais. Ich bin sicher, daß er von den Nazis dazu gepreßt worden war, es war immerhin von seinem Großvater, Erzherzog Johann, für die Familie gebaut worden! Ins Palais kam das Finanzamt. Die Merans bekamen ein kleineres Haus in der Elisabethstraße, mit einem Garten, der bis zur Leechgasse ging; wir bekamen eine Wohnung in der Goethestraße 47 (1. Stock). Eine traurige Übersiedlung. Tante Renata war uns da sehr behilflich. Wir erinnern uns noch, wie am 13. Dezember 1938 die schweren Pferde der Spedition Pötsch & Rössler an dem 8-m-Möbelwagen zogen. In der ersten Nacht fiel der kleine Franzi aus dem Bett und brach sich das Schlüsselbein, er bekam einen ›Rucksackverband‹.

Ich glaube, es war im Winter 1941/42, da war ich dauernd krank – ob das immer echt war oder auch die unendliche Langweiligkeit der Schule eine Rolle gespielt hat? Immer wieder hatte ich ›Fieber‹, schließlich fand Dr. Schäfer, man könnte ja den Blinddarm herausnehmen, der kann leicht die Quelle des Übels sein. Also lag ich im Spital, neben mir ein blasses achtjähriges, sehr herziges Mädchen, die ›Putzi‹. Ihr Vater war Polizist und mußte Suaheli lernen, weil damals die Deutschen meinten, bald das ganze Mittelmeer und Nordafrika zu beherrschen; diese Sprache wird ja angeblich von der Küste fast bis zum Äquator verstanden, und Polizisten wird man dort brauchen. Putzi ist acht Tage später gestorben.

Nach meiner Genesung wurde ich zu Tante Marianne nach Glanegg auf Erholung geschickt. Sensationell Onkel Fritz' Klo aus rotem Untersberg-Marmor, das nur er benutzen durfte. Ich bewunderte die Cousinen Manni und Laja, die so fesch waren, daß sie deutsche Prinzen angelten; die waren natürlich Offiziere. Der Lebensstil der Mayr-Melnhofs war ganz anders als der der Merans oder Harnoncourts, viel spektakulärer. Es gab offenbar verschiedene Arten von Adeligen. Als es mir schon besser ging, durfte ich mit dem Förster Klingler auf zwei Tage auf den Untersberg steigen; in der Hütte zeigte er mir, wie man nur mit Wasser, Mehl und Butter ein ›Muas‹ macht, köstlich!

Zurück in Graz: ich hatte vier Monate Schule verloren, durfte aber versuchen, das Jahr zu retten. So ging ich täglich zu einem grauslich stinkenden Ehepaar Münster, die mir halfen, mich von Fach zu Fach, Prüfung zu Prüfung heranzuarbeiten. Es gelang – alle zu Hause bewunderten mich. Es war das einzige Jahr, in dem ich ein gutes Zeugnis bekam. Im Sommer wurde ich auf einige Wochen zu Tante Lori nach Grundlsee geschickt, oder hat sie mich speziell eingeladen? Ich weiß den Grund nicht mehr, weil ja alle anderen nach Brandhof fuhren; es war aber sehr schön und interessant für mich. Ich wohnte in der ›Hutschachtel‹, dem kleinen Zimmer unterhalb des Giebels. Ein echtes Refugium. Philipp Kesselstatt, der gerade mit einer halben Lunge (er hatte Tuberkulose) aus Davos in sein Haus zurückgekommen war, mußte zum Fischen gerudert werden, außerdem lernte er beim Maler Hanns Kobinger Aquarellieren, und ich war eines der

Portraitübungs-Opfer. Die Landschafts-Mal-Expeditionen fand ich interessant. Kobinger war ein toller Maler und ein Urviech, seine Frau war Pianistin – sie stanken, weil sie sich nie wuschen, auch ihr grauslicher Hund ›Zuckerbärli‹ und also das ganze Haus stank furchtbar. Ein paar Jahre später malte Kobinger die Bühnenbilder für mein Marionettentheater.

Durch Tante Lori lernte ich 1944 Michael Kehlmann (den Vater des Schriftstellers) kennen. Er lebte irgendwie im Untergrund, mit ihm war eine hochgebildete alte Lehrerin. Er konnte vieles von Shakespeare auswendig, wir waren ein paar Wochen dauernd beisammen – ich hatte nie einen engeren Freund. Einmal machten wir eine Bergtour zum Lahngangsee und zu den Salzöfen. Die Gespräche bei den Rasten waren so interessant, daß wir die Zeit übersahen – es wurde dunkel. Zuerst versuchten wir einfach ›wild‹ hinunterzugehen, dann wurde es in den Felsen zu gefährlich, wir setzten uns hin und diskutierten bis zum Tagesanbruch. Um ca. 5 Uhr früh waren wir im Meranhaus. Niemand hatte sich Sorgen gemacht: »Sie werden schon kommen« – es stimmte.

In Graz gab's kein Entkommen; weil ich musikalisch war und weil Ducky Wickenburg dort Führer war, kam ich zum Gebietsfanfarenzug (Südost-Steiermark 545), der ›Dienst‹ in der Hochsteingasse (Richtung Andritz) war sehr streng. Wir wurden bei großen Feiern, Aufmärschen und Kundgebungen eingesetzt (am GAK-Platz 30 000 Menschen!), mit ›ergreifenden‹ Umspielungen der Nazi-Festgesänge. ›Landsknechtstrommeln‹ wurden dazu geschlagen. Zu Hause durfte ich nur im Kleiderschrank Fanfare üben. Nach ca. einem Jahr bekam ich einen Blähhals oder Kropf (man sagte, vom Luftpressen) und mußte aufhören.

In dieser Zeit habe ich mich mit Karli Wucherer angefreundet. Seine Mutter war mit Mama gut bekannt, eine auffallende, glutäugige, wilde Frau, die mit den katholischen Frauen – irgendeine Organisation, zu der wohl auch Mama ging – im Sacré Coeur Zusammenkünfte hatte. Da spielten sie auch Theater, etwa ein antikommunistisches Stück aus dem Spanischen Bürgerkrieg. Zur Aufführung wurden wir Kinder mitgeschleppt, Lily bekam sogar eine kleine Rolle: »Meine Puppe heißt auch Rosa.« Die Baronin Wucherer hatte drei Kinder: Edmund, Karli und Margret. Ihr Mann hatte so einen schlechten Ruf, daß man nicht über ihn sprach. Margret heiratete später den Cousin Hubert.

Karli war ein kühner Bursche, der die Nazis von innen bekämpfte, er war auch Chemiker, etwa ein Jahr älter als ich, wohnte in der Muchargasse und hatte eine Gummischleuder gemacht, mit der er zum Beispiel faule Paradeiser bis zur Tramwayhaltestelle in der Körösistraße schießen konnte. Diese Aufregung! Und man fand nie heraus, wo der ›Platsch‹-Regen herkam. Außerdem: am Jakominiplatz war ein erbeuteter (russischer) T-34-Panzer aufgestellt. Karli hatte bei Nacht die Luke geöffnet und die Funkausrüstung entwendet ... Einmal ist er auf einen Militärzug der Eisenbahn aufgesprungen und hat während der Fahrt in einem Wald bei Feldbach ein paar Paks (Panzerabwehrkanonen) heruntergeschmissen und versteckt (für den ›Endkampf‹). Dieser kühne Karli wollte mit mir gemeinsam die Flugzeugfabrik Thondorf lahmlegen durch Vernebelung – das könnte vielleicht den Krieg beenden! So mixte er zwei große Kanister Nebelmasse und wir radelten an einem Sonntagnachmittag gemeinsam »Segelflugzeuge fliegen lassen«. Das taten wir in Autal, Pilli mußte vor einer Scheune Wache halten und pfeifen, wenn's gefährlich würde. Als es dämmerte, wollten wir nach Thondorf fahren, da hatte mein Rad einen Patschen, ich pickte ihn, wieder ging die Luft aus, ich schüttete Milch, vom Bauern geholt, hinein, um abzudichten – wie bei einem Sieb zeigten sich hunderte Blasen; der Reifen war porös (hat uns der liebe Gott gerettet?). So mußten wir zu Fuß schiebend den Heimweg antreten, geschlagen. Was Karli uns da erzählt hat und vorsang in diesen fünf Stunden, ist nicht wiederzugeben, moralisches Staatsgeheimnis.

Das Schnitzen, das ich in Brandhof (ca. 1938) begonnen hatte, versuchte ich auf einem höheren Niveau fortzusetzen, dafür besorgte ich mir Lindenholzstücke (Abfälle). Es gab jetzt einen neuen Anstoß: irgendwie war mir Kleists kurzer Aufsatz ›Über das Marionettentheater‹ in die Hände gekommen, da ist faszinierend beschrieben, wie alles durch die Schwerkraft und die Pendelbewegung bestimmt wird. Ich probierte herum (ohne je eine Anleitung oder ein Vorbild gesehen zu haben) und wollte, so gegen 1943, unbedingt Marionetten machen, vielleicht sogar ein richtiges Theater. Das verdrängte fast die Schiffe – meine bisherige Haupt-›Arbeit‹. Die wurden zwar stolz von der HJ ausgestellt, aber je weiter der Krieg fortschritt, desto weniger interessierten mich diese modernen Kriegsmaschinen. Vielleicht waren ältere Schiffe interessanter, also baute ich Papas Kreuzer ›Helgoland‹ und sein U-Boot 28. Dann aber als Endpunkt den ›Adler von Lübeck‹, ein Hanseschiff aus Holz aus dem 16. Jahrhundert mit Segeln (das steht jetzt hier im Bügelzimmer). Jetzt gab's für mich nur noch die Marionetten.

Das alles sieht so aus, als würde nicht der Krieg mit seinen entsetzlichen Auswüchsen alles beherrschen. René war mit 18 zum Militär geholt worden – wie man *den* mit all seinen psychischen und körperlichen Leiden (eine Gehirnhautentzündung als Kleinkind, bei der Arbeit in der Sonne schlagartige Ohnmacht, ständige Behandlung durch Neurologen, regelmäßige Lumbalpunktion; wir Geschwister hatten den Eindruck, daß er keine Schmerzen empfand: zum Zahnarzt ging er gerne, »weil der Bohrer so kitzelt!«) einberufen konnte, unbegreiflich. Er wird Funker, brillant beim Morsen. Der so Hitzeempfindliche wird noch als ›afrikatauglich‹ erklärt! Kommt schon stolz in der Tropenuniform auf Urlaub. Dann wurde Nordafrika aufgegeben und er wird im Frühjahr 1944 nach Rußland geschickt. Dort muß er beim Rückzug Unvorstellbares erlebt und womöglich mitgemacht haben: Erschießungen, Niederbrennen ganzer Dörfer mit den Menschen im Sinne der propagierten ›verbrannten Erde‹ (diese Erlebnisse treiben ihn in die Schizophrenie und verfolgen ihn bis zu seinem Tod). Schließlich wird er, als Artilleriebeobachter auf einem Baum zwischen den Fronten, von einem Schrapnell getroffen (am 20. September 1944) – seine ganze linke Körperhälfte von Kopf bis Fuß von Splittern durchsiebt. Er liegt halbtot, vielleicht haben seine Kameraden von weitem gesehen, wie er vom Baum herunterfiel. Einer ging oder kroch todesmutig über das freie Feld einige hundert Meter zu ihm – mitten durch das MG-Feuer – und schleifte ihn hinter die

Linie. Der hat ihm das Leben gerettet unter Einsatz seines eigenen. So habe ich Renés Bericht in Erinnerung.

Im Frontlazarett wird sein Kopf behandelt (das linke Auge ist eine einzige Wunde), dann sagt die Schwester, er solle aufs Klo gehen, und er bricht neben seinem Strohsack zusammen. Die hatten nicht bemerkt, daß Schien- und Wadenbein des linken Fußes durchschossen waren (er hatte offenbar nichts von Schmerzen gemeldet!). Als er endlich im Lazarett in Glatz (Schlesien, heute in Polen) lag, wollte Mama zu ihm fahren. Papa verlangte, daß ich (14jährig) sie begleite zu ihrem Schutz. Eine abenteuerliche Bahnfahrt durch Böhmen, mit vielen Stopps (Tiefflieger: »Alle auf den Bahndamm!«, Bombentrichter, Fußmarsch), ich habe eine Landkarte und halte mich an die Himmelsrichtungen – nach Norden wohl in groteskem Zickzack, wie eben Bahnlinien verliefen und wo noch Züge fuhren, natürlich ohne Fahrplan. Schließlich, nach drei Tagen in überfüllten Zügen, sogar die Puffer waren besetzt, sind wir am kleinen Bahnhof. Mama telephoniert, es kommt ein Pferdewagen mit Kutscher und führt uns zum Schloß des Grafen Magnis – dort scheint alles wie im tiefsten Frieden. Ich zeichne beeindruckt die Bronze-Türschnallen, kleine Skulpturen. Mama sagt: »In Schlesien gibt's die besten Würste.« Essen (wie im Himmel) mit Bedienung. Am nächsten Tag nach Glatz: René, dick verbunden, blinzelt uns mit dem rechten Auge an, zufrieden und heiter, gut betreut. Wir bleiben zwei Tage, nächtigen und essen im Traumschloß der Magnis, dann Rückreise wie die Hinfahrt.

In Graz spürte man seit 1943 schon den Krieg. Die USA-Flieger griffen oft an, Alarmsirenen: alle in den Luftschutzkeller. Ich mußte mit dem Rad zum Hilmteich und auf den Berg rennen und die Stiegen der Hilmwarte hinauf. Oben machten zwei alte Feuerwehrmänner Dienst. Man sah die Flugzeuge, sah, wie sie die Bomben fallen ließen, es sah aus, als fielen die Bomben direkt auf uns, da rannten die zwei Alten voller Angst die Stiege hinunter, einer machte sich an – das stank. Mit einem Peilgerät sah man, von wo die Rauchwolken der Treffer aufstiegen. Dann mußte die Zentrale angerufen werden, und wenn das Telephon nicht funktionierte, mußte ich mit dem Rad dorthin fahren. Bei einem der Angriffe war die Sirene zu spät, und die Bomben fielen schon, als ich bei der Universität vorbeifuhr, dabei wurde ich zweimal vom Luftdruck umgeschmissen. Angelangt auf der Hilmwarte, sah ich, daß die Rauchwolken genau bei unserem Haus aufstiegen! Am Weg zur Zentrale fuhr ich – widerrechtlich – zuerst zur Goethestraße. Alle im Keller waren vom Krach verängstigt, aber gesund da – große Erleichterung! Die Bomben hatten das Anatomische Institut in der Harrachgasse zerstört. Schule gabs nicht in diesen Tagen und sogar Wochen. Ich mußte in der Wiener Straße, wo wegen der Nähe zur Bahn viele Bomben gefallen waren, Keller ausgraben. Wir waren nur Kinder und alte Männer in diesen Trupps. Am Ende des Tages bekam jeder einen Schöpfer Graupensuppe und 20 sehr dünne Zigaretten. Zehn rauchte ich und die übrigen tauschte ich für Brot. Nach einer Woche bemerkte ich, daß das Rauchen keinerlei Genuß bot, und ich tauschte alle 20 für Brot. So wurde ich zum definitiven Nichtraucher.

Ich kann's heute fast nicht glauben, aber ich arbeitete trotz allem in jeder freien Minute an den Marionetten – schrieb den Text (Andersen: ›Der standhafte Zinnsoldat‹ oder ›Von einem, der auszog, das Gruseln zu lernen‹), baute die Figuren. Die Kleider machte eine Flüchtlingsfrau aus dem 3. Stock, eine Opernsängerin aus Litauen, Frau Kanzius. Wunderschön, mit Gold- und Silberschmuck.

Grundlsee, Herbst 1944

Die Ostfront rückte näher, Kinder und Alte wurden in die Oststeiermark geschickt: ›schanzen‹ (das hieß: Panzerhindernisse bauen). Papa wollte uns in Sicherheit bringen und schickte Anfang Dezember erst die Kleinen mit Mama und dann (am 13. Dezember) auch Pilli und mich mit Rosa nach Grundlsee, wo uns Tante Lori aufnahm.

Bei der Fahrt hatte ich nur Angst um mein Cello und um die Marionetten. Bei Tante Lori waren 70 Personen einquartiert! Besonders auffallend eine Frau Hannemann aus Köln mit vielen Kindern, die bloßfüßig am Eis des Balkons schlitterten, die Älteste war schon sexgierig, was die Mutter ganz in Ordnung fand. Eine sehr kinderreiche Familie Madlmayer aus dem Saarland war in einem anderen Zimmer untergebracht. Beide Familien haben Wanzen eingeschleppt. Es gab aber auch einige ›zivilisierte‹ Flüchtlingsfamilien im Meranhaus, zum Beispiel Frau und Kinder von Ing. Architekt Lippert (der nach dem Krieg den (scheußlichen) Opernringhof vis-à-vis der Staatsoper gebaut hat). Er arbeitete in Jenbach in der Rüstungsindustrie. Da ich alles im Haus reparierte, Radios, Lampen, Kachelöfen etc., wurde ich entsprechend entlohnt – von Lippert bekam ich mein tolles Reißzeug.

In der Ausseer Gegend herrschte die Waffen-SS und ich war ja kurz vor dem Einrücken. Um eine Rekrutierung zur SS zu vermeiden, meldete ich mich freiwillig in Kiel zur Marine – bevor die Antwort kam, waren die Amerikaner bereits da ... An den Sonntagen predigte in Grundlsee Prof. Johannes Ude, bei dem wir auch Lateinstunden hatten. Er war ein radikaler Pazifist und ich wurde es auch: lieber erschossen werden als schießen, nicht einmal in Notwehr und auch nicht, um Frauen und Kinder zu schützen (der Gegner würde ja mitten in einer Mordsünde getötet und käme in Verdammnis – ohne Chance zur Reue). Klar! Stimmt! So muß man handeln.

Da wir fast nichts zu essen hatten, schickte Mama Pilli und mich, um etwas aufzutreiben. Wir hatten gehört, daß die SS ein Lebensmittellager in Mitterndorf vernichtete, die Sachen in die Kainisch-Traun warf (damit sie dem Feind nicht in die Hände fielen). Ein einbeiniger Offizier, der ein kleines Auto (DKW) mit Handbedienung hatte und etwas Benzin, führte uns (gegen Beteiligung) nach Mitterndorf. Von einem Seitenweg aus sahen wir Lkws vom Lager kommen und Richtung Ennstal abbiegen; wir lauerten hinter kahlen Büschen – das nächste voll beladene Lastauto kam (von einem SSler gelenkt) und ich sprang von hinten unbemerkt auf die Ladefläche. Dann warf ich Säcke und Dosen wahllos ins Buschwerk, wo Pilli kauerte, ich sprang ab und wir beluden den DKW mit unserer Beute. Es waren Säcke mit Kristallzucker, Fleisch- und Gemüsekonserven, Reis etc. Große Begeisterung Mamas, die alles verstaute und rationierte. Rüben und

Kartoffeln sollten wir im Ennstal hamstern, was sehr schwierig war, weil wir den sturen und verwöhnten Bauern nichts bieten konnten.

Das Kriegsende naht, schrecklich und aufregend. Immer wieder wird uns eine ›Wunderwaffe‹ vorgegaukelt, die alle ›Feinde‹ schlagartig auslöscht und vernichtet, und es gibt viele, die das glauben. Aber zwischen all diesen Turbulenzen fand ich im Jänner und Februar 1945 immer noch Zeit, das Marionettentheater fertigzubauen, Spieler und Sprecher (darunter die Heesters-Töchter Louise und Nicole) abzurichten und zu proben. Einmal kam der große Filmstar und Tenor Johannes Heesters, der mit seiner Familie nach Grundlsee geflüchtet war: »Ihr sprrrecht ja nicht rrrichtig«, und gab uns einen Nachmittag lang Sprechunterricht. Ich höre noch die Stimme Heesters, der Lily vormacht, wie sie als Hexe kreischen soll: »Hihihihii, diese Menschen sind dumm, heheh hee, ich hab sie ganz in meiner Gewalt!« – während die USA-Flugzeuge hoch über uns nach Norden flogen. Die Familie Heesters war jeden Sonntag in der Kirche, zweite Bank rechts, kerzengerade kniend. ›Jopie‹ war zwar Holländer, er war aber der weitaus berühmteste Filmstar (UFA) und Frauenschwarm Deutschlands. In Holland hat man ihm seine deutsche Karriere nie verziehen – dort war er als ›Nazi-Söldling‹ verhaßt, brutal ungerecht, denn Nazi war er nie. Er konnte so in seiner Heimat nicht mehr leben und verbrachte den Rest seines Lebens (er wurde über hundert Jahre alt) in Deutschland. Die Aufführung im Parterre des Meranhauses (Bühne im Tante-Lori-Zimmer, Zuschauer im Speisezimmer) war ein triumphaler Erfolg: »Was befiehlt mein Herr?« bellte der Hund mit den Augen wie Mühlenräder, oder gar das Kegelspiel mit den Totenköpfen als Kugeln und den Knochen als Kegeln und die »Wasasasaawüsasisuu«-Gesänge, an die sich Nicole (und wohl jeder Beteiligte) noch Jahrzehnte später erinnerte; sie war mir beim Monteverdi-Gastspiel in Hamburg im Jänner 1978 plötzlich »Wasasa« flüsternd von hinten um den Hals gefallen.

Am 16. März 1945 ein großes, unerwartetes Ereignis: der berühmte Cellist Paul Grümmer (Schüler Hugo Beckers, Cellist im Busch-Quartett) lebte als Flüchtling auf der Eselsbachfarm oberhalb von Aussee (dort wohnte auch Henny Kienzl, die Witwe des Komponisten

Wilhelm Kienzl, eine tolle Erzählerin) und wollte angeblich (laut Tante Lori) prüfen, ob ich bei ihm lernen darf, kann, soll. Also gingen wir (Mama, Karli, Pilli und ich) nach Aussee. Die anderen sollten 100 kg Kohle und 7 kg Mehl vom Bahnhof mit einem großen Hörnerschlitten nach Hause bringen, zum Professor ging ich mit Pilli allein. Am langen Hinweg (6 km) fing es zu regnen an, immer stärker und stärker – so stand ich mit meinem nassen Cello da. Der dicke, sympathische Mann (ca. 65 Jahre alt) fand das unwichtig. Ich zog das Cello aus dem triefenden Cello-Sack, sollte eine Tonleiter spielen ... kein Ton! Ich werde rot, Verzweiflung, Grümmer lacht, der nasse Bogen glitscht über die aufgequollenen Darmsaiten ... dann kamen doch paar Töne und: ich sei talentiert, wenn ich vier bis fünf Stunden täglich übe und selbstverständlich Berufscellist werden wolle, nimmt er mich. Er hatte noch einen tollen portugiesischen Schüler (Fausto Esteves), zwei Wiener (Walter Schauer und Herlitt Müller) und Peterle, seinen 10jährigen Enkel, der eigentlich sein Sohn, aber von der Schwiegertochter, war. Ich war in einem Glückstaumel! Der beste Cellolehrer der Welt will mich unterrichten! Höher gehts nicht mehr! Ich habe ihm natürlich nicht verraten, daß ich ganz andere Berufspläne habe. Jetzt habe ich jede Woche eine Stunde bei ihm und sehr viel zu üben. Aber ich log immer ein paar Stunden dazu und er bemerkte nichts (?).

Der Krieg kam immer näher, das recht nahe Attnang wurde total zerbombt. Von unserer Schwester Alice (Studentin in Heidelberg, Japanisch und Französisch) und René (in Bad Köstritz zur Heilung – er hat dort den ›Köstritzer Kurhauswalzer‹ komponiert) keine Nachrichten. Papa mit Luisi in Graz, um die Wohnung zu verteidigen, wenn's ernst wird. Er mußte ›schanzen‹ in Rann in der Untersteiermark (gegen die bald erwarteten russischen Panzer) und komponierte ›Fahren wir schanzen‹ für Klavier solo. Trotz der schlimmen Situation (es gab ja praktisch keine legalen Fahrmöglichkeiten) gelang es Papa zweimal – zwischen Jänner und April –, uns zu besuchen. Da nahm er sich viel Zeit und sprach sehr ernst mit mir: »Du hast jetzt die Verantwortung für die Mama und die Geschwister, und wenn ich umkomme, was in dieser Zeit sehr leicht passieren kann, dann bleibst du der Verantwortliche!« Meine pazifistischen Anti-Notwehr-Überzeugungen brachten ihn zur Verzweiflung, aber er vertraute auf meinen Mut und darauf, daß ich im Ernstfall doch richtig handeln würde. Es wurde eine lange Nacht, denn er erzählte mir sehr viel von der Familie, auch ungeahnte Rückblicke in seine Herkunft – ganz locker und heiter sogar.

Teil II

Familie De la Fontaine und Harnoncourt-Unverzagt

Hier schiebe ich den längst fälligen Bericht über unsere Vorfahren De la Fontaine-Harnoncourt ein. Wieso sind die Harnoncourts überhaupt in Österreich? Das ist doch eine alte luxemburgisch-lothringische Familie, die Großpapa bis mindestens 1235, bei Zutreffen einer kleinen Hypothese bis zu den Karolingern zurückverfolgt hat. Die La Fontaines hatten ihren Wohnsitz in Marville und waren Lehensleute der Herzoge von Luxemburg, von Lothringen und von Bar; dort bekleideten sie höchste Stellungen. Ihre Besitzungen: Choppey bei Marville (ab ca. 1360), Sorbey (Schloß und Herrschaft in Lothringen), Harnoncourt und die Herrschaft Rouvroy, mit einigen dazugehörigen Höfen (ab 1620 bzw. 1685). Diese Güter wurden nach dem Tod von Hubert Louis d'Harnoncourt-Unverzagt verkauft.

Die De la Fontaines waren gelegentlich kaiserliche Offiziere, die genannten Herzogtümer gehörten ja vorwiegend zum römisch-deutschen Kaiserreich – in Teilen gelegentlich zu Frankreich. So gibt es 1681 die Ablegung eines Lehenseides für die Vicomté Harnoncour an König Ludwig XIV. von Frankreich! 1709 ist Seine Königliche Hoheit, der Herzog von Lothringen, der De la Fontaine'sche Lehensherr. Durch die besondere geographische Lage war das Gebiet umkämpft und zeitweise französisch, zeitweise österreichisch oder kaiserlich – und unsere Vorfahren hatten Lehenseide in alle Richtungen, sozusagen bei Freund und Feind, abzulegen. Lothringen war ursprünglich ein deutsches Herzogtum, wurde früh in Brabant und Oberlothringen aufgeteilt. Im 17. Jahrhundert war es zeitweise mit dem Kaiser verbündet gegen Frankreich. Ludwig XIII. besetzte es 1632 für ein paar Jahre, 1670 eroberte es Ludwig XIV. und 1697 ging es wieder zurück an den Herzog. – Unsere Voreltern hatten also schillernde Loyalitäten durchzumachen, um einigermaßen friedlich leben zu können. Da Lothringen 1733 wieder französisch war, wurde dem letzten Herzog Franz Stephan, der 1736 Maria Theresia heiratete, schließlich das Großherzogtum Toskana – das damals französisch war – als Tausch und Entschädigung für sein Land gegeben (aufgezwungen?). Ab 1766 war Lothringen Frankreich total einverleibt. Dennoch hatte das Herzogtum bis 1801 Sitz und Stimmrecht im deutschen Reichstag – grotesk! Und so gibt es ein ›Verzeichniss der Lehensgüter‹, die Jean Everard de la Fontaine-Harnoncourt (Vater des Louis Matthieu) von Kaiserin Maria Theresia und vom Herzogtum Luxemburg und der Grafschaft Chiny zu Lehen hat!

Nach der einen Familienüberlieferung hatte Franz Stephan von Lothringen den jungen Louis Matthieu als Pagen nach Wien geholt (ca. 1748) – eine andere sagt, daß er »aus Liebe« zum Herrscherhaus diesem (wann?) seine Dienste angeboten habe. Wie es war, läßt sich nicht mehr feststellen. Er muß sehr viel und schnell unterwegs gewesen und schnell militärisch aufgestiegen sein: in Sorbey, wo er im Dezember 1771 eine Vollmacht für seine Mutter unterschrieb (als Major) und wo er wieder – »actuellement en personne à Sorbey« – im März 1774 (bereits als Oberst) auftaucht, und 1791 (ohne Adelstitel wegen der Französischen Revolution) in Harnoncourt, wo er ein Dokument (als General) unterschreibt. Oft ist er in Preßburg, wo er 1771 Major in einem Cheveauxlegers-Regiment war, und auch in Polen als ›Generalkommandant‹ in den 1790er Jahren. Nach der Französischen Revolution werden die Grafen als Bürger bezeichnet und ihre Güter konfisziert. 1813 wird er in seine Rechte als Gutsbesitzer wieder eingesetzt, da ist er in Paris.

In diesen Jahren, er war ja inzwischen General, greift Louis Matthieu in die Weltgeschichte ein: er verhaftet im August 1792 den französischen General La Fayette!

Dazu die Vorgeschichte: der Marquis de La Fayette, 1757 geboren, ging als idealistischer Kämpfer für die Unabhängigkeit 1777 nach

Amerika. Dort avancierte der tapfere Jüngling bald zum General und befreundete sich mit George Washington. 1779 kehrte er nach Paris zurück, um ein Freikorps anzuwerben und Staatshilfe für Amerika zustande zu bringen. In den USA wird der strahlend junge Mann zum Volkshelden. Vor Ausbruch der Französischen Revolution zog es ihn wieder nach Frankreich, wo er 1789 die Erklärung der Menschenrechte in der Nationalversammlung formulierte. Seine Auffassung der nötigen Reformen stellte ihn zwischen den König und die Jakobiner. Er drängte auf Krieg gegen Österreich, das die Revolution bekämpfte, und wurde zum Kommandanten der Nordarmee. Da er in den Wirren des August 1792 (Absetzung des Königs, Radikalisierung der Jakobiner) ausgleichend wirken wollte, seine Soldaten aber nicht überzeugen konnte (man sollte ihn gefangen nach Paris bringen, wo er aufs Schafott käme), floh er mit 20 Offizieren nach Flandern, er will »weit weg« (USA wohl). »Kaum hatten sie bei Rochefort das österreichische Gebiet erreicht *(am 19. August),* als sie von einem Piket unter dem Befehl des Gf. von Harnoncourt angehalten wurden.« La Fayette hatte gemeint, hinter der österreichischen Armee durchzukommen. »Gf. von Harnoncourt fragte, warum sie nicht zur Armee der Prinzen *(der Brüder des französischen Königs)* gingen.« Das hätte nicht ihrer Gesinnung entsprochen, sie seien nicht Kriegsgefangene, sondern Flüchtlinge, protestierte La Fayette. »Herr von Harnoncourt erklärte, er habe keine Befehle ... würde sie also als Kriegsgefangene nach Namur senden.« ... Alle Proteste, daß »das Völkerrecht ihnen eine freye Durchreise zusichert«, fruchteten nicht. Auf Beschluß der österreichischen Regierung wurden sie, bewacht von 30 Husaren, nach Luxemburg und dann in die Zitadelle von Olmütz gebracht, wo sie nach einigen Jahren von Napoleon befreit wurden. Nach Waterloo (1815) lebte er in Frankreich, ging 1824 wieder als gefeierter Held in die USA – zur Juli-Revolution (1830) war er natürlich wieder in Frankreich, wo er zugleich Royalist und Republikaner war; er starb 1834. – Diese Episode hatte mehr als hundert Jahre später ein Nachspiel: Onkel René wollte 1931 die USA-Staatsbürgerschaft. Da wurde die Handlungsweise seines Ururgroßvaters, der den US-Volkshelden La Fayette schikaniert habe, als Hindernis entdeckt, so wurde er erst 1939 ›Bürger‹!

Das Hin und Her der De la Fontaine-Harnoncourts zwischen Österreich und Lothringen ging weiter: Louis Matthieu hatte Leopoldine Gräfin von Unverzagt, die schwerreiche Erbin eines Riesenvermögens, 1787 in Mariazell geheiratet. Kurz davor hatte sie in Wien das nachmalige Familienhaus in der Teinfaltstraße 78 gekauft. Louis Matthieu wurde aber keineswegs seßhaft, sein unsteter Lebensweg läßt sich nicht verfolgen. Auch sein Sohn, Hubert Louis, wurde zwar in Wien geboren, aber er lebte überhaupt nicht nur in Wien, wir finden ihn immer wieder in der alten Heimat. Dort wirkt der greise Pfarrer von Rouvroy, Lamborel, seit 30. Juli 1816 als Gutsverwalter. Der ausgedehnte, sehr persönliche Briefwechsel bildet eine echte Freundschaft ab: Rouvroy, im November 1816: »Mein Herr und lieber Freund ... Lassen Sie sich nicht von Ihren schönen Wienerinnen einwickeln, nehmen Sie doch eine Frau von hier ... hier sind Sie reich, in Wien vegetieren Sie anständig, aber mittelmäßig ... eine schöne Frau aus unserem Land wird Sie glücklich machen.« Am 23. Juli 1817: »Sie haben mir Ihre baldige Hochzeit angekündigt mit dem allerschönsten und allervollkommensten und allerinteressantesten Fräulein Ihrer Hauptstadt« (Sophie Haugwitz). Er will die Kapelle und einiges im Schloß herrichten, »damit es Madame gefällt«. Er fürchtet, daß die luxusgewöhnte Frau es zu karg finden wird ... Im August 1817 ist Hubert Louis wieder in Luxemburg, Pfarrer Lamborel schreibt: »... ich fürchte, daß Ihre interessante Comtesse die Wege und Straßen zu schlecht findet, um mich alten Einsiedler zu besuchen ... Sie, eine junge, liebenswerte Dame von 20 Jahren, interessant wie ein Engel ...« Am 5. März 1820: »... eine Wohnung wird gerichtet für die herrlichste Frau der Welt ... Sie sind ein vom Glück verwöhntes Kind ... ich glaube nur noch zu leben, um Sie mit Ihrer entzückenden kleinen Familie zu sehen.« Am 11. Juni 1821: Hubert Louis ist gerade im Schloß Boisselles »mit seiner interessanten Familie ... ich antworte, soweit es meine zitternde Hand erlaubt.«

Die Harnoncourts hatten offenbar eine Neigung zur Exzentrik, sie scheinen diesbezüglich eine Fundgrube zu sein. Das beginnt wohl schon mit Hubert Louis selbst, dessen ›interessante Frau‹ Gräfin Sophie Haugwitz aus Namiest (Mähren) die Phantasie des Forschers anstachelt. Sie war die Enkelin des Schweizer Calvinisten Johann Fries (1719–1785), der 1744 als Arméelieferant und Finanzmanager in österreichische Dienste trat. 1751 war er bereits Industrieller (Textil und anderes) und betrieb einen ›Bergwerksproduktenverschleiß‹ (diese Bezeichnung war noch 1940 in Gebrauch!), 1752 erhielt er von Maria Theresia das sehr lukrative Privileg, Taler zu prägen. Seine ›Maria-Theresien-Thaler‹ wurden zum weltweit gesuchten Zahlungsmittel. 1766 gründete er das Bankhaus Fries. Schon 1761 hatte er das Schloß Vöslau gekauft und in den dortigen Weingärten die portugiesische Rotweinrebe als ›Blauer Portugieser‹ (gibt's heute noch) eingeführt. So wird er einer der reichsten Männer seiner Zeit. Am Josefsplatz baute er sein Stadtpalais (heute Palais Pallavicini), direkt neben der kaiserlichen Burg! 1762 wurde er zum Baron, 1783 zum Reichsgrafen ernannt – geradezu unglaublich für einen beharrlichen Calvinisten im katholischen Österreich! Sein Tod im Schloßteich von Vöslau (Mord?) ist so sagenhaft wie sein ganzes Leben.

Nach kurzem vormundschaftlichen Interregnum übernahm sein jugendlicher Sohn Moritz (1777–1826) das Firmenimperium. Er war ebenso kunstbegeistert wie seine beiden Eltern, kaufte Bilder von Raffael, Dürer, Rembrandt etc., förderte Schubert und Beethoven, mit dem er sich befreundete – Beethovens 7. Sinfonie ist »dem hochgebornen Herrn Moritz Reichsgrafen von Fries, Sr. k. k. apost. Majestät wirklichen Kämmerer &&& in Ehrfurcht gewidmet«. Sein aufwendiger Lebensstil scheint nach und nach zum finanziellen Zusammenbruch geführt zu haben; schließlich starb er, total verarmt, 1826 in einer Pariser Dachkammer. – Er wurde das Vorbild für Raimunds ›Verschwender‹!

Auch seine beiden Schwestern Victoire (1767–1805) und Sophie (1769–1835) waren nicht ohne. Wie schon ihre Mutter waren sie begeisterte Sängerinnen und Pianistinnen, lebten als reiche Erbinnen in der Kunstwelt. Trotz enormer Mitgift waren sie als Töchter des ›Parvenus‹ und gar als trotzige Calvinistinnen schwer unter die Haube zu bringen. Skandale blieben nicht aus – so unter anderem eine Liebschaft der Sophie mit einem französischen Grafen, die sogar das Einschreiten der französischen und österreichischen Behörden hervorrief.

Die berühmte französische Malerin Élisabeth-Louise Vigée Le Brun (1755–1842) hatte die Fries-Damen bei einer Veranstaltung im Fries'schen Theatersaal kennengelernt (ca. 1786): »... die Gfin v. Fries, Witwe des Bankiers, sah ich in Charakterrollen, hervorragend! Ihre Tochter, Fräulein Fries *(Sophie)*, hatte eine schöne Stimme und sang fabelhaft ... wenn ich sie portraitiere, werde ich sie als Sappho singend mit Lyra darstellen.« (Das Bild gibt es im Schloß-Museum Jaroměřice!). Schließlich heiratete Victoire 1788 den sächsischen Gesandten Graf Schönfeld und Sophie 1794 in der Augustinerkirche den Grafen Wilhelm Haugwitz, den die Wiener Aristos als ›Preußen‹ verspotteten. Die Ehe hielt nicht: nach der Geburt von vier Kindern trennte man sich 1802. Die calvinistische Herrin von Namiest war wohl auf die Dauer untragbar – oder sie selbst wollte andere Wege gehen?

Ihre Tochter Sophie Henriette (geb. 27. Juli 1796 in Namiest) heiratete 1817 Hubert Louis Graf de la Fontaine und Harnoncourt-Unverzagt, k. k. Kämmerer, Ehrenritter des Malteser Ordens, Besitzer von Harnoncourt, Rouvroy, Boisselles, Sorbey, Hrottowitz, Wald in Niederösterreich, der seine Wiener Wohnung im Familienhaus in der Teinfaltstraße 78 hatte. Dieses Haus blieb bis 1873 im Familienbesitz; wohl im Zusammenhang mit der Ringstraßenerrichtung wurde dann der Platz gebraucht und das Haus an eine Baugesellschaft verkauft.

Großpapa (Hubert Harnoncourt jun.), der sich ja zeit seines Lebens mit penibler Ahnenforschung befaßte, hatte wohl keine hohe Meinung von seiner Großmutter Sophie geb. Haugwitz. Es schwirrten Gerüchte durch die Familie, sie sei Spielerin, habe in Künstlerkreisen verkehrt und wie ihr Bruder Moritz nicht auf ihren Ruf geachtet, die ›interessante Comtesse‹ hat ihrem Mann wohl allerhand Scherereien gemacht. – Großpapa hat viele Portraits seiner Vorfahren als Kohlezeichnungen, manche mit Pastell, kopiert, die hingen in unserer Wohnung überall herum. Das Bild von ihr, die ›grüne Frau‹, war uns allen unheimlich. Ein Bild ihres Schweizer Malerfreundes Zünd mit der Villa Harnoncourt am Luganersee hing bis in die 60er Jahre im Salon – es wurde uns später von einem Schweizer Auktionshaus angeboten (wir haben es nicht gekauft). Sie starb 1859 in Wald in Niederösterreich, einem ehemaligen Unverzagt-Besitz.

Über ihren Sohn Hubert Heinrich (sen.), meinen Urgroßvater, den notorischen ›Luftikus‹, Musiker, Zeichner, Dichter und Tausendsassa, ist wohl einiges aus der Familienüberlieferung zu korrigieren. Hubert – der sich später wegen seines Sohnes ›senior‹ nannte – wurde am 5. Dezember 1827 in Schloß Hrottowitz geboren. Er besuchte von 1838 bis 1845 das Akademische Gymnasium in Wien. Wahrscheinlich lernte er privat und machte nur die Prüfungen in der Schule – die Zeugnisse (in lateinischer Sprache) sind erhalten. Er hatte in allen Fächern nie andere Noten als ›primam eminenter‹, war also ein Superschüler. Außerdem dichtete und komponierte, malte und zeichnete er auf professionellem Niveau, muß also auch erstklassigen Musikunterricht gehabt haben. – Ich finde es interessant, daß man damals selbstverständlich nur die Buben das Gymnasium absolvieren ließ; die Mädchen lernten für die vierklassige Hauptschule, danach entweder Haushaltungsschule oder Krankenschwesterausbildung. Das hat sich erst nach dem Krieg 1945 prinzipiell geändert.

Im Februar 1848 heiratete mein Urgroßvater in Buchlau die bildschöne und wohlhabende, aber wohl auch etwas exzentrische Ludmilla Berchtold. Ein Portrait zeigt sie in modischem Reiterkostüm. Schon ihre Mutter Ludmilla Berchtold (geb. Gräfin Wratislaw) war sehr auffallend in ihrer Lockenpracht. In dieser reichen Familie hat man aus Angst vor künftigen Erbstreitigkeiten, wie sie nahezu zwangsläufig auftreten, im Oktober 1866 einen 77 Seiten langen ›Familien-Vertrag‹ vor einem k. k. Notar und der ›Landtafeldirektion Brünn‹ (Grundbuchbehörde) abgeschlossen: Vater Sigmund Berchtold, Mutter Ludmilla Berchtold (geb. Wratislaw), Sohn Sigmund Berchtold, Tochter Ludmilla d'Harnoncour (geb. Berchtold) und acht Zeugen (!) unterschrieben das juristische Filigran. Alle vorhersehbaren Eventualitäten wurden abgesichert, »um künftige Erbrechtsverhältnisse dieser Kinder ... gegen ihre Eltern ... als auch der beiden ... Geschwister untereinander zu regeln und dadurch das allseitig bestehende herzliche Einverständniß ... zu erhalten«. Es hat nichts genützt, zerkracht haben sie und ihre Nachkommen sich bis in die 1930er Jahre trotzdem total.

Wahrscheinlich paßte sie sehr gut zu Hubert Heinrich, der etwas von einem romantischen Ritter und ›Minnesänger‹ an sich hatte (er zeichnet sich so, beritten vor Schloß Wöllan, im Norden des heutigen Sloweniens). Vertut er alles, spielt er? Lebt er auf allzu großem Fuß? Konkurriert er mit seinem reichen Bruder (der ja der Erbe ist als Älterer), dem Freimaurerhäuptling Maximilian Victor? Offenbar haben sie harmoniert, ihr Doppelportrait von Decker suggeriert das.

Ab 1851 ›besitzt‹ Hubert die ›Herrschaft Wöllan‹ – hat sie wohl gekauft –, die aus einer Burg, einem großen Meierhof und Grundbesitz besteht. Er renoviert die verlotterte, zum Abfallplatz gewordene Burgkapelle, die 1853 durch den Dechant eingeweiht wird. Die Urkunde ist eine Lobeshymne auf das Herrschaftspaar: »... durch die Veränderung der Besitzverhältnisse hat der jetzige Besitzer Graf Harnoncour-Unverzagt mit seiner hochgeborenen Frau Gräfin ... mit Kosten die Wiederherstellung gütigst angedeihen lassen.« Die Burg der ›Herren von Wöllan‹ war eher eine Festung. Sie stammt aus dem 13. Jahrhundert und wurde im 16. oder 17. Jahrhundert von den Türken verwüstet – also ein Paradies für den Romantiker. Die alte Ritterburg war ja wie geschaffen für Hubert, den romantischen ›Minnesänger‹ und ›Universalkünstler‹. Der Sage nach soll er so viel Geld für Reparaturen der Burg verbraucht haben, daß er 1858 verkaufen mußte. So komponiert er, ca. 1870 (um etwas Geld zu verdienen?), sehr gute Walzer und Polkas, verkauft sie bei Doblinger in Wien. Die Druckerzeichen auf den Manuskripten beweisen die Veröffentlichung; die Werke sind sehr gut komponiert und zeigen großes Können als Klavierspieler – es könnte eine Verbindung mit den Strauss-Brüdern und vielleicht auch Brahms gegeben haben.

Die ungleichen und natürlich ungleich dotierten Brüder scheinen sich aber gut verstanden zu haben; denn immerhin hat Hubert seinen Bruder Maximilian Victor ebenfalls nach Wöllan gelockt, denn der baut 1855 auf dem Meierhof seines Bruders ein Wirtschaftsgebäude in die feine ›Villa Bianca‹ um; die heißt dann ›Schloß Harnoncour‹ oder ›Neu Wöllan‹. Die Brüder waren allerdings nur kurz gemeinsam an diesem Ort, weil Hubert, der eigentliche ›Entdecker‹ der romantischen Burg, diese schon nach wenigen Jahren verkaufte und anderswohin (?) zog, weil er sich bei der Restaurierung übernommen hatte.

Max Victor hatte einen richtigen Wohnsitz in seiner Villa Bianca (Schloß Harnoncour), seine Frau Aloysia (geb. Gräfin Locatelli), die er 1847 geheiratet hatte, blieb bis zu ihrem Tod 1869 in Wöllan, sie wurde in der Grabkapelle der Villa Bianca beigesetzt. Max Victor ist schon 1867 in Wien, wohl in der Teinfaltstraße 78, gestorben, er hatte das Familienhaus von seinem Vater Hubert Louis geerbt.

Sein Sohn Felix (1857–1934) errichtete 1886/87 im Prater, Laufbergergasse 12 ein luxuriöses Haus (Architekt Otto Hieser), die Villa Harnoncourt. Ob das zum Freimaurerzentrum wurde – schon 1899 verkaufte er es wieder – oder ob dies im ominösen Haus Taborstraße 90–92 war, konnte ich noch nicht herausfinden. Unser Concentus-Fagottist Otto Fleischmann kannte es und beschrieb die Freimaurer-Fresken, ebenso hat auch der Volksschuldirektor unseres Sohnes Philipp, Gröger, begeistert davon erzählt.

Hubert sen. hatte sich also 1858 von Wöllan verabschiedet. Konnte er sich wieder hochrappeln? Half ihm der reiche Bruder? Wann hat er das Gut Rehhof im Triestingtal gekauft? Wir wissen nur, daß in den 1870er Jahren die Familie dort wohnte – mindestens seine Frau Ludmilla und ihre Tochter Lilli. Auf dem Taufschein meines Vaters (Karlskirche, Wien IV, 1896) nennt sich sein Großvater (Hubert sen.) ›Gutsbesitzer in Kleinmariazell‹, dessen Sohn, Hubert jun., mein Großvater, nannte sich ›Besitzer des Gutes Rehhof in Niederösterreich‹. Haben Vater und Sohn das Gut eine Zeitlang gemeinsam besessen und gab es ein gemeinsames Familienleben am Rehhof?

Mein Großvater hat jedenfalls auch eine Stadtwohnung im Palais Mittrowsky in der Reisnerstraße gehabt, er hatte 1877 Josefine (Pepi) Mittrowsky geheiratet. Die sagenhaft reiche Familie Mittrowsky hatte kurz davor, 1873, in Wien ein Stadtpalais bauen lassen – Reisnerstraße 47, vom Architekten Wilhelm Fraenkel (heute trägt es die Hausnummer 55–57 und beherbergt die norwegische Botschaft). Da war wohl die Wohnung für die Tochter und den Schwiegersohn bereits eingeplant, sie lebten dort bis zum Tod Josefines, seiner ersten Frau, 1885.

1887 hielt Großpapa, damals Witwer von 37 Jahren mit zwei Töchtern, um die Hand meiner Großmutter, Juliana, der jüngeren Schwester Josefines, die erst 16 Jahre alt war, bei den Eltern Mittrowsky an. Begreiflicherweise fanden diese das unsinnig, sie wäre zu jung, er zu alt etc. etc. Da die beiden aber nicht von ihrer Absicht zu heiraten abzubringen waren, willigten sie schließlich ein, bestanden aber darauf, daß Juliana erst noch einen Fasching in Wien mitmachen müsse und frühestens mit 18 Jahren heiraten dürfe.

Zum obligaten Fasching: damals nannte man das ›in die Welt gehen‹. Großmama ließ es nur sehr ungern über sich ergehen. Erstens hatte sie nur für Großpapa Interesse, der als ›Witwer‹ nicht mehr tanzte, zweitens, weil sie ungern und, wie sie selbst behauptete, schlecht tanze. Auch war sie sehr kurzsichtig, durfte natürlich wie alle unverheirateten Mädchen keine Brille tragen, was in großen Gesellschaften auch hinderlich war, da sie viele Menschen nicht oder zu spät erkannte. Eines Abends, die Kleider für den Hofball für Großmama und ihre Schwester Tante Marie (später Bombelles) lagen schon bereit, erschien ein reitender Bote (Telephon gab es ja noch nicht!) am Tor des Palais ihrer Eltern in der Reisnerstraße und sagte den Hofball ab. Die Erklärung war: »Ein Jagdunfall, Kronprinz Rudolf tödlich verunglückt – also Hoftrauer.« Es war das Drama von Mayerling, der Selbstmord des Kronprinzen und der Mary Vetsera. Großmama sagte später oft, sie hätte eigentlich ein schlechtes Gewissen, weil ihr erster Impuls nur Freude war, daß sie nicht auf den Hofball gehen müßte, statt über den Tod des Kronprinzen zu trauern. Auch ihre Erzählung, daß sie und ihre Stieftöchter Mädy und Josefine in Wien nicht ohne Begleitung auf die Straße durften, daß der Diener hinter ihnen gehen mußte, wenn sie Einkäufe machten, oder am Bock mitfuhr, wenn sie jemanden besuchten – das waren für uns schon historische Beschreibungen.

Es gibt das Dokument ›Entlassung aus der väterlichen Gewalt‹, Brünn, 15. Februar 1890: »... die Entlassung von ... Frau Juliana Gräfin Harnoncour *(sic)* geb. Gräfin Mittrowsky aus der väterlichen Gewalt Sr. Excellenz des Herrn Grafen Wladimir Mittrowsky wird zur Kenntnis genommen und curatelbehördlich genehmigt ... erlangt die Rechte von Großjährigen.« Juliana wurde am 23. Oktober

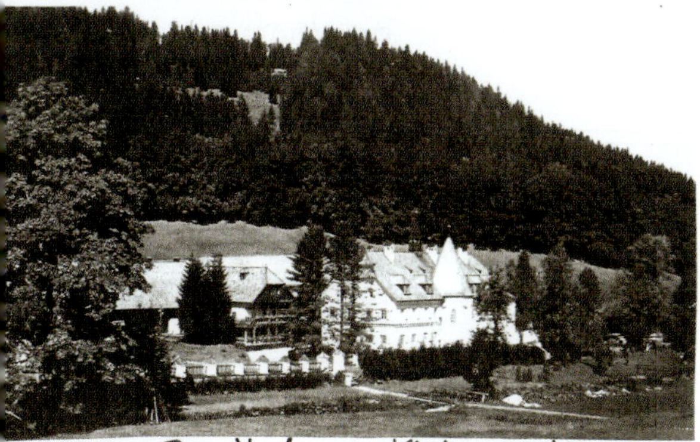

Brandhof, unser Kinderparadies

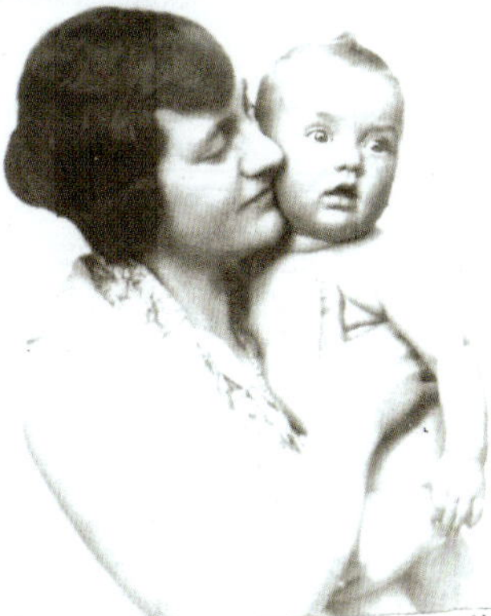

Mama mit Niki, 6 Monate: Brüllstadium

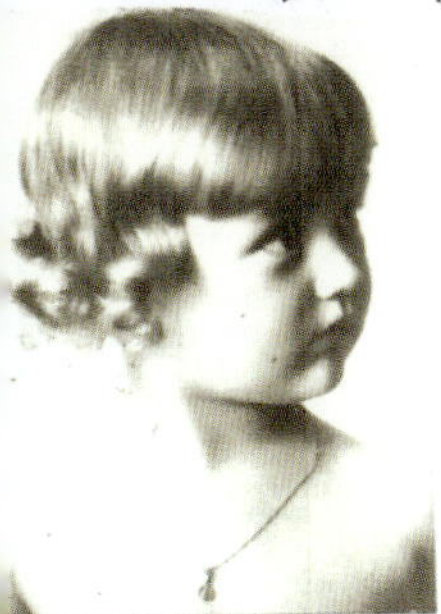

Nickerle': NEIN NEIN...

1933

4jähr. Niki und Großmama Meran (pädagogisch aktiv)

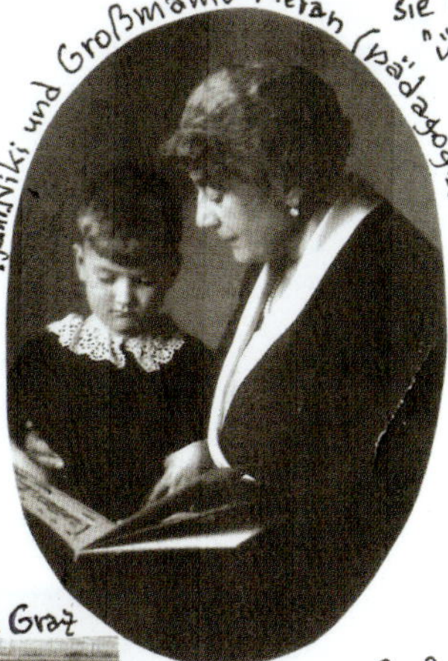

sie war fürs "überschreien" und den 'Kübel'

Mama im Juni 1901

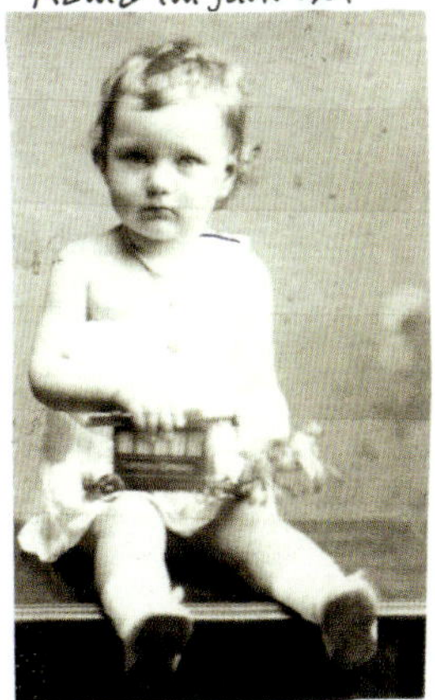

schon "Wechselbalg"?

1931 ▼ Familienclown in Graz

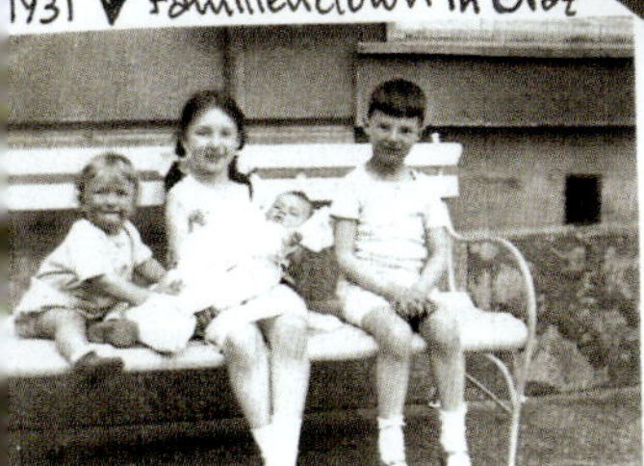

mit Alice, dem Pillibaby und René

Großpapa + Großmama 1891

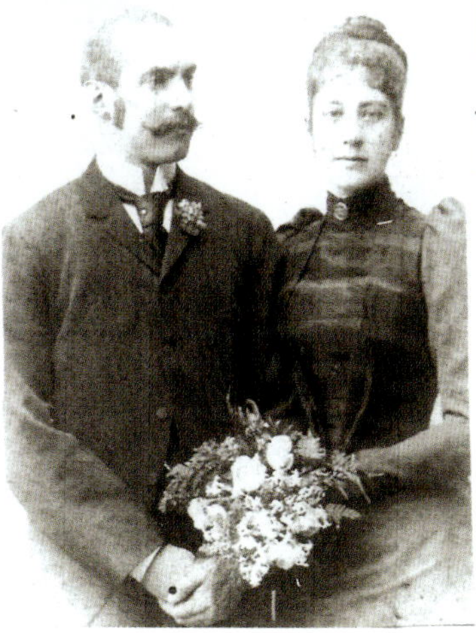

sein Großvater war der Erzherzog Johann

---

sie war die reichste Erbin in Ungarn

Prinzip: "Tränen sind nur Wasser"
Sie wurden selbst wohl auch so erzogen.
Ich kann mir beide weder mit Riemen prügelnd, noch Kübel über Baby's kippend vorstellen.

Nur korrekt und gütig.

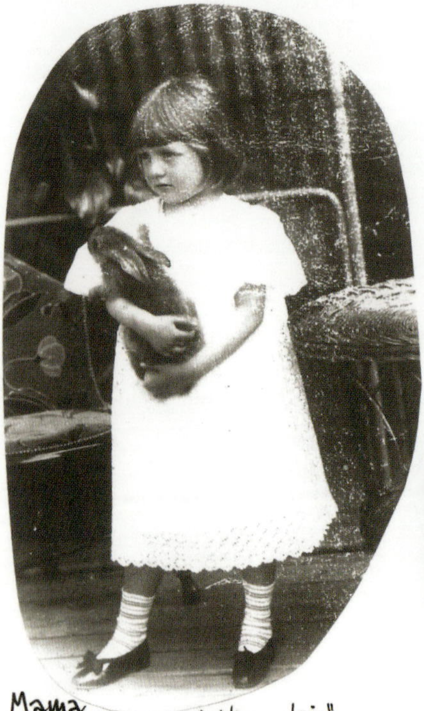

Mama ca 1908 noch als "schlimme Laja"

Brandhof Sommer 1936

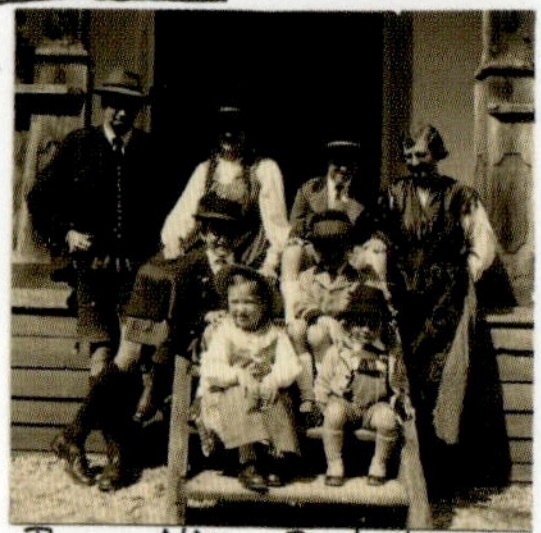

Papa Alice René Mama
Niki Pilli
Lily Karli

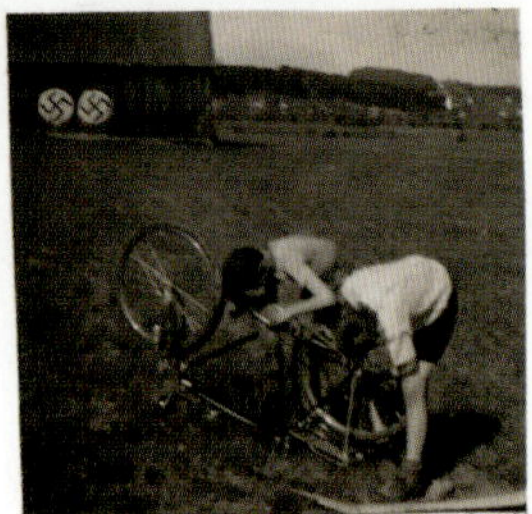

Karli Wucherer (Kerni) und ich NH bei der mißglückten Sabotage=tour. – das Reifenpicken geht nicht (überall die Nazihakenkreuze!) Frühling 1943 Autal

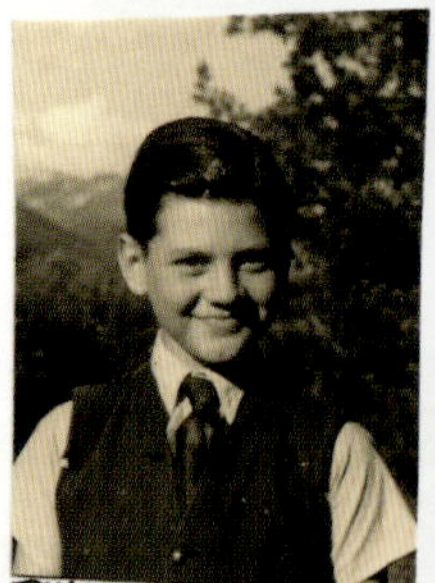

Pilli im Sommer 1945

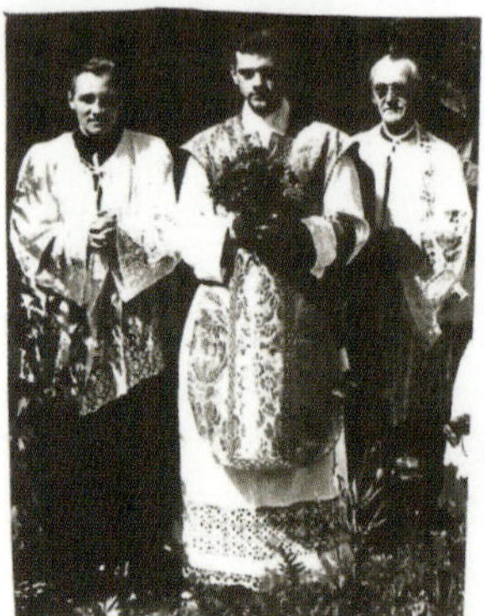

Hansi Petek Pilli Prof Johannes Ude
Nachprimiz, Grundlsee 25. VII. 54

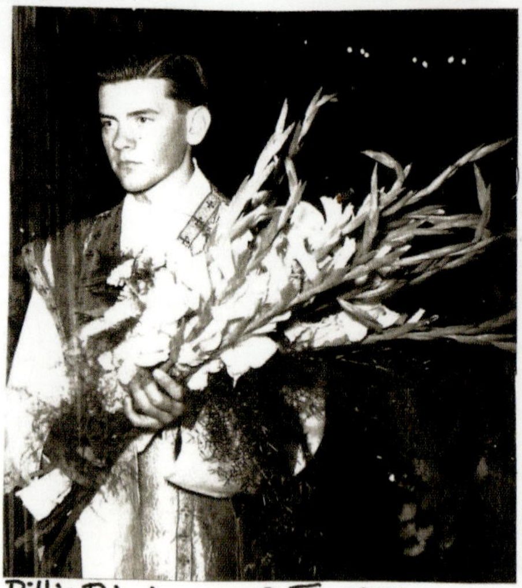

Pillis Primiz am 18. VII. 1954 im Grazer Dom

iesem 'braven'
Buben wird
934/5 die
Wesensgleichheit"
bestätigt, um
nach Ungarn
ahren zu dür=
en.... kann
er ein
Zornbinkerl
ein?

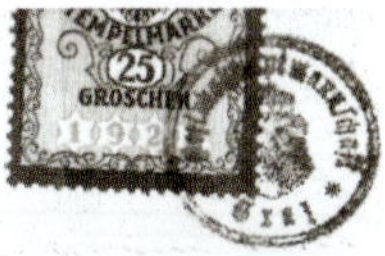

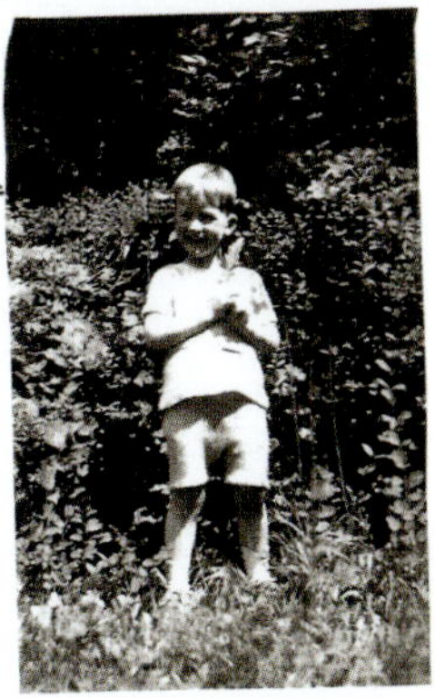

die Wesensgleichheit bestätigt

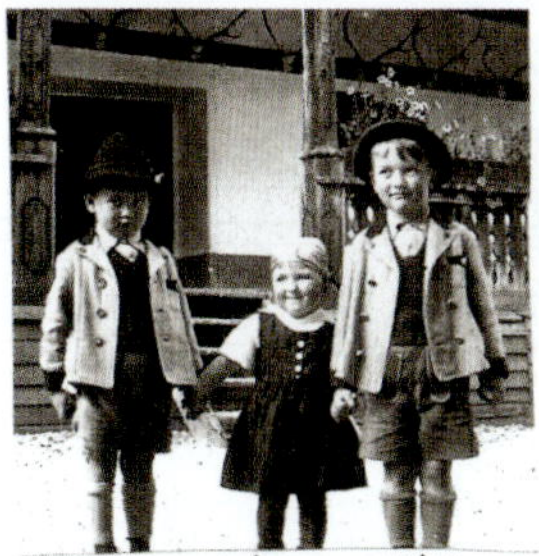

Pilli Lily Niki

ganz lieb im Sommer 1935 in Brandhof (jämmerlich? schüchtern? brutal?)

Palais Meran
Erbaut von Erzherzog Johann

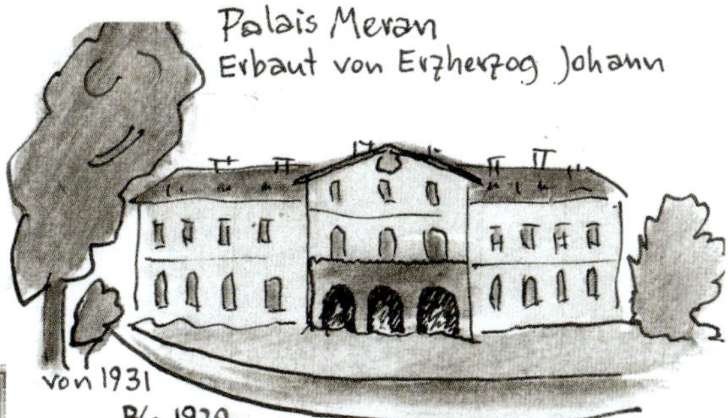

von 1931
Bis 1938
im alten Palais der Grosseltern Meran
Leonhard strasse 15.

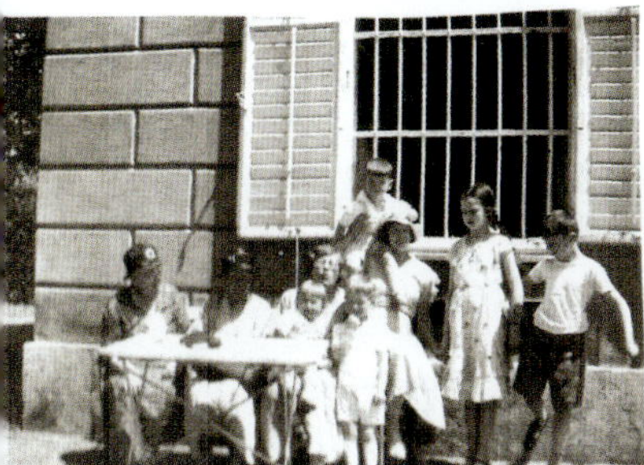

roßmama H., ?, Mama Pilli Alice René
T. Renata
Lily Niki

1934 vorm 'Palais'

Wöllan 1856 mit Ur= großvater Hubert H. als Minnesänger

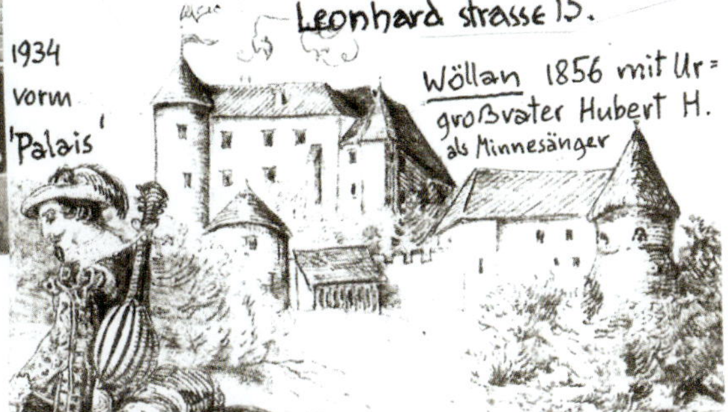

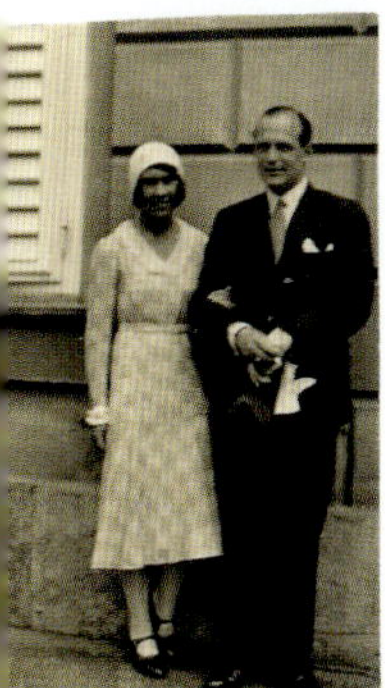

Rosia und Dr Erich
Morawek-Papas Schulfreund

Rehhof bei Altenmarkt an der Triesting

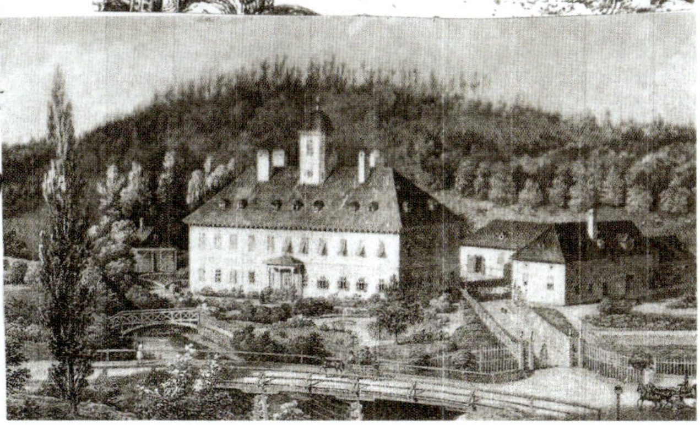

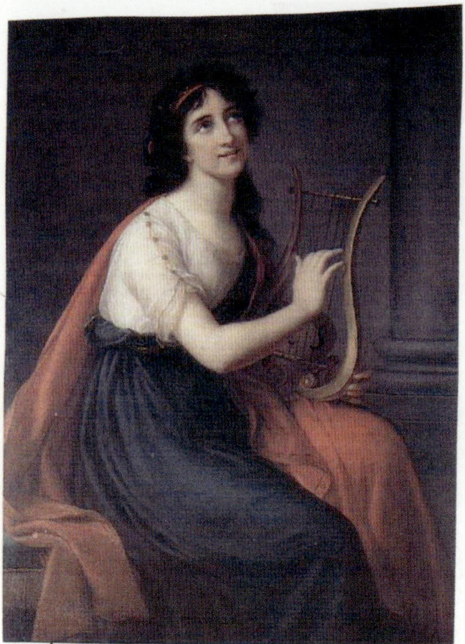

Elisabeth-Louise Vigée-Le Brun
(Paris 1755-1842)
"Mlle de Fries war eine glänzende Musikerin und als ich sie portraitierte, wollte ich sie als Sappho darstellen, singend und sich selbst auf der Lyra begleitend."
* 1769 † 1835
∞ 1794 Gf. Heinr. Wilhelm v. Haugwitz
(1770 – 1842)

Sophie v. Fries als Sappho
(Nat. Schloßmuseum Jaromerice
Tschechoslovakei)

Er war nach 1800 einer der bedeutendsten Mäzene Wiens. Unterstützte Schubert und Beethoven, mit dem er sich befreundete. – B. komponierte für ihn 2 Violinson. (op. 23, 24) das Streichquartett op 29, und widmete ihm seine VII. Sinf. 1813. – Er war in der Wiener Kunstwelt so bekannt, daß er mit seinem Ruin und Tod das erklärte Modell für Raimunds 'Verschwender' (1833) wurde.

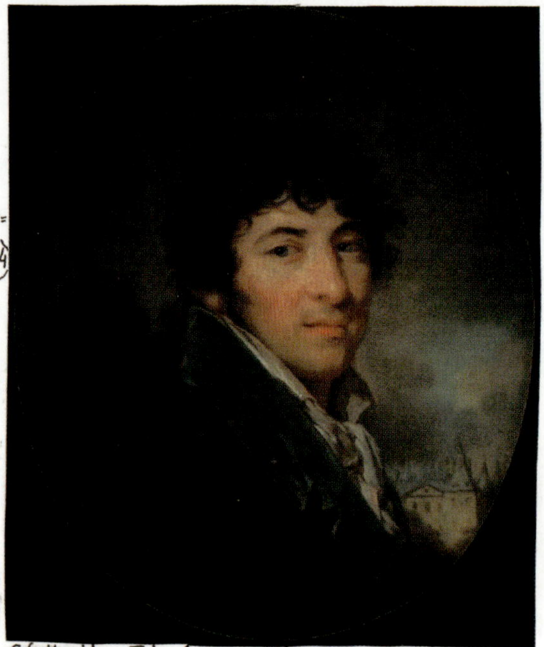

Gf. Moritz v. Fries (1777-1826) – Pastell, in Wien gemalt
(Paris Louvre)

Aquarell 1841 wenn die Jahreszahl stimmt, muß links der 14jähr. Hubert und rechts Max sein.

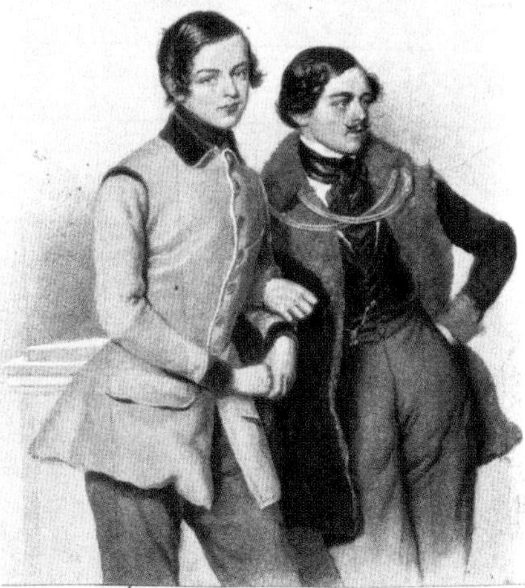

Max Victor (der Erbe) und sein Bruder Hubert Heinrich (der 'Luftikus'?) (senior)

Aquarell v. Decker

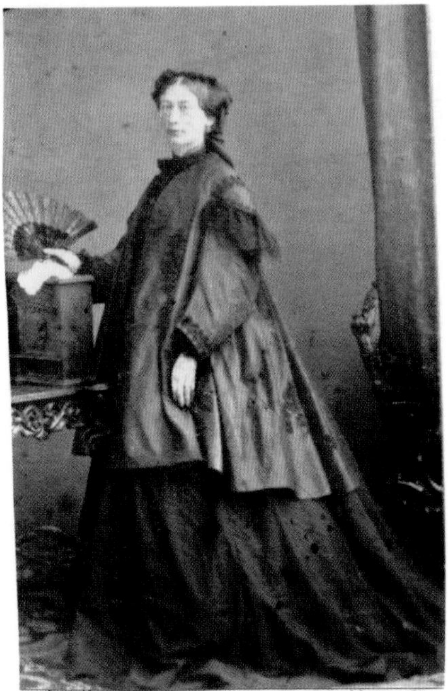

Ludmilla Harnoncour geb. Berchtold c. 1870

Hubert H.s Frau
Ludmilla geb. Berchtold
c. 1862 mit ihren Kindern

… VIII. 51 Buchlau
…ons Albert Hubert ✝1862

Hubert Karl Sigismund Josef Franz 1850–1920 (Großpapa)

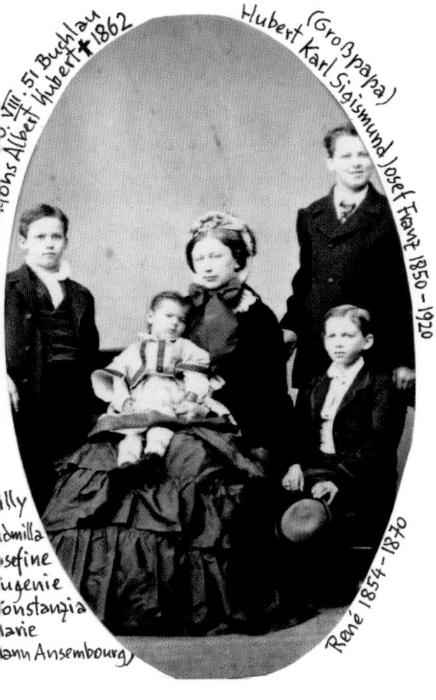

…lly
…dmilla
…sefine
…ugenie
…onstanzia
…arie
…ann Ansembourg)

René 1854–1870

c. 1878

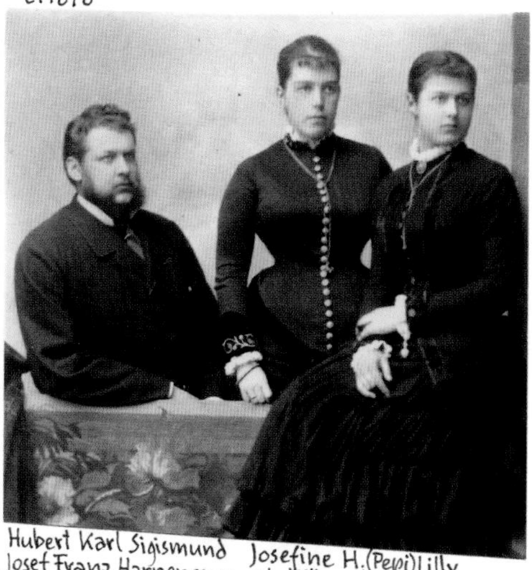

Hubert Karl Sigismund Josef Franz Harnoncour (junior) ∞1877

Josefine H. (Pepi) geb. Mittrowsky 1852–1885

Lilly Harnoncourt ab 1881 d'Ansembourg

(Großpapa – seine 1. Frau – seine Schwester)

Ludmillas Gemahl und Käufer von Wöllan

Hubert Heinrich
1827 – 1897
(Aquarell v. Decker)

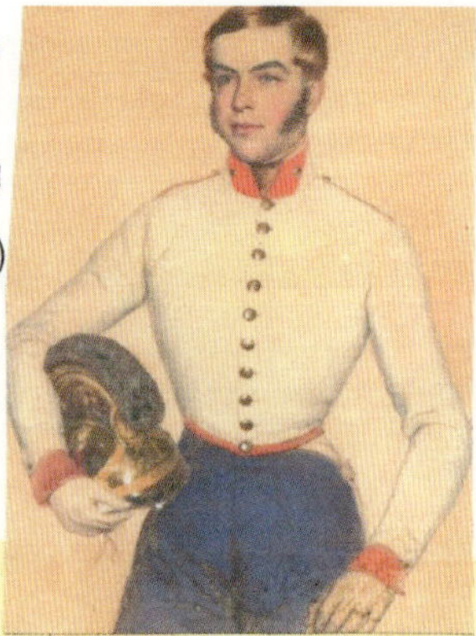

Ludmilla
* 20. IV. 1831
† 5. V. 1915

Im Reiter-Kostüm

Berchtold Harnon... cou... c.184...

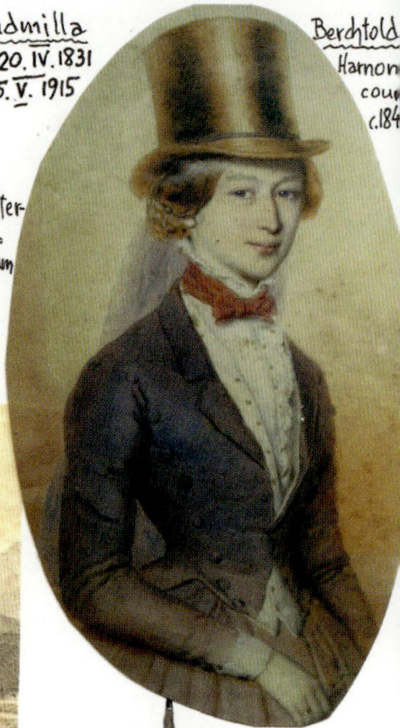

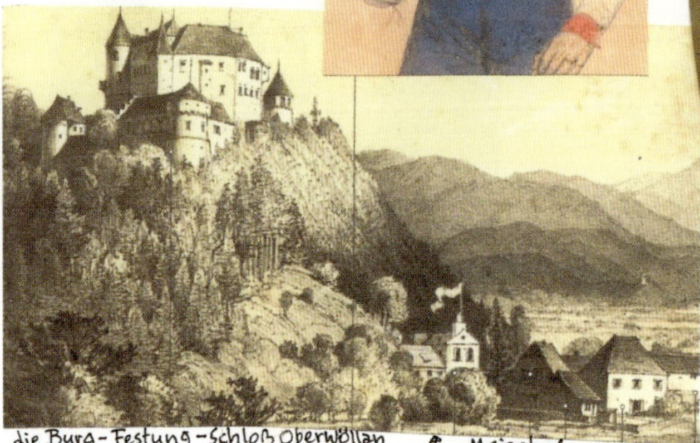

die Burg-Festung-Schloß Oberwöllan oder Neu-Wöllan

Meierhof

Villa Bianca, erbaut 1853 von Hubert-Heinrichs älterem Bruder Max-Viktor (1820-67)

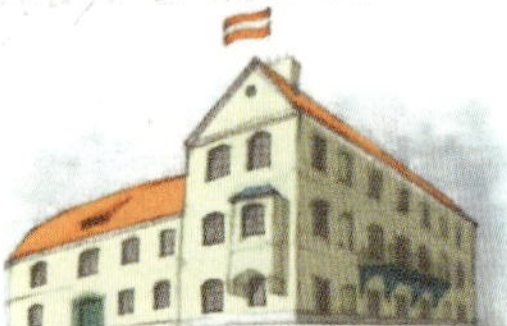

Schloß Unterwöllan (Villa Bianca)

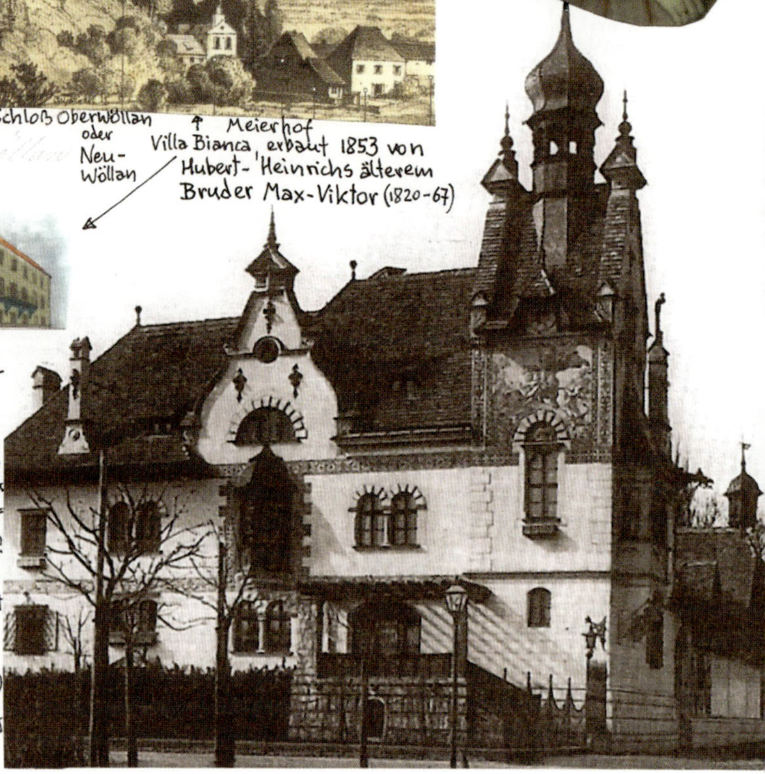

1891
Villa Harnoncourt
Laufbergergasse 12 (von der Schüttelstr. zur Hauptallee – Sportklubst... ganz nahe dem Volksprater) – 1960 abgerissen

von Felix Maria 1886 erbaut. Architekt Otto Hieser.
Ab 1930 – 1938 Villa Hecht (Kunstsammlg) Leo und Helene Hecht.
Caritas -- ungar. Flüchtlinge....

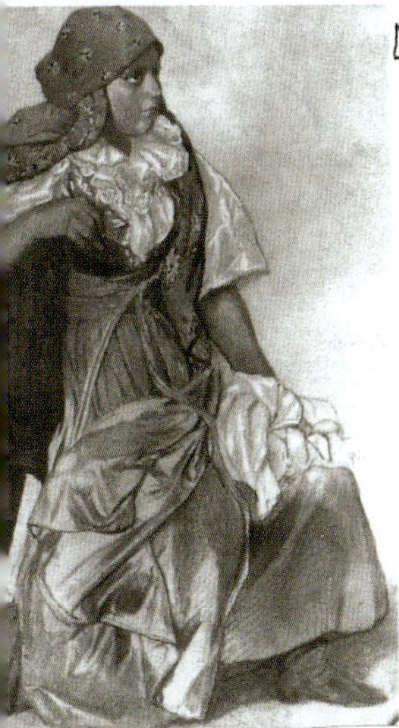

49 Großpapas Amme gemalt
Seinem Vater Hubert Heinrich

7a Ein Ritter Harnoncourt
mit 'Helmzier' und Wappen

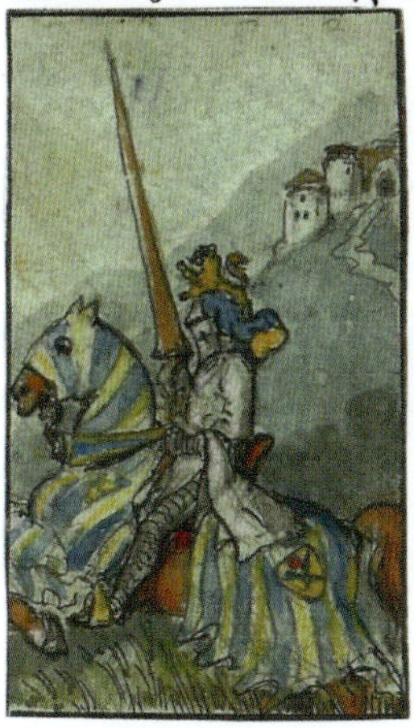

Kirche v. Harnoncourt
mit dem Grab v. Louis Matthieu H.

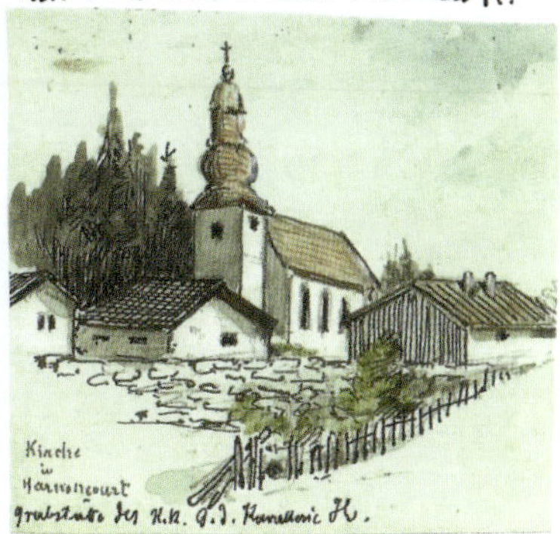

wenn er nicht (Ahnen)-forschte dann
zeichnete und malte Großpapa

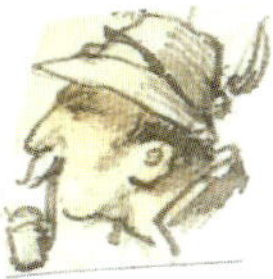

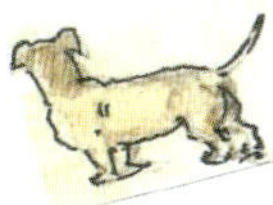

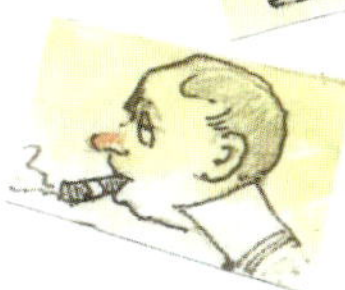

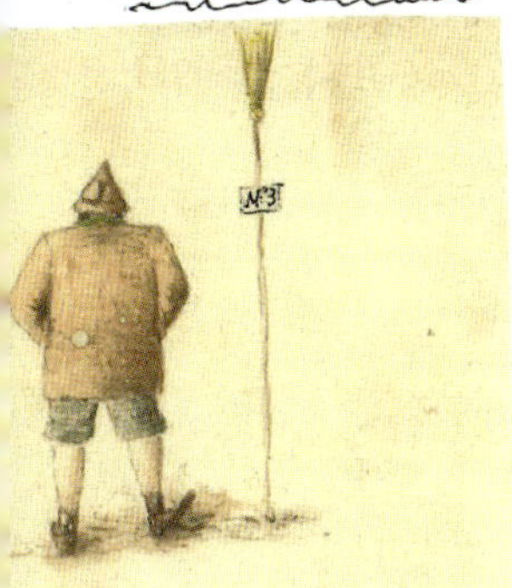

nkel Wladimir urniert 1903

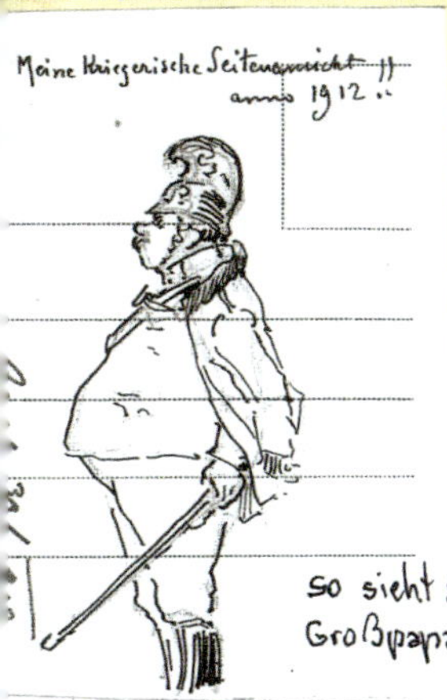

so sieht sich
Großpapa 1911/2

Mein Profil !!

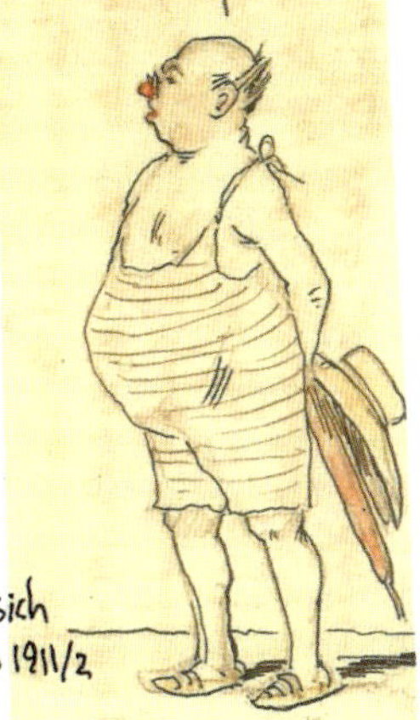

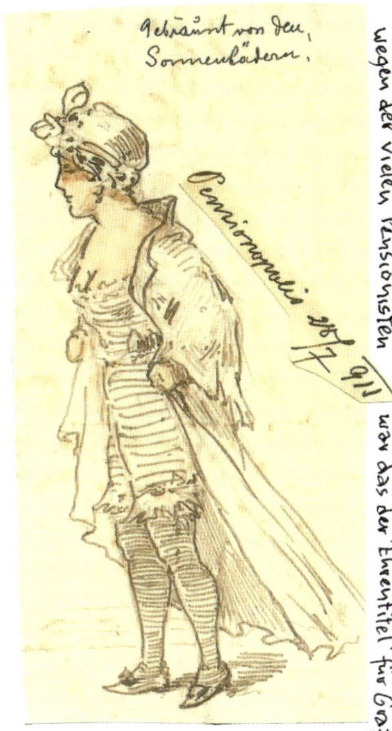

wegen der vielen Pensionisten war das der 'Ehrentitel' für Graz

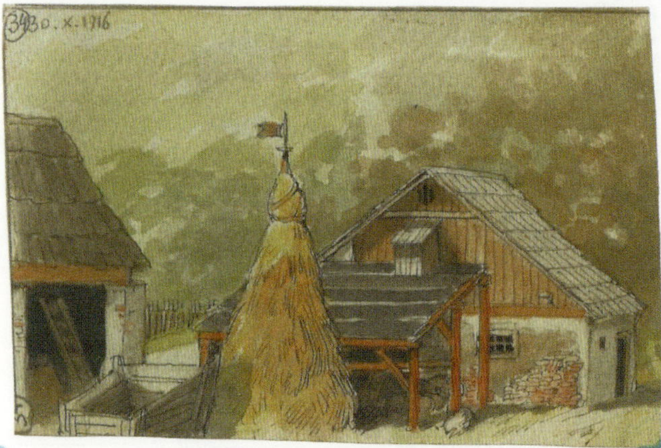

Aber Großpapa malte auch viele Landschaften und ländliche Szenen.

Zwei seiner Kinder:
O. René und **T. Josefine** waren hochbegabt

Jos. H.

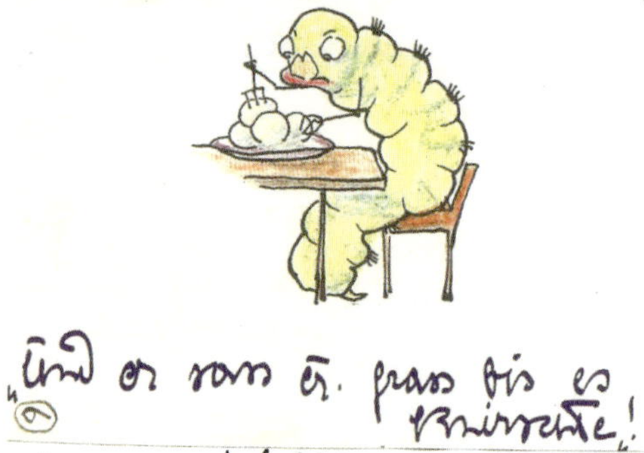

.."und er sass und fraß bis es Knirschte!"

Korp. Serif Bosnjak

Jos. H.

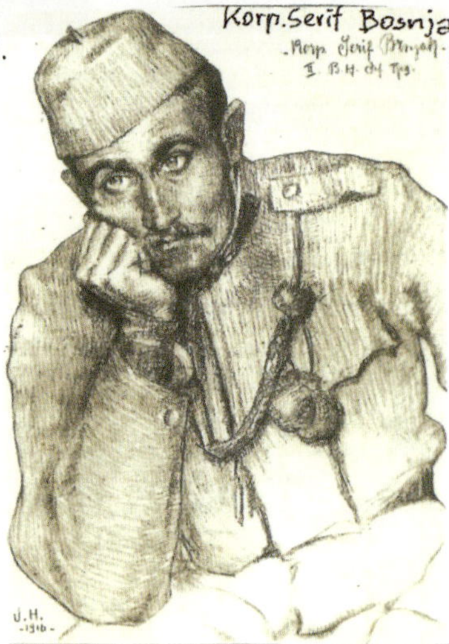

Jos. H.

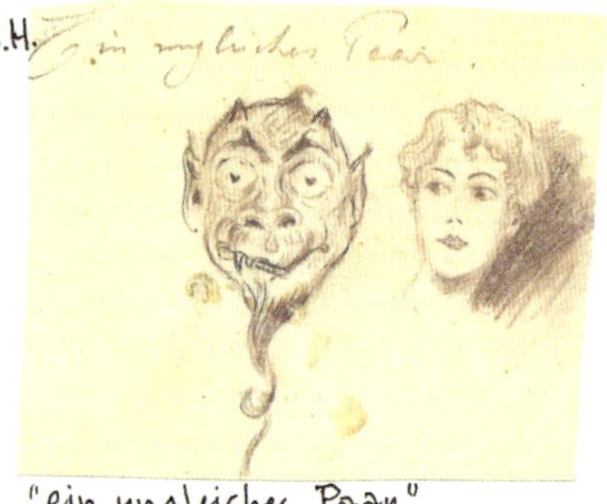

"ein ungleiches Paar"

T. Josefine zeichnete, malte, dichtete hervorragend und witzig, spielte glänzend Klavier und Geige – konnte aber ihr halbes Leben nur in verdunkelten Räumen sein – Kopfschmerzen

aus dem gemalten Tieralphabet

Acumba ist ganz desperat
weil Almigui die Masern hat

Die Brillennase häkelt gern
das Backensteinchen tut sie störn
mit Andacht küßt Cleopatra die schöne rote Rose
Ceriaconospoides schlüpft in ihre Winterhose

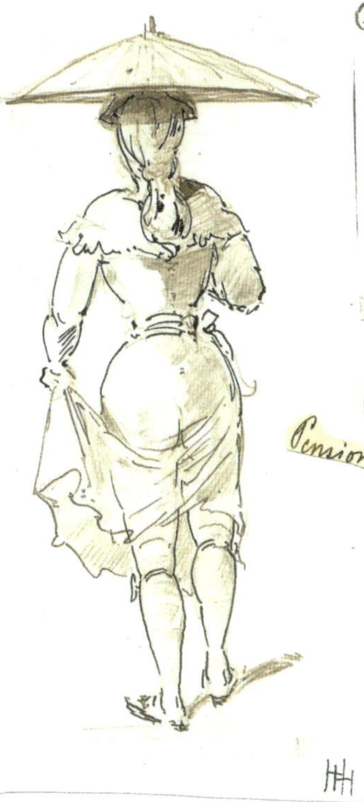

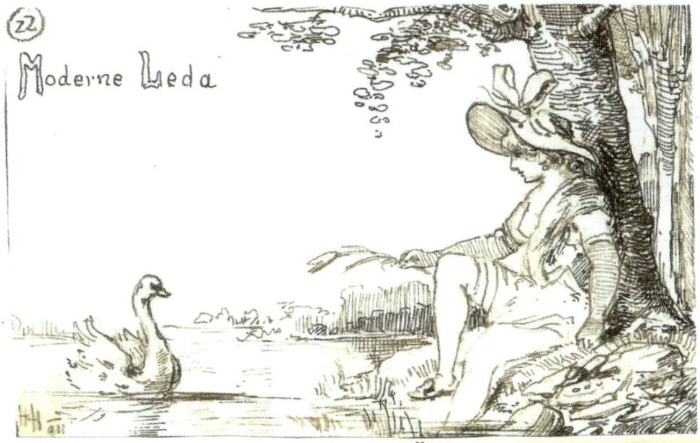

Pensionopolis am 27/7 911

Haupt-
sujet Groß-
papas waren
Mädchen…
36

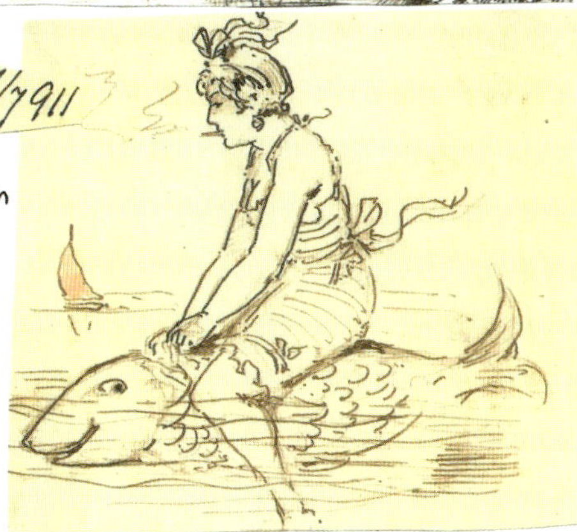

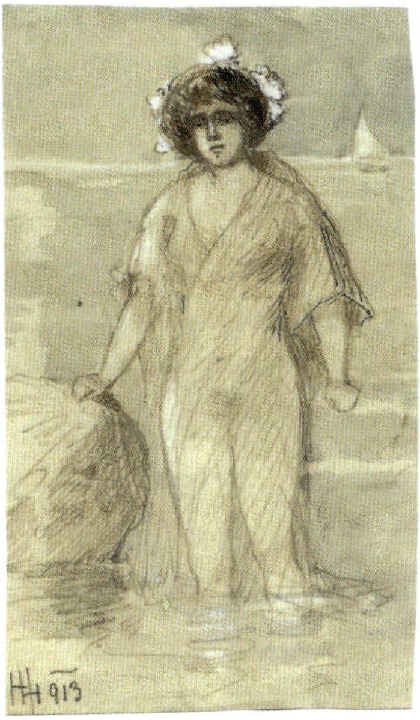

so fuhr man 1911 Ski – mit 1 Stock! und Zigarette – fesch

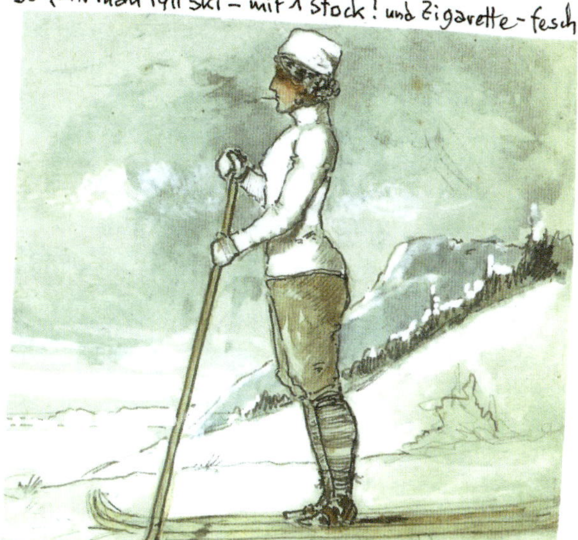

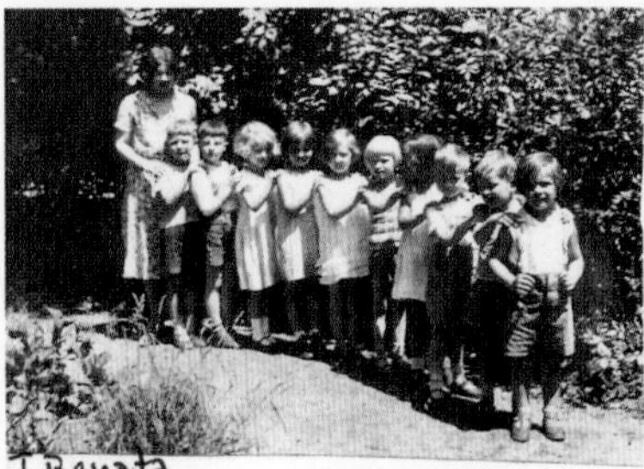

T. Renata

O. Renes Wandbilder

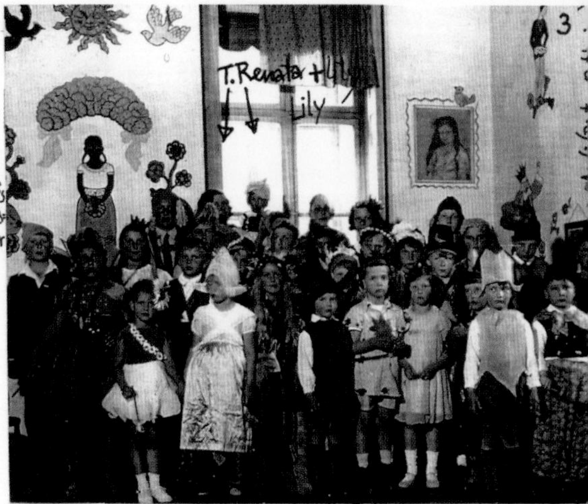

Alexander Götz (Xandi) ↓ Fritzi Herzl Pilli Raldi Stübchen- Niki Dieter Burz Feberger

"Happy Holidays"

Mama René Papa Niki Alice (1930 Berlin)

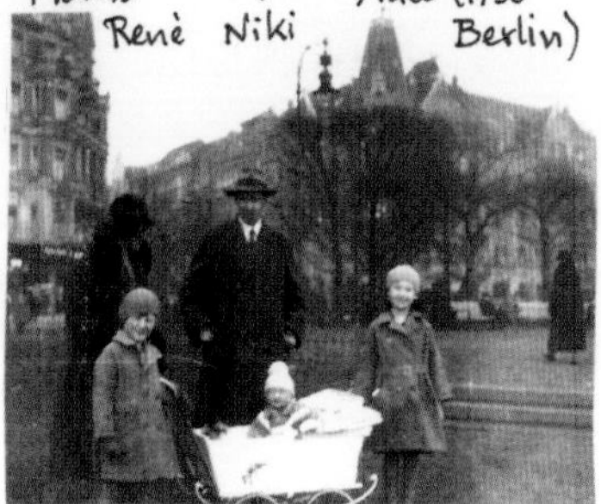

der berühmte Kinderwagen

Doblinger hat das wohl veröffentlicht

(Horst Wessel – Lied)

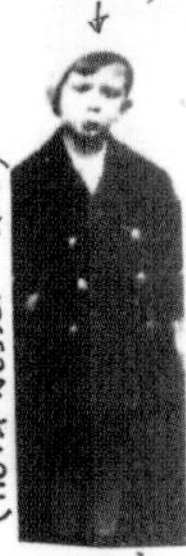

Villa 'Gagern' in Attersee

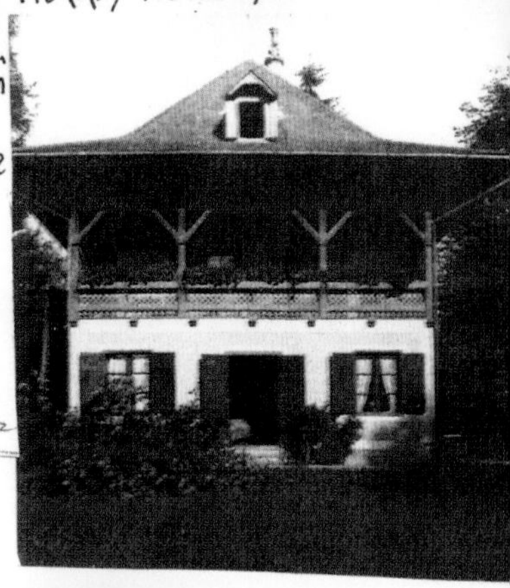

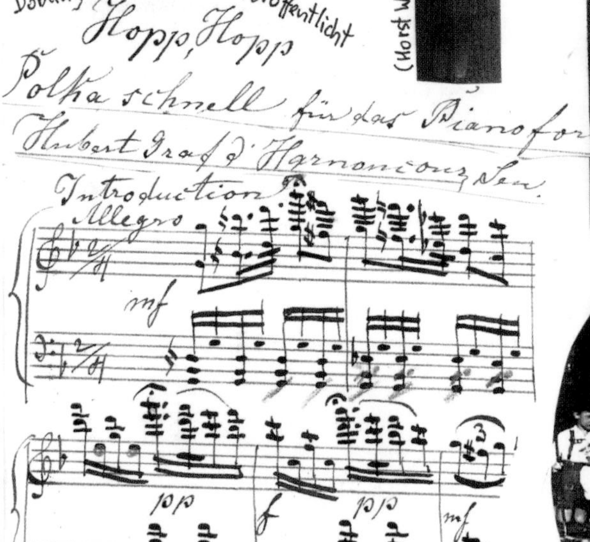

'Senior', weil Großpapa der Junior war.

Weihnachten 1929 in Berlin

ich, neugeboren, als Christkind (mit "Josef" und "Maria", statt einer 'Krippe'

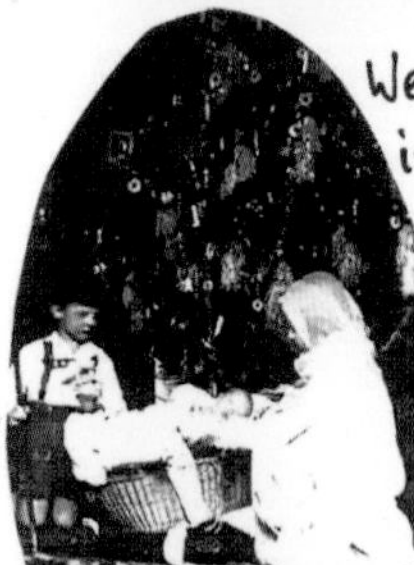

René, Niki: Alice

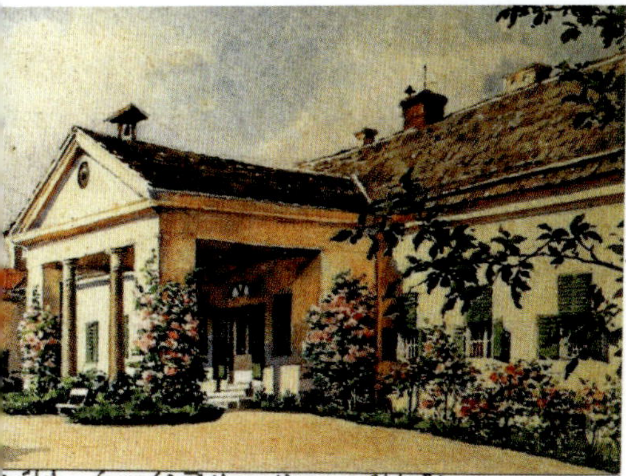

Da gabs ein Auto, das fuhr mit Petroleum!

(Tante) Emmy Trauttemberg

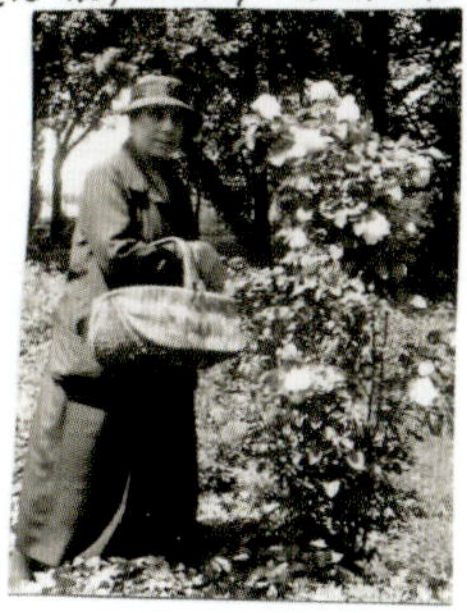

ʒákberény (O. Philipp Merans Schloß)

Verlobung Mamas mit Imre Trau[T. Emmy]ttenberg (c. 1926/7)

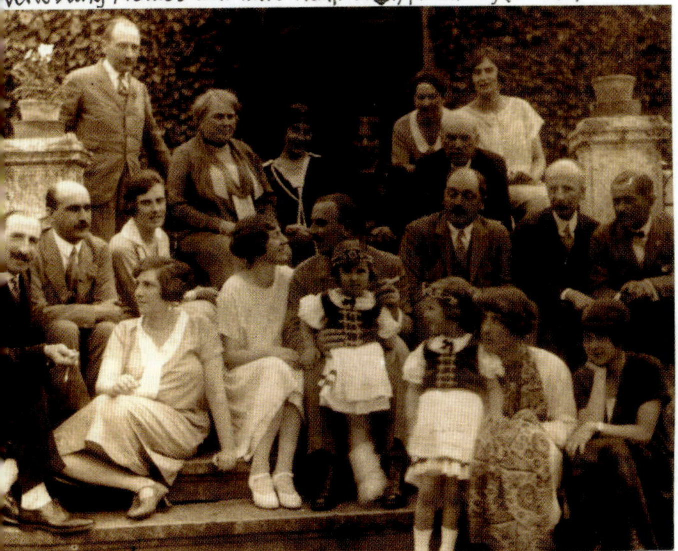

ganz oben: O. Philipp

Mama Imre (siehe auch S. 45) Holzer Sepp

Die Széczens

O. Miky
T. Erna (rothaar.) T. Janka (schwarz)

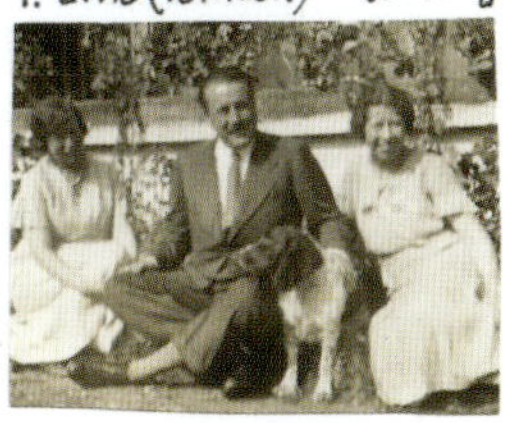

Hochzeit: Titüli ∞ Hutzlibratzli
(Lotti und Niki)
Lily (Putzweiblgeck)
Pilli (Feng-e-feng)

Sommer in Brandhof (c. 1935)

Papa Alice Niki Lily René Pilli Karli Mama

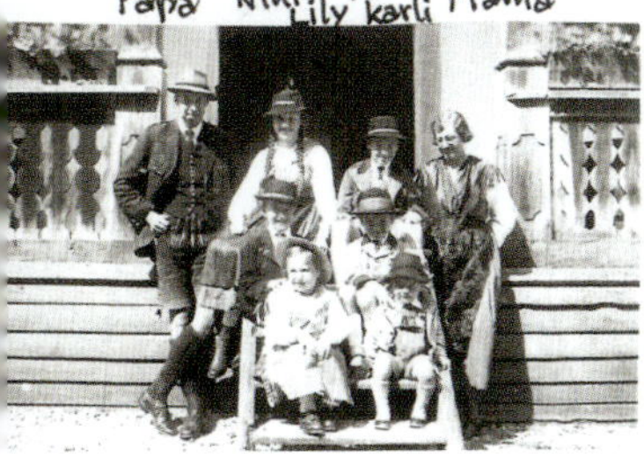

Jäger: Fluch, Rosenblattl Karli Laja M. Hansi (Meran), Alice, Niki, Lotti Maritzi M. Fanny M. René Lily Pilli

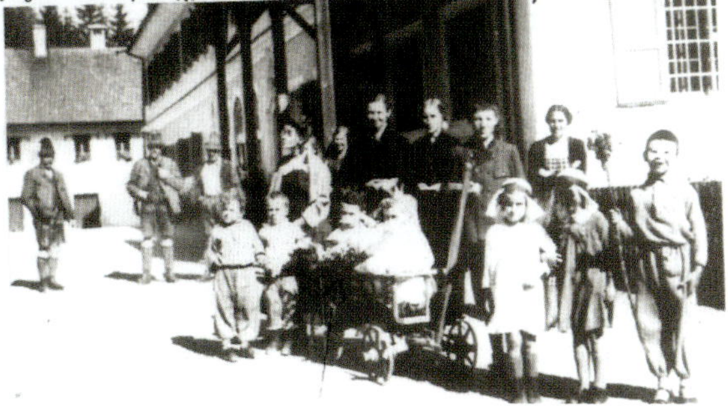

Der 'Walter-Flügel' 1791, aus Brandhof

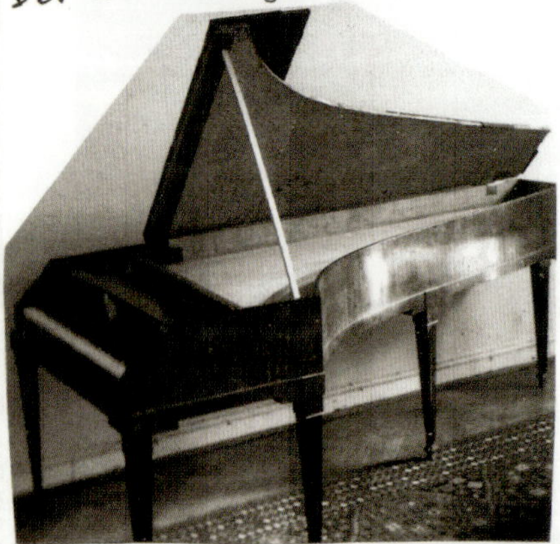

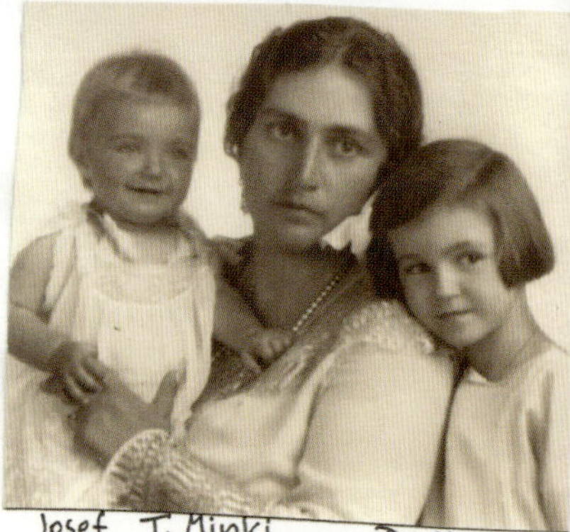

Josef T. Minki Dorli
Kottulinski

Anna (Plochl) und Erzh. Johann in Brandhof

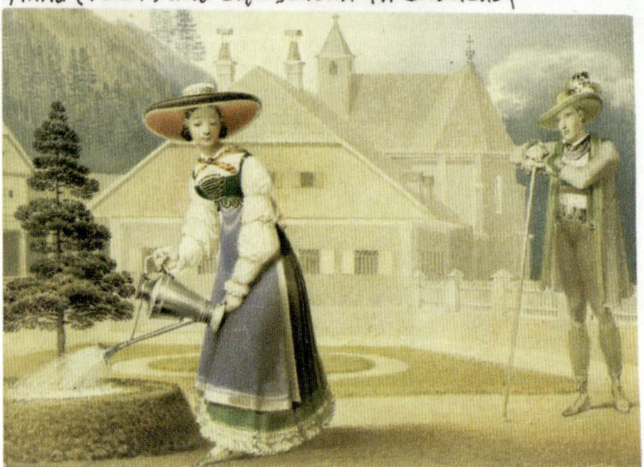

Aquarell vom 'Kammermaler' Loder

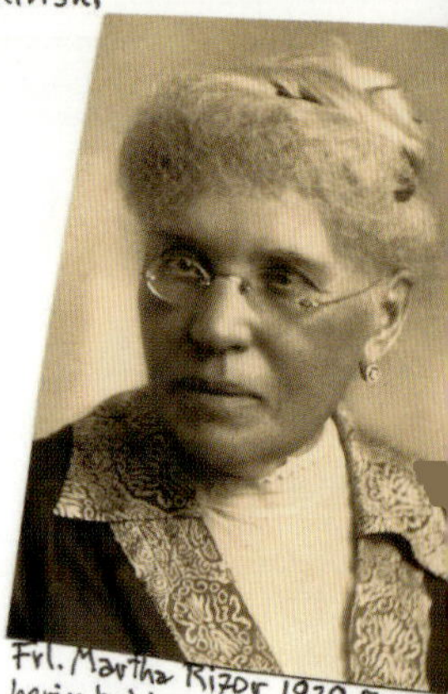

Frl. Martha Rizor 1929 Erzie= herin bei Lamberg (Großma= ma hat sie mitgebracht als Ra geberin und Märchenerzähleri

die Großeltern mit Söhnen und Jägern (Brandhof 1930)

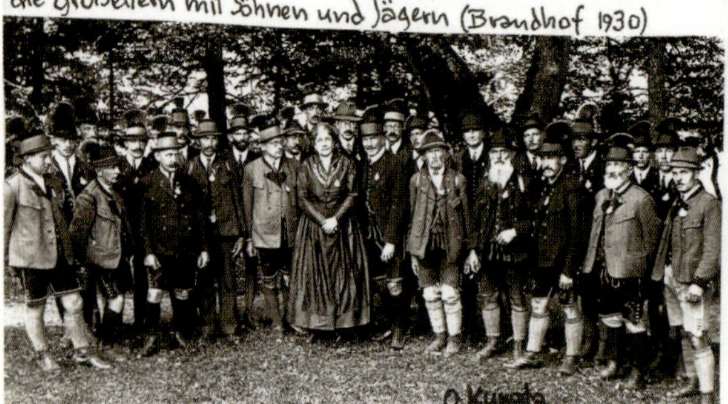

O. Kunata

Jäga Fluch, O. Hansi, O. Philipp, O. Franz, Großpapa, Großmama, Kottulinsky, Adam Preitler, Holzer Sepp

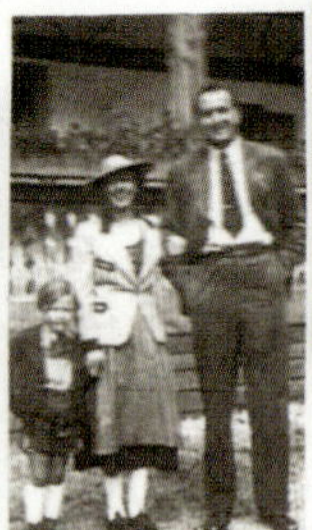

Steffenelli's
Hannele, Frau, Hansi-bubi

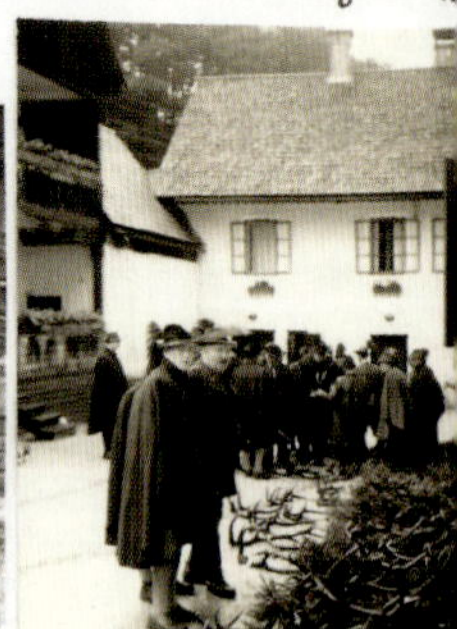

'Hirschstrecke' – erlegt Hirsche in Brandhof

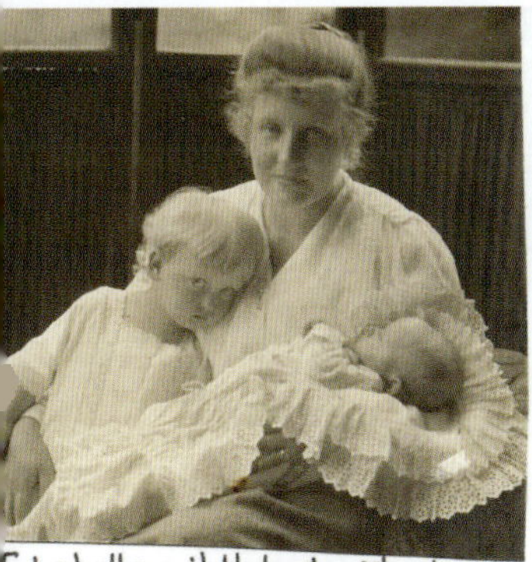

T. Isabelle mit Hubert u. Eberhard
muß sich als Witwe durchfretten

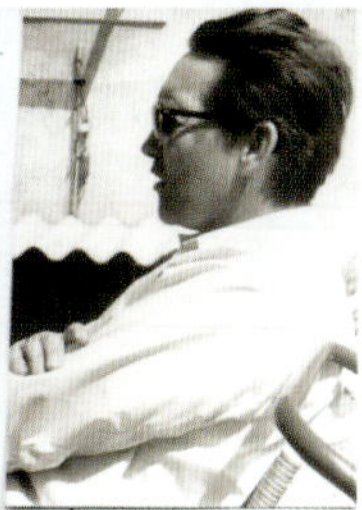

Hubert und
Eberhard
müssen
zum
Militär

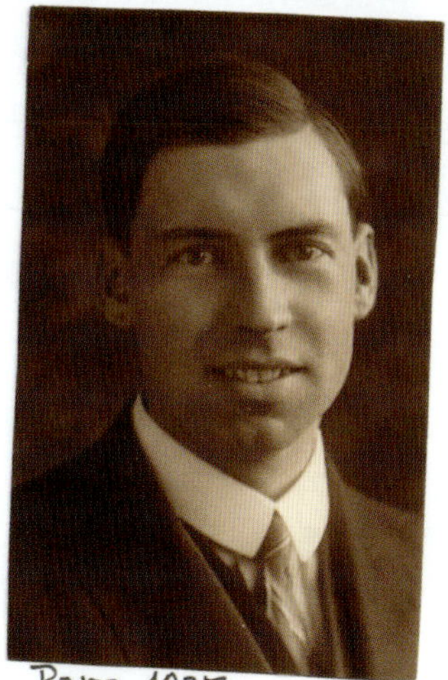

Papa 1935

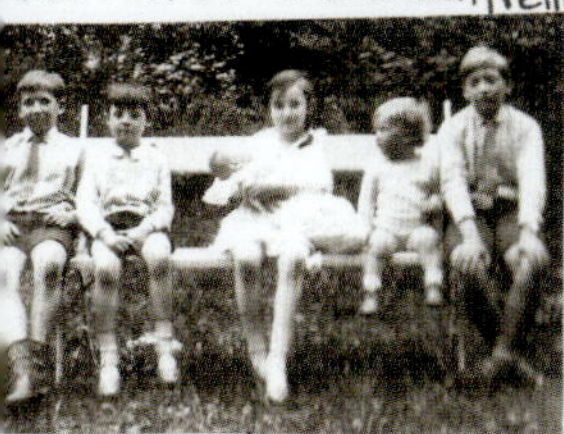

Eberhard Alice Niki Hubert
1931) René (Pilli)

T. Lori – Leiterin des Winter=
betriebes in Brandhof

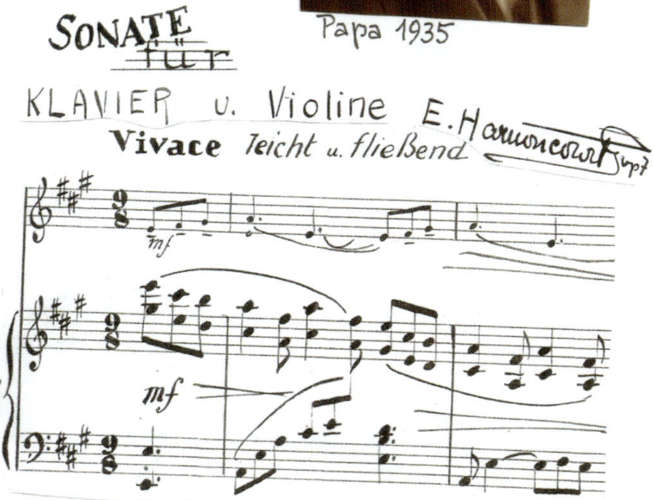

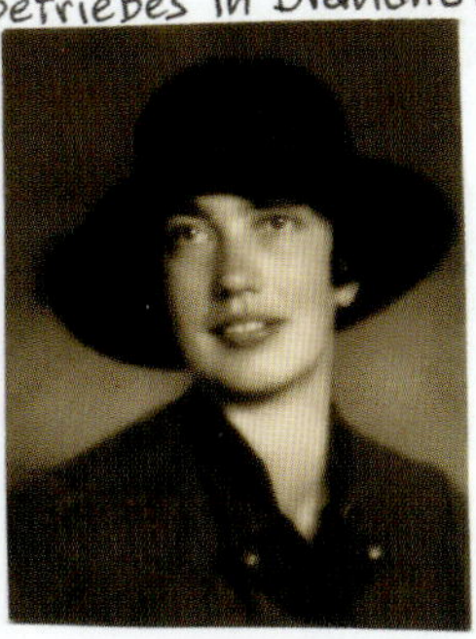

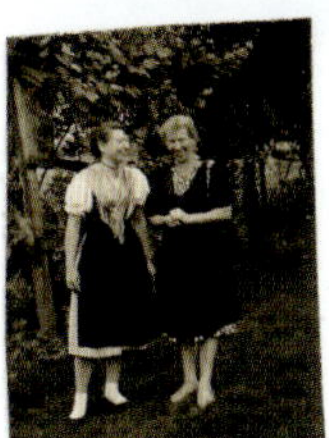

Lily mit Rosa
Schinnerl in Semriach

Luisi
Spari
ab c. 1936
im Palais
bis c. 1955
in der
Goethestr.

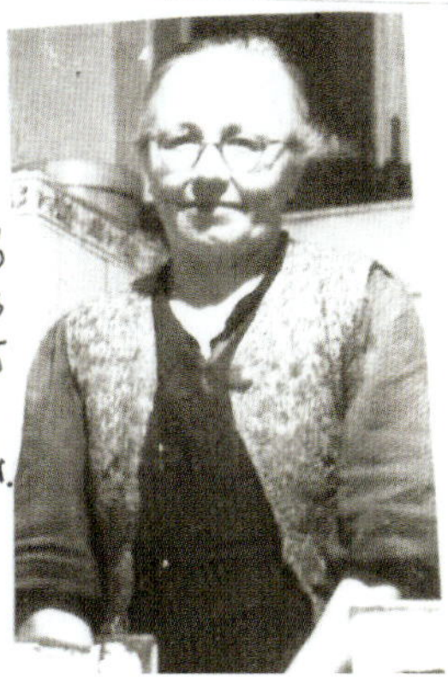

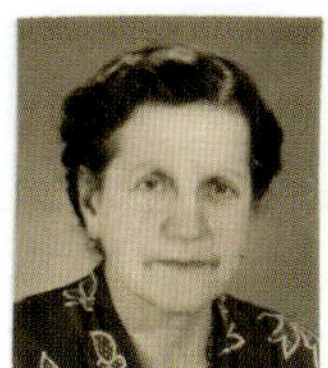

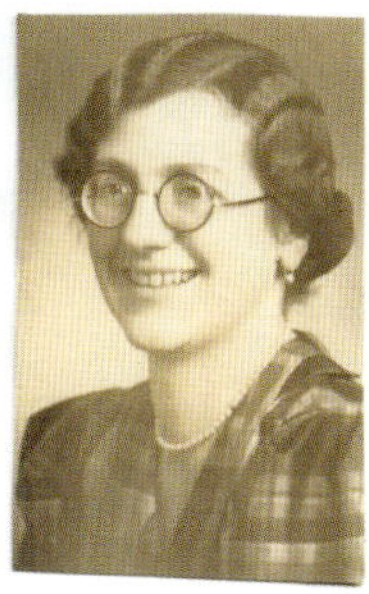

Mama
So – ohne Brille –
haben wir sie
nie gesehen und so – lachend –
selten.

erst 1911 darf
Mama zur
1.hl.Kommunion

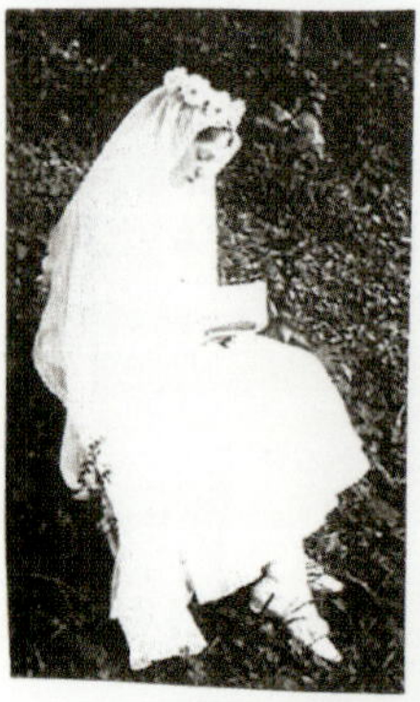

Mama
+
T. Lori
ca.
1920
in ih=
rem
Gesicht
glimmt
die
alte
Wildheit

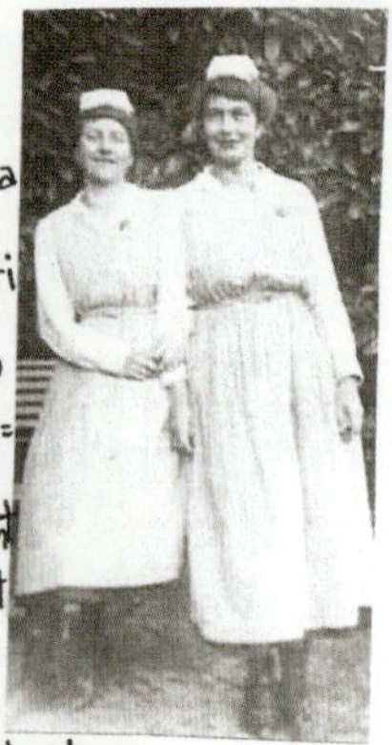

Wir sind noch im 'Palais' zur | 62
Zeit des Umsturzes, Frieden,
noch ahnt man nichts

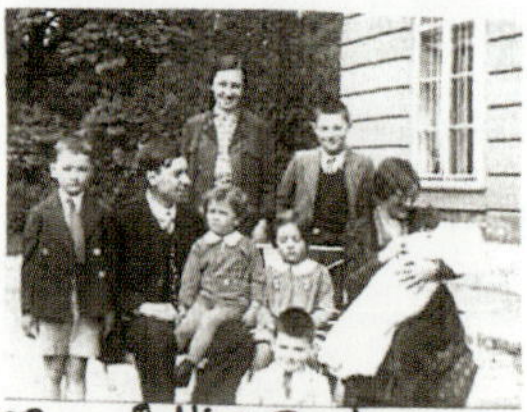

1938: Niki Papa Alice René Karli Lily Pilli Mama Franzi

T. Isabelle.
Man sieht,
die ist
nicht zu
brechen.
Sorgen
bereiten
nur die
Buben ↓

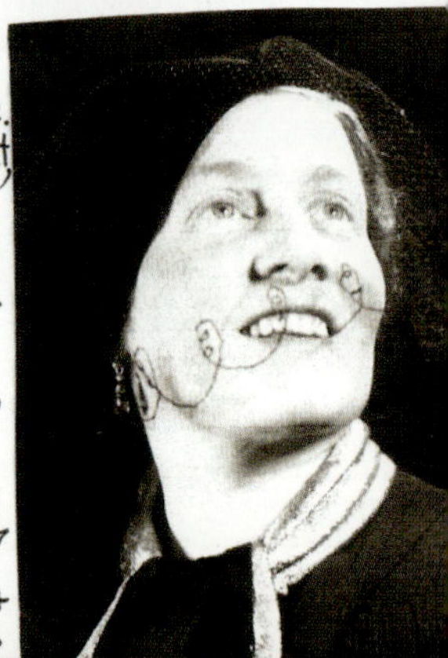

T. Josefine
mit Josef
Bombelles'
Kind
1940 in
Opeka

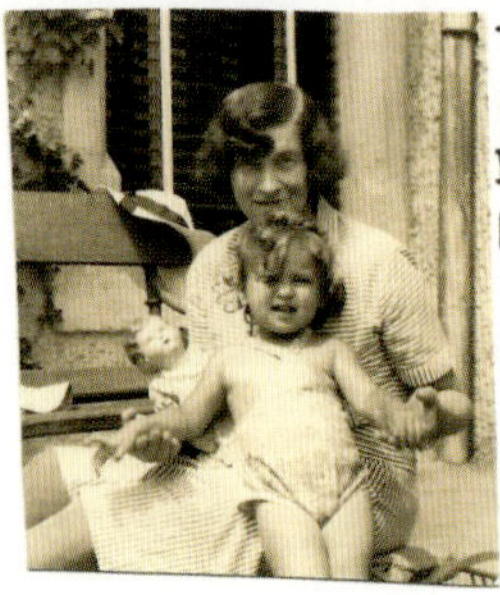

Hubert +
Eberhard
mit
Lord
(Hund
des
Haus=
meisters
Erhard)
im
Palais-
garten

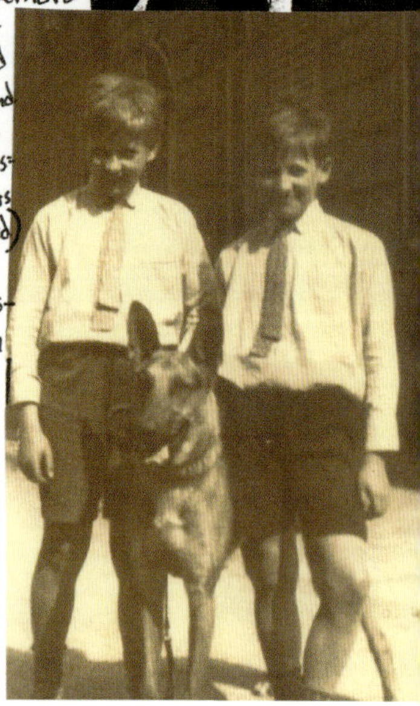

Opeka oder Bukarest c. 1941

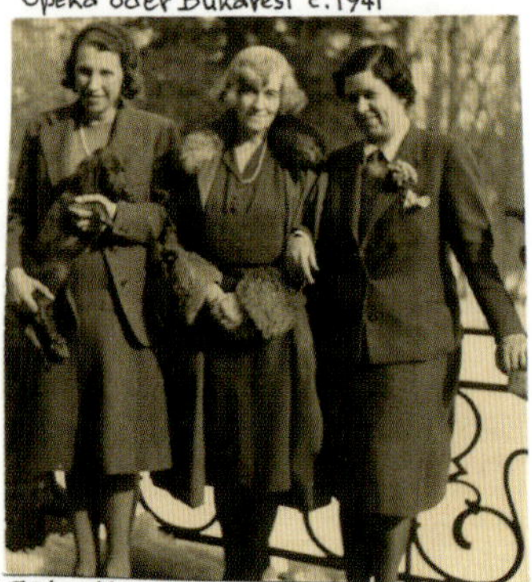

'Nandi', T. Nandine Ansembourg (Bombelles) T. Josefine T. Renata Stelzer (Harnoncourt)

[?]. XI. 1969 am GAK Platz in Graz

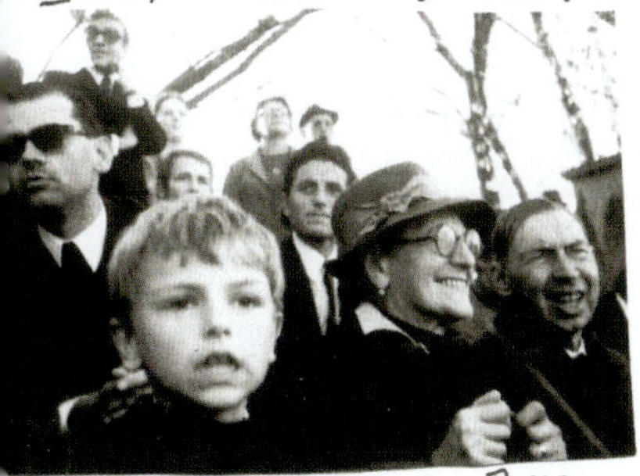

Pilli Franzi Mama Papa

das Gershwin Buch lag auf d. Klavier wir erinnern uns an die Bilder u. die Musik SONG-BOOK

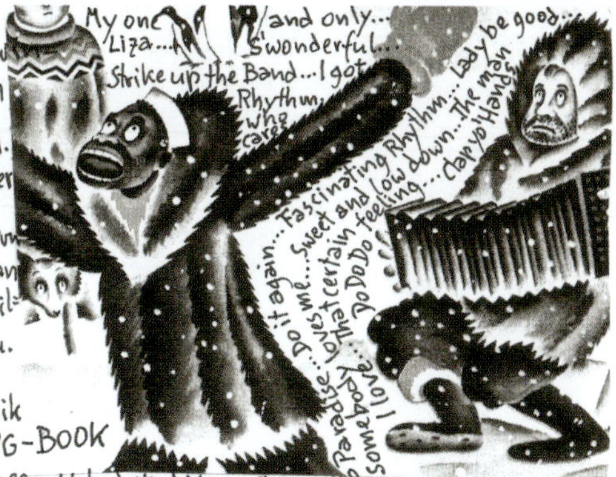

Swanee... Nobody but You... Stairway to Paradise

Hermenegilde - O. Karl

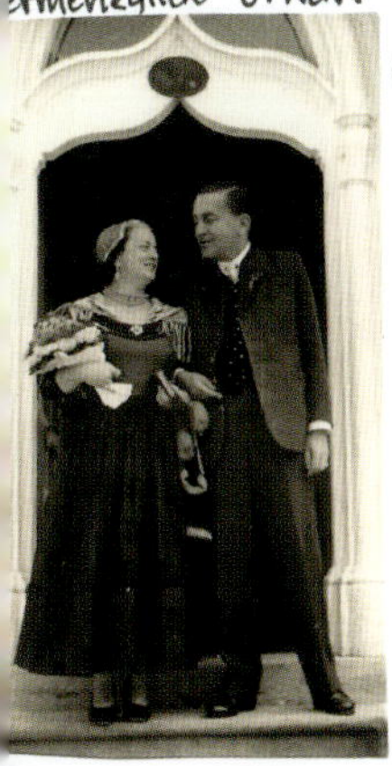

Hochzeit O. Karl oo Hermengilde

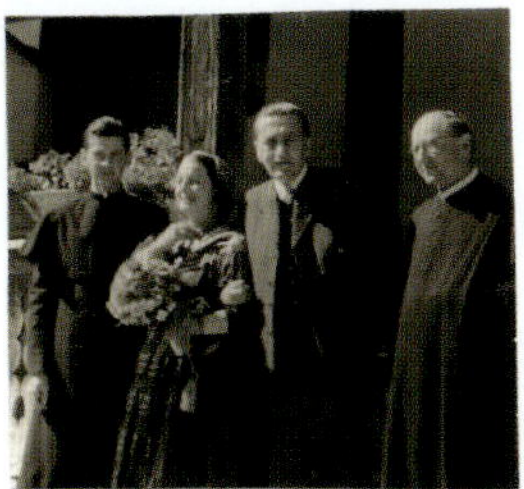

Pilli, Gilde, O. Karl

T. Isabelle Eberhard Hubert

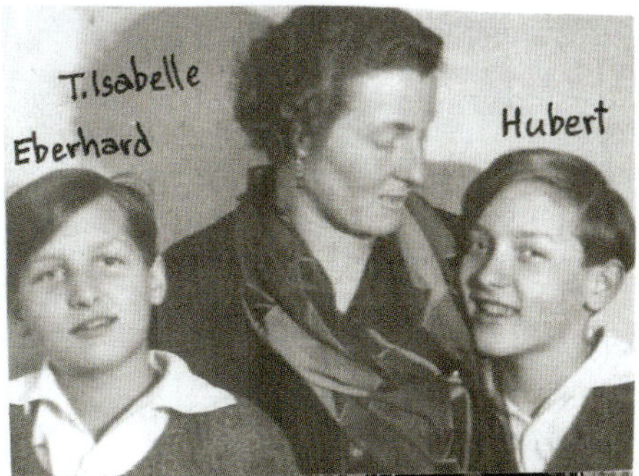

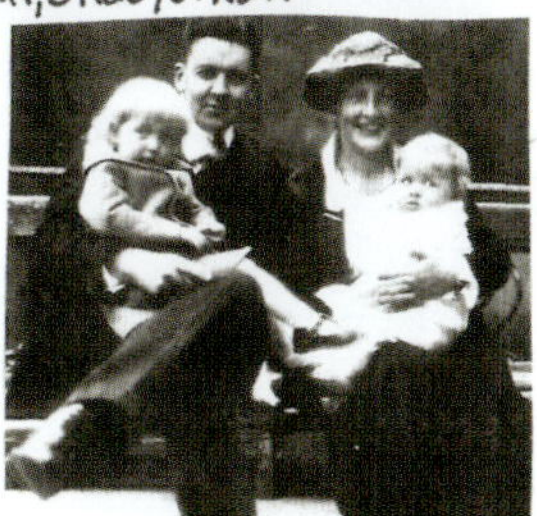

Hubert, O. Hubert, T. Isabelle Eberhard c. 1923

einige Jahrzehnte später auch

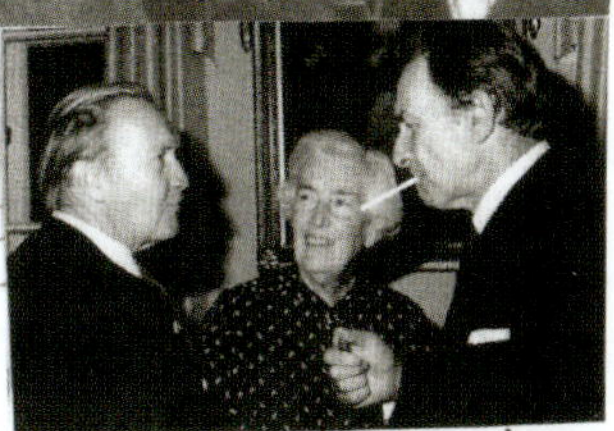

Hubert, Julie Feldt (Deym), Everard (Eberhard)

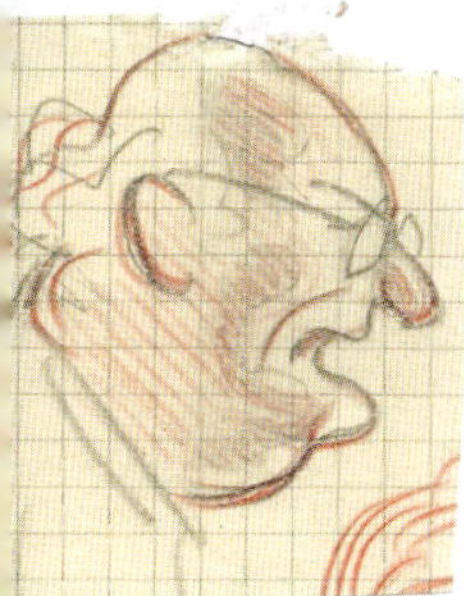

Karikatur aus d. Schulheft

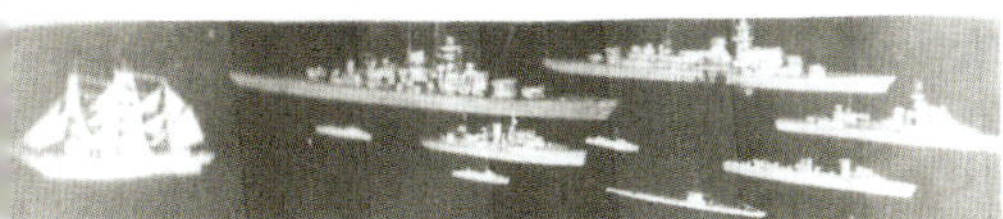

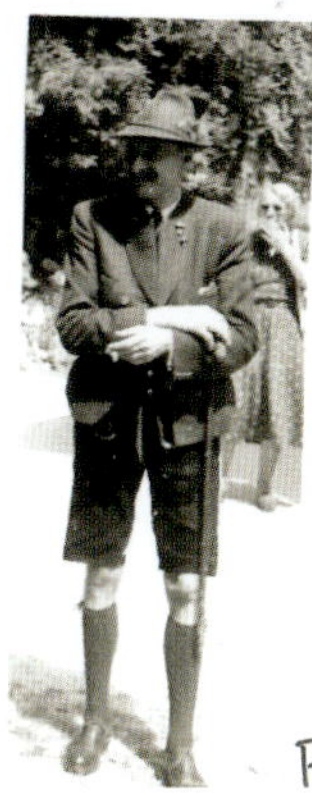

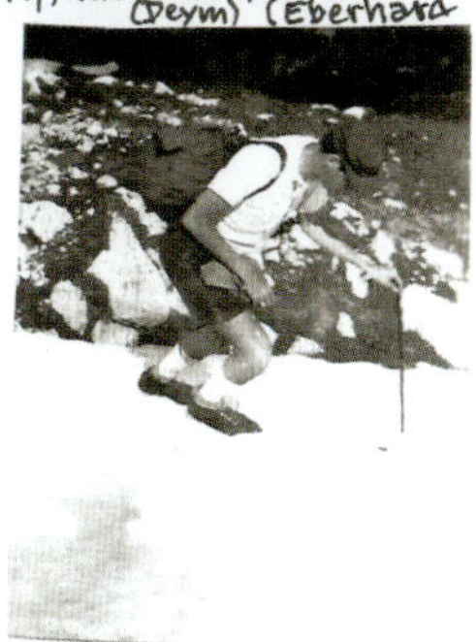

Michael Kehlmann (der Schatten bin ich)

die deutsche Kriegsflotte. vorne U 28 Papas U.Boot
Segelschulschiff 'Gorch Fock' und 2 österreichische Schiffe

Philipp Kesselstatt

René, als Kind: Soldat!

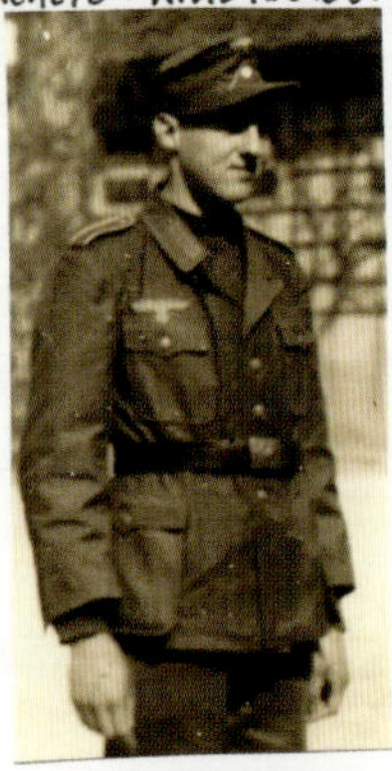

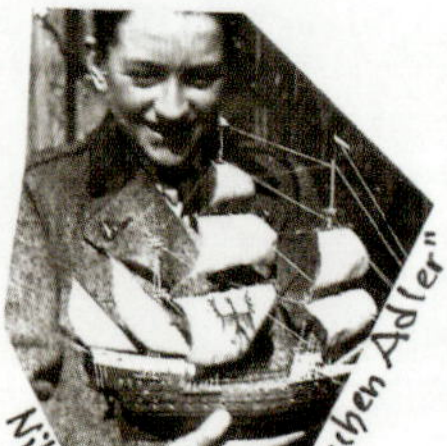

Niki 1943 mit d. "Lübischen Adler"

'Schanzen' in d. Oststeiermark

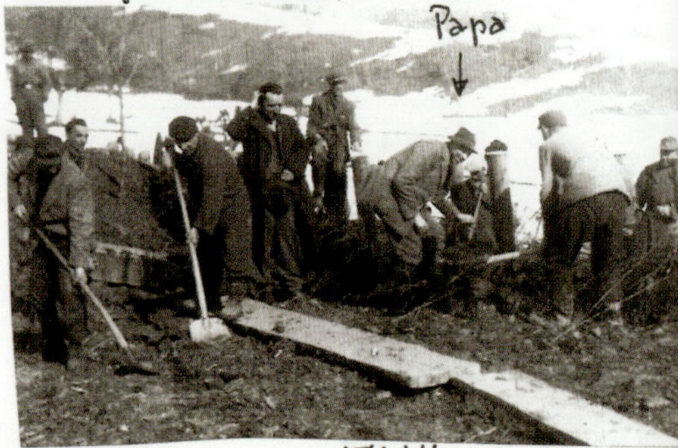

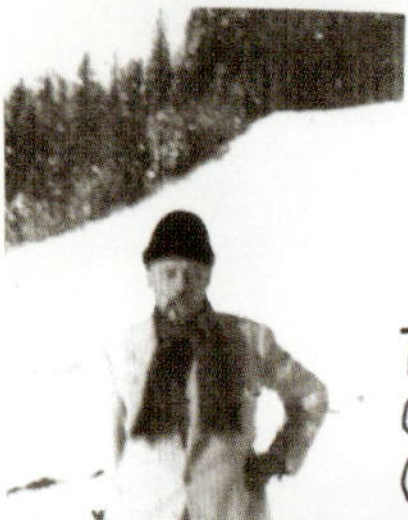

Prof. Paul Grümmer (immer eine Pfeife, Zigarre oder Zigarette im Mund, die Asche am Cello.

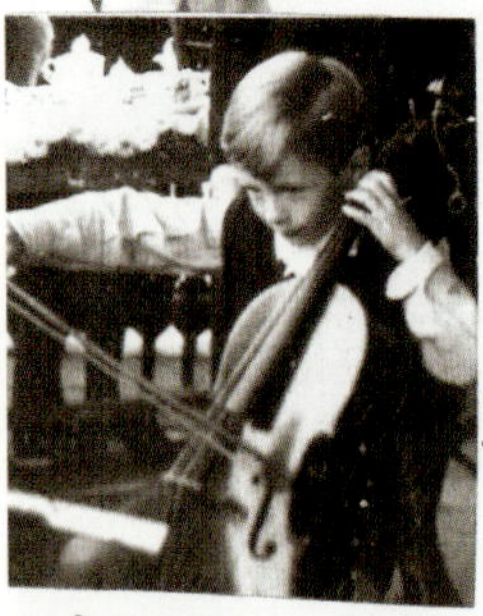

Peterle, sein Enkel/Sohn?

Prof. Johannes Ude

10 Jahre später kandidierte er als Bundespräsident.

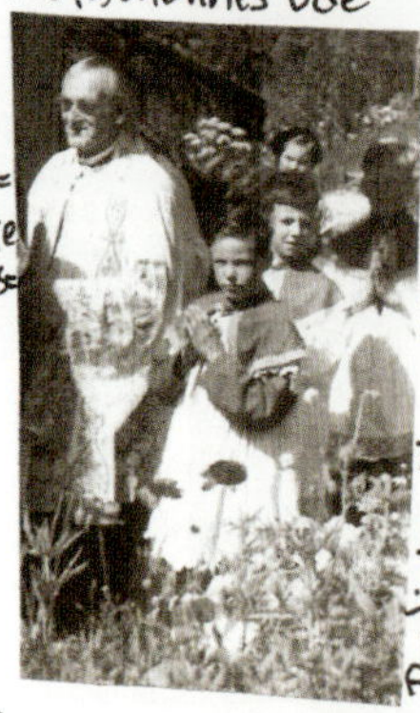

Predigten: "du sollst nicht töten"

'Flüchtlinge' nach Grundlse

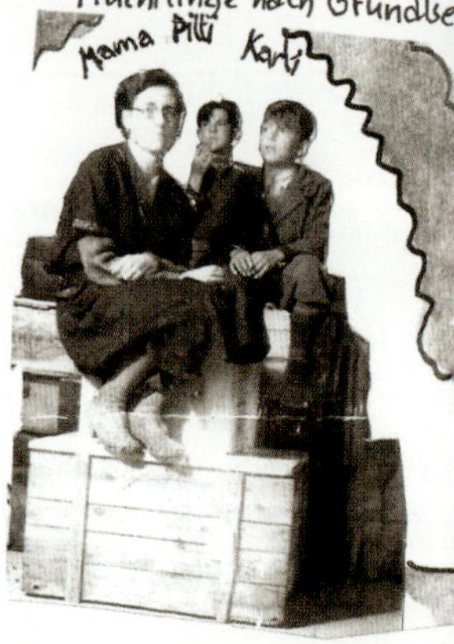

Grümmer und Furtwängler

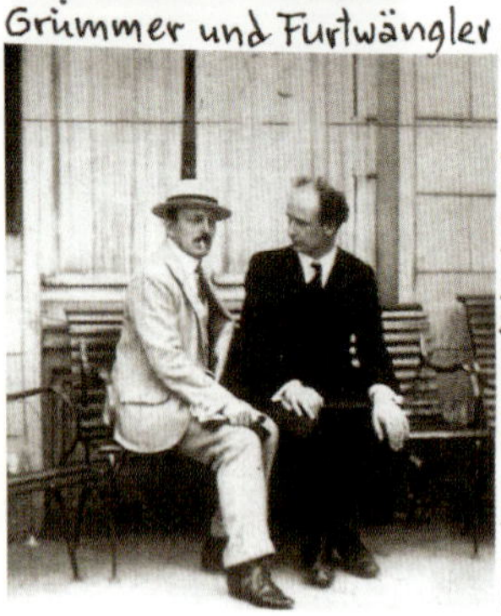

beim Brahms-Fest Wiesbaden c. 1925

Lizzi und Leopold Hoffelner

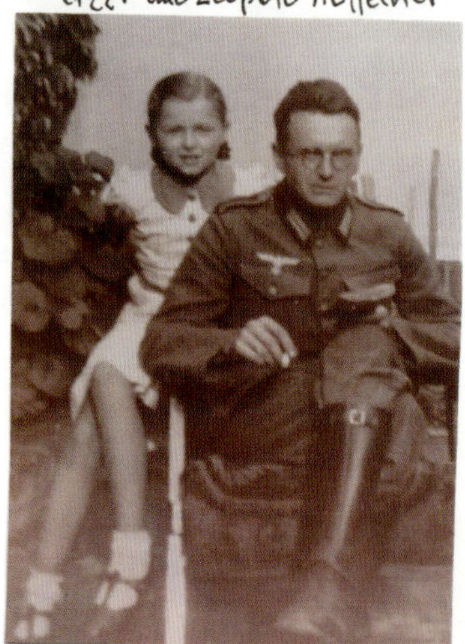

Hauptfeldwebel in Attnang in den letzten Kriegsjahren, wo sie den Bombenangriff erlebten

1889 achtzehn und die Hochzeit fand drei Tage später, am 26. Oktober, statt. Meine Großeltern lebten noch mindestens bis 1899 in der Wiener Wohnung im Palais Mittrowsky, denn sowohl der älteste Sohn Hubert als auch mein Vater wurden dort geboren (1891 und 1896).

Die Familie meines Großvaters hatte sich ab ca. 1890 voll eingenistet am Rehhof und mein Vater schwärmte zeit seines Lebens von seiner unglaublich glücklichen Kindheit, die er dort, mitten in der Natur, verbracht hatte. Weit wars zur ›Kultur‹ nach Wien, trotzdem spielten praktisch alle im Haus Klavier, also muß wohl eine Klavierlehrerin dort gewesen sein. Großpapa sagte per Klavier, wenn er hungrig war (das ›Hungerlied‹) oder sonst etwas wollte, (er konnte Klavier spielen, kannte aber laut Tante Renata keine Noten!). Großmama spielte Schumann und Liszt (wieso sagt man, daß die Mittrowskys unmusikalisch sind?). Tante Josefine (Stiefschwester von Papa) spielte sehr gut Klavier und Geige, sie fuhr sogar für Extrastunden zu einem Konzertmeister nach Wien.

Papa war der Superpianist und Komponist, da muß er wohl schon sehr früh Unterricht gehabt haben (wo??). Es tauchte in der israelitischen Kultusgemeinde (Wien) ein Photo von ihm auf: schöne Unterschrift (»Harnoncourt, 1908«), wie eine Autogrammkarte – wie kommt die dorthin? Hatte der Zwölfjährige eine jüdische Verehrerin? Jetzt meint man dort, die sehr schöne Photographie stamme von seiner Klavierlehrerin – plausibel, und die war wohl beeindruckt von Papas Talent. Sein Bruder Hubert sang wunderschön, spielte aber kein Instrument, kannte auch keine Noten, er war immerhin schon ein Tenor, ein prachtvoller, wie alle sagten, und Papa konnte ihn virtuos auf Zuruf begleiten: »Mehr nach links, jetzt rot ins Gelbliche – Mitte und butterweich wolkig – das geht ja wunderbar.« Sein Bruder René war mehr fürs Zeichnen und Malen, das hatte er wohl von Großpapa, aber er hatte nach dem Stimmwechsel immerhin einen eindrucksvollen Baß, so daß mancher meinte, er sei ein geborener Wagnersänger. – Mit 8 Jahren hat Papa in Rehhof sein erstes Eichkatzl geschossen, es wurde ausgestopft und oberhalb der Haustüre aufgestellt – da steht es noch heute (2011). Schule war kein Problem, ging nebenbei, aber Säge, Nägel, Bretter gab's und Kaninchen und Meerschweinchen, so baute er kunstvolle Paläste und gab den Tieren noble Namen.

Dann zog die Familie nach Baden. Großpapa hatte 1905 eine Villa in der Antonsgasse gekauft, den Rehhof hat er 1908 an den Bankier Ludwig Wittgenstein verkauft. Es war schon ein Abstieg, vom Gutshof in die Villa. Großpapa war nicht ›reich‹, außer dem Rehhof besaß er nichts – der Erbe des Harnoncourt-Unverzagt-Besitzes war Onkel Felix …

Burg Pernstein

Das wahre, aufregende Leben spielte sich wohl vor allem in den Sommerferien ab, zwei der Harnoncourt-Kinder (Papa und Onkel René) wurden vor dem Ersten Weltkrieg regelmäßig von Onkel Wladimir nach Pernstein, Sokolnitz oder einer anderen Mittrowsky-Residenz, alle nahe Brünn, eingeladen. – Großpapa war hintereinander mit zwei Mittrowsky-Schwestern (Josefine und, nach ihrem Tod, Juliana ›Zilka‹) verheiratet, deren einziger Bruder war Onkel Wladimir. – Da gab's Natur und viele Cousins und Cousinen mit ihren Gouvernanten und Eltern, den Tanten und Onkeln. Tante Renata berichtet: »Die Brüder waren dort hochwillkommen, vor allem Eberhard *(Papa)*, weil er sämtliche Cousins und Cousinen den ganzen Tag beschäftigte und die Gouvernanten sozusagen selbst Ferien hatten. Das wichtigste Ereignis war immer die ›Jubelwoche‹ im Juli, in welcher Geburtstag, Namenstag und Hochzeitstag von Onkel und Tante gefeiert wurden. Papa inszenierte dafür immer irgendein – musikalisches – Theaterstück. Das erste war ›Herbst-Manöver‹. Die Besetzung: Eberhard, Cousine Maritschi, beide 14 Jahre alt, waren Diva und Tenor; Cousine Lilly gab einen Leutnant, sie war zwölf! Cousin Wladimir gab den Löbl. ›Mein Freund, das ist der Löbl, für den hab ich ein Faible, geh für ihn durch dick und dünn, alles tu ich nur für ihn – ich bin der Freund von ihm‹ – so sangen die Brüder damals *(1910 oder 1911)* … Für den Chor sammelte Eberhard, was ihm unter die Hände kam, eine Glanznummer war ›Schwärmst du ein bißchen fürs farbige

Tuch‹, gesungen von den böhmischen Stuben- und Küchenmädeln. Die nächste Aufführung war ›Der Ferienstreich‹ mit Eberhards Texten zu vorhandenen Operettenmelodien und Schlagern ... Alle Aufführungen waren ein voller Erfolg und ich platzte vor Neid, weil ich noch zu klein war.«

Die dritte Aufführung war bereits eine eigene Komposition, es war ›Die Försterin‹. Den ganzen Sommer lang wird geprobt, die Gouvernanten helfen ganz pedantisch – sogar der kleine Kari (Mittrowsky) muß mitsingen, obwohl er anstößt mit der Zunge, aber er ist ja so begeistert; rotglühend und schwitzend zischt er ganz schnell: »Doch horcht, die kleinen Käferlein und Schmetterlinge, die sind mein.« Onkel René, noch Sopran: »Meine lieben Untertanen, nennet eure Namen!« Die süße Lilly singt natürlich die Försterin oder eher: »Ich bin, ich bin die Waldesfee, die Hirsch' beschütz ich und die Reh'.« Papa ist der Leiter und das Orchester. Riesenerfolg auch beim Personal. Diese Aufführungen waren immer im nahe gelegenen Rozinka.

Die vierte Festwochen-Aufführung war eine richtige Operette: ›Das Sportsmädel‹. Tante Renata erzählt: »Die Besetzung war eigentlich immer gleich: Maritschi und Eberhard waren die Hauptdarsteller, aber da alle langsam, aber sicher auch älter wurden, waren sie als ›Acteure‹ ernster zu nehmen. René, der den Text mitgestaltet hat, hatte in der komischen Rolle des jüdischen Tennisspielers großen Erfolg: ›Vorderhand, fremdes Land, ist für mich noch die Nelly Diamant! Und drum spiel ich froh und heiter, Tennis immer, immer weiter, weil ich ganz bestimmt das weiß: zum Schluß gewinn' ich noch an Preis!‹ Josefine zeichnete das witzige Titelblatt. Die zweite Operette, ›Die stille Vera‹, wurde nie aufgeführt, weil der Weltkrieg alle weiteren ›Jubelwochen‹ verhinderte ... Anstoß zu dieser Operette war Eberhards Schwärmerei für eine entfernte Cousine ... sie war sehr hübsch ... und hatte eine unangenehme Stiefmutter ...«

In Pernstein gab es eine Kapelle und regelmäßig Sonntagsmessen, es gab ja immer einen Hauskaplan, wenn Familie da war. Onkel René schreibt später über Onkel Wladimir: »Die Mittrowskys hatten ihre eigenen Zuckerfabriken (benutzten Zuckerrüben) und Schnapsbrennereien. Mein Onkel Wladimir Mittrowsky lebte ausschließlich für die Jagd. Er hatte 48 Förster und 200 uniformierte Jagdgehilfen. Onkel Wladimir war so wunderbar! ... Wenn er ›Leute‹ sagte, meinte er seine eigene Klasse, die niedrigeren waren ›Menschen‹ – »keine Leute, aber Menschen«, sagte er über eine Gruppe, die er ablehnte.«

Er soll ein wilder Jäger gewesen sein, der immer mit vier Büchsenspannern auf der Jagd war: jedes Gewehr zwei Schuß, paff-paff, und das nächste, so purzelten die Rebhühner nur so aus der Luft; hunderte, tausende. Aber nach einigen Wochen, angefüllt mit Jagd und sonstigem Alltagsleben, spürte Onkel Wladimir, wie ihn die Sündenlast immer mehr beschwerte; die Beichtzeremonie mußte ihm Erleichterung schaffen. Die letzten Tage und Stunden davor schlich er mit gesenktem Kopf herum, sein Gesichtsausdruck wurde immer trauriger, sein Witz immer kläglicher. Am Beichttag zog er sich um, dunkler Anzug und die ganz leisen, fast pantoffelartigen ›Beichtschuhe‹. Der Kaplan ist in der Kapelle, der Onkel muß die riesige Burg durchqueren, eine offene Steinstiege in der Halle heruntersteigen, vor den Augen der ganzen hier wie gewöhnlich versammelten Familie, die teilnahmsvoll oder wenigstens scheinbar so ihn betrachten, den armen Onkel unter seiner Sündenlast. Er verschwindet in der Kapelle, eine halbe Stunde lang ist alles ganz still, auch die kleinen Kinder, die am Boden herumkriechen – normalerweise sehr laut – spüren offenbar, daß jetzt Ruhe herrschen muß; plötzlich springt die Türe auf, in der Halle wird es unerwartet heller und heraus kommt, hoch aufgerichtet, ein neuer Onkel Wladimir, fast hüpft er, wenigstens schreitet er kraftvoll aus, sein glückstrahlendes Gesicht erhoben; alles lebt auf, lärmend, schwurbelnd, die Kinder hauen sich wieder gegenseitig die Holzklötze auf die Köpfe, kreischen und lachen ...

Natürlich waren auch immer einige Onkel und Tanten, mit und ohne Kinder und Kindsfrauen, in der gastlichen Burg, obwohl es für heutige Begriffe dort ziemlich hart zu leben war. Es gab einen Brunnen, aber man durfte das Wasser nicht trinken; so ging ein Esel von früh bis spät, mit einem Faß beladen, auf extrem steilem Pfad in den Ort hinunter um Trinkwasser. Die Menschen kamen nur über eine Holzstiege mit ca. 130 Stufen hinauf in die Burg. Pernstein war das

›kleine‹ Schloß der Mittrowskys, auf einem Felsen im 11. Jahrhundert gebaut gegen den Osten – die Hunnen wohl –, und hatte 49 Zimmer (berichtete Onkel René).

Einer der anwesenden Onkel, es war Wilhelm Spee, fragte einmal, ob er auch beichten dürfte. Onkel Wladimir gestattet es und freut sich über die ausstrahlende Frömmigkeit. Diese Beichte wird formlos an die des Onkels angeschlossen. Nach wenigen Wochen fragt Onkel Wilhelm wieder, ob er beichten dürfe. Stirnrunzelnd gestattet es der Onkel, fügt aber schelmisch hinzu: »Du sündigst viel in meinem Hause!« Und das alles böhmakelnd. – Gesprochen wurde bei den Mittrowskys deutsch, aber weil das gesamte Personal tschechisch war und jeder praktisch beide Sprachen beherrschte, war dieses Deutsch das allseits geliebte ›Böhmakeln‹. Davon ausgenommen waren nur die meist französischen Gouvernanten, die ein gepflegtes Deutsch sprachen, worüber man genauso lachte wie über die böhmisch-deutschen Stilblüten, die überall wucherten. Sicherlich war das der Grund, warum wir in der Familie eine eigene Sprache, einen leicht böhmischen Dialekt, hatten, den allerdings Mama (als geborene Meran) nicht annahm. Onkel Wladimir war wohl ein absoluter Herrscher, auch mit Sprachmonopol. Jeder wurde nach seinem Rang eingeteilt.

Man versteht sehr gut, wie Onkel Hubert (Bruder von Papa) im Krieg, als ihm eine ›bemische‹ Ordonnanz Meldung erstattete, aufjubelte über die wunderbare Sprache. Und genauso geht es uns allen heute noch. Auch Onkel René in den USA hat einmal ganz beglückt vom »herrlichen Böhmischdeutsch« eines Besuchers berichtet. Wie hat sich Papa gefreut, als ich ihm nach 1952 von meinen Kollegen bei den Wiener Symphonikern erzählte – ich war gerade dort angestellt worden: sie hatten fast alle tschechische Namen und viele böhmakelten auch wunderbar: der Okresek – »hahaha, kleine Gemeinde«; der Stastny – »glicklich«; der Hruza – »schrecklich«; der Klika – »hahaha, starý wergl, nova klika, to je naše republika« (altes Werkl, neue Klinke, das ist unsere Republik) – das hab ich dem Klika gleich gesagt, worauf er wütend wurde; der Geigenbauer Nesvadba – »haha, Nichthochzeit« …

Papa hat dem Onkel Wladimir von einem deutschen Jäger Peschke erzählt, verschiedene Jagd-Fachfragen haben ihn interessiert, und er hat zurückgefragt: »Was hat der Peschka da gemeint?« Papa korrigiert: »Der heißt doch Peschke.« Nachlässig kopfschüttelnd: »Ist das mehr?« – Papa hatte sich im Jänner 1920 gerade mit der jungen Annemarie Konradsheim verlobt, was der Onkel kommentiert: »Wie heißt die gschwind ... Ah ja ... Jesus Maria Stein am Graben« – also in seiner Sicht wohl ein eher mittelmäßiger Adel. Wer das liest, der muß sich das Ganze, Wort für Wort, geböhmakelt vorstellen, sonst ist es einfach nicht authentisch. In Papas Familie hat man automatisch so geredet, ganz egal in welcher Sprache, zum Beispiel Onkel René bis zu seinem Tod, auf amerikanisch ...

Zurück nach Baden

Die wunderbare Zeit in Rehhof und Baden endet 1910, Großpapa will nach Graz und die Familie übersiedelt. Er hatte das Haus in der Grabenstraße 21 vom Stift Rein gemietet oder gekauft. Eine Verkaufsannonce in der ›Tagespost‹ vom 6. Jänner 1910 gab wohl den Ausschlag. Großpapa setzte sich gegen einen hartnäckigen Konkurrenten, den k. k. Oberstleutnant Rudolf von Laimüller, durch, er bekam schließlich den Zuschlag. Er ist ganz begeistert – »wird Dir gefallen«, schreibt er an Großmama. Man ist schnell in Andritz oder Maria Grün oder am Hilmteich; und Großpapa fahrt ja so leidenschaftlich mit der Elektrischen von Endstation zu Endstation. Die übrige Zeit arbeitet er an Stammtafeln und sehr gründlicher Ahnenforschung, außerdem malt er ungezählte kleine Aquarelle: dralle Mädchen, blöde Leutnants, Pferde, Hunde, einfach alles.

Tante Renata war ja inzwischen, 1906, auf die Welt gekommen. Onkel René kommt ins Gymnasium, auch ins Lichtenfels wie Papa, aber die Professoren mögen ihn nicht besonders, angeblich weil er dauernd zeichnet und malt. Papa hingegen ist das Entzücken der Schule, immer der Klassenbeste, obwohl er auch nebenbei voll beschäftigt ist: die Kaninchenställe werden immer raffinierter, zweistöckig, und im 3. Stock wohnen Meerschweinchen, alle Tiere haben

Namen ... daneben wird Klavier geübt und komponiert: Lieder, Opern, Sonaten; und noch daneben photographiert er mit einem Plattenapparat. Zum Entwickeln baut er sich eine Dunkelkammer ins Zimmer und mixt die Chemikalien selbst und natürlich spielt er Tennis und geht auf alle Berge der Umgebung – wann macht er das alles? Wie hat die Schule daneben noch Platz? Bruder Hubert ist ein schlechter Schüler, will aber ohnehin zum Militär, zu den Husaren oder Dragonern, er ist ein toller Sportler: Champion auf allen Tennisturnieren weitum.

Papa hat eine unangenehme Besprechung mit Großpapa. Er will unbedingt Musiker werden, ja er *ist* eigentlich Musiker. Das geht doch überhaupt nicht, wo denke er hin, Diplomat ginge oder Offizier (wie Hubert) oder Bischof; wenn er unbedingt studieren will, ginge notfalls Jurist oder Arzt, aber Musiker! Da hat Papa eine Idee: sein Idol Franz Lehár ist ja bei der Marine Kapellmeister. Die österreichischen Militärkapellmeister haben eine erstklassige Ausbildung, können komponieren, Klavier spielen, Orchester dirigieren. Wenn er zur Marine ginge, wäre er bald Kapellmeister auf einem Schlachtschiff, da gibt's ein großes Orchester, da kann man komponieren und Musik machen. So ein Schlachtschiff fährt immer wieder einmal mit einem Erzherzog repräsentativ um die Welt, Staatsbesuch in den großen Hafenstädten, Konzerte etc. ... Das geht ja wunderbar beim Lehár, also das ists. Außerdem hat er Schiffe und interessante Expeditionen sowieso gern, Roald Amundsen und so ... Papa will also (österreichischer) Marineoffizier werden. Für die meisten Menschen nördlich Österreichs ist das irgendwie besonders. Ich bemerke immer wieder, daß die Leute lachen, wenn sie von einer österreichischen Marine hören. Ich selber als alter österreichischer Patriot empfinde die österreichische Marine und daß Österreich etwas mit dem Meer zu tun hatte, als etwas ganz Natürliches, ich kann das überhaupt nicht komisch finden. Es gab sehr viele kultivierte Menschen in der Marine. Nach dem Ersten Weltkrieg gab es für uns kein Meer mehr und daher auch keine Marine.

Dann geht's ins letzte Schuljahr, jetzt ist es eh schon fad, lauter Einser. Kaninchen, photographieren – am Hilmteich spielt eine

Musikkapelle, und der Dirigent läßt sich überreden, Papas Marsch zu spielen, toll, er will noch mehr Stücke von ihm! Zu den Winterferien fahren die Eltern mit Papa nach Triest und Pola, Schiffe anschauen. Papa ist begeistert, die Eltern stimmen den Marineplänen zu. Die Matura ist ein Spaziergang, dann wird die Schulzeit mit Tennisturnieren und Bergtouren am Hochschwab beendet.

Der Erste Weltkrieg

Das Attentat auf den Thronfolger Franz Ferdinand – übrigens ein Jagdfreund vom ebenso wilden Schießer Onkel Felix (Großpapas reichem Cousin, dem Familienchef) – machte alle Pläne zunichte. Wildes diplomatisches Hin und Her, dann 31. Juli 1914 allgemeine Mobilisierung. Hubert muß direkt von einem Tennisturnier in Murboden zu seiner Kompagnie nach Brünn und gleich an die Front nach Galizien, und Papa liegt mit Mumps (er schreibt »Mums«) in Pernstein. »Die Pferde vom Onkel sind schon einberufen, hoffentlich bleibt ihm das Auto.« Am 20. September ist Papa in Wien in der Stiftskaserne, wurde assentiert: tauglich. Dann Prüfungen (Sprache, Physik und Chemie, Darstellende Geometrie, Mathematik). Die Prüfungen waren »ekelhaft leicht«. Jetzt ist er als Seeaspirant vorgemerkt. Zwischen den ärgsten Kriegsberichten, Huberts Ruhr und russischem Vormarsch baut er in Hajan dreistöckige Kaninchenställe und kauft Meerschweinchen, schießt einen Rehbock, als wär tiefster Frieden. »Tante Mimi ist herrlich, sie hat jetzt Verwundete bekommen und an Jos *(Josefine)* telephoniert: ›Weißt Du, liebe Jos, ich bin die Oberschwester und habe zwei sehr fleißige Unterschwestern: Maritschi und ein Stubenmädchen.‹«

Am 1. November kommt die Einberufung, am 14. November treffen sich alle Aspiranten in Schloßhof: »Es ist ganz unterhaltend, was wir jetzt lernen. Nautik, Ozeanographie, Seemannskunde, Handwaffenexerzieren. Muß jetzt richtig ein Klavier bestellen … eine Salonkapelle arrangieren.« Am 20. Dezember war die Vereidigung. Nach Weihnachten erkrankt er an Typhus mit schrecklichen Magen- und Nasenblutungen, muß ins Spital, wochenlang, aber die Marinechefs schreiben, daß er bald alles werde nachholen können, wegen seiner schnellen Auffassung. Er langweilt sich, »möchte so gerne ein Libretto für eine Oper schreiben«. Endlich, vom Oberstabsarzt gesund geschrieben, ist er ab 15. Februar 1915 wieder in Schloßhof. Alle »Prüfungen glänzend, der Kommandant rät, wir sollen immer an der Spitze bleiben! – No, ich bleib schon, wenn ich kann.« 3. Mai: endlich nach Pola, »bin selig, da zu sein!«. Italien tritt in den Krieg ein!! »Diese Hunde wollen uns noch bekämpfen, ekelhafte Kerln.«

»Ich komme auf die ›Spaun‹« – ein Kreuzer, jetzt als Seekadett. Im August gibt's zwei Tage Urlaub, schnell nach Graz. Bruder Hubert hat Texte für ihn geschrieben: »Buby hat eine Menge neue Couplets: ›Das rote Strumpfband‹, ›Rosa, wir fahrn nach Lodz‹« usw. – Wieder auf der ›Spaun‹. Da nichts los ist, »arbeite ich jetzt auch an meiner neuen Operette: ›Die stille Vera‹. Vielleicht bin ich morgen schon wieder in Wien!« Anfang 1916 kommt er sogar auf die ›Helgoland‹, sein Traumschiff – die geliebte Gitarre nimmt er mit, für den klavierlosen Notfall. »Ich spielte Klavier, allerdings auf einem ganz unmöglichen Instrument«, schreibt er nach einem Bordfest. Überhaupt scheinen diese Unterhaltungen auf den größeren Schiffen eine erhebliche Rolle zu spielen, da wird gesungen, ›Toreador‹ aus ›Carmen‹, und Papa spielt und singt den ›Kobi Blau‹ … »Nasedil, hast du denn kein Schamgefühl … du bist doch sonst nicht so«, dann auch ›Die Mädis vom Chantant‹. Viel Dienst, aber »an meiner Operette dichte ich weiter … 2. Akt ist zur Hälfte fertig.«

Zwischen Kriegshandlungen ein Lichtblick: »Habe nun die offizielle Erlaubnis zu üben. Übe mit Rieseneifer Grieg.« Im Dezember: »Wir sollen auf U-Boote kommen … das wäre doch endlich eine Dienstbestimmung, die etwas heißen würde!« Ende Dezember: »Habe mir um 14 Kr. ein fürchterliches Pianino gekauft und in Moleküle zerlegt und eingeschifft (trotzdem mußte man noch etwas absägen).« Weihnachtsurlaub: »Salon und Schlafzimmer wegen Kohlenmangels leer … sehr viel musiziert …« Zu Weihnachten 1916 schenkt ihm Jos einen von ihr gemalten und gezeichneten ›Stille-Vera-Kalender‹ (leider unauffindbar). Am 2. Jänner 1917, wieder am Schiff: »… mein Klavier, das ich unablässig stimme.« Das hat ihm aber niemand beigebracht, zu Hause gab's ja die blinden Klavierstimmer. Also wie teilt man die Oktave in zwölf gleiche Halbtöne? Na klar! 12. Wurzel aus 2 – die Zahl ist zwar fast einen halben Meter lang, aber schon geht das Stimmen! (Ich habe 30 Jahre Cembali und Klaviere gestimmt, habe aber keine Ahnung, wie er das mit dieser Zahl gemacht hat. Den Physikkapazitäten – zum Beispiel Zeilinger – ists aber völlig klar. Der 19jährige Papa war also auch ein Physikgenie.)

Mitten im harten Dienst: »Habe jetzt fort das Bedürfnis, etwas zu komponieren – ob das was wird?« Am 1. Mai ist das Finale der ›Stillen Vera‹ fertiggeworden. Im Urlaub, Juni 1916: »… musikalischer Tee bei Herbersteins … Lili Herberstein spielt wirklich ausgezeichnet.« Dann nach Hajan: »… mußte dort aus der ›Stillen Vera‹ vorspielen.« Und weiter in Pola: René schickte Texte – »leider nicht brauchbar … abends spiele ich öfters in der Offiziersmesse Klavier.« September: »Will wieder etwas aus dem ›Sportsmädel‹ orchestrieren lassen – Musik haben wir ja hier an Bord … das Pianoforte ist ein großes Rindvieh: sagt immer ›wa! wa!‹« Im Oktober Aus- und neue Einschiffung auf ›SMS Planet‹ (Zerstörer). »Einmal ein wirklicher Dienst, der einen Zweck hat!« Papa ist mit seiner Gitarre nicht mehr zufrieden, er verkauft sie: »… warte nun auf eine Baßguitarre.«

Inzwischen lernt Papa, führt Seekrieg, spielt Klavier und singt ständig das schöne Lied ›O! wenn es doch immer so bliebe‹. – Offiziersprüfung: »Einige sind schon geflogen …« In Rußland ist Revolution ausgebrochen! 6. April 1917: »Also Amerika soll doch den Krieg erklärt haben! Ob das schlau von ihnen war?«

11. April 1917: auf Urlaub nach Graz, dann nach Wien. »Wir sind alle zusammen in das Klavierhaus Hupfeld gegangen, wo wir Klavier spielten. Jos und ich auf zwei Klavieren.« – Wieder in Graz mit Renata und René ein »ganz merkwürdiges Wettpurzelbaumschlagen in verschiedenen Formationen« – endlich Seefähnrich! – In Pola nebenbei auch »Stunden in Harmonielehre bei Prof. Illensperg … bin bereits Chorist, 2. Tenor« (für ›Die keusche Susanna‹). – Im Mai 1917 neun Tage Urlaub. »Alle Leute fragen mich, in was für eine Marineschule ich jetzt gehe. Muß wohl noch sehr jung aussehen.« Im Juni hat er etwas Zeit: »Habe jetzt begonnen, das ›Sportsmädel‹ zu

instrumentieren … am 22. bin ich (bei Prof. Illensperg) mit der Harmonielehre fertiggeworden. Nun kommt der Kontrapunkt.« – 11. Juli 1917: »Ganz so arg war das Fest eigentlich nicht. Zwei Piefkes waren auch dabei, es hatten jedoch mehrere kommen sollen.« Urlaub: im Juli in »gräulich überfüllten« Zügen (10. Isonzoschlacht) mit René nach Pernstein und dann nach Hajan. »In Hajan war es recht gemütlich; spielte Onkel Leopold *(Berchtold)* eine Menge Wienerlieder vor, die, wie er sagte, fast durchwegs Lieblingslieder vom Kaiser *(das war schon der junge Kaiser Karl)* sind.« Am 10. August wieder nach Pola: »Habe für Jos und Mia die ›Stille Vera‹, d.h. den Walzer daraus, abgeschrieben: ›Komm, komm zu mir …‹« In Pola zwischen Fliegerangriffen und Marine-Expeditionen: »Spiele fleißig Klavier, besonders den 3. Satz der Mondscheinsonate habe ich jetzt in der Arbeit.« Es kommt Anfang Oktober die langersehnte »Bestimmung in den U-Kurs«. – Er singt als Piefke: »Da kann kein Kaiser und kein König was dran machen, machen, machen, das sind Sachen, Sachen, Sachen, hollaree …«

Am 9. Oktober zum U-Boot-Kurs auf Brioni: »… endlich am Ziel meiner Wünsche.« Der Kapitän Hudecek hat ihn für sein nagelneues Boot U 28 vorgeschlagen, Papa ist glücklich. Jetzt wird er zum Fregattenleutnant befördert. Bei der ersten Ausfahrt von U 28 am 6. Jänner ist ein großer Volksauflauf. »Ich trage … ja nur weiße Strümpfe (bitte, ein U-Bootler ist eben ein Geck).« Immer mehr Rechnen am Navigationstisch, die meisten sind seekrank (»ich nicht«). Nach der ersten Mittelmeertour über Sizilien und Malta (drei Dampfer versenkt) Urlaub zu Bubys Hochzeit am 9. Februar. »Jetzt sind nur mehr René, Renata und ich zu haben.«

Während des kurzen Urlaubs gab's eine Meuterei bei der österreichischen Marine: alle Offiziere wurden eingesperrt und es herrschte ein ›Matrosenrat‹ (wahrscheinlich nach dem ›Sowjet‹-Prinzip der russischen Revolution). Der Rädelsführer ist dann nach Italien geflohen. Bei den weiteren U-Boot-Fahrten muß Papa dauernd Positionen berechnen, bei jedem gefährlichen Schiff wird getaucht, trotzdem »lerne ich – in der freien Zeit – viel an der Harmonika. ›Machen wir's den Schwalben nach‹ spiele ich den ganzen Tag.«

Im U-Boot gabs kein Klo! »... man hängt sich mit den Knien in ein Stahlseil und scheißte ins Meer und unter Wasser möglichst gar nicht, weil man das mit Preßluft hinausbefördern mußte, und dann konnte das Boot am ›Blubbs‹ vom Feind entdeckt werden.« Jetzt komponiert er halt ohne Klavier, zum Beispiel ›Der unschuldige Dampfer‹ – den sie dann torpedieren und versenken, aber die Menschen möglichst retten.

Übrigens hieß der Geschützmeister von U 28 »Pan Brabec aus Prčice bei Prag: ›Ich hab viel besser geschissen wie der Zapletal, und der hat die Silberne gekriegt und ich nur die Brunzene!‹« (Er war der Vater meines Cellolehrers Emanuel Brabec, der dadurch sehr schnell Kontakt mit Papa bekam.) Von der U-Boot-Zeit gibt's Historikerberichte in Büchern und viele lustige Photos von Papa mit seinen Leuten.

Seine im Krieg komponierten Operetten: ›Die stille Vera‹ und ›Der Skandal auf Brioni‹ – Text wohl auch von Papa – kennen wir Geschwister recht gut, weil er uns daraus – ohne Noten natürlich – sehr oft vorgespielt und dazu gesungen hat: »Andre Mädchen dürfen doch spazieren gehn, ich darf nicht einmal die Straußenfarm besehn, Mama meint, ich wäre noch zu jung! Doch ich trag es still, weil Mama es will, doch manchmal höre ich wie im Traum: ›Komm, komm zu mir und tanz mit mir den Ringelreihen!‹ Du Ärmste bist ja immer allein, das muß so schrecklich traurig sein, du kennst nicht den Frohsinn, die Heiterkeit, du tust mir so leid, so leid.« Das war aus ›Die stille Vera‹ (diese Operette war ja inspiriert von Mia Haugwitz und ihrer ekelhaften Stiefmutter!). Aus dem ›Skandal auf Brioni‹ ist: »Wer elegant ist, kommt zu spät wie wir zwei hier, wenn sich im Tanz schon alles dreht, dann kommen wir« oder: »Der sitzt bei der Frau von Saltoni! Es ist ein Skandal auf Brioni!«. Am U-Boot komponierte er auch ›Herr Olaf‹, eine Ballade, die Onkel René gedichtet und ihm geschickt hatte. – Wann hat er das alles gemacht, denn der Krieg war ja auch für ihn entsetzlich? Schreckliche Kämpfe gegen die überlegenen Italiener, einmal von einem Zerstörer gerammt und doch überlebt etc. etc.

Kriegsende 1918

Das Kriegsende war grauenvoll, in jeder Hinsicht, auch finanziell. Durch die Währungsreform in der Tschechoslowakei und durch die beginnende Inflation in Österreich war das Geld immer knapper geworden. Tante Renata beschreibt die schwierigen finanziellen Verhältnisse meines Großvaters. Er hatte den Waldbesitz und Rehhof an den Bankier Ludwig Wittgenstein verkauft mit der Absicht, später ein Gut in Kärnten zu kaufen, ebenso später hatte er auch das Haus in Baden verkauft. Dann kam der Krieg und das für den Neukauf bestimmte Geld wurde von ihm als gutem Patrioten in Kriegsanleihen angelegt, es wurde von den monatlichen Zinsen gelebt. Und jetzt war natürlich nichts mehr da. Das alles hat Großmama erst viel später erfahren oder jedenfalls begriffen. Von Geld wurde nicht gesprochen! Sie brauchte nach und nach ihr ganzes Vermögen auf, da sie Großpapa nicht mit finanziellen Sorgen belasten wollte und die Revenuen längst nicht mehr reichten, um das tägliche Leben zu bezahlen. Die Hausgehilfin Milada Jaklitsch kochte ihm von ihrem Geld das Gabelfrühstücksgollasch, er hat bis zu seinem Tod nichts von seiner totalen Armut erfahren. Kurz vor seinem Tod überlegte Großmama, was sie noch an Schmuck verkaufen könnte, ohne daß er etwas merkte, denn das Bargeld war zu Ende. Das muß wohl im August 1920 gewesen sein, denn Großpapa starb am 11. September 1920.

Nach seinem Tod wurde die finanzielle Lage etwas besser, da Simon Wimpffen als Großpapas bester Freund Großmama beriet und den recht günstigen Verkauf des wertvollsten Stückes vom Schmuck – ein sehr schönes Diadem – vermittelte. Das Geld wurde ›sicher‹ angelegt – man atmete etwas auf –, aber dank der Inflation war das Geld nach kurzer Zeit zu einem minimalen Betrag zusammengeschmolzen. Es waren wohl schlimme Zeiten für Großmama: der finanzielle Zusammenbruch, nach fast zweijähriger Krankheit der Tod von Großpapa, ein paar Jahre später, 1924, dann der Tod des ältesten Sohnes mit 33 Jahren.

Onkel René brachte etwas Geld, weil er für Kunsthändler alte Sachen acquirierte; Hubert und Isabelle hatten auch nichts! Papa gab Stunden, studierte Technik (Tiefbau) und bei Frau Prochaska (übrigens einer Schwester von Robert Stolz) Klavier, verliebte sich in die ganz nah, in der Parkstraße, wohnende Annemarie Konradsheim, eine Freundin von Tante Renata seit der Kinderzeit, und hat sich, mitten in seinem Studium, mit der 17jährigen verlobt. In ein Büchlein schreibt sie am 18. Jänner 1920: »Übungsabend in meinem Zimmer: Beethovens Geistertrio, Eberhards Quartett, Solisten waren Mutti, Eberhard, Wayda, Lettis. Beim Geistertrio habe ich mich verlobt!!!«

Alle Lebenspläne waren jetzt wertlos, die Familie war jetzt plötzlich arm. Jeder mußte schauen, wie er mit den neuen Verhältnissen zurechtkommen würde. Der Krieg verloren, der Kaiser vertrieben, der Adel abgeschafft, Österreich war plötzlich ein winziges Land mit 6 Millionen Einwohnern; eine Republik! Keiner wußte, wie das geht.

Auch Papa, der ewige Optimist, mußte jetzt keine Rücksicht mehr nehmen. Direkt vom Krieg heimgekehrt, inskribierte er an der Technischen Hochschule in Graz. Tante Renata schreibt, daß Großpapa gemurrt hatte: »Sowas studiert man nicht«, aber weil Papa so brillante Prüfungsergebnisse hatte, freute er sich schließlich auch. Das nötige Geld fürs Studium verdiente er mit Nachhilfestunden – er hatte sehr wenig nötig und konnte sich gut auf die plötzliche Armut einstellen. Kaum war er annähernd fertig mit dem Studium, hatte er seine erste Arbeitsstellung in Sicht bei der OWEAG in Neuhaus an der Donau. Ab 30. April 1923 war er Dipl.-Ing. Er heiratete Annemarie bereits am 20. Juli 1922 im Grazer Dom, in Marineuniform! Bruder Hubert hat der Braut und ihm eine wunderschöne Rede gehalten: »Heutzutage (der Beweis hiefür sind die vielen in jungen Jahren geschlossenen Ehen) ist das Bedürfnis nach einer ruhigen Häuslichkeit, im Gegensatz zu der so unruhigen Zeit, ein besonders großes, die Zeit geht jetzt ein rauheres Tempo wie früher, der Existenzkampf wird immer schärfer, die Pflichten und Lasten des Ehestands sind größer wie einst ... Sonst wurde dem Brautpaar meist gesagt: ›Haltet zusammen in den schweren Zeiten!‹ Die Zeiten waren für heutige Begriffe nicht einmal so schwer. Heute aber sind sie es, und da ist diese Aufforderung, sich gegenseitig zu stützen und so zu helfen, wo immer es not tut, doppelt am Platz.« Die Hochzeitsreise schenkte ihnen Cousin Josef Bombelles, der sie im offenen Steyr auf die Turracherhöhe chauffierte. Das Leben war ärmlich, aber wunderbar, mit der zartesten, lieblichsten, herrlichsten Frau der Welt. Bald, 1923, kam Alice (nach seiner Schwiegermutter benannt), dann René (1924) – sein Bruder René war Taufpate.

Sein älterer Bruder Hubert, der mit Tante Isabelle auch recht ärmlich lebte und vom Krieg her kränklich war, hatte zwei Söhne bekommen (1918 und 1920), Hubert und Eberhard. Er war bald darauf, im September 1924, elend im Rudolfinerhaus in Wien an Lymphdrüsenkrebs gestorben. Tante Isabelle lebte mit den Buben viele Jahre lang von einer kläglichen Rente, bis sie 1934 als Kriegerwitwe eine Tabaktrafik bekam, auch nicht gerade luxuriös. Ich glaube, daß Cousin Josef Bombelles aus Opeka und Onkel Wladimir Mittrowsky aus Sokolnitz der dann gegenüber den Nazis so mutigen Tante Isabelle und ihren Kindern ein bißchen geholfen haben.

Jetzt ging ein wildes, ja turbulentes Arbeitsleben los. Kein Arbeitsplatz war sicher oder dauerhaft. Fast alle Baufirmen waren in dieser Nachkriegszeit pleite, nach ein paar Wochen war es meist schon wieder aus. Als Papa wieder einmal erwerbslos dastand, stellte ihn der treue Simon Wimpffen, der noch immer reiche Industrielle und Gutsbesitzer, Großpapas bester Freund, als Gutsverwalter an (Neuhaus beim Triestingtal, Niederösterreich) und stellte der jungen Familie eine Wohnung im Forsthaus Thenneberg zur Verfügung. Auch für technische und Verwaltungsaufgaben hatten die Wimpffens Bedarf, den Papa souverän ausfüllte. Er komponierte natürlich seinem Wohltäter ein Schlagerportrait: ›Der Graf, der Wimpffen kommt‹. Die Industriedirektion Wimpffens hatte immer wieder Bauaufträge für ihn, wenn er keine Arbeit hatte. Annemarie war viel allein, sie suchte Anschluß bei den Verwandten in Hajan und Rozinka. So wurde Alice in Graz, René in Hajan geboren, wahrscheinlich während Papa irgendwo in Oberösterreich baute. 1926 wurde eine Basedow-Erkrankung Annemaries so akut, daß sie operiert werden mußte. Prof. Eiselsberg war die große Kapazität für Kropfoperationen. Er operierte sie, kurz darauf starb sie (28. Juli 1926). Eiselsberg sagte zu Papa, er habe wohl einen Fehler gemacht bei der

Operation; so verzweifelt, ja desperat Papa war, das hat ihm imponiert: ein großer Mensch, der in so einer Situation seinen Fehler zugibt.

Aber Papa war jetzt überfordert und ratlos: allein mit zwei kleinen Kindern und fast unüberwindlichen Existenzschwierigkeiten. Graf Wimpffen war nicht bereit, wichtige und nötige Reformvorschläge Papas umzusetzen, und so entschloß sich Papa, alles auf eine Karte zu setzen und sich bei einer Großbaufirma in Berlin zu melden, die eine aussichtsreiche Ingenieurstelle international ausgeschrieben hatte, der ALTEBAU AG (AG für Bauausführungen). Es war ein Angebot für komplizierte Tiefbauarbeiten im Umland bis Stettin (Bau des Spree-Havel-Kanals). Er hatte die Ausschreibung gewonnen und so folgte er dem Ruf der ALTEBAU nach Berlin und verließ hoffnungsvoll Österreich mit großen Karriereaussichten. In Berlin war es für den einsamen Witwer schwer genug, Fuß zu fassen, jetzt ging es ihm nur um die ersehnte Lebensstellung. Er war allein gekommen. Schwierige Wohnungssuche: am 18. Juli 1927 meldete er sich als verwitweter Ingenieur bei Gorniak in der Frobenstraße an. Das Zimmer im Erdgeschoß war der Anfang, schon am 1. November übersiedelte er zu Frau Maas in die Kanzlerstraße 12, wo es etwas geräumiger war. Er ließ schon am 5. November die Kinder mit einem Kindermädchen (Kristina Dvořáková aus Hajan) nachkommen. Am 4. Juli 1928 übersiedelte er mit den Kindern nach Hermsdorf in die Kneippstraße 12 und von dort am 30. November nach Wilmersdorf in die Spichernstraße 7 als Untermieter mit eigener Wohnung im Gartenhaus. Möglicherweise hatte er da schon Elise Hess (›Schwesterlein‹), der Kinderschwester aus Graz, die Obhut für die Kinder übergeben, aber es war ihm klar, daß er eine Frau suchen mußte.

Gut, die Berliner Position scheint sich zu entwickeln, vielleicht wird das endlich die Lebensstelle! Da gab's doch Laja Meran, die so wunderbar sang, er hatte sie einmal bei einer Abendgesellschaft am Klavier begleitet – Mama, die, wie wir ja wissen, ein wildes, ungezähmtes Mädchen gewesen war, die sich aber von einem Tag auf den anderen geradezu wunderbar verändert hat, war mit einem ungarischen Baron verlobt gewesen, eine große Liebe, die wohl von geheimnisvollen Problemen überschattet war. Er erschoß sich. Niemand konnte es sich erklären ... angeblich fühlte er sich ihrer unwürdig; es bleibt rätselhaft und geheimnisvoll – vielleicht war es ein Duell ... Jedenfalls hatte Mama, diese glühend-leidenschaftliche Frau, daraufhin ihr Lebensziel geändert: Rudolfinerhaus als zölibatäre Krankenschwester; ihre Wäsche-Aussteuer hatte sie schon abgegeben. Brillen durfte sie jetzt auch tragen (das hatte Großpapa ihr verboten, weil sie sonst keinen Mann bekäme – Brillen sind doch häßlich).

Da platzte Papas Bitte um Aussprache herein. Im September 1928 schrieb Papa an Großmama Meran: »Verehrte Gräfin, da ich nicht länger zusehen kann, daß meine beiden Kinder ohne Mutter aufwachsen, habe ich mich entschlossen, wieder zu heiraten ... ich denke, Ihre Tochter Laja wäre die Richtige.« Großmama hat von Mama, die ihre Lebenspläne nicht mehr ändern wollte, verlangt, mit ihm wenigstens zu sprechen. Mama wußte später selbst nicht, warum sie nicht abgelehnt hatte – »er kann ja kommen ...« Im Oktober ist er von Berlin nach Brandhof gefahren. Nach einem langen Nachmittagsspaziergang (in der Lopein, östlich von der Seebergalm), wo Papa ihr vermutlich ungeschönt seine Lage geschildert hatte und wo wohl tiefe Gefühle bei beiden verlassenen Menschen sich einstellten, verlobten sie sich – unerwartet. Als Mama das Großpapa abends sagte, murrte er: »Man hat sich nicht einfach zu verloben, da muß vorher bei den Eltern angehalten werden.«

Nach zwei Monaten – am 29. Dezember 1928 – heirateten sie in der bischöflichen Kapelle in Graz. »Vater Meran hielt eine ausgezeichnete Rede« (Tante Renata). Danach fuhren sie nach Fuschl auf Hochzeitsreise (ein paar Tage) und dann übernahm Mama in Berlin ihre Aufgabe. Die neue Wohnung in der Spichernstraße war, wie fast alle in Berlin, total verwanzt. Die Papiertapeten verbargen Hunderte der Mistviecher; bei deren Vernichtung hatte Papa bereits Routine, es war ja schon die vierte Wohnung seit seiner Ankunft 1927 in Berlin.

Nach angemessener Zeit kam ich: die geplante Hausgeburt erwies sich als Horrorerlebnis von 36 Stunden; dann ein Jahr später Pilli, wieder zu Hause, aber normal. Mama hat mir Schreckensdinge von meiner Geburt erzählt: zuerst zu Hause, dann ins Spital transportiert. Der Arzt von der österreichischen Botschaft, Dr. Eduard Kratter, bestätigt »hiemit ... bei der Geburt eines Knaben bei Familie Dipl.-Ing. Eberhardt (sic) Harnoncourt anwesend« gewesen zu sein. Der »Facharzt für Säuglings- und Kinderkrankheiten« Dr. Curt Frankenstein, Berlin 14, verordnet grammweise Gemüse und »keine Brust« und Vigantol-Lebertran zweimal täglich. »Haarfarbe blond, Augen blau.« Taufe: »Heute, am 21. Dezember 1929, Samstag ... in der Sakristei der St. Ludwigskirche, Berlin, von Pfarrer Milz.« Im Taufbuch von St. Ludwig ist als Familienname »de la Fontaine-Harnoncourt-Unverzagt« angegeben; ebenso im Register, daher war die Eintragung schwer zu finden.

Namen: »Johann Nikolaus Hubert nach seinem Paten Großvater Johann Meran. Großeltern: Hubert Harnoncourt-Unverzagt, Julie Harnoncourt geb. Gfin Mittrowsky; Johann Meran, Ladislaja Meran geb. Gfin Lamberg; Urgroßeltern: Hubert Harnoncourt, Wladimir Mittrowsky, Ludmilla geb. Gfin Berchtold, Juliana geb. Gfin Salis-Zizers; Franz Gf. von Meran, Philipp Gf. Lamberg, Therese geb. Gfin Lamberg, Marie geb. Bnin Wenckheim.«

Am 6. März 1930, nach drei Monaten, wog ich 5570 Gramm und war schon 65 cm lang. – Papa arbeitete inzwischen wie besessen: Rohre verlegen in Brambach an der Elbe ab Oktober 1930. Er muß ständig Gleitbahnen erfinden, um das Flußbett zu queren; kleine Rohre, riesige Rohre – und immer weiß Gott wo. Mama erlebt inzwischen den Haß der verhärmten Berliner. Manchmal muß sie ja ausgehen, die Kinder Alice und René brauchen Bewegung, auch das Baby im Wagen (ich) muß an die Luft. Die hochschwangere Frau mit dem Kinderwagen und den beiden Kindern rechts und links fällt auf. Sie wird übel beschimpft – Kinder kriegen in dieser Zeit! Die machen ja das Elend nur ärger. Sie geht energisch und apathisch weiter, durch – sie wird angespuckt; noch so einen Fresser kriegen! Die Wunde, die diese wiederholten Situationen in Mamas Seele reißen, wird nie heilen, bis zu ihrem Tod 60 Jahre später. Sie hat nie geantwortet, nie zurückgeschrien, nie ihre starre Miene verzogen, ihren Gang verändert. Wie aus einer anderen Welt.

Diese Notzeit war trostlos. Viele Leute haben Kartons an ihren jämmerlichen Kleidern hängen: »Suche Arbeit«, »Nehme jede Arbeit an«, die Gesichter grau und reglos, die Menschen gehen langsam, alles an ihnen ist elend, von den Mützen bis zu den Schuhen. Meist ist es still, gelegentlich ein Auto, gelegentlich eine lärmende demonstrierende Gruppe – nicht erkennbar, wogegen oder wofür. Auch schon uniformierte Nazis (SA). Auch Papa, wenn er von seinen Arbeitsstätten, jetzt in Stettin, hie und da nach Hause kam, auch er lebt wie in einer anderen Welt: es muß wohl mehrere Berlins gegeben haben, mindestens zwei: das hoffnungslose, hungernde, fast tote und ein schäumendes, grelles. Dahinein komponierte er seine Schlager ›Kunerol‹ und ›Am Nil‹, für die toll-irr-verrückten Künstler dort (Max Pallenberg und andere).

Schließlich schmiß ihn seine Firma hinaus, sie krachte in der allgemeinen Krise 1931. Papa war jedenfalls unbrauchbar für die Schmutzgeschäfte unter der Hand, die vielleicht sogar nötig waren zum Überleben. »Meine Firma in Berlin ist vollkommen zu Ende ... ich habe, da die Situation katastrophal ist, die Zelte abgebrochen.« Papa hatte drei Monate keinen Lohn bekommen! Die so aussichtsreiche Lebensstelle war nicht mehr. Die Firma stellte ihm an jedem der vielen Arbeitsplätze die glänzendsten Zeugnisse aus – er sei praktisch für jede Aufgabe geeignet und arbeitswillig. Im Endzeugnis werden neun Großprojekte angegeben mit dem Zusatz: »Bei allen Arbeitsausführungen hat Herr Harnoncourt mit großem Verständnis für die Schwierigkeiten die Bauaufsicht zu unserer vollsten Zufriedenheit durchgeführt ... er hat alle Erwartungen restlos erfüllt und sich als unbedingt zuverlässiger, seiner Verantwortung vollkommen bewußter Bauleiter erwiesen. In Stettin vertrauten wir ihm die Leitung der Zweigstelle an ... Sein reiches Wissen in der Theorie des Wasserbaues, der Statik ... diente den Projekten, welche er nebenher in unserem Berliner Büro bearbeitete ... Durch die schwierigen wirtschaftlichen Verhältnisse wurden wir gezwungen, ihn in die Abbaumaßnahmen zu stellen, weil er ein junger Angestellter in unserem Betrieb war. Wir wünschen ihm für die Zukunft, daß es ihm bald gelingen wird, einen seiner Arbeitskraft und seinem Wissen entsprechenden Wirkungskreis zu finden.«

Dennoch, es mußte wieder ein totaler Neuanfang gefunden werden. Am 26. März 1931 meldete er die ganze Familie von Berlin, Spichernstraße 7 nach Graz, Leonhardstraße 15 um. Er übersiedelte mit allem, »da man mir hier eine kleine Anstellung beim Land versprochen hat ... hoffentlich kommt nicht im letzten Moment noch etwas dazwischen.« Die Eltern prahlten mit meinen frühen Berliner Sprechkünsten und führten mich als Familienclown vor: »Elektrische ... Rolltreppe ... Lokototive« und natürlich das berüchtigte »Nein-nein«, Alice und René sprachen scharfes Berlinerisch. Mein Bruder Pilli und ich sind, wie gesagt, in Berlin geboren, das blieb uns. Merkwürdig, daß diese Tatsache genügt, um eine Beziehung herzustellen. Ich kam mit 50 Jahren erstmalig wieder nach Berlin, für Kurse an der Musikhochschule, und ich fühlte mich – ja, als gehörte ich selbstverständlich hierher. Merkwürdig? Meinem Bruder geht es genauso.

Papa empfindet außer der allgemeinen Not auch das Provinzielle: »Absonderlich kommt man sich nach vier Jahren Berlin in Graz vor!« Wir haben dann schon die Sorgen um Großmama (Harnoncourt) und Tante Renata mitgekriegt und gespürt, daß wir uns keine Besonderheiten leisten konnten: gierig schauten wir etwa (1933/34) in die Auslagen von Gemüsegeschäften, da gab's Bananen, toll, aber nicht für uns (Fritzi Herzl hat mich im Kindergarten einmal abbeißen lassen). Großpapa Meran hatte sich für Papa bei Karl Maria Stepan, dem späteren Landeshauptmann, eingesetzt, »für meinen arbeitslosen Schwiegersohn mit vier Kindern«. Da wurde er mit der Auflage, schnellstens Jus zu studieren, ins Bauamt aufgenommen und mit der Bauaufsicht der Wechsel-Bundesstraße betraut (Dezember 1931). So wohnte er meist in der Oststeiermark. »Aber da wir ja in der Zeit unserer Ehe schon mehr als ein Jahr getrennt waren, ist uns das schon bald geläufig geworden.« Zwischendurch studiert er wie wild Jus, um die Zeit zu nützen und vielleicht seine Chancen zu verbessern. Er gab einfach nicht auf, kämpft verzweifelt und auch hoffnungsvoll gegen ein ungerechtes oder gefühlloses Schicksal.

Das harte Leben Papas – Arbeitssuche, Arbeitslosigkeit, wieder lernen und studieren, um neue Chancen zu finden –, dieser Lebenskampf hat mich geprägt für immer. Papa, geboren, um Musiker zu werden in einer durch und durch musischen Familie! Er hatte noch eine dominierende naturwissenschaftliche Ader, die sonst nicht bekannt ist in der Familie und die ihn schließlich nach dem Krieg gerettet hat.

Tante Renata

Tante Renata hatte sich auch hart durchzuwursteln, um das Überleben in der Grabenstraße (jetzt nur noch sie und Großmama, der Großpapa war 1920 gestorben) irgendwie zu schaffen. Nach dem Krieg gab's keine Lebensmittel aus Pernstein oder Opeka (dem Bombelles-Schloß, wo Tante Josefine als Erzieherin der verwaisten Cousine arbeitet), weil die Grenzen gesperrt wurden, also mußten sie hungern. Zur gleichen Zeit bricht bei Tante Renata eine Tanzleidenschaft aus (Tanzschule Mirkovic), wie sie schreibt. Zuerst, ca. 1924/25, versuchte sie Stickereien mit kleinen Glaskugeln (›Petit Point‹) zu machen und zu verkaufen, dann bietet sie per Inserat englische Konversation bei Kindern und Erwachsenen an (gerät da zur Schuhfabrikantin Elly Mayer-Humanic und zu ihrem Sohn Jörg), dann plant sie den englischen Kindergarten – dafür muß sie ein zweijähriges Nachmittagsstudium für eine ›Lehrbefähigungsprüfung‹ machen. Ab Frühjahr 1926 geht's los mit ein paar Kindern (von den Einnahmen kann sie gerade die Putzfrau bezahlen), dann kommen nach und nach mehr Kinder. Nachmittags machte sie noch Englischkurse für Schulkinder. Schließlich kann sie sich und Großmama leidlich durchfretten. Natürlich werden alle Räume außer dem Schlafzimmer und dem großen Kindergartenzimmer vermietet. Es waren sechs Zimmer, dann vier, zuletzt zwei. Sie bekommen ›Zwangsmieter‹, erst nette Leute, dann die »unerfreuliche Familie Stangl«. Ab 1930 kommt etwas Geld aus Mexico von Onkel René und aus Sokolnitz von den Mittrowskys. – Ihr Traum, Schauspielerin zu werden, ist wohl unrealisierbar.

Großmama führte ein relativ normales Leben in der Grabenstraße. Wir besuchten sie oft, sie saß in ihrem Fauteuil und rauchte Zigarren. Da bekamen wir jeder ›Patiencen‹ (lebkuchenartige Kekse).

Am 29. Februar 1936 starb sie. Vorher hatte sie noch zu Tante Renata gesagt: »Wenn du noch lange diese Kinderkurse betreibst, wirst du zu einer unausstehlichen alten Gouvernante.«

Hier möchte ich noch ein bißchen über Tante Renata berichten, nach der von ihr selbst geschriebenen Lebensbeschreibung. 1910 kommt die Vierjährige von Baden nach Graz (Grabenstraße). ›Alles aufessen, was am Teller ist‹ war Pflicht. Ab 1914, im Krieg, Socken stricken für die Soldaten. Jedes Frühjahr, bis 1918, durfte sie nach Opeka zu ihrer Cousine Nandine Bombelles, das fand sie wunderbar, weil sie ganz schnell Freundinnen wurden (fürs ganze Leben!). Ab 1917 lebt auch ihre ältere (Stief-)Schwester Josefine dort als ›Erzieherin‹ Nandines, die wegen Kopfschmerzen immer das Zimmer verdunkelt hat, aber trotzdem spielt sie Violine und Klavier! Den um sechs Jahre älteren Josef Bombelles schwärmte sie an. Als ihren hervorstechendsten und lästigsten Charakterzug weist sie immer wieder auf ihre Schüchternheit hin.

Es gibt 1938 in der Grabenstraße Probleme mit den Nazis. Um denen zu entkommen, ging sie als Helferin in ein jugoslawisches Kinderheim, das von Alka Herberstein geführt wurde, dann nach Opeka, wo sie auch auf ihre inzwischen verheiratete Cousine Nandine und deren holländischen Mann Franz d'Ansembourg trifft, der damals an der holländischen Botschaft in Bukarest angestellt war. Tante Renata fuhr mit ihnen dorthin und lernte im September den eingefleischten Junggesellen Gerhard Stelzer kennen. Onkel Franz: »Das ist meine Cousine Harnoncourt, die kürzlich erst von Ihnen befreit worden ist« (Anschluß Österreichs 1938). Gerhard Stelzer sagte zu Onkel Franz: »Jetzt habe ich endlich eine Frau gefunden.« Maritschi Spee sagte zu Tante Renata: »Heirate ihn, er hat wunderschöne Teppiche!« Sie heirateten in Bukarest am 27. September 1939.

Tante Renata schrieb über einige Episoden aus ihrer Bukarester Zeit:

»Der Wechsel, durch meine Heirat bedingt, war unbeschreiblich. Vorher Gast und Mitläufer bei d'Ansembourgs und dann nicht mehr zu übersehende Frau des zweiten Mannes der deutschen

Gesandtschaft. Sehr schwierig, da alle Leute mich gekannt haben und ich keinen kannte! Sehr bald habe ich mich adaptiert und mich gut eingefügt. Der erste Winter war fröhlich, weil der Krieg noch mehr oder weniger ›Theorie‹ war. Da waren wir noch mit vielen Ländern befreundet: Holland, Dänemark, Norwegen, Belgien – Gegner waren offiziell nur Frankreich und England ... Im ersten Jahr war der sehr nette Silvesterabend bei den Ansembourgs, wo noch Italiener, Amerikaner, Rumänen etc. versammelt waren. Die letzte einigermaßen fröhliche Zusammenkunft. Für mich ein entsetzlicher Schlag der Einmarsch der deutschen Truppen in Belgien, Holland und Dänemark. Zum Glück war Nandine in Abano zur Kur ... Die deutsch-rumänischen Kulturbeziehungen waren ungeheuer intensiv ... und so hatte sich das ganze Musikleben auf uns konzentriert ... Kempff etc. Kempff hat immer sehr viel geübt. Aus der Botschaft wollte er fliehen, weil daneben lauthals debattiert wurde. Onkel Gerhard stellte ihm das Auto zur Verfügung und er kam zu uns nach Hause ... natürlich hatte Onkel Gerhard vergessen, mich anzurufen! Ich sitze in der Badewanne und höre ein wunderschönes Klavierkonzert, denke, wie unverschämt von meinem kleinen Stubenmädel, steige aus der Badewanne, umhülle mich mit meinem Bademantel, wandere in meinen kleinen Salon und sehe dort zu meiner Überraschung Kempff mit geschlossenen Augen am Klavier üben ... Unbemerkt konnte ich zu meiner Wanne zurückkehren und das Konzert weiter genießen ...

Beim Deutschlandlied mußte man mir zuflüstern: ›Frau Stelzer, die rechte Hand heben!‹ *(Hitlergruß)* ...

Im Jahre 1943 haben wir Alice angefordert – sie hat sofort alle Herzen im Sturm erobert. Der Gesandte hat gesagt: ›Was ich am meisten schätze, ist Ihre Nichte!‹ Alice war als Hilfskraft an der Botschaft, genoß die internationalen und kulturellen Kontakte und schickte gelegentlich köstliche Konserven nach Graz. – Einmal war Karajan mit irgendwelchen Philharmonikern da, die deutschen Truppen und die verbündeten Rumänen sollten seriös unterhalten werden. Alice sollte Karajan betreuen, ihm Bukarest zeigen, aber er interessierte sich für nichts – so spielten sie halt stundenlang Pingpong ...

Wir hatten im Jahr tausend Gäste ... Bei einer Gegeneinladung zu einem großen Fest wurden wir gebeten, möglichst viele schöne Mädchen mitzubringen ... Querfeldein ging es zum Quartier, das unwahrscheinlich ausgestattet war – ein Raum mit Hufeisentisch, an dem ich in der Mitte thronte, rechts und links von ›hohen Tieren‹; es gab natürlich Bier! Ich schüttete es unter den Tisch! Es wurde viel gegessen, es war gemütlich mit den netten Mädchen aus der deutschen Kolonie. Nach dem Essen (Würstel und Erdäpfelsalat) wurde das Licht ausgelöscht, wir haben uns umgedreht ... leuchtendes Pergament: ›Renata Bar‹ – wir stiegen zwei Stufen hinunter und es gab einen tollen Barbetrieb. Da konnte ich mich schadlos halten. Nach Grammophonmusik wurde bis 4 Uhr früh getanzt und dann ging die Fahrt wieder retour.«

Über ihr weiteres, sehr aufregendes Schicksal berichte ich oder eigentlich sie selbst später.

Onkel René, ein ganz besonderer Onkel

Wer war dieser riesige (2,03 m) große Onkel René? Wir Kinder hatten eine flüchtige Erinnerung an ihn, er kam 1935 (1936?) mit Tante Sarah auf Besuch nach Graz. Mein kleiner Bruder Karli konnte aufrecht unter seinen gespreizten Beinen durchgehen. Onkel René war von frühester Kindheit an sehr innig mit Papa und hatte eine besondere Lebensgeschichte ... Erzählen wir – mit seiner Hilfe – seine Geschichte:

»Obwohl wir nicht viel Geld hatten, wurde ich von einer Gouvernante (Frl. Monika) erzogen, bis ich 10 Jahre alt war ... und obwohl wir viel Personal entlassen mußten, hatten wir zu Beginn des Ersten Weltkriegs (1914) noch 6 oder 7 Hausleute. Mit zehn (1911) kam ich ins Realgymnasium als besonders schlechter und fauler Schüler ... dann wechselte ich auf die Realschule, wo mehr Mathematik und Naturwissenschaft war und ich mich auf Chemie spezialisierte ... zwischendurch jagte ich Rehe und Fasane und sammelte Graphik von Dürer und den alten Deutschen. Außerdem zeichnete und malte ich, schrieb Gedichte und schrecklich unausgegorene

Theaterstücke ... Die Sommerferien verbrachte ich, bis ich 16 war (1917), immer bei den Mittrowskys in Pernstein ... 1922 ging ich an die Technische Hochschule in Wien wegen der Diplomarbeit ›Der Creosotgehalt verschiedener Braunkohlen im Süden Jugoslaviens‹ ... es wurde mir immer bewußter, daß wir kein Geld hatten.«

Er hatte sich, irgendwie dahineinstolpernd, mit der Baronesse Trude Holzhausen verlobt – vielleicht mußte er, weil er ein paarmal mit ihr ausgegangen war? (Manche Eltern konnten damals rabiat werden, wenn's um den guten Ruf ihrer Töchter ging.) 1924, als der älteste Bruder Hubert schwer erkrankte und starb, übernahm er in der ekelhaften Erbschaftsangelegenheit um das Wirtschaftsgut Čičmany in der Slowakei, das die drei Harnoncourt-Brüder gegen den sehr unangenehmen Onkel Leopold Berchtold (österreichischer Außenminister bis Jänner 1915) auszufechten hatten, die Rolle des Vormundes von Hubert und Eberhard, den kleinen Kindern Onkel Huberts und Tante Isabelles, die Josef Bombelles zurückgelegt hatte. In diese juristisch komplizierte Affaire kniete er sich intensiv hinein. Geld verdiente er, indem er für verschiedene Kunsthändler in Wien (besonders für Nebehay) Graphiken und Bilder acquirierte, er verstand ja sehr viel davon, besonders von der Dürerzeit, und viele seiner Aristo-Bekannten hatten solche Sachen und brauchten in dieser elenden Nachkriegszeit dringend Geld.

Bei irgendwelchen Geschäften ist etwas schiefgegangen und man war nur bereit, das zu ›übersehen‹, wenn er eine größere Summe bezahlte und verschwand. Die Familie war absolut solidarisch, nahm Kredite auf etc., zahlte alles und ihm, René, noch eine Überfahrt nach Mexico, die Fahrt ging im Jänner 1925 über Paris von St. Nazaire mit der alten ›Lafayette‹. »Am Schiff lernte ich ein französisches Ehepaar kennen – sie besaßen die größte Zigarettenfabrik Mexicos – weil ich Französisch sprach, kam ich in Kontakt mit ihnen und zeichnete ihre beiden Kinder ... da gab's ein paar Dollars und die Zusicherung, mir zu helfen, wenn ich in Schwierigkeiten käme. – Bei der Landung in Veracruz mußte man 50 Dollar hinterlegen ... ich hatte 19, mein Nachbar in der Schlange lieh mir 31 ... es war die erste wirkliche Erfahrung, arm zu sein.«

In Mexico-City ging er zum österreichischen Consul, man hatte ihm ja in Wien gesagt, daß sie in Mexico Chemiker brauchten – keine Spur! Er riet ihm, sofort wieder heimzufahren. »Ich machte Zeichnungen von Stierkämpfern, die ich im Hotel den Touristen verkaufte ... zeitweise lebte ich mit 2 Pesos zwei Wochen – sehr gut für meine Figur.« So frettete er sich durch, auch mit Schaufensterdekorationen für Warenhäuser. 1926 lernte er ein paar leidenschaftliche und wohlhabende Antiquitätensammler kennen, bewies ihnen, daß und wann sie von Händlern betrogen worden waren – so wurde er wieder als ›Acquisiteur‹ beschäftigt, vor allem von Fred Davis, der einen Ramschladen hatte. »Er meinte, ich verstünde mehr von Antiquitäten als alle Leute, die er kannte ... bot mir 25 Pesos pro Tag. Seither war ich nie mehr hungrig in meinem Leben.«

1927 arrangierte er die erste Verkaufsausstellung Mexicos für Diego Rivera, Orozco, Tamayo ...! Da war er schon eine Art Partner von Fred. Bei der Vorbereitung kam er im ganzen Land herum, kannte es schließlich in- und auswendig. Diese Touren waren nicht ungefährlich, es gab für ihn zwei Mexicos: den an Europa orientierten Staat mit seinen Drogen und Kriminalitätsproblemen und die fast verborgenen Reste der alten, ursprünglichen Kultur. Dort fühlte er sich bald heimisch und angenommen, regte die Menschen an, die alten Künste der Federmalerei und der Töpferei wieder aufzunehmen. Er gewann da viele Freunde. Von diesen Erkundungsreisen brachte er sensationelle Fundstücke präkolumbianischer Kunst mit. Man erzählte, daß er immer ein paar goldene aztekische Frösche in der Hosentasche hatte. (In Graz zeigte er uns einen altmexikanischen rötlichen, sehr wertvollen Keramikhund, ca. 30 cm, also sehr groß – ein tolles Stück.)

1927 kam Dwight W. Morrow als US-Botschafter nach Mexico, mit seiner Frau Elizabeth. »Er und seine Frau engagierten mich, um ihr Haus auszustatten – auch mit altmexikanischen Sachen.« Elizabeth schrieb zwei Kinderbücher: eines über Mexico (›The Painted Pig‹) und ein paar Jahre später das ›Animal Alphabet‹ (›Beast, Bird, and Fish‹). Beide illustrierte René und Papa komponierte in Berlin (oder erst in Graz?) die Musik zum zweiten (es war sehr gut und wurde von Tante Renata im Kindergarten verwendet). Sie kamen beim Alfred A. Knopf Verlag heraus. Die ›New York Times‹ schrieb über das ›Alphabet‹, es sei »ein Meilenstein unter den Kinderbüchern«. René machte selbst auch zwei Bücher, ›The Hole in the Wall‹ und ›Mexicana‹ – alles beim Verlag Knopf. – In Mexico entstanden viele Freundschaften und eine große Liebe zum Land und besonders zu den Indianern dort. 30 Jahre später sagte er mir, er wolle dort seinen Lebensabend verbringen.

1928 will die New Yorker Carnegie-Stiftung eine große Ausstellung mit zeitgenössischer und präkolumbianischer Kunst machen. Der Botschafter Morrow ist von Onkel René überzeugt und empfiehlt ihn glühend. »Ich brauchte mehr als ein Jahr, um alles zu sammeln, das meiste wurde zum ersten Mal gezeigt.« Die Ausstellung war ein Riesenerfolg, sollte auch im Metropolitan Museum in New York gezeigt werden. Die dortigen ›Experten‹ waren über vieles entsetzt: »lächerlich und schlecht«, aber Onkel René konnte sich durchsetzen. Er schrieb auch den Text fürs Metropolitan-Bulletin. – Niemand hatte eine aufregendere Einführung in die USA als Onkel René ... 1931 will er USA-Bürger werden, dazu muß er noch einmal nach Österreich für die Auswanderungspapiere. Ende 1932 ist er wieder in New York. Inzwischen (wann hatte er die Zeit dazu?) ging's weiter mit der Ausstellung: 1931 nach Boston, Washington, Pittsburgh, Cleveland, Milwaukee, San Antonio, Los Angeles, 1932 nach Albuquerque, Chicago, St. Louis, Houston, El Paso, Louisville. Er hält hunderte Reden über mexikanische Kunst.

In Chicago hatte er Sarah Carr getroffen (die Tochter eines reichen Keksfabrikanten) – sie heirateten im Mai 1933, so wurde sie die von uns geliebte Tante Sarah. Über verschiedene Stationen näherte er sich seinen endgültigen Aufgaben. US-Bürger wird er erst 1939 – es gab ja noch das Hindernis der ›La-Fayette-Affaire‹. Zwischendurch entstehen Freundschaften und Verbindungen mit Alfred Barr (Museum of Modern Art), wo er von Anfang an dabei ist, oder Nelson Rockefeller – Oberhaupt einer der reichsten Familien der Welt (Ölgeschäft) –, der in der Politik engagiert war (in den 50er Jahren als Berater von Präsident Eisenhower) und ein leidenschaftlicher Kunstfreund und Sammler, später wohl sein bester Freund.

1939 leitete er eine »umfassende Ausstellung alter und zeitgenössischer Indianerkunst und des Indianerlebens« bei der Golden Gate International Exposition in San Francisco. Hier hatte er ein unglaubliches Erlebnis. Er hatte eine Indianergruppe überredet, dort öffentlich ihre ihnen heiligen Sandmalereien zu zeigen. Der dort ›malende‹ Indianer legte seine Feder ab, als er zum Drugstore essen ging; als er zurückkam, war die Feder weg – ein Besucher hatte sie wohl als Souvenir mitgenommen. Als der Indianer die Feder nicht fand, war er total deprimiert und verstört: er müsse jetzt sterben. Onkel René erfuhr das, erkundigte sich bei den Häuptlingen, die es bestätigten. Zuerst hielt er das für übertrieben, aber als er bemerkte, wie der Mann verfiel und schwächer wurde, und ihm die ›Chiefs‹ erklärten, sein Tod könne nur durch eine Zeremonie abgewendet werden, wofür das ganze Ausstellungsgelände auf zwei Tage gesperrt werden müsse, zögerte er – es werde schon von selbst wieder gut werden. Als er aber den Armen, der schon total bleich und kraftlos war, sah, ordnete er die verlangte Sperre an. Es war ein Riesenskandal. Aber die Zeremonie heilte den Sandmaler und die Ausstellung öffnete wieder ihre Tore.

Immer wieder wird er gefragt, warum er so groß sei (über 2 m): »Das ist ein Erbe der Berchtolds, die sind auch alle Riesen; Papa *(Großpapa)* war auch so groß, der konnte noch mit 70 auf einem Fuß stehen und sich mit dem anderen ein Kreuzzeichen auf die Stirn machen.« 1939, als viele Juden und Antinazis aus Deutschland und dann aus den kriegsbedrohten Ländern flohen, half er Marc Chagall aus Paris wegzukommen und in die USA einzureisen. 1937 wird er General Manager des ›Indian Arts and Crafts Board‹ im Department of Interior, 1943 wird er endgültig im Museum of Modern Art angestellt, als Vize-Präsident, der alle Ausstellungen des Museums weltweit zu arrangieren hatte. Das war seine große Freude und Meisterschaft, da hatte er auch fundierte Meinungen. Er war buchstäblich mit allen wichtigen Künstlern befreundet: Picasso (der seinetwegen sein ›Guernica‹-Bild dem Museum treuhändig gegeben hatte, bis es, nach Francos Ende, nach Spanien käme), Le Corbusier, Mies van der Rohe, Frank Lloyd Wright … Direktor wurde er 1949 und blieb es bis zu seiner Pension 1968.

Trotz all der Wirren war es ihm schon sehr früh, ab ca. 1930, gelungen, recht ordentlich zu verdienen, und er schickte jeden Penny, den er nicht unbedingt brauchte, nach Hause, um seine Schulden (an die Familie, die ihm aus der Patsche geholfen hatte) abzuzahlen und auch um seine Mutter zu unterstützen. Papa schreibt ihm 1931: »... von dem nächstens von Ihm *(sic)* eintreffenden Geld möchte ich dann Mama wieder etwas geben, da jetzt das zweite Halbjahr aktuell wird ... und Mama in schwieriger Situation ist ... ich bin im Moment für garnichts *(finanziell)* ... aber hoffentlich wird das wieder besser.« Man kann ruhig sagen, daß Onkel René ab ca. 1931 der zuverlässige Rettungsanker für die verarmte Familie geworden ist.

Dieser Rettungsanker war er auch unmittelbar nach dem Krieg, als er uns mit vielen CARE-Paketen vor Hunger bewahrte und auch mit Kleiderpaketen aushalf. Er half den Neffen und Nichten: Eberhard, der sich nach dem Krieg Evrard nannte und als Filmfanatiker nach Hollywood strebte; meiner Schwester Lily, die ein Jahr von Kurt, ihrem angestrebten Verlobten, getrennt in Amerika als Krankenschwester arbeitete; und auch meiner Schwester Alice, die lange bei ihm wohnen durfte. Als ich in den 50er Jahren mit den Symphonikern und dann in den 60ern mit dem Concentus in die USA kam, half er uns in vielen Kleinigkeiten. Wir wohnten immer bei ihnen in 333 Central Park West, ziemlich hoch im Haus, und durften auch mit dem Concentus dort proben. Diese Wohnung hatte eine wunderbare Aussicht über den Central Park und Teile der Stadt. Sie war angefüllt mit tausenden Büchern verschiedener Kategorien: mexikanisch, indianisch, Kunstgeschichte, Reisen. Es gab da viele afrikanische und mexikanische Kleinplastiken, ein Calder-Mobile, Bronzen von Lipschitz, Arp, Nadelman, Gemälde von Tomlin und Baziotes, eine skulpturartige hölzerne Lampe mit vielen Birnen von Onkel René selbst. »Wen wollt ihr treffen?« fragte er und arrangierte was auch immer und machte uns auch mit dem Leiter der Musiksammlung des Metropolitan Museums, Dr. Winternitz, bekannt, einem politischen Emigranten aus Wien (er war der berühmte Richter im Schattendorf-Justizpalastbrand-Prozeß 1927). Leider können wir nur wenige Instrumente der Sammlung sehen, weil gerade umgebaut wird.

Onkel René kam 1956 (als Direktor) mit der sensationellen Ausstellung des Museum of Modern Art aus New York nach Wien in die Secession. Er war öfters bei uns in der Josefstädterstraße und erzählte aus seinem Leben – er nannte unser Heim »die schönste Wohnung von Wien«. Bei meinem fabelhaften ›Klavierunterricht‹ bei Prof. Franz Eibner, einem der wenigen wirklich guten Lehrer der Musikakademie, hatten wir mit ihm über alles mögliche, sogar über die ›Nuda Veritas‹ Gustav Klimts diskutiert, und nun standen wir in der Secession der ›Nuda Veritas‹ gegenüber, unvorbereitet, ungeschützt – ein unglaubliches Ereignis für uns. Und wir sahen zum ersten Mal das riesige schwarze Bild von Rothko!

Die Nazis hatten mit den Personen auch die geistige Auseinandersetzung, ja das geistige Klima selbst ausgerottet, weggewischt, ausgelöscht und in den Tempeln Konzerthaus-Musikverein-Secession kroch das Mediocre – es wurde offenbar, wie schlimm es ist, vielen zu gefallen. Wer etwas zu sagen hatte, fand kaum Gehör. Wir hatten lange Zeit nur verlogenen Dreck als Kunst vorgesetzt bekommen – die ›nackte Wahrheit‹ gab es nicht, also kannten wir sie nicht. Aber ihr Fehlen fühlten wir mit unserer ganzen Leidenschaft. Es war furchtbar, was diese Ära der Gewalt und des Unechten, Verlogenen in uns angerichtet hatte; dazu noch der Leib und Seele zerstörende Krieg – überall Ruinen, außen und innen. In den Konzertsälen und Opernhäusern wurde die ›nackte Wahrheit‹ um jeden Preis gemieden, dem Schrecken des Krieges war das alles überschmierende, zu den Klängen kopfwiegende Lächeln gefolgt, das nun zum Ziel wurde und das man zu jeder Symphonie (besonders Mozarts) gläubig einsetzte. Nach dem realen und geistigen Gemetzel der letzten Jahre sollte die Kunst Erholung und Frieden ausströmen, das verlangte man, und die Künstler verbogen sich und ihre Mission und die Werke selbst. Theater, Film, Oper, Konzert – ein einziges großes wiegendes Lächeln, das mir und manchem anderen zur schleimigen Grimasse wurde. Wir mußten erkennen, daß es nahezu unmöglich ist, wieder dort, an der Abrißstelle, anzuknüpfen. Es wurde ein langer Weg, an dem viele zerbrochen sind und vieles sich als unrestaurierbar zerstört erwies. Irgendwann mußte jeder sehen, daß es einen schuldlosen Neuanfang nicht gibt. Wir, ob jung oder alt, mußten durch das 20. Jahrhundert durch, einschließlich der ersten Hälfte.

Für die Wiener Museumsdirektoren war diese Ausstellung eine kaum erträgliche Zumutung – fast jeder hatte eine Vergangenheit, die so schnell wie möglich verschwinden mußte. Sie hatten sich mit Händen und Füßen gegen diese Ausstellung gewehrt – außerdem konnte keiner den anderen ausstehen. Onkel René wollte ein gemeinsames Essen veranstalten, wie überall, wo er hinkam; es war unmöglich! Sie waren nicht an einen Tisch zu bringen: »Wenn der kommt, kann ich nicht kommen!« Er hätte fünf Essen geben müssen. Es war peinlich und es war eine Schande. Sie hatten wohl den Geruch der bösen Jahre angenommen und konnten einander nicht riechen, unverständlich für die Amerikaner, besonders für Onkel René, den alten Wiener.

Als Onkel René 1968 gleich nach seiner Pensionierung so unerwartet ums Leben kam (er fuhr in Long Island mit dem Rad und wurde von einem Auto überfahren!), wurde offenbar, was er in seinem Leben geleistet und aufgebaut hatte. Bei der Gedenkfeier im Museum of Modern Art spielte ich mit dem Concentus Musicus Bach im Hof des Museums für ihn. Nelson Rockefeller nannte ihn in seiner Ansprache »einen der größten Menschen unserer Zeit«.

Überlegungen zum Adel

Die Sozialisten unter Karl Renner hatten in der ersten Anti-Habsburg- und Anti-Adels-Welle die Oberhand. Keiner glaubte an die Überlebensfähigkeit des kläglichen Österreich-Restes. Renner nannte es sogar auf den Briefmarken ›Deutschösterreich‹ und betrieb eifrig den Anschluß an Deutschland – die Alliierten ließen es nicht zu. Der vormalige Adel konnte sich nicht so leicht von seiner tausendjährigen Aufgabe und Rolle trennen. Onkel René, der alles jugendlich locker nahm, ließ auf seine Visitenkarten drucken: »René Harnoncourt-Unverzagt, vormals Reichsgraf, geadelt von Karl dem Großen, entadelt von Karl Renner«. – Was waren denn die altgewohnten Aufgaben? Alle Arten von Regierungsämtern vom Minister abwärts, Diplomatie, hohe Militärpositionen, hohe Klerikalpositionen, großzügige Landwirtschaft im nahezu industriellen Bereich; und das Generalhobby: die Jagd.

Auf diese Aufgaben hin wurden die Kinder der Aristokraten erzogen, seit Jahrhunderten – was sollten sie künftig tun? Wer Grundbesitz hatte, versuchte weiterzumachen wie bisher. Wo sonst waren ihre Fähigkeiten (wenn vorhanden) und Erfahrungen brauchbar? Am ehesten noch in der Diplomatie. Tatsächlich setzte das Auswärtige Amt noch über Generationen auf die Nachkommen der alten Geschlechter.

Es ist unmöglich, über all das, was mir und unserer ganzen riesengroßen Familie in den letzten hundert Jahren widerfahren ist, zu erzählen und zu sinnieren, ohne über die Herkunft aus einer Adelsfamilie nachzudenken. Gehöre ich zu einem Wir? Ist diese Zugehörigkeit erkennbar? Soll man erkennen, daß ich von Aristokraten abstamme? Woran?

Alfred Deller, der große Sänger, hat mir einmal in den 50er Jahren gesagt, ich sei für ihn der Inbegriff eines Adeligen. Dabei haben wir nie darüber gesprochen, ja ich war verwundert, daß er es überhaupt wußte. In meiner Kindheit und Jugend war für mich diese ›Erkennbarkeit‹ immer eine höchst fragwürdige Sache: ich meinte, die meisten Aristi seien blöd, ungebildet und eingebildet – andrerseits findet man unerwartet viele als hochgebildete Experten bei den größten Auktionshäusern der Welt. Einerseits beneidet man sie prinzipiell um ihre gesellschaftliche Gewandtheit, ihr Auftreten, ihre Selbstsicherheit (haben sie die überhaupt?) und verspottet andrerseits ihre näselnde Sprache, ihr arrogantes Betragen (Graf Bobby). Ist das nur Neid? Und worauf? Aristi haben prinzipiell Schlösser mit Grundbesitz und Jagd und Stadtpalais ... wenn sie das aber nicht haben, weil sie es nicht erhalten können oder sonstwie ohne solches dastehen ... sind sie dann überhaupt noch Aristi?

In den letzten Kriegswochen 1945 und in der unmittelbaren Nachkriegszeit sah ich viele gestrandete Aristi. Die ungarischen Merans kamen armselig in Pferdefuhrwerken nach Österreich; man hörte kein Jammern und keine Klagen, sie nahmen ihr Schicksal an und fretteten sich ohne Hilfe durch die schwere Zeit. Ich hatte den Eindruck, daß noch so elend verarmte Aristi fast immer ihr Schicksal meisterten – ohne Hilfe! –, es schien geradezu eine Adelseigenschaft zu sein, sich auch im Elend zu behaupten.

Wie Papa ... Ich finde das Leben von Papa sehr lehrreich. Sein Vater war ein führender Ahnenforscher und mit Leib und Seele Aristokrat; er hat aus diesem Grund verhindert, daß Papa Musiker wurde – so wurde er eben Marineoffizier und blieb Aristo. Nach dem Zusammenbruch 1918 mußte er – gegen den Willen seines Vaters – seine technischen Talente nutzen und wurde Ingenieur. Absolut bürgerlich, er arbeitete (abgesehen von einer kurzen Verwaltertätigkeit beim Grafen Wimpffen) in rein bürgerlichem Milieu, dem er sich total anpaßte. Seine beiden Ehen waren noch selbstverständlich aristokratisch, aber da er sich ganz in seine neue Tätigkeitsidentität begeben hatte, zog er die Baronesse und die Comtesse mit in sein Milieu. Als kleiner juristisch-technischer Beamter wurde er immer bürgerlicher und wir, seine Kinder, spürten überhaupt nichts mehr von der Herkunft unserer Eltern. Wohnen, Leben, Interessen, Bildung folgten den bürgerlichen Konventionen. Dennoch: er hätte seine Erziehung nie verleugnen können in allen täglichen Verrichtungen und Begegnungen, und ähnlich geht es mir. Ich habe nie empfunden, adlig zu sein, fand keinen Unterschied zu meinen Schul- und Berufskollegen. Im Verhalten bemerkte und bemerke ich unüberwindliche Zwänge ... woher kommt das?

Natürlich spielen da die Lebenspartner eine Riesenrolle. Alice hat überhaupt nicht in meine unwillkürliche Lebensstilwelt eingegriffen, sie hat nie die ›Gesellschaft‹ gesucht, die ich praktisch ignoriert habe. Wie soll ein Einzelgänger ohne Schloß aristokratisch bleiben? Und was gibt's für Alternativen? Die Geschwister Papas Onkel René und Tante Renata heirateten bürgerlich und lebten aristokratisch; die Geschwister Mamas heirateten aristokratisch, und wo es sich um Geldadel handelte, wurde die Familie kunterbunt, hervorstechend aristohaft und bildungsfern. Auch alte Familien wurden häufig karikaturenhaft und demonstrativ verblödet in ihrem

Quasi-Aristi-Verhalten … Warum will ein Mensch, wenn er sich's leisten kann, Aristo-Gebaren annehmen?

›Loden-Fraktion‹ war ein spöttisches, geradezu ›rassistisches‹ Schlagwort. Es scheint, als hätten sich, zumindest seit Abschaffung des Adels, mehrere Leitbilder oder Richtungen herausgebildet, besonders zwei: eine schrille und eine stille. Der Verlust der angestammten Aufgaben führte wohl zu einer ernsthaften Suche nach Neuem oder zu einem Aufblasen und Aufplustern von Äußerlichkeiten (wie es ja schon früher, vorwiegend beim ›Geldadel‹, bemerkbar war und geniert und verächtlich beurteilt wurde: »Gehören die wirklich zu uns?«). Es sieht fast so aus, als hätten die Nachkommen des alten Adels nur wenige Möglichkeiten: allgemein verlachte oder aber verachtete Trotteln oder Finanzjongleure zu werden – oder aber begabte, fleißige Menschen, die allerhöchste Ziele anstrebten und sich Respekt und Hochachtung erwarben.

Die Erziehung folgte ziemlich klaren, eher strengen Prinzipien. Noch die gute Großmama Meran war der Meinung, um mit der eigentlichen Erziehung beginnen zu können, mußte zuerst der Eigensinn oder Trotz ›gebrochen‹ werden, notfalls mit brachialen Mitteln. Dann kamen die Lehrer und Erzieher dran. Diese hatten auch Züchtigungsgewalt: angefangen vom Fingerklaps über Birkenrutenschläge auf den Popo bis zu harten Entzugsstrafen bei bestimmten besonders beliebten Speisen, überhaupt kein Essen, keine Spiele, Eckenstehen mit dem Gesicht zur Wand (oft stundenlang). Das waren die Erziehungsmethoden der Merans, bei den Harnoncourts/Mittrowskys waren sie ähnlich, aber wahrscheinlich etwas milder, wurschtiger, ohne Gewalt. Erziehungsmaßnahmen (auch rigorose wie Schläge) von Lehrern oder sonstigen ›befugten‹ Personen wurden grundsätzlich verteidigt. Wir hatten also als Kinder keine Chance, elterliche Unterstützung zu bekommen, wenn wir uns über brutale oder ›ungerechte‹ Lehrer beschwerten; man gab denen grundsätzlich recht, schon aus Prinzip, weil man ihre Autorität den Kindern gegenüber vertreten mußte (meinte man). Es war, wohl schon seit Jahrhunderten, alles hierarchisch aufgebaut und es mußte sich schon um evidentes Unrecht handeln, wenn einmal, selten genug, dem Kind, also uns, recht gegeben wurde.

Gewisse Dinge standen in allen Adelsfamilien außer Diskussion. Tischmanieren: was auf dem Teller war, mußte bedingungslos aufgegessen werden, man konnte ja beim ›Herausnehmen‹ die Menge selbst bestimmen; genau geregelte Verwendung des Eßbesteckes – was überhaupt geschnitten werden durfte, Messer immer in der rechten Hand; beim Aufladen der Speisen auf die Gabel niemals die Finger zu Hilfe nehmen, höchstens mit ›Schiebebrot‹; niemals zu essen beginnen, bevor die ranghöchste Dame begonnen hatte, ja diese bestimmte sozusagen auch den Beginn des Essens: niemand setzte sich, solange sie stand (selbstverständliche Kenntnis der Rangordnung!); Tischgebet je nach Familienbrauch still oder laut. – Die selbstverständliche Beherrschung und Einhaltung aller Verhaltensregeln wurde rigoros beobachtet. Wer hatte wen, wie, wann, wo zu grüßen: so durfte/darf niemand im Raum sitzen bleiben, wenn eine Dame oder sonst jemand Ranghöherer hereinkommt (mich zwingt noch heute eine magische Kraft aufzustehen, wenn das passiert).

Wer durfte, ja mußte wann, wie laut, wo, was sagen, wann war Schweigen angebracht. Ungefragt mitzureden war nur unter besonderen Umständen erlaubt. (Auch hier spielte, wie fast überall, die Rangordnung eine entscheidende Rolle.) Beherrschung des Gesamtkataloges aller Grußregeln (außerordentlich kompliziert!). Küssen und Liebkosungen wie Streicheln, Umarmen waren strengstens geregelt (Mama nannte die meisten dieser Körperzärtlichkeiten bei engen Verwandten ablehnend und verächtlich ›schmieren‹). Die erste Generation von Psychologen (um Freud) hat da schon Regeln aufzustellen begonnen und sogar Folgeerscheinungen von zuviel oder zuwenig elterlicher Zärtlichkeit ›festgestellt‹ und beschrieben. Nach und nach wurden die alten, auf ›Brechen‹ beruhenden Erziehungsmethoden verpönt, Zärtlichkeit, Umarmen und motivierendes Lob wurden mehr und mehr propagiert (im Laufe des 20. Jahrhunderts). Diesen graduellen Wandel kann ich ganz gut beobachten und beschreiben, weil ich mittendrin stehe. Die um 1870 geborenen Alten erzählten uns die Methoden, die an ihnen angewandt wurden und die sie an ihren Kindern anwandten, und so von Generation zu

Generation bis zu den 25jährigen Vätern und Müttern von heute, für die all die über hundertjährigen Regeln nur mehr komisch sind. Man kann aber nicht erkennen, daß die alten Systeme nur verbogene Individuen hervorgebracht hätten – sie waren eben überhaupt nicht ›lieblos‹, wenn sie auch heute so gesehen werden (kritisieren ist ja seit jeher leichter als besser machen). Ich kann das Alte nicht kritisieren und werten – nur vergnügt oder mitleidig beobachten.

Zum Schluß noch ein kleiner Bericht zum Küssen: Aristos küßten sich niemals coram publico! Müttern, Großmüttern, älteren Damen und auch Großvätern küßte man die Hand. Kleine Kinder durfte man schon gelegentlich in großer Begeisterung auf die Backen küssen, aber das war schon alles! Richtige Lippenküsse gab es ausschließlich im Schlafzimmer. Nach dem Ersten Weltkrieg, also ab den 20er Jahren, begann eine Annäherung zwischen reichen Emporkömmlingen (Parvenus) und jungen Aristos, die ihre Kreise durchbrechen wollten. Da vermischten sich auch die bei jenen üblichen Verhaltensregeln mit den rigorosen Gebräuchen; neidig und begierig übernahm man die Bussi- und Tätschel-Usancen, oft auch verbal: »Bussi, Bussi!« Die bei den Alt-Aristos verpönten Körperkontakttänze wie besonders Tango beförderten weitere Spalterscheinungen; Offizieren in Uniform war ja noch bis 1918 das Tango-Tanzen verboten (Preußen, Österreich-Ungarn)! Um die Mitte des Jahrhunderts kristallisierte sich schon eine gemischte, sehr lebensgierige Gesellschaft aus dieser Mischung. Da wurde die alte Handkußkultur vermischt mit der Bussiwelt, die alten Regeln galten und gelten noch ein bißchen, Hand- und Wangenküsse knatterten auf ein und dieselbe Person, wobei der Wangenkuß zu einem seltsamen fast berührungslosen Wange-an-Wange-Fernblick-Luftkuß degenerierte. Fernsehmoderatoren küssen wahllos weibliche Hände, wie Dirigenten die von Sängerinnen. – Wir Überbleibsel aus einer anderen Welt werden da gewalttätig mitgerissen, ob wirs wollen oder nicht – einzige Rettung: arger Husten und Schnupfen.

Aber woher kommt denn diese ›auserlesene‹ Gruppe, Adel genannt? Vor langer, langer Zeit hat einfach der Kräftigste, Mutigste, Brutalste seine Sippe beschützt. Die Gemeinschaften, Horden und schließlich Völker wurden größer, die ›Beschützer‹ immer wichtiger und selbstbewußter. Da gab's dann immer Gute – denen man sich gerne anvertraute – und Brutale, die tyrannisierten. Ich erinnere mich noch, daß ich als 14jähriger die Ausrottung und Tötung der russischen Adeligen als historische Gerechtigkeit sah: vor über tausend Jahren durch Mord und Totschlag mächtig geworden – jetzt aus Rach-Gerechtigkeit selbst gemordet. So dachte ich damals. Natürlich schnappte ich auch die Resultate der Ahnenforschung (Großpapas und mancher Historiker) auf. Ist ja wohl kein Wunder, wenn bei unsereinem eine angeborene Brutalität ausbricht: wir stammen ja mehrfach – über die Jagellonen väterlicher- und mütterlicherseits – von den Dschingisiden ab. Der Schreckenszug Dschingis Chans ging allverschlingend durch Asien und halb Europa. Nach jeder Eroberung wurden haushohe Schädelpyramiden aufgeschichtet. War doch ganz in Ordnung. Oder? Ich bin also ein Mongolenabkömmling: das Ganze mußte ja endlich abgeschafft werden – inclusive mir.

Jetzt hatten die großartigen Aristos plötzlich selbst Sorgen! Wie soll es weitergehen? Soll es überhaupt weitergehen? Alle Bedenken aller Aristo-Großpapas, wie ihre Enkel nun ihren Lebensunterhalt verdienen sollten, wurden von den harten Fakten hinweggefegt. Behaupten konnte sich, wer Phantasie, Talent und den nötigen Fleiß hatte, wer bereit war, auf gewohnte Annehmlichkeiten und Bequemlichkeiten zu verzichten und anzupacken: zu lernen und zu arbeiten.

Teil III

Grundlsee, April 1945

Das alles, was ich jetzt berichtet habe, dieser ganz große Rückblick, war irgendwie eine Folge des schwerwiegenden Nachtgespräches mit Papa in Grundlsee im April 1945, wo er mir die Verantwortung für die Familie auflud. Sein unglaublich hartes Leben, sein ständiger Existenzkampf, seine enorme Energie, immer wieder neu anzufangen, haben mich tief beeindruckt. Was hat er mir da anvertraut oder eher zugetraut? Dieses Vorbild ist mir zu groß ... Aber es war genau der richtige Moment, mich da hineinzuziehen. Noch war ja Krieg, im selben Monat mußte das Meranhaus binnen 24 Stunden geräumt werden – die Wehrmacht brauche es als ›Lazarett‹, sagten sie. Nur Tante Lori blieb in einem Kammerl des Wirtschaftsgebäudes; das hatte sie heldenhaft erstritten. Aber es kamen keine Ärzte, keine Schwestern, keine Verwundeten; Krankentransporte hätte man sehen müssen. Das blitzartig requirierte Haus war ebenso blitzartig belegt! Von wem? Geflohene Nazibonzen gab es ja genug in der Gegend. Wir konnten irgendwie gedrängt in der großen Kesselstatt-Villa unterschlüpfen bei Fanny Obernitz (geb. Kesselstatt), deren Mann, ein hoher SS-Führer, im Krieg gefallen war. Sie war selbst auch eine fanatische Nazi, spröde, aber rührend nett und wurde bald zu Mamas bester Freundin (Mama hatte nie eine Freundin gehabt – das war jedenfalls mein Eindruck). Auch ich hatte sehr liebevollen Kontakt zu ihr; sie schenkte mir den tollen Photoapparat ihres Mannes (eine Retina).

Ende April kam Alice ganz überraschend. Sie hatte direkt vor dem Einmarsch der Amerikaner Heidelberg verlassen und sich irgendwie quer durch Deutschland durchgeschlagen. Sie fand gleich Arbeit als Putzfrau im Meranhaus-›Lazarett‹. Auch sie hat nichts vom ›Lazarett‹ bemerkt. René kam, wie durch ein Wunder der Gefangennahme durch die Russen entgangen, armselig hinkend, einäugig zu Fuß daher – im Mai. Da waren schon die Amerikaner in Grundlsee. Wir hörten eines Tages das Rasseln von Panzerketten, und da waren sie. Karli Navratil, ein Wiener Flüchtlingskind, jeierte: »Mutti, die Paunza kumman!« Das ›Lazarett‹ war plötzlich leer, die Insassen geflohen und das Meranhaus wurde zum Hauptquartier der amerikanischen Soldaten. Es war eine fremde Welt: mehr Schwarze als Weiße, alle sehr muskulös und gut genährt in ihren prallen Uniformen. Sie gingen keinen Schritt zu Fuß, alles per Jeep, quer über die Wiesen. Und obwohl ihnen ›fraternizing‹ streng verboten war, konnten sie doch mit Schokolade einige Mädchen und Frauen gewinnen – die Demel Mizzi hatte dann plötzlich ein seltsam dunkles Baby. Die Feldküche hatten sie im Hof unter einer Zeltplane aufgebaut. Wir versuchten vergeblich etwas zu ergattern (die hatten Hühner, Faschiertes ... alles, und im Überfluß!), wenn wir nur etwas kriegen könnten von den Köstlichkeiten, die sie wegwarfen! Aber da waren sie hart. Das Schild »kitchen«, das zu dem Zelt wies, deuteten die Grundlseer als Hinweis auf ein Strafgefängnis. Aus Hunger gingen wir auf die Frühlingswiesen und aßen Bocksbart, Sauerampfer und viele eßbare Gräser, die uns Rosa zeigte.

Der Krieg war also aus, Mitteleuropa von den Pyrenäen bis zur Wolga verwüstet, die meisten Städte waren Trümmerhaufen, ein riesenhafter Totentanz – waren wir besiegt (man hatte ja bis zuletzt auf die ›Wunderwaffe‹ gewartet – gehofft – sie gefürchtet) oder waren wir befreit? Die amerikanischen Sieger in Grundlsee machten sehr viel destruktiven Unsinn, ließen Barockmöbel im See schwimmen und schossen darauf etc. etc. Das Aufräumen und Reinigen nach ihrem Abzug gehört zu meinen grauslichsten, abstoßendsten Erinnerungen: so also ›lebt‹ Militär im eroberten Land, da werden die widerlichsten Sexkontakte in den Überresten deutlich.

Inzwischen hatten die Russen Graz erobert. Papa und Luisi gelang es, nette Menschen als Einquartierung zu bekommen, so daß die Soldaten nicht die Wohnung requirierten. Papa hatte alle meine Schiffsmodelle verbrannt – wer weiß, was die Russen sich gedacht hätten, wenn sie ihnen in die Hände gekommen wären. Er verstand sich ganz gut mit ihnen; durch sein perfektes Tschechisch konnte er mit ihnen reden, was sie sicherlich vom Plündern oder von Gewalttaten abhielt. Schließlich nannten sie ihn sogar ›Gospodin Hraf‹ (Herr Graf).

Die Russen hatten auch den Brandhof besetzt. Daß nichts zerstört oder geplündert wurde, ist unglaublich – vielleicht war es ihnen zu skurril. Die aus Ungarn geflüchtete Familie Onkel Philipps (Bruder meiner Mutter) wohnte dort, ihr Sohn Phippi hat wohl Brandhof vor Plünderungen bewahrt. Endlich, im Sommer, zogen sich die Russen auf die vereinbarten Zonengrenzen zurück und die Engländer besetzten die Steiermark.

Am 25. oder 26. August fuhren wir auf abenteuerliche Weise auf der Ladefläche eines Holzgas-Lasters nach Graz zurück, vielleicht gab es bald wieder Schule. Beim Passieren der Zonengrenze in Klachau mußten alle aussteigen, einzeln durch eine Scheune gehen, in der eine Desinfektionsstation aufgebaut war: da wurden wir mit DDT eingestaubt (ins Hemd beim Kragen, bei den Ärmeln und beim Hosenbund und in die Hosenröhren), die Amis und die Engländer hatten eine panische Angst vor Läusen. Alice wurde von den Engländern angestellt, René bekam ein Kriegsgnadenmaturazeugnis und studierte in Salzburg am Mozarteum Musik (er dirigierte übrigens 1947 ein Hochschulkonzert, die Solistin des Mozart-Violinkonzertes war Alice Hoffelner). Er wohnte im Nonntal bei der musikbesessenen Tante Johanna Meran in einem Loch – sogar in seinem Bett fand er ein Mäusenest.

Wirklich leid tat es mir um den phantastischen Cellounterricht bei Grümmer, den ich ja nur mehr an Ferientagen in Grundlsee (Weihnachten, Ostern, Sommer) fortsetzen konnte. So schrieb Grümmer einen Brief, den ich Prof. Kortschak gab (man hatte ihn bei der Taubstummenanstalt hinausgeschmissen, als Nazi), er sollte mich cellistisch ›kontrollieren‹.

»Verehrtester Nachfolger meiner Bemühungen um Graf Harnoncourt zum Violoncell-Spiel!

Das Talent, der Fleiß ist groß, die Auffassungsgabe sehr schnell, die Fortschritte während 6 Monaten bedeutend – so ist es ein Vergnügen, den jungen Grafen zu unterweisen. Um auf diesem erfolgreichen Weg weiter fortzuschreiten, bitte ich folgendes zu beobachten und stündlich zu kontrollieren:

Gerader Strich in der Cantilene im Abstrich
Nicht zu sehr Druck in der rechten Hand
Immer wieder Gelenk-Übung am Fr*(osch)* in der M*(itte)* u.a.d. Sp*(itze)*
Täglich 10 Min. pp gesponnenen Ton
Täglich eine Scala und Dreiklang gründlich in 3 verschiedenen Tempi / viertel, achtel, sechzehntel, auch in verschiedenen Stricharten
linke Hand: täglich Terzen, Sexten, Oktaven, Triller, Lagenwechsel
An Etüden weiter Grützmacher, Wohlfahrt-Grümmer, Franchomme, Lee Capricen
Concerte Goltermann Nr. 4, 5, 7
Romberg 2 Concertino, Divertimenti
Klengel Konzertstück d-moll«

Wieder in Graz

Die Lichtenfelsschule war nicht ausgebombt, so beherbergte sie jetzt zwei Schulen, eine vormittags (Buben), eine nachmittags (Mädchen), abwechselnd. Die meisten Schulkollegen waren wieder da, einige neue kamen von den Napolas (Nationalpolitische Erziehungsanstalten), vor allem Sonthofen, neuer Direktor und die meisten Professoren neu. Ich habe meine alte Art fortgesetzt, da mußte ich zu Hause und in der Schule viel lügen; aber ich gewann kostbare Zeit, jetzt zum Celloüben und für das Marionettentheater, das mich total infiziert hatte.

Das waren *meine* Probleme, die Familie als Ganzes hatte natürlich andere Probleme. Da ging es nicht ums Kulturelle und nicht ums Geistige, sondern einfach ums biologische Leben. In der Nachkriegszeit, eigentlich schon ab Grundlsee 1945, hatte Mama die größte Schwierigkeit, den Hunger der Großfamilie zu stillen. Sie fühlte sich dafür verantwortlich und führte strenge interfamiliäre Rationierungssysteme ein: so bekam jeder am Montag seine Wochenration Butter; wie sie auf die Tage und Mahlzeiten aufgeteilt wurde, konnte man selbst bestimmen: 6 Kerbstriche im gleichen Abstand oder ganz raffiniert zuerst ganz schmale, dann immer breitere Stücke – so konnte der Hunger spannend werden. Oder man aß unbeherrscht und rechnete ab Donnerstag auf Geschwistermitleid. Wichtig war die Reihenfolge des Topfausschleckens, eine legalisierte Unsitte, aber sehr begehrt, besonders bei Spinat und Erbsenbrei – da verschwand der ganze Kopf in den großen Kochtöpfen. Manchmal brachten Luisi oder Rosa von ihren Bauerngeschwistern ein paar Eier oder Stücke vom Schwein.

Die wahre und heißersehnte Hilfe aber kam vom Onkel (René) aus Amerika und Tante Sarah. Sie schickten regelmäßig CARE-Pakete (die waren in Teerwellpappe-Schachteln so verpackt, daß sie auch von Meerwasser nicht beschädigt werden konnten auf ihrer langen Reise). Wir öffneten sie am Küchentisch mit den großen Küchenmessern, öffentlich, vor der gierig beobachtenden Familie: Corned Beef, Eipulver, Fleischdosen ›Sweet Meat‹ (interessant, ›typisch amerikanisch‹, mit Obst gewürzt und gesüßt), Kaffee (grob gemahlen) in Dosen, Cornflakes (hatten wir überhaupt nicht gekannt), Schokolade (Hershey's), trockene Kekse, Zitronenpulver (in Wasser aufzulösen).

Mama baute diese Schätze raffiniert in ihr Fütterungsprogramm ein. Vom Zitronenpulver spendete sie sogar für die Aufführungen des Marionettentheaters (in einer großen silbernen Teekanne gab es dann das Zitronenwasser; jeder Mitwirkende konnte am Schnabel saugen – das reichte meist für eine Vorstellung). Gelegentlich kamen auch Textilpakete mit alten Kleidern – hochwillkommen! Unsere Garderobe entwickelte sich dadurch bizarr-malerisch. Meine rote Lumberjack-Jacke, die ich, nach Reparatur durch Herrn Weihs, noch immer trage, stammt von daher. Onkel René hat sie ca. 1938 gekauft und jahrelang getragen. Sie ist für mich und einige, die mich kennen, ein liebes Stück Vergangenheit geworden.

So wie die Harnoncourt-Familie 1924 Onkel René gerettet und nach Amerika verfrachtet hatte, so hatte er, sobald er nur konnte, seine Schulden abgetragen, seine Mutter und Tante Renata über Wasser gehalten und dann, nach dem Krieg, die ganze Sippschaft ernährt.

Das Marionettentheater

Wenn ich mir jetzt meine damaligen Schulhefte anschaue (ich habe noch vier davon), dann verstehe ich nicht, wie ich, nur mit Ach, aber ohne Krach, durchkam: ich saß immer in der letzten Bank neben dem Klassenprimus Erich Steinbauer (Stoni) und war ein blitzschneller Abschreiber von Hausaufgaben. Die Schularbeiten mußte ich selbst durchstehen, da wurde kontrolliert. – Aber das wahre Leben war ganz woanders. Ich zeichnete die Pläne für das Marionettentheater (Bühne ca. 4 m breit, 3 m tief und 3 m hoch), alles zusammenklappbar. Nach Weihnachten fuhr ich zu Prof. Grümmer, der jetzt am ›Sattel‹ Richtung Altaussee wohnte, zu den Stunden ging ich mit Schiern durch den Schnee, Cello und Notentasche in den Händen (also keine Stöcke). Wieder tolle, begeisternde Stunden! Auf der Heimfahrt nach Graz machte ich in Stainach halt, ging zum Willi-Magnis-Schloß Stainach, wo der Stellmacher die Bühne nach meinen Plänen baute. Beim Oster-Cellobesuch war sie fertig und ich nahm sie auf der Rückreise nach Graz als Bahnfracht mit.

Das Stück war gefunden: ›Das Spiel von Doktor Faust‹ von Bruno Ertler, auf Empfehlung des Direktors der Steiermärkischen Landesbibliothek Hofrat Dr. Franz Schütz (den hatte schon Onkel René 1932 als Informant für Literaturwissenschaft ausgequetscht). Jetzt entwarf ich die Figuren; da war technisch einiges zu ›erfinden‹ (ich hatte ja nie Marionetten gesehen!): Kopfgelenke, Arme, Beine, das Führungskreuz. Ich mußte Metallarbeiten machen aus Konservenbüchsenblech. Vieles ging daneben, manches gelang. Besonders schwierig war das Kopfgelenk; bei manchen Figuren eine Stecknadel mit Glaskopf, bei anderen einfache Scharniere und, besonders raffiniert, für Faust ein richtiges Kardangelenk. Dann die Beleuchtung! In den alten Magazinen der Elektriker fand ich vieles, Papa beriet mich über Schiebewiderstände aus ›Cekasdraht‹, die dann Pilli und ich um eigens gemachte Tonrollen wickelten. Alles ohne Geld!! In den Sommerferien 1946 schnitzte ich dann die Köpfe. Ich wohnte allein – in Klausur – in Grundlsee bei Fanny Obernitz, die übrige Familie entweder im Meranhaus oder in Brandhof. Am Ende des Sommers waren alle Köpfe und die Holzteile der Figuren fertig. Die Bühnenbilder hatte mir der Maler Hanns Kobinger, der am Archkogl sein Atelier hatte, ganz fabelhaft gemalt.

Zwischendurch hatte ich in Aussee dem Prof. Niederführ (Direktor des Reinhardt-Seminars in Wien) den Monolog des Valentin vorgesprochen – vielleicht könnte ich Schauspieler werden? »Schlagen Sie sich das aus dem Kopf, Sie sind vollkommen unbegabt« – das war damit geklärt. 1946 schreibe ich ein orientalisches Theaterstück für die Saison nach ›Doktor Faust‹ und zeige es Prof. Schediwy, den ich als kompetenten Germanisten schätze. Er liests, bestellt mich zu sich in die Wohnung: »Ich habe den Eindruck, Sie wollen Schriftsteller werden; offen gesagt: Hände weg, Sie sind vollkommen unbegabt!« – auch das ist jetzt geklärt.

Nach verschiedenen Versuchen auf Dachböden gestattet Mama – völlig unerwartet –, die Bühne in unserem Zimmer aufzubauen! Die Kästen, die Betten, alles wird umgestellt und ich kann im Herbst 1946 die ersten Versuche machen. Um die nötigen Mitwirkenden zu rekrutieren, trete ich bei den Pfadfindern ein, bei denen Pilli und sein Freund Riko (Federik Mirdita) schon eifrig tätig waren. Ihr Deutschprofessor Edi Keller war ein international anerkannter Feldmeister dort, da konnte ich einige Buben begeistern. Alice brachte einen alten Theatermann, der auch bei den Engländern beschäftigt war, und Gisbert Spiegelfeld, er galt als Theatertalent in der Grazer Gesellschaft. Gottfried Scheucher wird als Beleuchter ausgebildet. Meine elektrischen Anlagen sind überhaupt nicht vorschriftsmäßig und fast durchwegs selbstgemacht, aber die Effekte könnten funktionieren, genau auf den Text komponiert.

Jetzt kommt der riesige Glücksfall, den uns die Nachkriegszeit liefert: die Schule bekommt fast keine Kohlen, so daß ab Mitte Jänner 1947 kein Unterricht stattfinden kann. Bis dahin haben wir nur Samstag/Sonntag geprobt, jetzt geht es durch! Jeden Tag bis zu

10 Stunden. Alice zeigt sich als besonders geschickte Puppenführerin, ich übernehme keine Puppe, weil ich ja bei den Proben *vor* der Bühne sein muß, alles beobachten, Wirkungen verstärken, Holprigkeiten ausmerzen, also eigentlich: Regie führen. Es ist sehr aufregend, ich habe meine Lebensaufgabe gefunden! Die Schule existiert nur mehr als lebensfeindliches Gespenst, die Matura nächstes Jahr als Hindernis, das irgendwie überwunden werden muß. Ich werde fast fanatisch, stelle das Marionettentheater weit über das ›Menschentheater‹. Eine Figur (wie ich die Marionetten nenne) kann *total* ihrer Rolle entsprechen – jede hat eine besondere, nur ihr eigene Bewegungsart, Gesichtsausdruck, Hände; jede Figur ist sie selbst, kann deshalb auch nur in diesem einen Stück auftreten. Ganz verächtlich fand ich demgegenüber den Schauspieler, der immer er selbst bleibt, nur Annäherungen versuchen kann – ohne Zweifel bewundernswert, aber die totale Identifikation wie bei der Marionette kann er nicht erreichen.

Auch Papa wird hereingezogen, er komponiert die Lieder des Hanswursts und die Teufelschöre, die wir zum Klavier vokalisieren. Durch meine wohl ausstrahlende Begeisterungselektrizität läßt sich nicht nur unsere Familie, sondern viele in unserem Umkreis mitreißen. So bietet uns Ini Attems zwei Räume in seinem Palais in der Sackstraße an – ideal! Die Bühne kommt in die Verbindungstür, der Spielaufbau in das eine Zimmer (genügend Platz für alle 23 Mitwirkenden und das Klavier), die Zuschauer in das andere Zimmer (ca. 60 bis 70). Ein bißchen Angst habe ich, daß es nicht total ernst genommen wird; manche Leute sprechen, ohne es zu meinen, aus Unverstand (!) von Kasperltheater!! Das muß von vornherein verhindert werden! So bestimme ich, daß nur Menschen über 18 Jahre, also eigentlich Erwachsene, die Vorstellung besuchen dürfen. Das wird akzeptiert.

Am 1. April ist die Premiere. Die ganze Familie und alle Beteiligten sind wie paralysiert! – Es wird ein Triumph! Zum Applaus kommen wir alle leibhaftig heraus, um uns zu verneigen – die Zuschauer sehen uns als Riesen ... sie hatten sich unbewußt in die Proportionen der Figuren, die etwa 30 cm groß waren, hineingelebt. Man wollte die Mechanik der Hände und Augen sehen, glaubte nicht, daß die gar nicht bewegt werden konnten. Mein Triumph war es, daß die Phantasie der Zuschauer eine neue Realität geschaffen hatte.

Der Schulbetrieb hat längst wieder begonnen, alle Professoren wollten den ›Doktor Faust‹ sehen, wir mußten 23 Aufführungen machen, die Landes- und Stadt-Politiker, der Bischof, die Besatzungsoffiziere gingen hin; schließlich machte ich zwei Vorstellungen für die Maturaklassen, da wird ja doch ›Faust‹ durchgenommen – man warnte mich vor den zu erwartenden Schülerstreichen. Aber im Gegenteil, die waren das beste, interessierteste Publikum! Sogar als einmal das Licht ausfiel, was damals oft passierte, und ich einen Radau erwartete, blieben die total fasziniert-ruhig und hörten sich brav meine Erklärungen an, bis das Licht wieder anging. – Mir half es in der Schule ein wenig, die Professoren waren – aus Bewunderung – nachsichtiger. – Jetzt hatte ich etwas Zeit für meine Lebenspläne: natürlich Marionettentheater, ich weiß jetzt, daß ichs kann; also weiter! Alles muß durchgerechnet werden: ein neues Stück pro Jahr, alle Figuren dafür neu, ein Spieler und ein Sprecher für jede Figur. Die Größe der Marionetten ist begrenzt: höchstens 35 bis 40 cm, also 60 bis 70 Zuschauer … Die Rechnung klar, hart, ein Schlag – es geht nicht. Davon kann man nicht leben, also Ende des Traums.

Nach der letzten Vorstellung im Juni packen wir alles ein, die Figuren in Leinensackerln, ich darf sie bei Großmama in der Elisabethstraße in einen Garderobenkasten hängen. (Trauriges Nachspiel: sie wurden mehrmals umgehängt, zuletzt, vielleicht 1960, sahen sie die Brüder in der Garage bei Kohlbauers, und seitdem sind sie verschwunden). Viele der Mitwirkenden sind seither vom Theater angestochen.

Musikalisch tat sich in diesen Jahren einiges in der Familie. Kammermusik mit Papa bis zum Höhepunkt: Schuberts Forellenquintett! Dafür hatten wir meinen Schulfreund Gustav Gutsohn vom Jazzbassisten zur Klassik umgepolt. Und Domchor und -orchester unter Anton Lippe. Wir alle sangen dort und ich spielte außerdem bei Orchestermessen, weil die städtischen Cellisten alle unerwünschte Nazis waren.

Maturajahr 1947/48

Im Maturajahr 1948 bin ich einmal krank mit hohem Fieber, Mama stellt mir das Radio zum Bett und ich höre den langsamen Satz der 7. Beethoven (Furtwängler, Wiener Philharmoniker), es packt mich! Idiot! Das ist ja dein Beruf ... also Cellostudium in Wien! Wer unterrichtet dort? Wer sollte mein Lehrer sein? Das Wichtigste war für mich der Klang, die Farbpalette. Ich hörte die beiden Meister, beide Wiener Philharmoniker: Richard Krotschak, der spielt in Graz das Cellokonzert von Elgar und kurz darauf kommt das Philharmonia-Quartett (Samohyl, Rumpold, Pioro, Brabec), sie spielen ein ›Celloquartett‹ von Mozart, Emanuel Brabec besonders schön, ich finde ihn sympathisch, gehe nachher zu ihm ... ja, ja, das ginge schon. »Spielen Sie mir im Juli in Salzburg vor, dann sehen wir weiter.«

Wir haben in diesem Jahr (seit Herbst 1947) ein Streichquartett: Alfi Schmidt (ein Lehrer aus Weiz, der unbedingt Berufsmusiker werden will, er war dann Stimmführer der 2. Geigen im Tonhalle-Orchester Zürich), Charly Mader (unwiderstehlich fesch – kam dann ins Tonkünstler-Orchester in Wien), Peperl Wagner (eine Seele von einem Menschen, blieb musikbegeisterter Lehrer) und ich. Wir probten wie besessen Klassiker und als modernen Clou das ›Quartetto in modo classico‹ von Joseph Marx. Wir hatten Konzerte im Grazer Heimatsaal und in Weiz und planten im Sommer mit einem Manager eine große Steiermark-Tournee.

Aber zwischendurch mußte ich noch die Matura machen! Es gelang (ohne Schwindeln, glaube ich). In Darstellender Geometrie hätte meinen Prof. Sadu fast der Schlag getroffen, weil ich die schwierige ›Terrainverschneidung‹ anging, ohne den nötigen Lehrsatz zu wissen (er saß da mit den Händen vorm Gesicht) – ich konstruierte halt unorthodox, aber richtig. Ein besonderer Reiz für mich war die Deutschmatura. Ich wählte ›Was bewegt den Menschen zur Arbeit‹ und schrieb statt der erwarteten hoch ethischen Begründung ein Psychogramm der Gier: Geld – Ruhm – Ehrgeiz etc. ... Der konsternierte Prof. Schediwy mußte mir trotzdem ein ›Sehr gut‹ geben. Das Thema beherrscht mich bis heute: was ist überhaupt Arbeit? Was sagt die Bibel: eine Strafe! Was sagen die griechischen Philosophen! Was sagt man heute!! Leider ist der Aufsatz verlorengegangen. Er blieb ein Hauptthema in meinem Leben: was ist ›Arbeit‹, was ›Muße‹? Beim Maturafest im Hotel Steirerhof (ich ging mit Cousine Löri Meran) betonten alle Lehrer, wie erleichtert sie seien, daß sie mich los hätten, aber ich drohte ihnen mit Franzi, meinem kleinen Bruder, der im Herbst in die Schule komme. Ihre Reaktion: »Ich werde die 1. Klasse nicht nehmen, wenn ich nicht muß.«

Die Quartett-Tournee platzte nach dem Konzert in Bruck (der Manager war ein Gauner), so fuhren wir nach Grundlsee, probten und spielten bei Tante Lori. Zwischendurch fuhr ich nach Salzburg, traf mich im Mozarteum mit René, der dort studierte, und spielte mit ihm Emanuel Brabec das Lalo-Konzert vor. Ich fand's ziemlich gut, er sagte: »Linke Hand ganz schlecht, rechte Hand ganz verkehrt, sitzt da wie ein Fragezeichen ... wir müssen von vorne anfangen ... ich nehme Sie.« – Ja und dann sagte er noch ganz lakonisch: »Weg mit dem Draht.« Ich hatte auf Stahlsaiten gespielt! Das kam daher, daß ich auf der verzweifelten Suche nach einem schlackenreinen Ton – den ich an den Stahlsaitencellisten Cassadó und Mainardi so bewunderte – nach mehrmaligem Hin und Her auf den samtigen Klang der Darmsaiten verzichtete und bei den ›modernen‹ Thomastik-Stahlsaiten gelandet war. Das sollte sich in den nächsten Jahren noch mehrmals ändern. Erst nach ca. 1965 spielten alle Wiener Cellisten Stahlsaiten – auch Brabec. Ich wurde sein Lehrling, ab Herbst 1948 an der Wiener Akademie.

Nun heißt es also Abschied nehmen vom Grazer Familienzentrum in der Goethestraße mit den Eltern und den inzwischen ›groß‹ gewordenen kleinen Brüdern ...

Graz ist meine Kindheit und Jugend. Wunderbares und Gräßliches. Fast jedesmal, wenn ich mit Papa durch die Stadt ging, blieb er bei irgendeiner Hauseinfahrt stehen: »Gehen wir hinein«, und dann sah ich, von ihm angeleitet, diese wunderbaren Innenhöfe, die ja kaum jemand kennt. Zum Schönsten gehört für mich die Dachlandschaft, wie sie beim Aufstieg über die Schloßbergstiege langsam sichtbar wird. Die magischen, vielfältigen Farben der alten Ziegel und die reichen alterskrummen Formen – einmalig! So etwas hab' ich nirgendwo auf der Welt gesehen. Überhaupt der Schloßberg mit den Resten seiner unbezwungenen Festung! Ich kann mich noch erinnern, wie man die ›Kasematten‹ zu einer Bühne ausgebaut und dann einen eindrucksvollen ›Fidelio‹ dort gespielt hat. Ein Gang auf den Schloßberg und ein zerrüttetes Nervenkostüm ist wieder im Gleichgewicht! Diese Altstadt, eine wunderbare Symbiose von Natur und Architektur, diese kulturelle Atmosphäre ist etwas, was man vielleicht gar nicht so bemerkt, wenn man immer hier ist.

Apropos Musik: im wunderbaren Stefaniensaal hatte ich mit Papa die großen Künstler der Vorkriegszeit bewundert, besonders erinnere ich mich an ein Konzert im Kammermusiksaal, wo Béla Bartók Klavier spielte, allein. Wir saßen am Balkon, plötzlich bekam Papa einen Lachkrampf, er konnte sich überhaupt nicht halten; die Musik hatte das bewirkt – er konnte es sich überhaupt nicht erklären! Viele Jahre später, vielleicht in den 1980er Jahren, traf ich Peter Csobádi (Schüler Bartóks, dann Pressechef der Salzburger Osterfestspiele und Mann der tollen Sängerin Edda Moser). Ich erzählte ihm von Papas unerklärlicher Reaktion und er erwiderte, das sei in Bartóks Klasse üblich gewesen: gewisse Stücke haben irres Gelächter ausgelöst, was der Komponist durchaus natürlich und überhaupt nicht beleidigend fand.

Oder die Militärmusik im Pavillon im Stadtpark, bei der sogar die Eichkatzerln zuhören mußten, das war vor dem Krieg. Wenn wir mit Mama dorthin spazierengingen, auch sie hörte diese Musik gerne, dann summte ich meine eigenen Märsche in mich hinein und fand, ich sei ein »ausgesprochener Marschkomponist«. Auf den Stadtparkwegen lauerten immer einige Photographen mit großen Holzkistenkameras; wenn sie jemanden photographierten, verschwanden sie hinter schwarzen Tüchern – toll. Aber für uns waren sie leider zu teuer. Die Musikkapelle am Hilmteich hat mit großem Schwung alle Schinakelfahrer begeisternd Tänze gespielt, gelegentlich auch von Papa komponierte. Die Hilmwarte oberhalb des Teiches allerdings gehört zu meinen schrecklichen Erinnerungen, da hatte ich ja ›Dienst‹ im Krieg und mußte erleben, wie ein alter Feuerwehrmann aus Angst vor den Bomben in die Hosen machte.

Die Perlenaffaire

Ungewöhnlich und unheimlich, dieses Wien, wo ich mich jetzt zurechtfinden soll: ein kleiner Mann geht am Opernring vor mir, er schaut in eine Auslage – vielleicht wie in einen Spiegel –, hebt kurz seinen dunklen Hut, ich sehe den kahlen, etwas eckigen Kopf, große dünne Ohren mit einer Knorpelspitze im oberen Drittel, dunkle Augen und eine extrem schmale, leicht gebogene Nase. Der Mund ist groß, etwas geschwungen, es sind kaum Lippen sichtbar. Das Gesicht scheint ausdruckslos, aber es bleibt mir eingeprägt. Dann sehe ich ihn wieder und immer wieder: in fast jedem Konzert im Musikverein oder im Konzerthaus und auch auf der Straße – das war im Winter 1948/49. Papa hatte oft von ihm erzählt, das ist er! Das muß er sein: Dr. Magg. Bei einem kurzen Graz-Besuch zu Hause beschreibe ich ihn.

Papa ist erregt wie sonst nie, wie aufgewühlt, fast zitternd, obwohl das Ereignis schon mehr als 20 Jahre her ist (es war 1924). Ing. Dr. Julius Magg war eine Koryphäe auf der Technischen Hochschule in Graz, er war auffallend brillant, aber immer allein, er ging in Konzerte und spielte sehr gut Geige oder Cello. Er war ständig bei Alice Konradsheim, der Mutter von Papas erster Frau Annemarie, spielte in ihren Kammermusikabenden, als ihr ›treuester‹ Musiker. Sein starker Einfluß auf sie war unerklärlich ... Er benahm sich, als wäre sie sein Eigentum. Tante Renata, Onkel René und Großmama Zilka fanden ihn besonders unsympathisch. Als Papa mit seiner jungen Frau durch die Herrengasse ging, sahen sie ihn auf der anderen Straßenseite. »Ich habe Angst«, sagte sie, »er wollte mich kürzlich nach Hause begleiten ... er wirkt auf mich wie so ein schwarzer Käfer, seine Augen halt ich nicht aus.« In der Uni, als er hinter ihm die Treppe hinunterging, sagte er zu Papa: »Ich hasse dich ...« Papa war ein durch und durch anständiger, zuverlässiger und bedingungslos mutiger Mensch. Er hatte keine Feinde – so sahen wir es alle in der Familie. Da muß es etwas gegeben haben, was niemand wußte. Dr. Magg haßte ihn – warum? – und er, der Furchtlose, hatte Angst vor ihm – warum?

Er hat sich wohl an Annemaries Mutter, die Baronin Alice, herangemacht, man sagte in der Gesellschaft, er beschäftige sich mit

Okkultismus und sei ein sehr guter Hypnotiseur und Heiler, besonders bei Melancholie; das war eben ihre Krankheit. Sie war damals sehr schön, dunkelhaarig, schlank, immer mit wallenden dunklen Kleidern, ungefähr 40 oder 45 Jahre alt. Nach einigen Wochen hatten sie vielleicht 20 Sitzungen gehabt, bei denen er sie hypnotisierte – sie erzählte begeistert davon, aber man meinte auch schon eine gewisse Abhängigkeit zu spüren. Wenn er Papa traf, wurde sein Blick hart. Nach und nach wurde die Schwiegermutter zum Versuchskaninchen, bis es geschah: im Jänner 1924 gab's bei den Konradsheims in der Parkstraße einen großen Ball für Renata (Papas Schwester und Freundin von Annemarie). In den Räumen drängte sich die Grazer Gesellschaft, es wurde getanzt. Mama erinnerte sich später auch an dieses Fest, weil sie so gute Tänzer erwischt hatte und weil sie ein paar Lieder gesungen hatte, von Papa – ihrem späteren Mann – am Klavier begleitet. Dr. Magg war wohl auch da, Papa meinte ihn gesehen zu haben, irgendwo unscheinbar im Gedränge, mit einem seltsamen Strahlen im Gesicht. Plötzlich der Schrei, kreischend: »Meine Perlen! Wo sind meine Perlen! Jemand hat meine Perlen gestohlen!« Alles erstarrte, es waren die Majoratsperlen der Herbersteins, die Hälfte der langen Kette war abgeschnitten worden! Hauptverdächtige war Milada Jaklitsch, ein Stubenmädchen der Harnoncourts, die die Garderobe betreute (dieselbe Milada, die 1918 dem verarmten Großpapa sein Gabelfrühstücksgollasch spendiert hatte).

Der Perlendiebstahl war der skandalöse Höhepunkt der Saison, das Hauptgespräch in allen Salons. Wir alle waren und sind fest überzeugt: es handelte sich um Hypnose. Ungeniert, unverfroren oder ahnungslos hatte die Baronin Konradsheim die Perlen dem bekannten Juwelier Herrn Evangelist schon am nächsten Morgen angeboten, total verrückt, den kannten alle in der ›Gesellschaft‹, er war höchst überrascht, konsterniert. Kurz darauf erschien bei ihm Alice Herberstein mit dem verbliebenen Teil der Kette ... Alles ging seinen Gang – Alice Konradsheim wurde überführt und verurteilt. »Baronin stiehlt Perlen«, stand groß in den Zeitungen, es gibt sogar einen Bericht darüber im New Yorker Magazin ›Time‹: »A plea of kleptomania was entered by the defense ...« Sie wurde zu eineinhalb Jahren Kerker verurteilt, war aber aus Gesundheitsgründen haftunfähig, kam in ein Sanatorium, wurde unter strengen Auflagen begnadigt. So fuhr sie zu ihrer Freundin Leonie Steffens nach Feldafing, wo ihre Enkel Alice und René sie oft besuchten. Übrigens kam auch Dr. Magg einmal dorthin: sein bevorzugter Gesprächspartner war der Sohn des Hauses – und der verschwand dann plötzlich spurlos. Jahre später kam er wieder, aus der Fremdenlegion (!), er habe keine Ahnung, wie er dahingekommen sei (wohl wieder Hypnose). – Alice Konradsheim starb dort 1933.

Zwei Tage nach dem Gerichtsurteil klopfte es an die Tür von Papas Büro. Dr. Magg stand da, klein, dürr, schwarz, mit einem kalten Grinsen. Wortlos! In der erhobenen Hand hielt er die Zeitung mit der Schlagzeile – Papa konnte den Schlag kaum ertragen. Das flackerte in ihm weiter, sein ganzes Leben. – Und jetzt also war dieser, sein einziger Feind, in Wien und ich ihm ausgesetzt. Was konnte, ja mußte da noch Schreckliches passieren? Papa war in Panik, als er mir das alles erzählte. Ich verstehs nicht, ich habe nachgesehen: Dr. Magg war schon 1931 gestorben. Aber Papa war so sicher, daß ich ihn gesehen hatte und fürchten mußte. Vielleicht lebte er doch noch – oder es war überhaupt ein anderer Dr. Magg, nicht der verstorbene Ing. Dr. Julius?? Aber ich habe ja andere Aufgaben hier in Wien, will und soll Cello lernen.

Die Mondscheinsonate im Schottenhof

Im Herbst sollte es also losgehen in Wien – da mußte ich zuerst eine erschwingliche Wohnung finden. Tante Lori kennt die Familie Mayer-Heinisch aus Grundlsee, die in Wien-Ober St. Veit eine Villa besitzt, da durfte ich vorläufig wohnen. Die drei Frauen dort hatten eine skurrile, deutsch-böhmische Ausstrahlung: zwei Schwestern, die unverheiratete war Töpferin und Weberin und gehörte irgendwie zur ›Wiener Werkstätte‹: »Hagenauer arbeitet wieder«, triumphierte sie, schwärmt von Kolo Moser, Josef Hoffmann, Adolf Loos. Mir ist das alles fremd, ich habe diese Namen zu Hause nie gehört, vielleicht gehört das alles zum Jugendstil, und der ist sowieso nur scheußlich, so wurde er jedenfalls bei uns beurteilt und abgekanzelt, bis, viel später,

Onkel René ihn leidenschaftlich rehabilitierte. Der hatte in seinem Museum in New York Gläser von Hoffmann, einen Schreibtisch von van de Velde und schwärmte für die Pariser Metrostationen und Straßenleuchten von Guimard. – Dann die gewichtige Elly, die Hausfrau, Witwe und Mutter von Jörg, einem Humanic-Chef in Graz (der war nach 1931 einer der ersten Englisch-Schüler von Tante Renata), dürr und lang, Riesennase, verheiratet mit Marielis Stepan (Tochter des steirischen Landeshauptmanns), auch dürr und lang mit Riesennase; da kann man ja auf die Brut gespannt sein. Und die Mutter, die von nichts anderem sprechen konnte als von den Schrecken der Vertreibung und Flucht aus Böhmen. »Ja, ja, Muttl, ist schon gut« – aber sie war nicht zu stoppen.

Von dort aus ging ich jeden Tag an die Akademie und zu den studentischen Wohnungsvermittlern – alles unerschwinglich. Schließlich flüstert mir jemand: der Cari Leitmaier hat doch so ein Zimmer – schnell zum Schottenhof, 1. Stiege, 3. Stock. Die Frau öffnet nach meinem Klingeln: mittelgroß, nicht schlank und nicht dicklich, eher ungeformt, wulstige Beine; das Gesicht etwas schwammig, aber mit betonten, wenn auch ungeschminkten Kirschenlippen und großen Augen mit echten Wimpern – soll irgendwie eine Film-Imitation sein; die Haare sind von einem grauen Kopftuch bedeckt, das oben geknotet ist, wie man das seit einigen Jahren oft sieht, ein bißchen so wie die ›Hochfrisur‹ – scheußlich. »Stuzzi, wer ist da?« hört man leicht krächzend aus einem Zimmer. »Sie kommen wegen dem Zimmer, ich zeig's Ihnen, kommen Sie.« Der finstere Gang ist etwa 18 m lang, dann öffnet sie rechts eine Türe; da stehen große Kästen, die den Raum teilen. Der linke Teil ist das ›Zimmer‹: ein Fenster, ein kleiner Schreibtisch, ganz links in der Ecke ein grüner Kachelofen, zwei gepolsterte Sessel und eine Couch zum Schlafen. Blick aus dem Fenster, das in einer tiefen Nische ist, weil die Mauer in diesem uralten Gebäude auch hier oben noch sehr dick ist: tief unten ein kleiner Innenhof, rote Ziegeldächer und darüber der wunderschöne Turm der Schottenkirche. »Darf man hier Cello üben? Wer wohnt ober- und unterhalb?« – »Unterhalb ist die Bibliothek des Schottenklosters, oberhalb ist nix, und wir hören nix, weil der Gang dazwischen ist, außerdem bin ich eh fast jeden Tag weg, Bridge spielen, und mein Mann hört nix, der malt oder spielt Klavier.« Nach einigem Hin und Her – sie eher jammernd – einigen wir uns auf 180 Schilling monatlich und selbst heizen.

Die Wohnung ist ideal wegen ihrer zentralen Lage und weil ich hier wirklich Tag und Nacht ungestört Cello spielen kann. Der bewohnbare Teil des Zimmers ist zwar winzig (ca. 2 ½ mal 3 ½ m), der Rest ist Kastenraum, der gelegentlich von ihr benützt wird. Aufräumen muß ich selbst, die Küche darf ich benützen (18 m finsterer Gang dorthin), das Telephon auch, Bezahlung nach jedem Gespräch. Wasser? Da ist ein Lavoir im Zimmer und ein Blechkrug, das Wasser holt man sich aus der Küche oder dem Klo – und dort schüttet man's auch weg. Immer durch den langen, finsteren Gang. – Am 1. November darf ich einziehen, Triumph! Der Nachteil: fürs Leben und Studium bleiben 120 Schilling (Papa kann mir 300 Schilling Monatsgeld geben). Während ich mich verabschiede, nähert sich schlurfend in Pantoffeln Cari, der Mann. Er hat eine Glatze, einen grauen Schnurrbart, einen von Ölfarbe steifen Leinenkittel, in der linken Hand eine Palette voll verschiedener Farben und einen Pinsel. Sein Mund war leicht geöffnet, also ein fast etwas blödsinniger Ausdruck. Die Tür steht offen, man sieht tatsächlich eine große Staffelei mit einem angefangenen Ölbild.

Der Schottenhof ist ein uraltes Gebäude mit mehreren Innenhöfen und einigen Stiegenhäusern. ›Mein‹ Teil war vorne rechts, neben der Kirche, also absolut ruhig. Die Stiege aus dem 16. oder 17. Jahrhundert hat einen herrlichen, dominierenden Rhythmus; man wird direkt gezwungen hinaufzugaloppieren, zwei-eins, ein Stockwerk, dann eins-zwei; der Körper jubelt. Natürlich auch hinunter, ganz gemächlich wiegend oder im Presto rasend wie eine Gigue. Diesem Stiegenjubel mußte ich einige Monate später ohnehin Tribut zollen, indem ich im Bewegungsrausch überknöchelte und verletzt eingegipst werden mußte.

Die Wohnung war perfekt: ich konnte üben, ich kochte Reis oder Nudeln ... die Frau Leitmaier verschwand, aufgedonnert, gegen 12 Uhr, man sagte, sie ›verdiene‹ viel Geld beim Bridge-Spiel.

Jedenfalls kam sie erst kurz vor Mitternacht nach Hause. Er aber war immer da. Wie sein älterer Bruder (der ›gescheite‹ Leitmaier, Botschafter) war auch er im Außenministerium angestellt gewesen. Alice (Schwester), die ja dort als Schreibkraft und Dolmetscherin arbeitete, kannte beide. Über ›meinen‹ lachte sie: er war vor ein paar Jahren wegen evidenter Blödheit vorzeitig pensioniert worden – übrigens der einzige bekannt gewordene Fall dieser Pensionsbegründung in Österreich. Das näselnde, pseudoaristokratische Außenamtsgebaren hatte er beibehalten und Malen war ja ebenso standesgemäß wie Klavierspielen. Das erlebte ich einige Male hautnah. ›Stuzzi‹ war schon weg, also stand er auf und taperte im Nachthemd bloßfüßig durch die Wohnung. Wenn er mich sah, sagte er glückstrahlend: »Ich spiele jetzt die Mondscheinsonate«, ging ins Zimmer, die Tür blieb halb offen, und setzte sich ans Klavier. Die Noten lagen schon am Pult vom letzten Mal. Nach einigen keuchenden Atemzügen fing er an: da – da – di, da dedi … die rasende Anfangsphrase in einzelne Noten zerlegt, dazwischen »ah, ah«, etwa ein Ton pro Sekunde, dann wieder »nein« – ein anderer Ton. Ein nie gehörtes Erlebnis für mich. Nach vielleicht 20 Minuten läutet das Telephon – ich gehe hin –, ein Mensch verlangt Cari Leitmaier, vielleicht ein Schulkollege oder jemand aus dem Amt, der ihn frotzeln will. Ich gehe zu seinem Zimmer, klopfe zaghaft, dann immer stärker, bis er aufschrickt zwischen zwei Tönen. »Ein Telephonanruf für Sie.« Er stöhnt, geht langsam, bloßfüßig und im Nachthemd durch den langen Gang zum Telephon; spricht dann kurz und verloren und geht wieder zurück. Als er mich sieht, schüttelt er den Kopf und jammert: »Jetzt muß ich wieder ganz von vorne anfangen.« Er hatte gerade drei Zeilen bewältigt, und wieder hörte man: da – da – da. In den folgenden drei Stunden gab es Gott sei Dank keinen Telephonanruf, und irgendwann war er mit dem ersten Satz durch. Er hat nie etwas anderes ›gespielt‹ als den ersten Satz der Mondscheinsonate, und ich habe weder ihn noch sie umgebracht – er war im Grunde doch gutmütig, und sie war eine Kraftquelle für mich in allen folgenden Konflikten.

Bald wurde es so kalt, daß ich heizen mußte. Der Kachelofen war aber überall undicht, daß es mehr rauchte als heizte, so besorgte ich mir Lehm und Chamotte bei einem Hafner und reparierte den Ofen – ich mußte den Arm bis zur Schulter hineinstrecken und ausschmieren, dann war es perfekt. Gelegentlich trafen wir Studenten uns auch in meiner Studentenbude, nicht nur Musiker, auch musikinteressierte Theologie- oder Philosophiestudenten. Einer, Bernhard Bultmann, stahl gelegentlich Eßsachen von den Amerikanern (Besatzerkantine, wo er arbeitete). Einmal beim Musizieren bei mir kam er mit einer großen Konserve ›Feigenkompotte‹. Ich öffnete die Dose in der Küche, ging damit den langen Gang ins Zimmer, wo alle im Kreis am Boden saßen. Die ›Kompotte‹ kreiste, jeder fischte sich eine Feige heraus und nahm einen Schluck des Sirups, bis leider die Dose leer war, unvergeßlich köstlich! Am nächsten Tag: Akademie ... gegen Abend nach Hause. Schon im Stiegenhaus empfängt mich ein merkwürdiger Geruch, dann oben: unter der Wohnungstür quillt's heraus, weißer Laugendampf. Die Hausfrau empfängt mich, als wollte sie mich gleich hinausschmeißen, wortlos, in Arbeitsschürze und mit Kopftuch, in der Hand eine triefende Bürste, am Boden ein Kübel mit Lauge. Am Gang war eine schwarze Spur von der Küche bis ins Zimmer – der abgetropfte grünliche Sirup hatte über Nacht eine schwarz-braune Farbe und teerartige Konsistenz angenommen, im Zimmer ein schwarzer Kreis, so wie wir gesessen waren, er ließ sich nicht entfernen. Den Frieden mit der Hausfrau hatte ich mir hart zu erkaufen.

Mein Leben in Wien war hart, allerdings etwas aufgelockert durch einen wöchentlichen Besuch bei Familie Mayer-Heinisch, baden und essen – und einen ca. halbjährlichen Besuch bei Tante Nandine und Onkel Franz (d'Ansembourg), der als holländischer Botschafter in der Jacquingasse residierte (im Haus von Richard Strauss) ... Es war fast unmöglich, mit 120 Schilling zu leben: essen, Cellosaiten, Noten ... auf meine Bitte um etwas mehr Monatsgeld sagte Papa: »Es müssen noch drei jüngere Brüder studieren« (Lily zählte nicht). So verkaufte ich die wertvolleren Teile der Lebensmittelkarte. Leider hatte das Folgen, die Zähne begannen zu wackeln – ›Skorbuterscheinungen‹ (kannte ich von den Seefahrerbüchern). Tante Nandine kannte das aus der Kriegszeit, so schickte sie jeden Montag den

Herrn Bergmann (Chauffeur der holländischen Botschaft) mit dem grünen Rolls-Royce (›Krokodil‹ genannt) zu mir mit einem Papiersackl Zitronen. Das half! Da ich fast täglich an der Akademie sein mußte – der Fußweg dorthin führte über mehrere riesige Schutthaufen von den Bomben (Albertina, Oper) –, nahm ich ein Abonnement bei der WÖK (Wiener öffentliche Küchenbetriebsgesellschaft) am Schwarzenbergplatz für 11 Schilling; ein Schöpfer Abwaschwasser als Tagesration.

An der Akademie

Alice ist mir bereits am ersten Tag meiner Wiener Studienzeit begegnet … Als ich mit zitternden Knien in die Musikakademie hineingegangen bin, um mich nach dem Lehrplan zu erkundigen, sehe ich auf den Stufen vor dem Haus in einer Gruppe von sehr selbstbewußten Musikern ein Mädchen, das ich sehr anziehend fand – ich habe diesen ersten Anblick nie mehr vergessen, Alice hat mich nicht bemerkt. Ich kam damals als eine Art Provinzdepp an und sie war ein Star der Akademie, angesprochen habe ich sie aber erst später. Jürg und Liesl Schaeftlein aus Graz studierten schon vor mir in Wien (Oboe und Flöte), auch Karli Wucherer (bei Prof. Gabriel Philosophie). Er brachte mich zur ›Volksliturgischen Bewegung‹ von Pius Parsch nach Klosterneuburg. Das hat mich sehr und bleibend beeindruckt. Auf einem Heimweg über den Kahlenberg erzählte mir Karli von einem sehr besonderen Musizieren. In der Oberen Donaustraße trafen sich Musiker und theologisch-philosophisch Interessierte jeden Mittwoch und wer dort etabliert war, durfte jemanden mitbringen, also er mich. Es war die Wohnung der Eltern von Eduard Melkus (führender Geiger in der Akademie), er bestimmte, was gespielt wurde und wer spielen darf. Sein Vater war Präsident des ›Vereins radikaler Tierschützer und Vivisektionsgegner‹. Überraschenderweise waren da auch die Schaeftleins und Alice!

Ziemlich schnell haben wir einen kleinen Musikkreis gebildet, mit dem wir auch in Museen gingen oder zu Architektur-Wanderungen aufgebrochen sind. Wir haben die Bibliothek der Akademie leergelesen und leergespielt, dabei sind wir auch draufgekommen, daß die alten Instrumente anders klingen. Das Kunsthistorische Museum in Wien beherbergt die bedeutendste Sammlung alter Musikinstrumente der Welt, zum großen Teil stammt sie noch von den Habsburgern. Die Direktoren waren damals so tolerant, daß sie uns die Vitrinen geöffnet haben und uns auf den Instrumenten spielen ließen. Ich habe wahrscheinlich auf jedem Streichinstrument gespielt und die Bläser von uns auf fast jedem Blasinstrument. Mit 20 Jahren habe ich also gewußt, wie ein Instrument im 15. Jahrhundert klang, und habe einen ungeheuren Respekt bekommen vor der Kunst der Instrumentenmacher. Durch die Beschäftigung mit den alten Instrumenten habe ich eine ganz andere Klangvorstellung bekommen. Wir haben geschnüffelt und gestöbert und eigentlich nur auf den Moment gelauert, endlich selbst etwas auf die Beine stellen zu können.

Als 1950 der holländische Cembalist Gustav Leonhardt (Utti genannt) nach Wien kam, hatte ich in ihm einen optimalen Partner. Sein wohlhabender Vater hat ihn zum Cembalostudium nach Basel an die Schola Cantorum Basiliensis geschickt. Seine Mutter, Pilz von Wernhof, war eine Grazer Bekannte von Mama. Jetzt wollte er in Wien noch ein bißchen dirigieren lernen bei Hans Swarowsky, was er bald aufgab, schon bald bekam er seine eigene Cembaloklasse an der Akademie. Für uns war er eine Offenbarung und blieb es bis zuletzt: so konnte man Cembalo spielen?! Es gab keinen Besseren auf der Welt. Wir freundeten uns an und spielten und stritten möglichst jeden Tag, er konnte überhaupt nicht verstehen, daß ich bei der Hitlerjugend gewesen war. Es war mir unmöglich, ihm die Ausweglosigkeit der damaligen Situation verständlich zu machen. Das hat aber unsere Freundschaft und unser gemeinsames Musizieren (zeitweise täglich) nicht beeinträchtigt.

Das Studium an der Akademie war enttäuschend, ähnlich wie das Gymnasium vorher. Einmal hatte ich einen interessanten Professor in Formenlehre: Petyrek, da ging ich hin, da erfuhr man etwas. Sein Nachfolger – ich glaube, Ratz oder Rutz hieß er – brachte mir nichts, so ging ich nicht hin. Das Orchester (Pflichtfach): natürlich ging ich hin. Ouverture ›Wilhelm Tell‹ von Rossini, anfangende Dirigentenschüler pinseln herum – verlorene Zeit (fünf Monate später spielen sie noch immer ›Wilhelm Tell‹, höre ich), also nichts für mich. Klavierstunde bei Prof. Franz Eibner. Ich kann nicht, will nicht Klavier spielen (seit ich als Kind mußte), ich habe gar kein Klavier zum Üben, aber es ist Pflichtfach … Aber Eibner ist sehr interessant, wir diskutieren über tolle Theoretiker, da lerne ich etwas – nur nicht Klavierspielen. Irgendwann wurde es ruchbar, daß ich nicht Klavier spielen könne – natürlich, ich diskutierte ja in der ›Klavierstunde‹ bei Prof. Eibner –, so wurde ich zu einer Kontrollprüfung vorgeladen. Mein Cellolehrer Emanuel Brabec hatte mir schon generös versprochen, mich nach dem erwarteten Rausschmiß weiter zu unterrichten. Die Kommission (der Rektor und alle Klavierprofessoren) empfing mich. Eibner wurde käseweiß, als er mich bei den wartenden Delinquenten sah. »Um Gottes willen, was machen Sie da!« Man legte mir Noten aufs Klavierpult, ich fing an einzelne Tasten zu drücken … Kopfschütteln. Nach einer Minute: »Sie können ja überhaupt nichts.« Das ist wohl das Ende. Da zeigt Prof. Mertin meinen Entwurf für ein ›Schleierbrett‹ der Akademieorgel und sagt, daß ich auch für ihn Gambenköpfe geschnitzt habe. Alle finden das wunderbar und reden über Bildhauerei, und schließlich sagt Rektor Sittner: »Üben Sie halt mehr.« Das Schnitzen hat mich gerettet.

Immer wieder lädt mich der sehr nette, hilfsbereite Baron Otto Mayr, den ich von Grundlsee kenne (er und seine Tochter Elisabeth sind mit Tante Lori befreundet) ein und so sehe ich bei ihm einige namhafte Musiker. Er war ja Vizepräsident von Musikverein und Konzerthaus, raffinierter Vertragsanwalt der Künstler und eine stadtbekannte Figur: mit dem Halbzylinder am Kopf radelte er durch Wien.

Als Alice auf Wunsch ihrer Eltern einen Tanzkurs besuchen soll, ergreife ich diese Chance und so gehen Alice und ich (ab Oktober 1949) in die Tanzschule Willy Elmayer; der sieht uns immer zusammen tanzen und sagt als Prophet: »Sie werden die Geignerin *(sic)* noch heiraten müssen! Sie Jüngling!«

Leider erlaubte mir Prof. Brabec nicht, mit dem Cello aufzutreten, das hätte manche Türe geöffnet. Bald setzte ich mich über das

Verbot hinweg und spielte in den Salonjazzkapellen von Karl Loubé (Holoubek) und Erwin Halletz (›Der Schleier fiel von meinen Augen‹, drei Stunden Aufnahme für einen Titel – recht gut bezahlt!). Bald getraute ich mich, in verschiedenen Orchestern mitzuspielen (wenn man mich nahm). Beim ›Wiener Opernstudio‹ gab's eine Holland-Tournee mit ›Figaros Hochzeit‹ und ›Fledermaus‹. Bei diesen Reisen fuhren wir mit dem Bus durch Nürnberg und Köln, waren entsetzt über die vernichteten Städte, nur einzelne Mauern und riesige Schutthäufen! Vom Honorar dieser Reise kaufte ich mir ein Paar Schuhe. Auch mit dem ›Wiener Kammerorchester‹ gab es lange Tourneen, immer Autobusreisen. Trotz dieser ›Erfolge‹ war mein Cellostudium überschattet von einer ständigen Beklommenheit. Kann ich mit Lampenfieber jemals ein Probespiel bestehen? Die kleinen ›Erfolge‹ konnten vielleicht ein Selbstvertrauen oder gar eine Sicherheit aufbauen helfen. Auch daß der von mir so bewunderte Geiger Adolf Busch immer die ersten 10 Minuten nervös ›verzitterte‹, so daß man das Konzert erst nach diesem ›Auftakt‹ erleben konnte ... das könnte mir ja auch helfen.

Jeden freien Nachmittag probten wir für die ›Kunst der Fuge‹ Bachs mit unserem Gambenquartett – Fredl Altenburger, Alice, Eduard Melkus und ich – und spielten damit sehr erfolgreiche Konzerte in Graz, Salzburg und Bad Gastein. Im Sommer spielten wir, wie viele der besten Wiener Musikstudenten, im Kurorchester Bad Gastein. Bald darauf gewann Alice, leider zum Ärger ihres Violinprofessors Ernst Moravec, ein Stipendium nach Paris zu Jacques Thibaud und Jean Fournier. Das war eine große Chance und zugleich eine harte Trennung für Alice und mich. Alice nützt sie in alle Richtungen: Instrumente suchen und auch finden – eine Tenorgambe und eine kleine ›Damen-Gambe‹ (am Hals zu spielen); in der Nationalbibliothek Noten für altes Repertoire suchen und dann abschreiben; hunderte Theaterbesuche – die Konzerte waren weniger interessant in Paris; und natürlich Geigenunterricht.

Gleich nach ihrer Heimkunft, ich spielte damals im Kurorchester Bad Gastein, im Juni 1951 verlobten wir uns in Dorfgastein (im alten, kleinen Bauernhaus ihrer Eltern, mit deren interessanter graphologischer Ausstellung ›Handschrift und Persönlichkeit‹ im Stadel), natürlich gegen einige elterliche Widerstände! Nach und nach fühle ich mich verpflichtet, über unsere Zukunft nachzudenken. Was ist mein Ziel? Ich weiß, daß ich kein Solist bin – diese Chimäre wird ja fast allen Musikstudenten verhängnisvoll vorgegaukelt von ihren Lehrern. Ich will sehr gut Cello spielen, Kammermusik, alles mögliche, aber: mein Berufsziel ist Cellist im Orchester! Orchester!!

Durch mein Spielen in den Kammerorchestern und Big Bands verfügte ich bald über reichlich Praxis und substituierte in der Volks- und Staatsoper (damals noch im Theater an der Wien) und auch viel bei den Wiener Symphonikern. Als Ende Oktober einige Stellen bei den Wiener Symphonikern ausgeschrieben werden, bewerbe ich mich, obwohl ich fast keine Zeit zum Üben habe, und schlottere permanent vor der Konkurrenz. Endlich kommt der Tag; vormittags ist noch eine Orchesterprobe und nachmittags die Vorentscheidung, ich komme in die engere Wahl! Am nächsten Tag vormittags wieder Orchesterprobe und gleich anschließend spielen wir vor der Jury, Karajan und viele Zuhörer im Kammersaal. Alice begleitet mich am Klavier sicher und gekonnt. Gleich nachher teilt man mir mit, daß ich die Stelle bekomme! Ich kanne es kaum fassen, am Heimweg falle ich vor lauter Freude über einen Hydranten. Endlich: Land in Sicht!

Hochzeit und Dienst im Orchester

Privat änderte sich nun allerhand: wir planten die Hochzeit für Juni 1953. Alice fuhr für einige Monate nach Graz, um bei den Ursulinen Haushalt und Kochen zu lernen; um in die große Familie hineinzuwachsen, wohnte sie natürlich in der Goethestraße. Ich hatte schon (im Frühjahr 1952) den Schottenhof verlassen und wohnte mit Schwester Alice bei Hélène Esterhazy in der Löwelstraße 12, fast im Keller, so daß wir außerhalb des Fensters einen Licht-Spiegel anbrachten, um etwas mehr Licht einzufangen. Schwester Alice nahm großen Anteil an meinen Problemen und lieh mir sogar, als ich mein tolles Cello von »Joh. Bapt. Schweitzer« kaufte, den Kaufpreis von ca. 6000 Schilling. Unglaublich, sie war total selbstlos (sie hat's nie

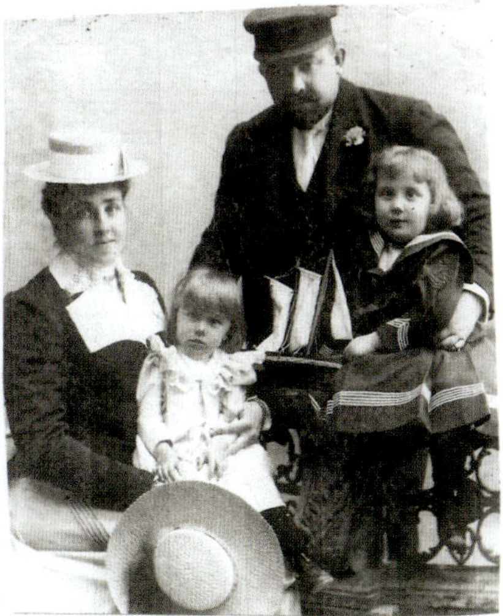

T. Mimi und O. Wladimir Mittrowsky
Bruder v. Großmama Juliana (Žilka)
Josefine (1. Fr. Gr.papas) u. Marie (Bombelles)
(Pepi)

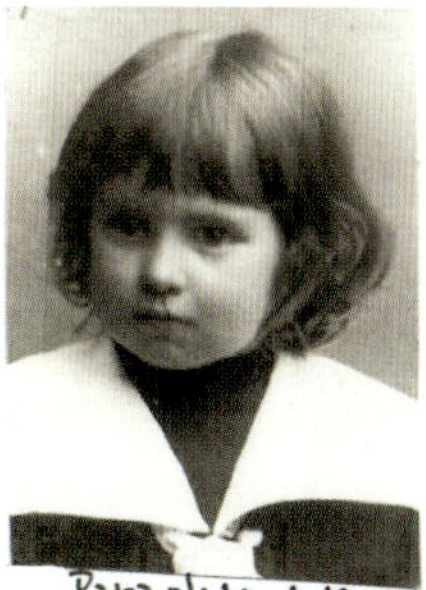

Papa als Kind 1900
in Rehhof

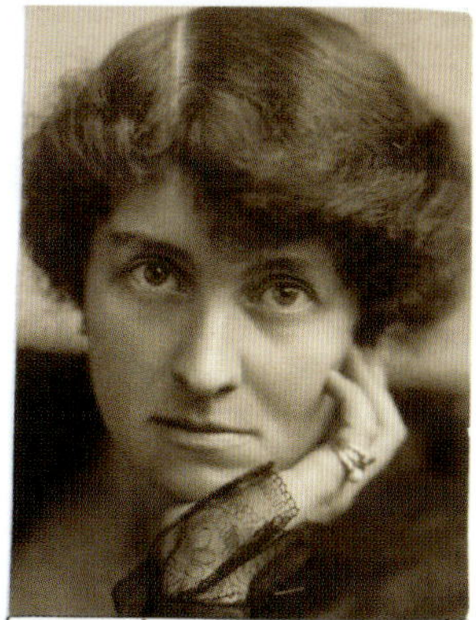

T. Josefine, die geniale Schwester
malt, zeichnet, dichtet, sp. Violine

Landhaus v. O. Felix
in Baden Helenenstr.
1911 erbaut

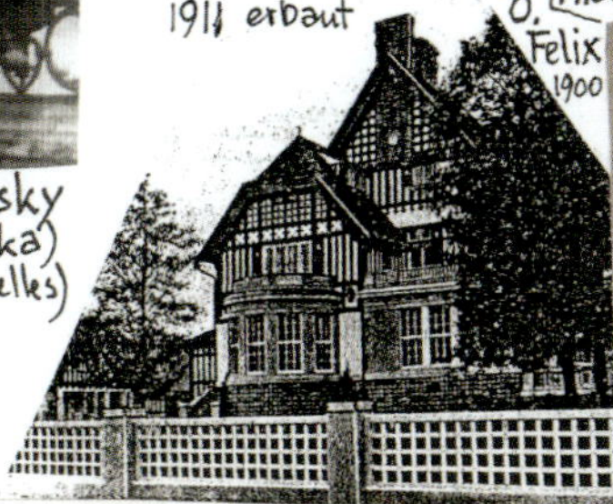

O. Felix
1900

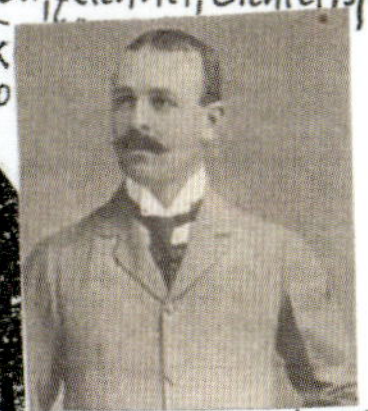

T. Mimi schreibt: .. das Wichtigste ist wohl die "Geweihprämiierung."

Pernstein

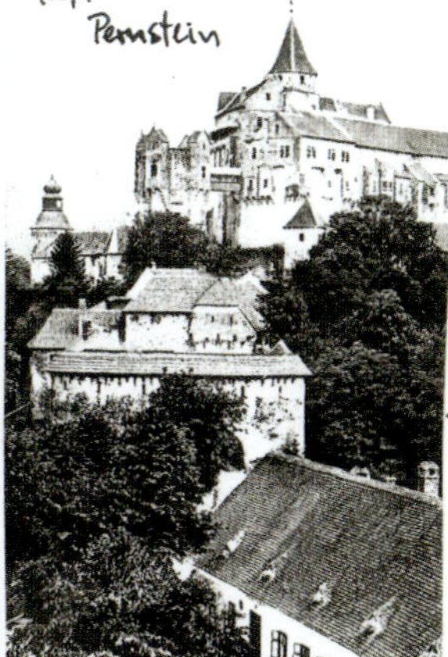

Unterschrift v. Tante Mimi

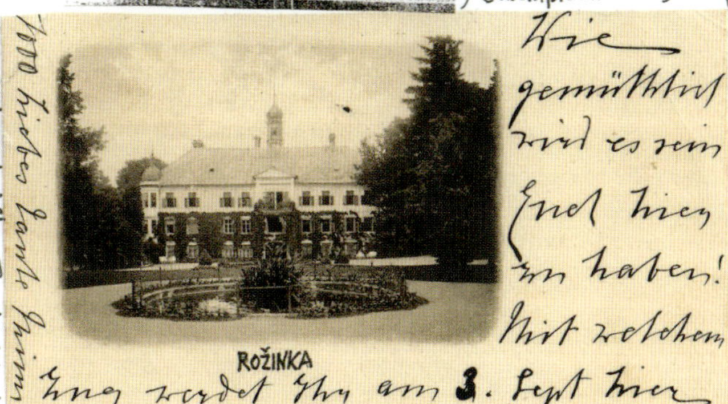

Die Geschichte vom Pierrot, der Pierrette und vom Riesen
Melodrama
von
R. Harnoncourt

Nr. 1. Introduktion
Text Eb. Harnoncourt
1920
op. 6

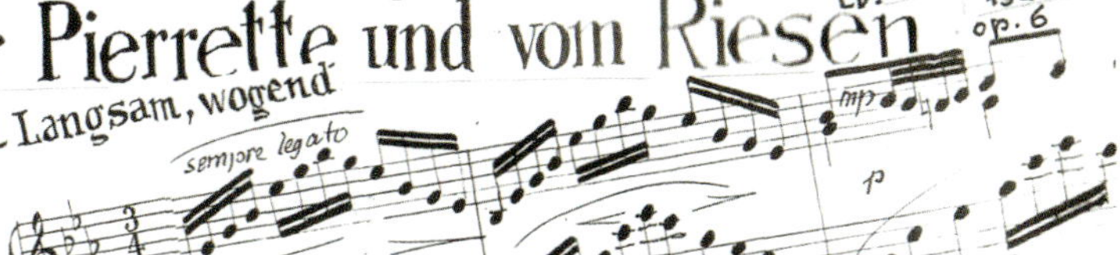

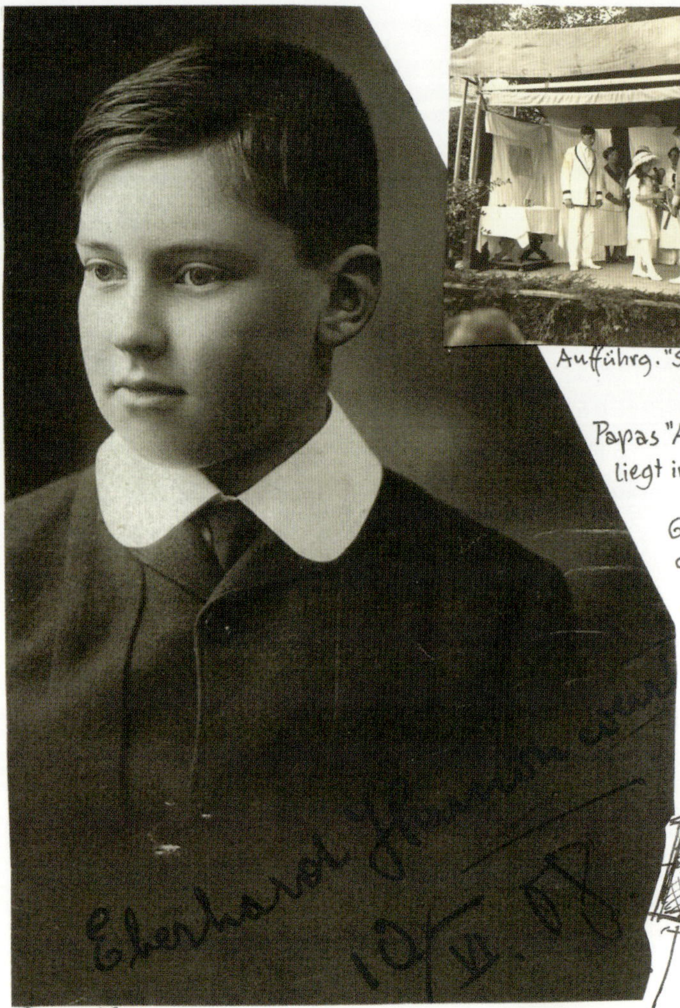

Papa 10.VI.08

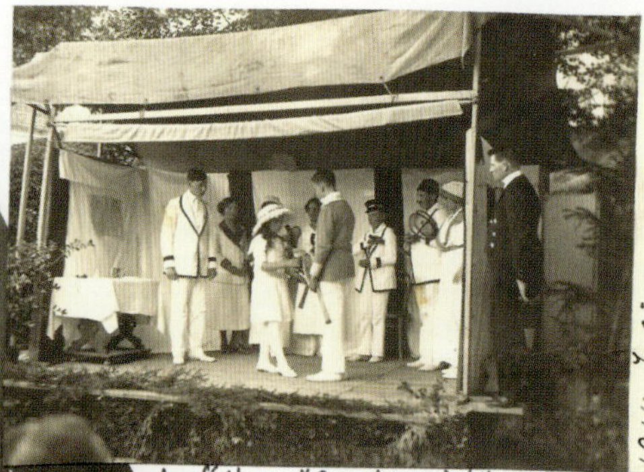

1914. Juli „Das Sportsmädel“

Aufführg. "Sportsmädel" in Rožinka
im Juli 1914

Papas "Autogrammkarte" 10.VI.08
liegt in der israelit. Kultusgemeinde

Großpapa
c. 1870
als
Student
in Graz

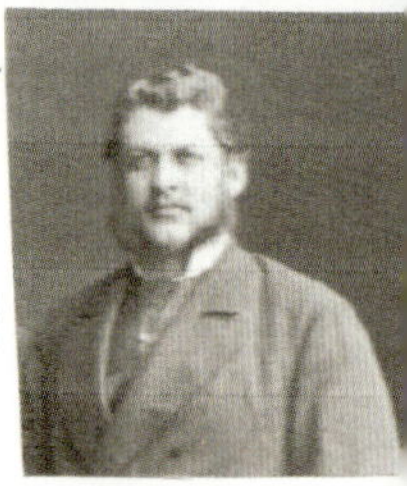

Kaninchenstall

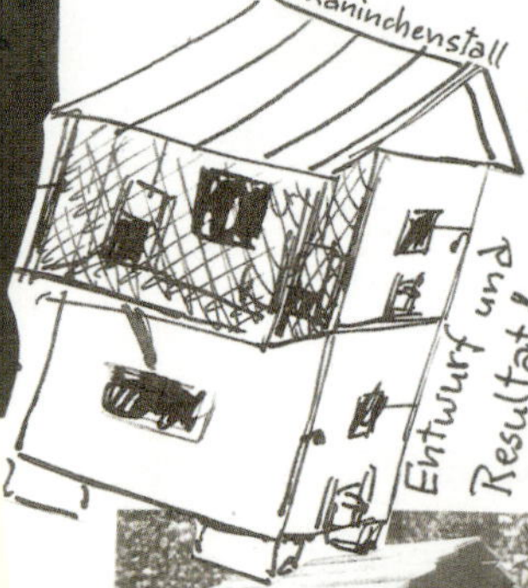

Entwurf und Resultat!

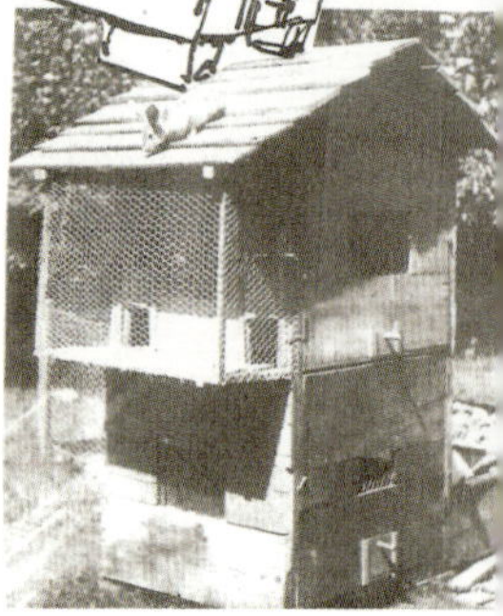

mit Verwundeten, als 'Oberschwester'
T. Mimi O. Wladimir

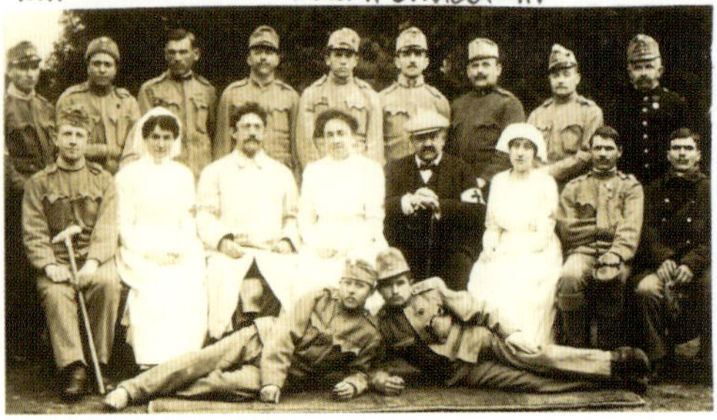

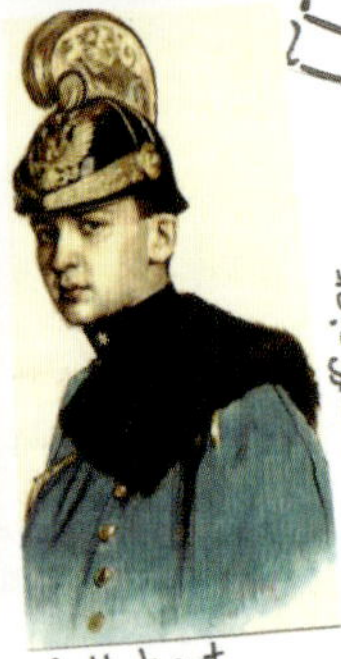

Dragoneroffizier

O. Hubert

T. Renata
1909/10

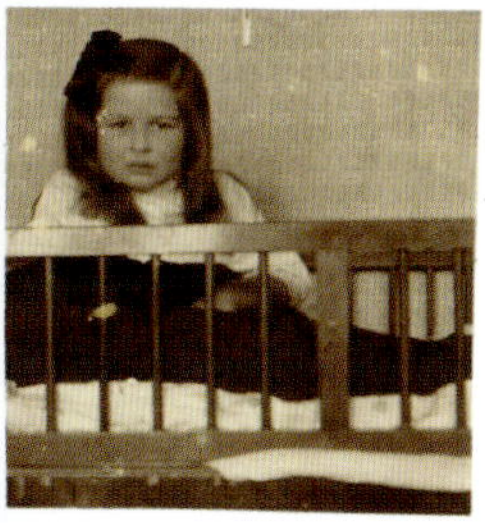

1912

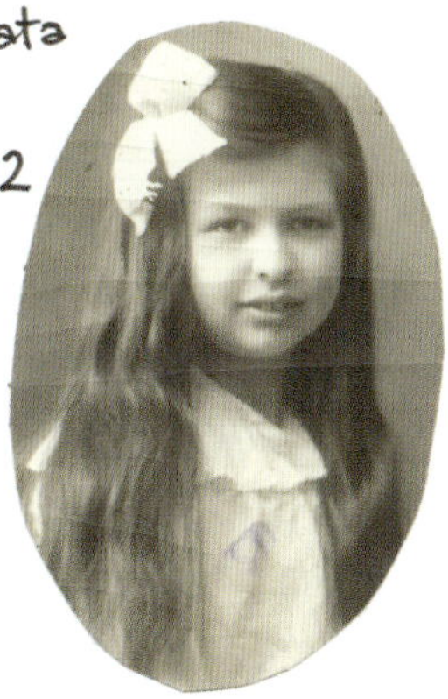

T. Renata

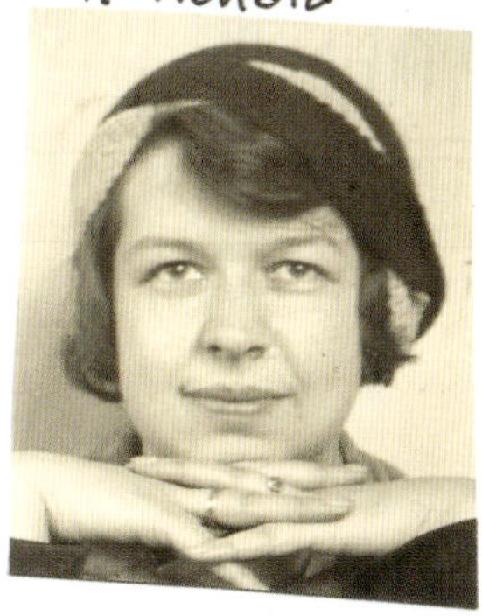

roßmama Žilka (Juliane) H.
1890

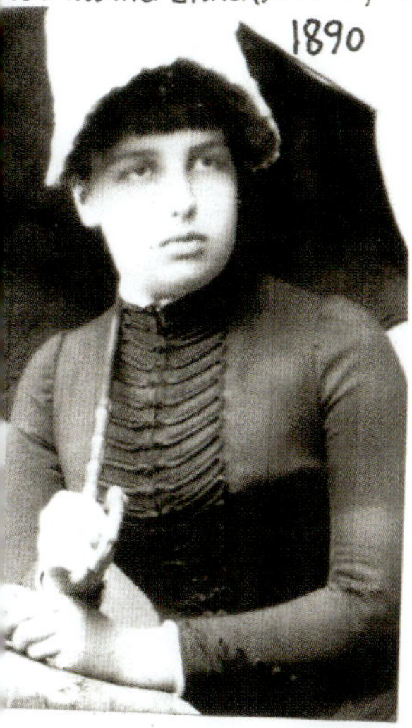

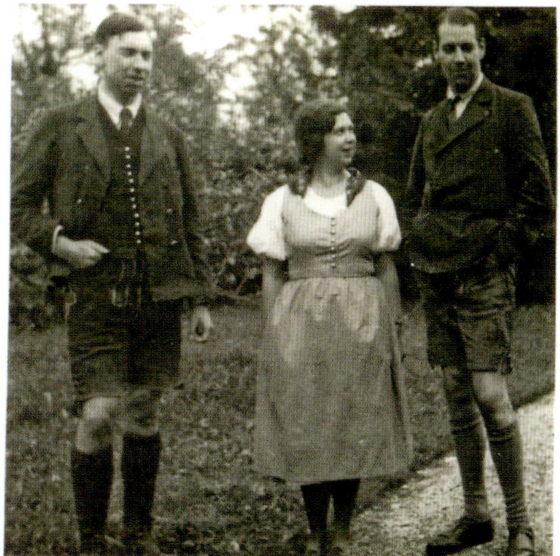

c. 1922 Papa T. Renata O. René

Sommer 1931: die Harnoncourts im Park (ohne Niki)

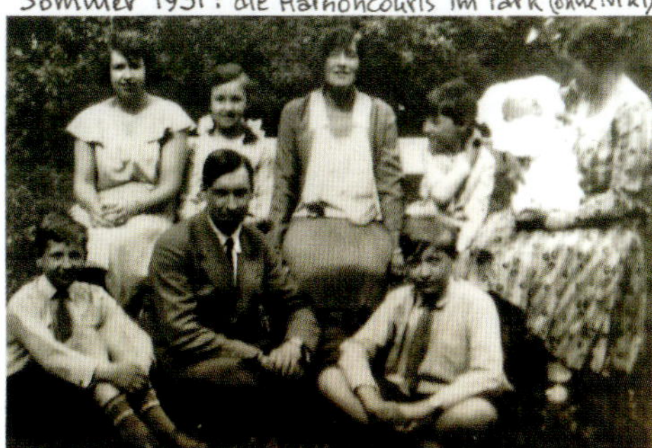

T. Renata Alice, T. Josefine René Pilli Mama
Eberhard Papa Hubert

F. Renata am
Meranball' 1923

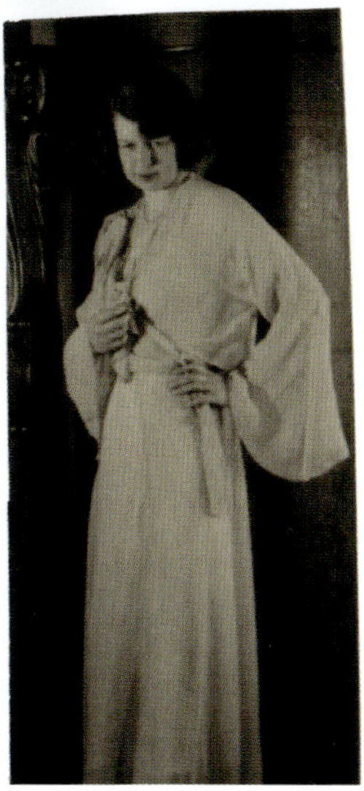

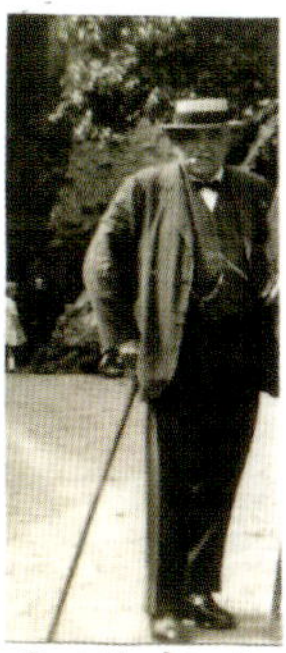

O. Wladimir
+ 1930

Papa zur Ausbildung in Schloßhof

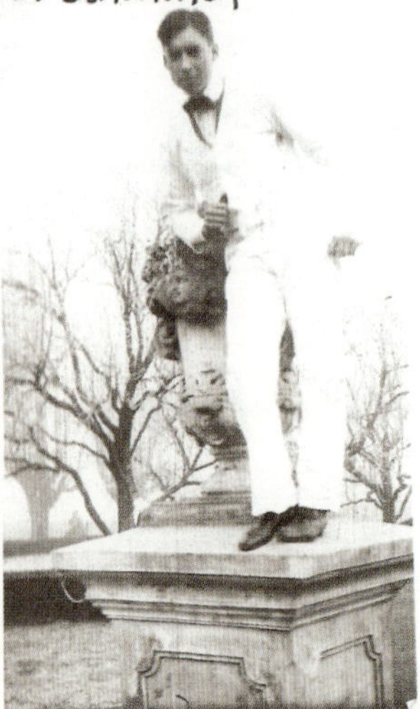

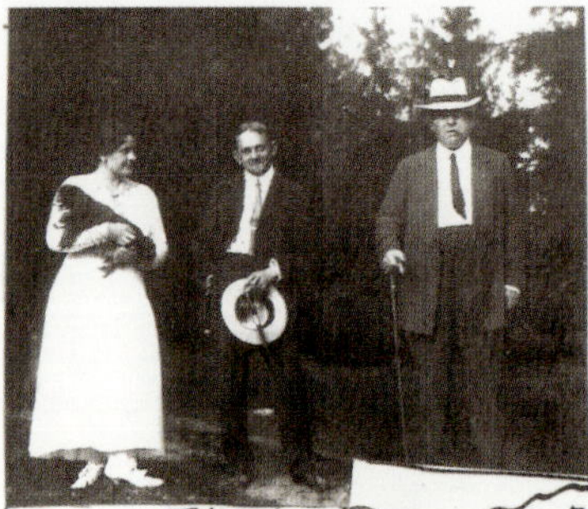

Therese v. Rothenburg Felix jun. Onkel Felix

O. René's Zeichnung Prof. Knoll

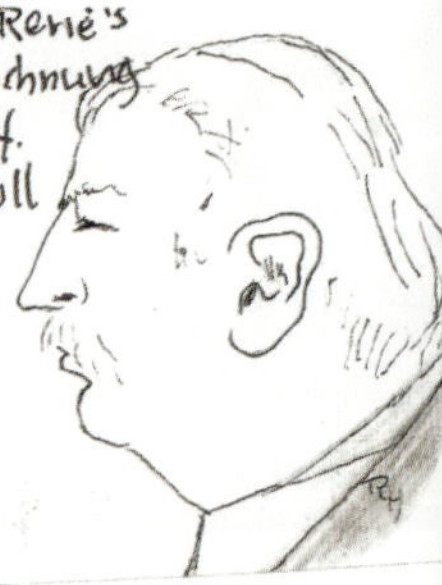

Villa in Auenhof (Wörthersee) „fabelhafter Geschmack..." Zeichng. Papa's Tagebuch

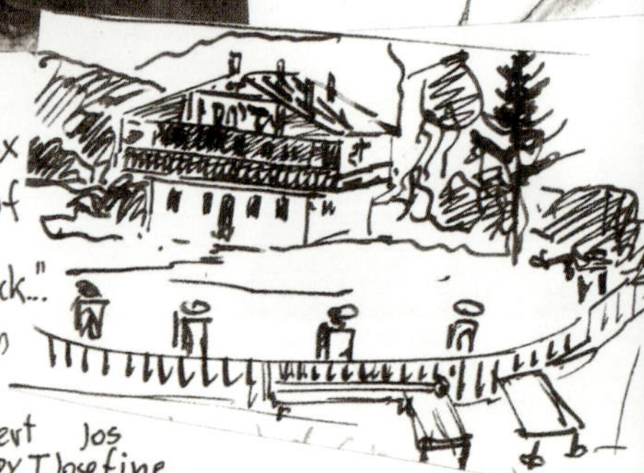

René Renata Eberhard Papa Žilka Großmama Großpapa Hubert T. Mädy Hubert Buby Jos T. Josefine

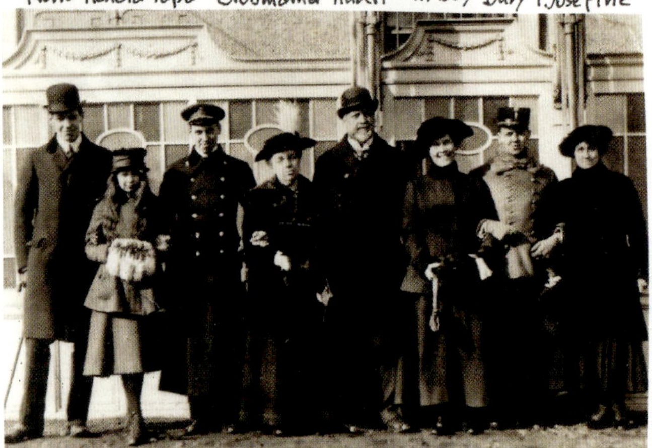

"entadelt von Karl Renner"

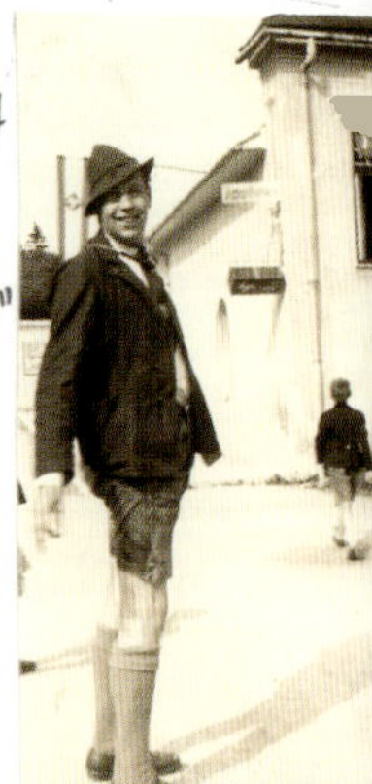

René ist "noch zu haben"

c. 1916 T. Mädy mit Pferden in Hayan

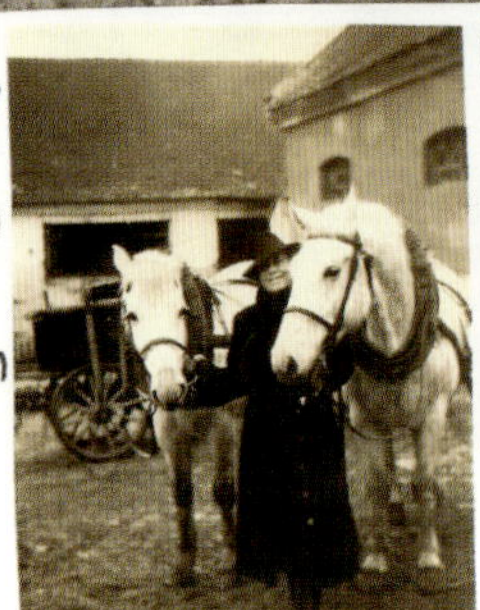

Papas Urgroßmutter Ludmilla Berchtold

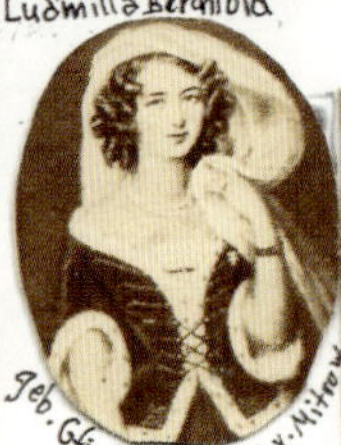

geb. Gfin Wratislaw v. Mitrow 1808 – 1869

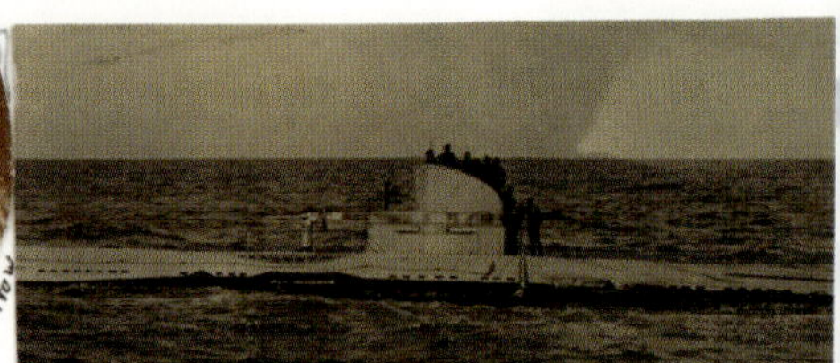

U 28 "Papas U-Boot"

Papa als Navigationsoffizier im U-Boot

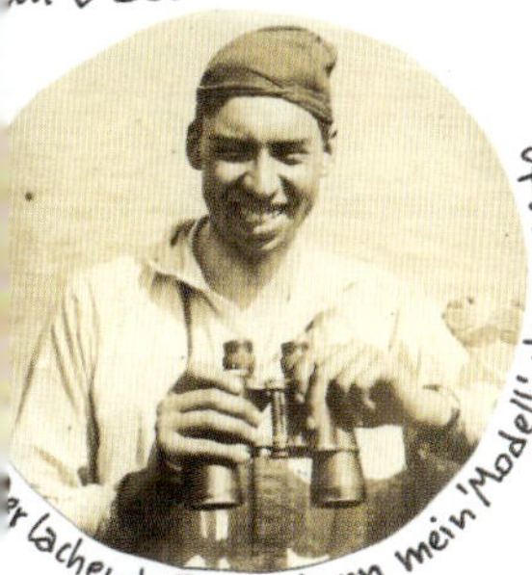

…r lachende P. war dann mein 'Modell' als Mephisto

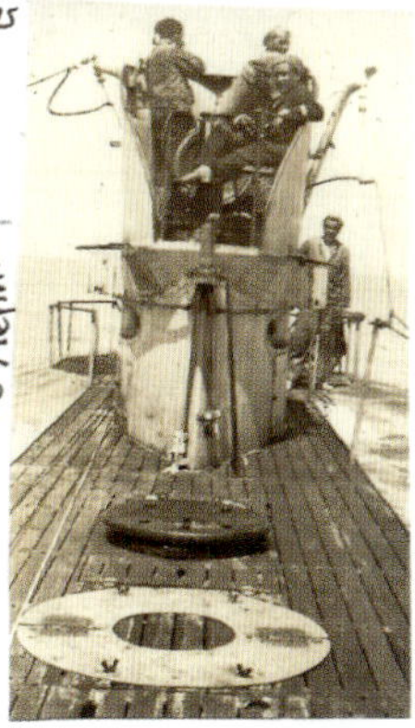

Das Sportsmädel

Operette in 3 Akten von
H., Æ., R. Harnoncourt
MUSIK VON
Æ. HARNONCOURT.
der Text ist v. d. 3 Brüdern

LIBRETTO

MUSIK-NUMERN NACH D. KLAVIERAUSZ.

Hubert, Eberhard (Papa) und René

…nnemarie Konradsheim

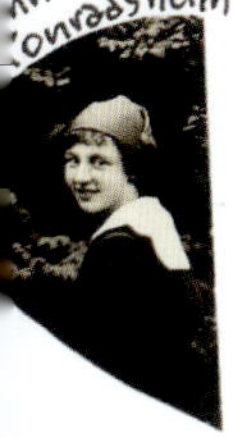

GRAZ.

Verlag bei
Æ Harnoncourt

O. René

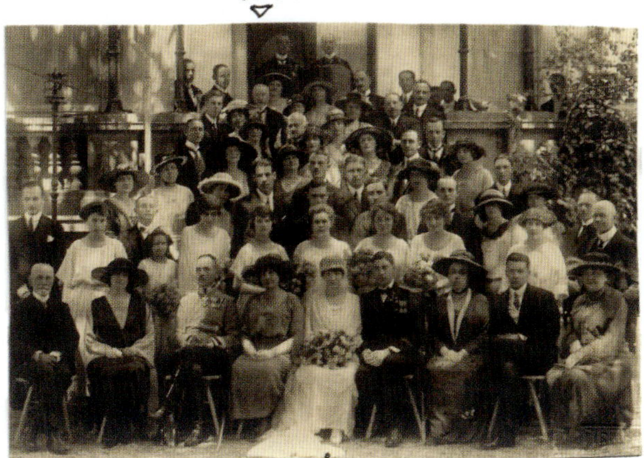

T. Josefine Vater Konradsheim Mutter Alice Annemarie Papa Großmama H. O. Hubert T. Isabelle T. Mimi

Das Hochzeitspaar

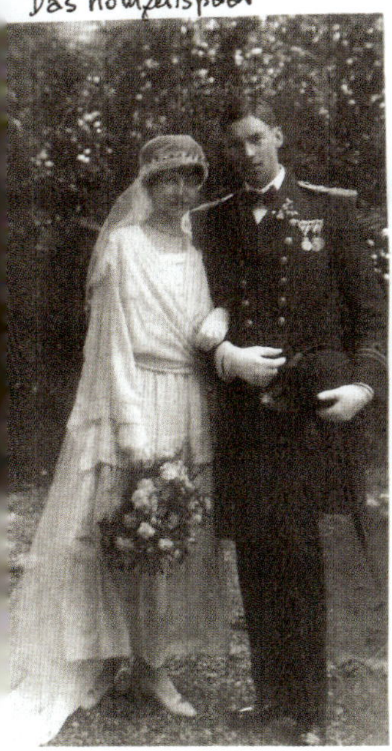

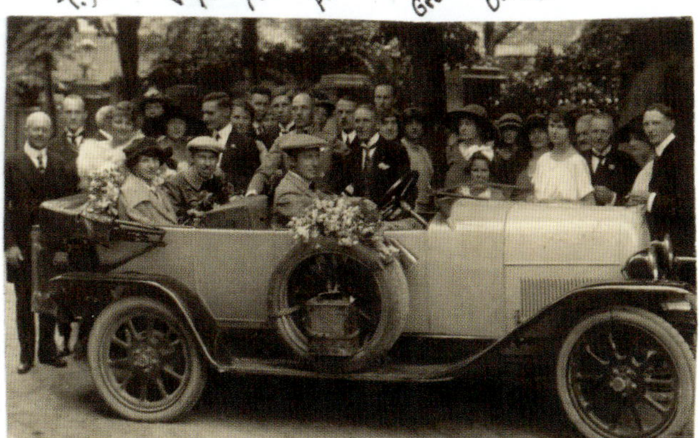

Annemarie Papa Josef Bamhaller

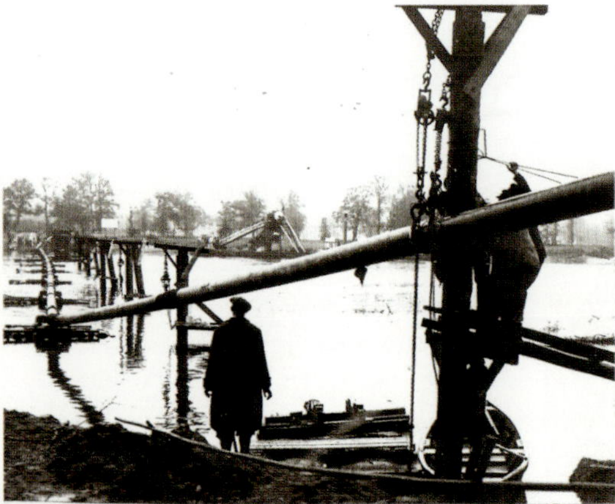

BERLIN 1927/8 Papa auf Baustelle: Spree-Havel-Kanal

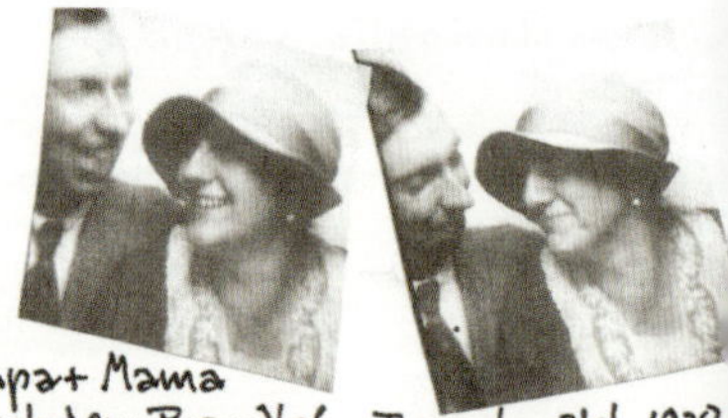

Papa + Mama
nach dem Brandhof – Besuch Okt. 1928

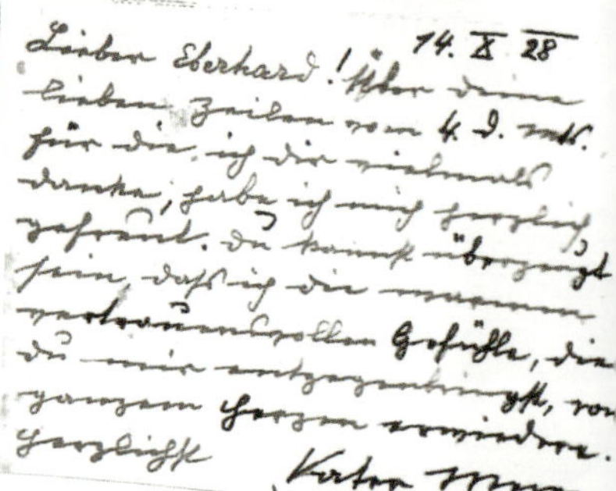

Lieber Eberhard! 14. X. 28
Über deine lieben Zeilen vom 4. d. Mts. für die ich dir vielmals danke, habe ich mich herzlich gefreut. Du kannst überzeugt sein, daß ich die [illegible] Gefühle, die du mir entgegenbringst, von ganzem Herzen erwidere.
Herzlichst
Viktor Meran

Großpapa Merans
Reaktion auf Papa

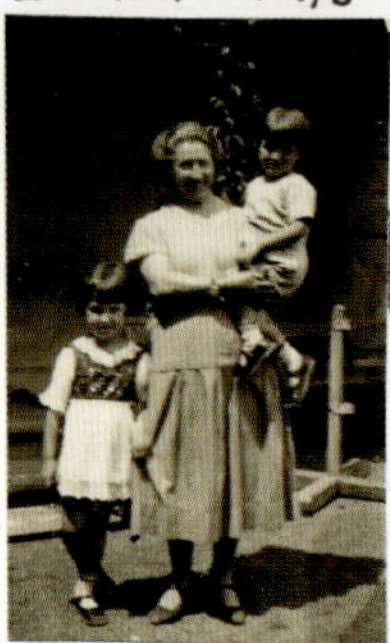

'Schwesterlein'
mit
Alice + René

Graz c. 1932

48
a

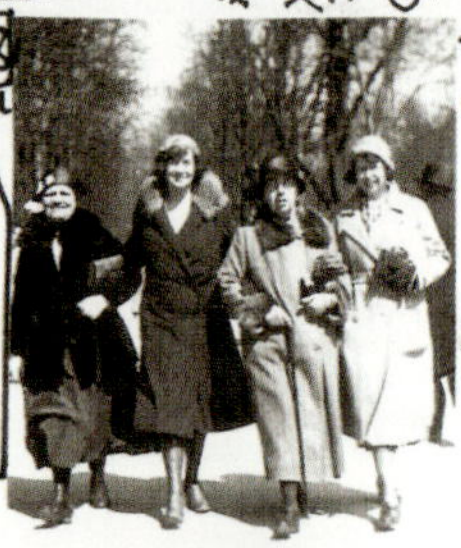

Frl. Monika (Lehrerin)
T. Josephine (Künstlerin)
Großmama
Zilka
T. Renata
c. 1925

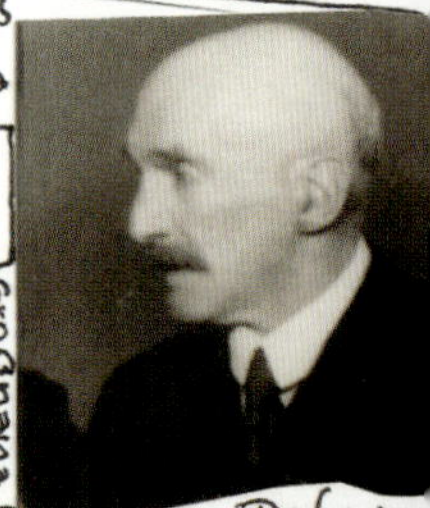

Großpapa

das, und 'Kunerol' und …
hat er in seiner Freizeit
AM NIL in Berlin
Foxtrott
Text v. Peter Herz
komponiert
v. E. Harnoncourt

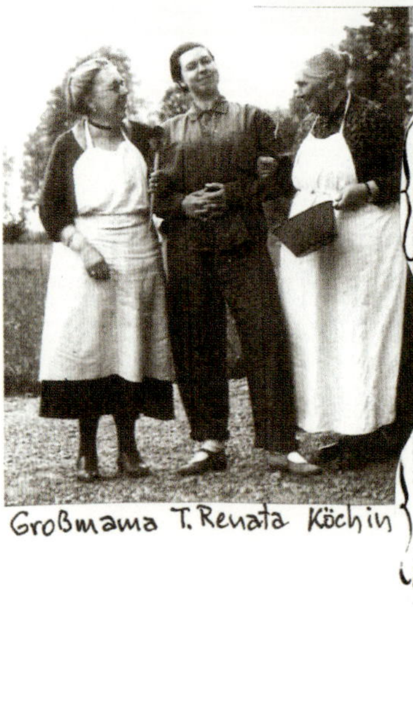

Großmama T. Renata Köchin

Refrain

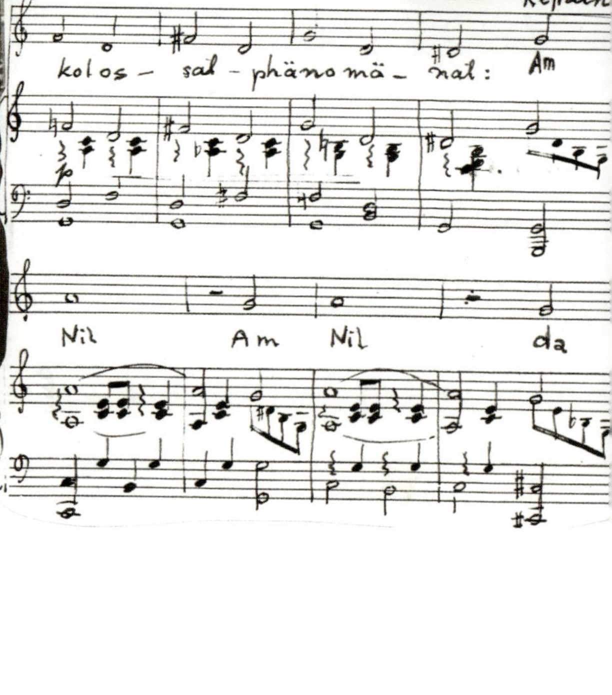

…kommt ca 1910 nach Graz

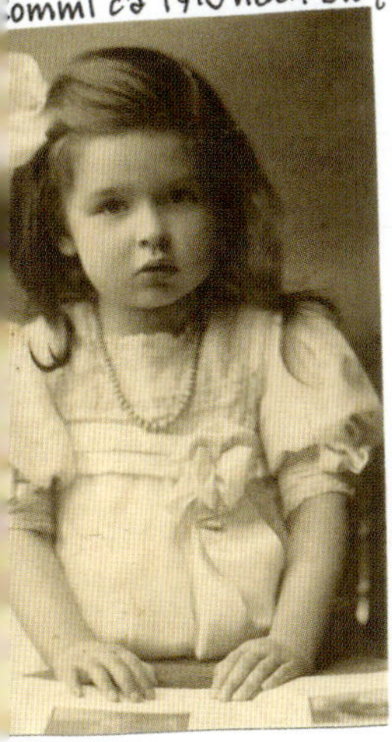

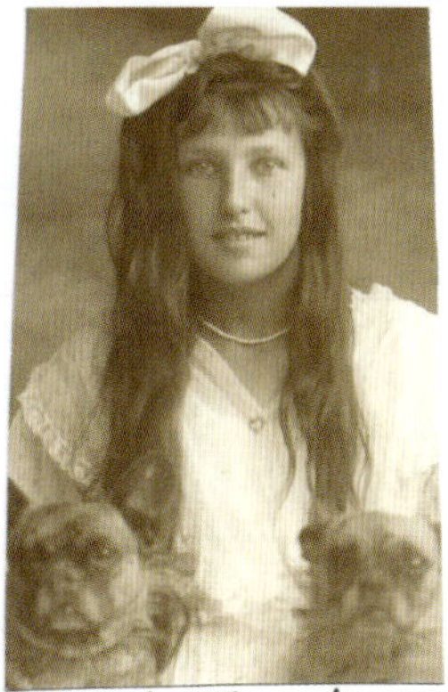

c.1917 die Freundin u. Cousine Nandine Bombelles in Opeka (dann ∞ Franz Ansembourg)

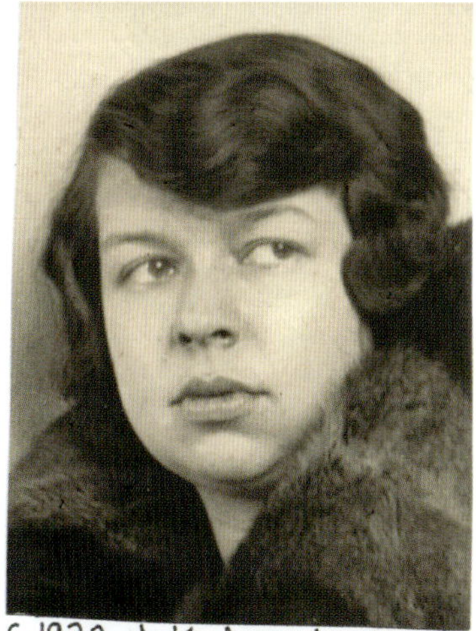

c.1930 als Kindergarten-'Auntie' und René als Retter aus Mexico

…r. Renata (1938) trifft ihn in Bukarest

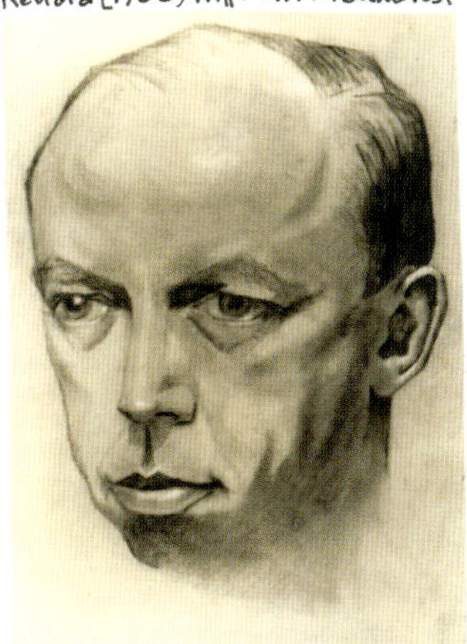

Gerhard Stelzer 1942 Botschaftsrat in Bukarest

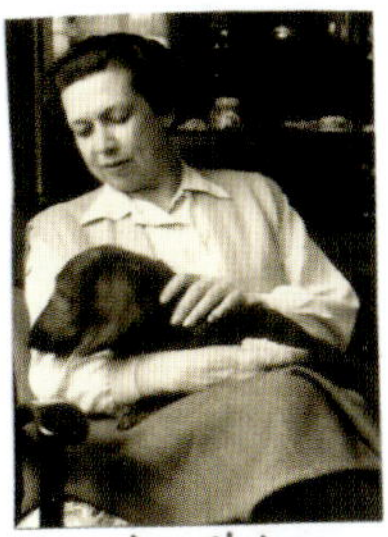

Renata Stelzer 1943 Bukarest

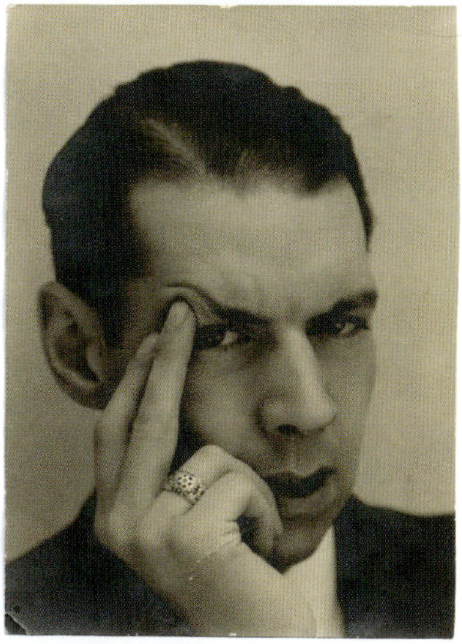

Die 1:1 Entwürfe fand ich in meinen Schulheften

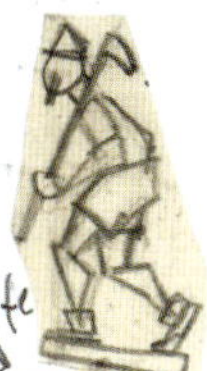

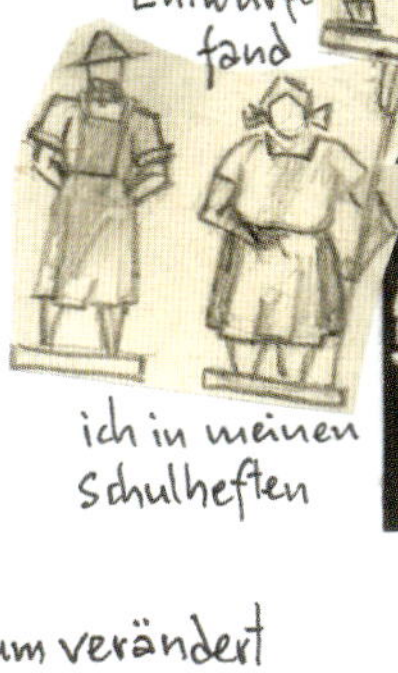

Prof. Knoll habe jetzt ich

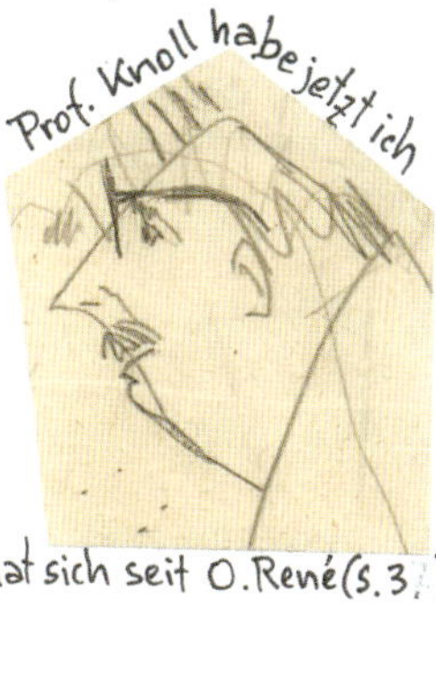

hat sich seit O. René (S. 3) kaum verändert

Jetzt mache ich Schachfiguren (3-7cm)

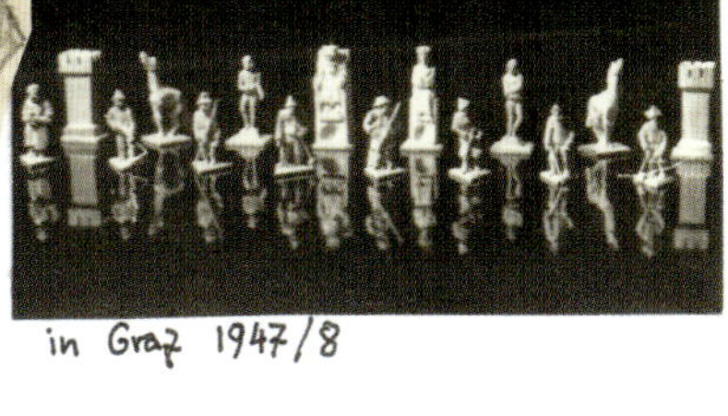

in Graz 1947/8

O. René Papa Hubert Eberhard René Niki Pilli

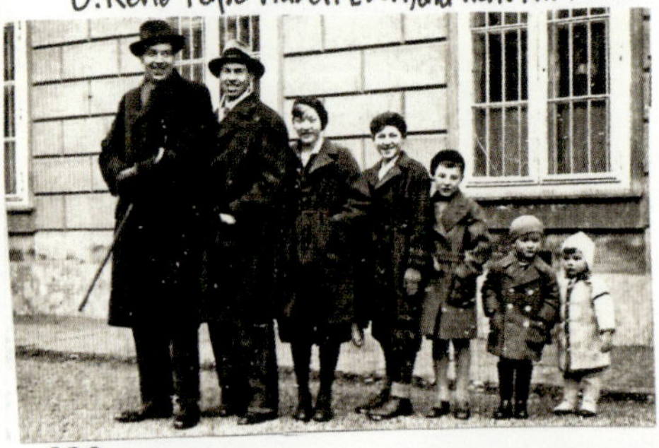

1932
vorm 'Palais' in Graz

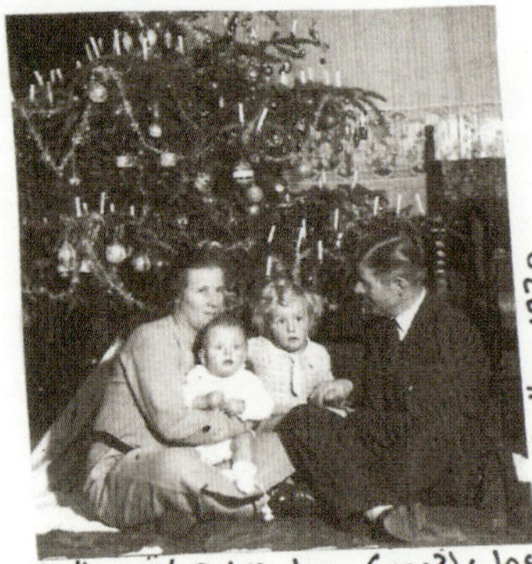

Bombelles 1930

Mutter mit 2 Kindern (wer?) + Josef

1933

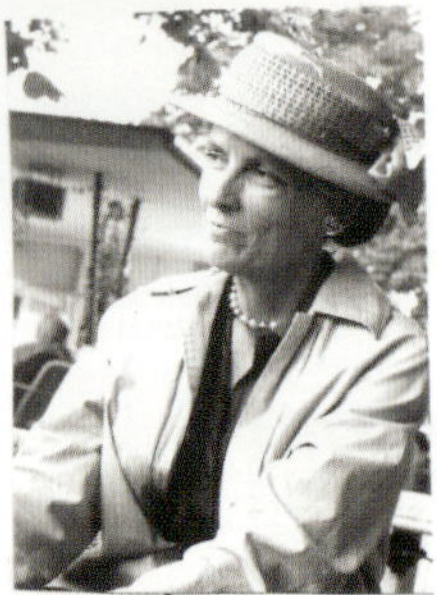

Sarah Carr

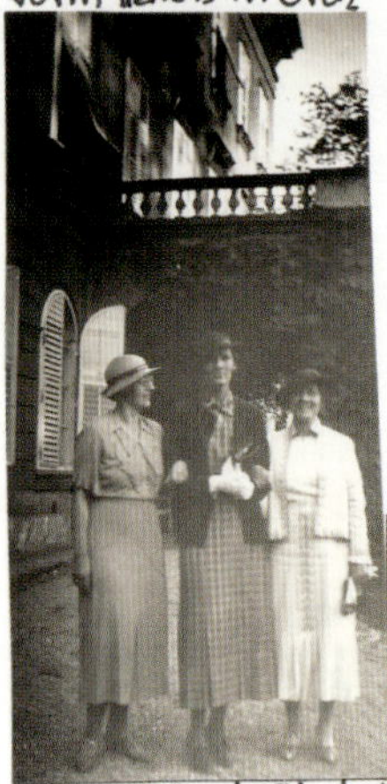

Mama T. Sarah. T. Isabel

Großpapa H. macht sich noch mit 70 ein Kreuzzeichen auf die Stirne

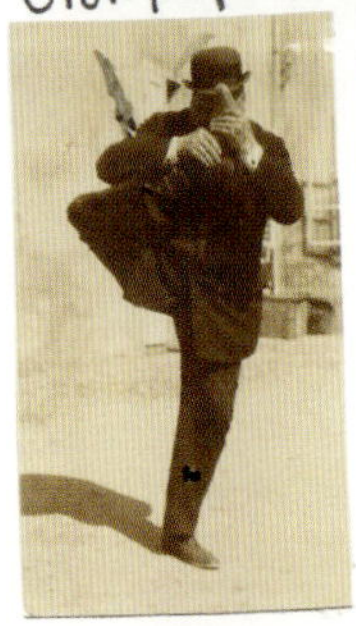

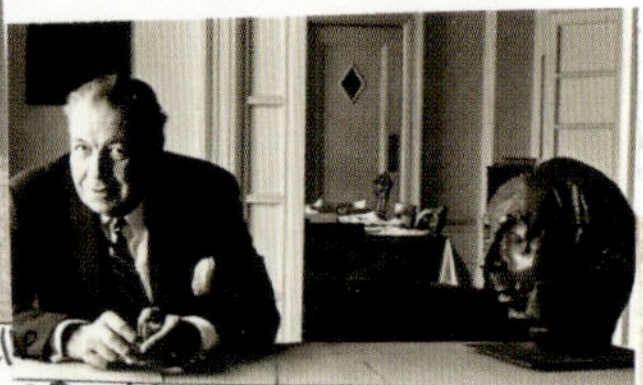

O. René in seiner Wohnung in NY
Lebend – und als Skulptur von Serreno

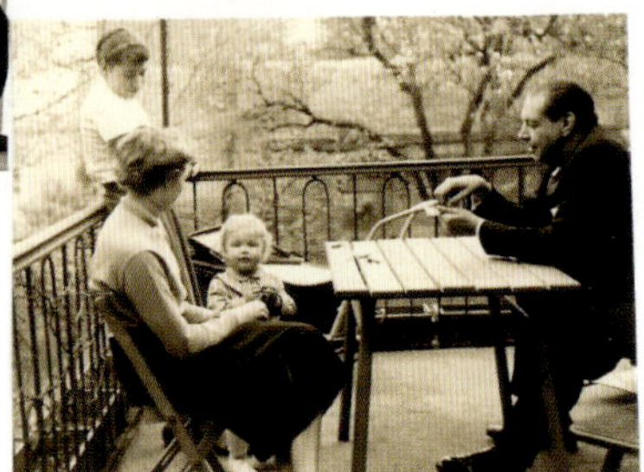

Lily, Alice, Elisabeth, O. René

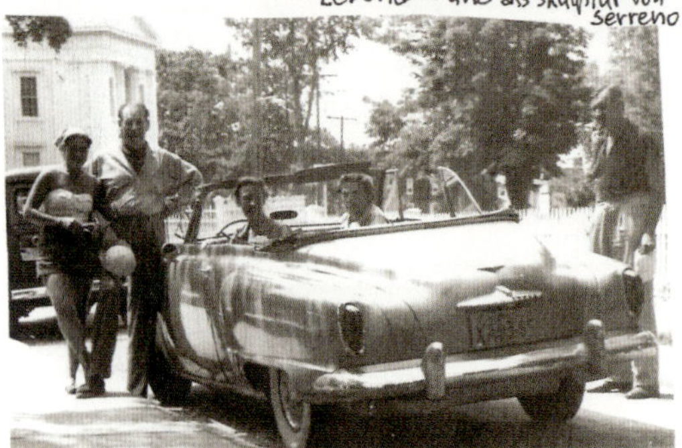

Lily, O. Rene, Alice, T. Sarah, Papa
in New York

Alice in der "schönsten Wohnung von Wien"

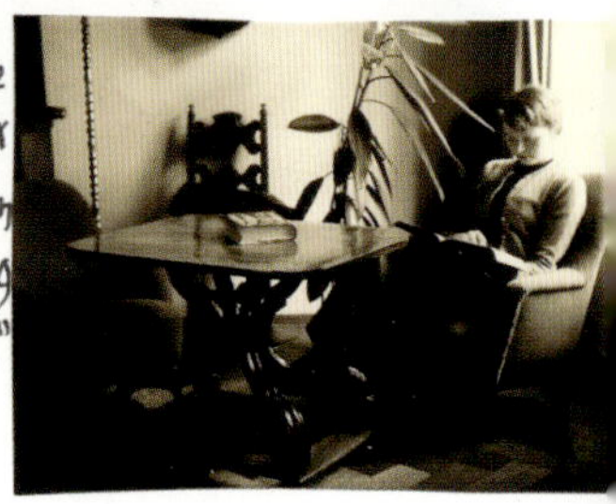

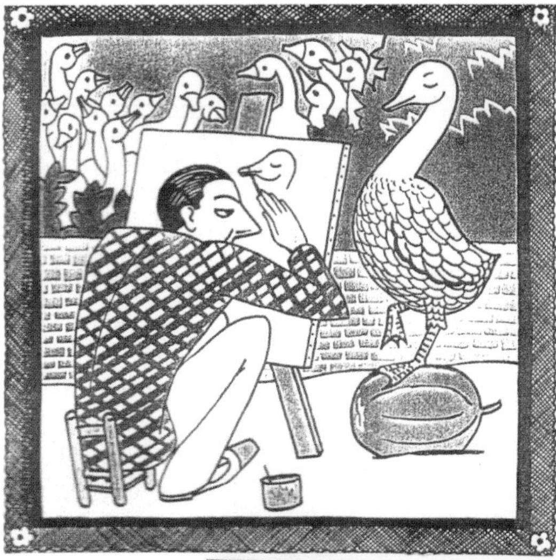

Our artist draws here one fat GOOSE,
But many, many more are loose.
He does not know what flocks there are;
Perhaps he has not travelled far.

Elizabeth Sprague-Morrow
René d'Harnoncourt
Eberhard Harnoncourt

BEAST, BIRD and FISH

Diese 'Ballade' komponierte Papa auf U 28 nachdem O. René ihm den Text geschickt hatte

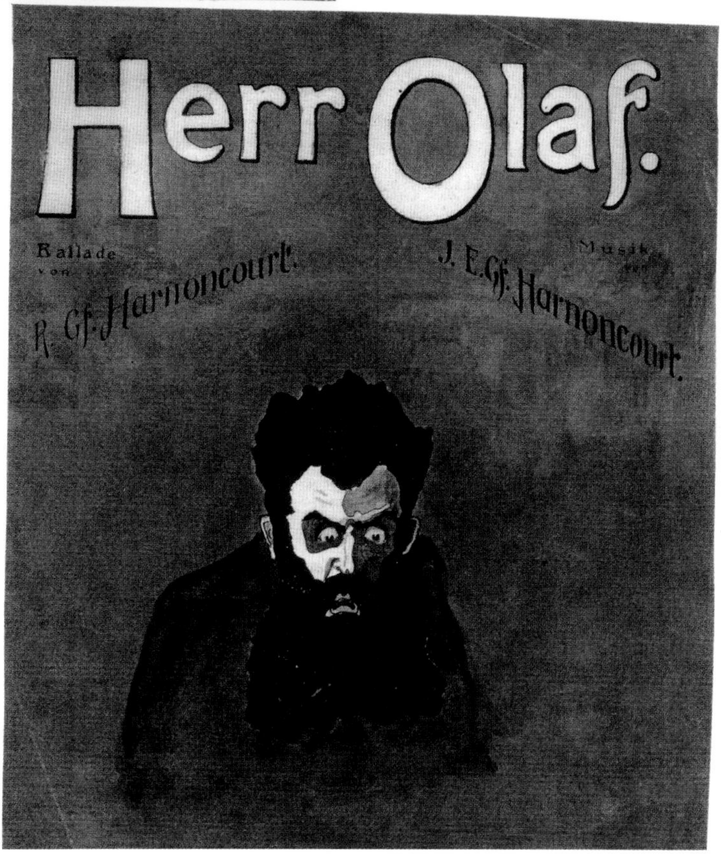

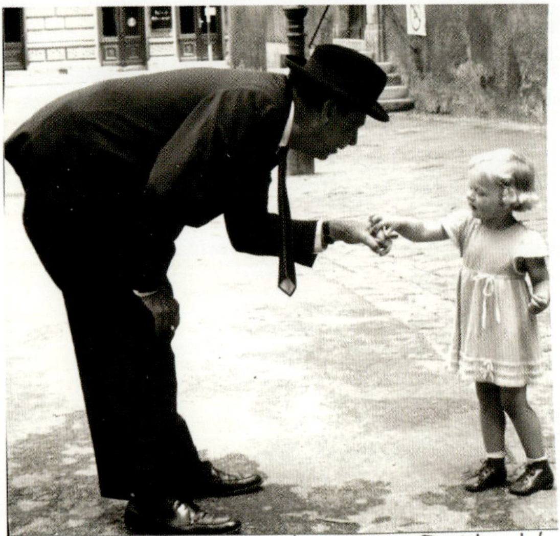

O. René mit Elisabeth 1956 am Piaristenplatz

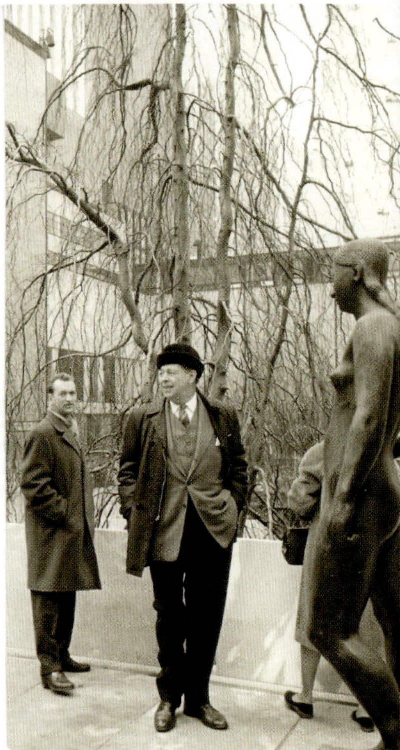

Niki, O. Rene, Mus. of mod. Art Garte

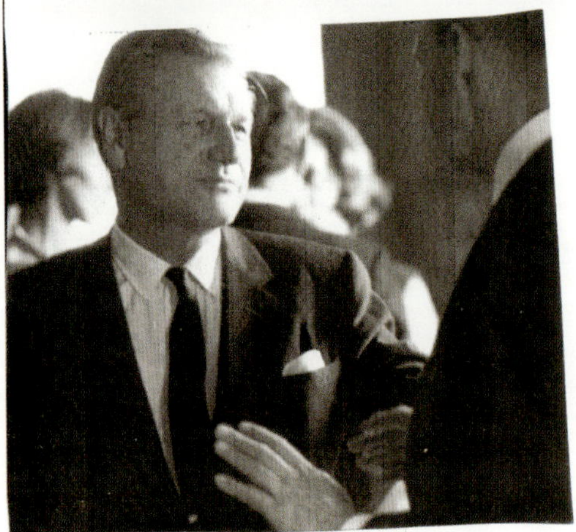

Alice Nelson Rockefeller Papa
(Schwester)

ich Edi Herbert
Peperl Walter Poldi Jürg
Alice

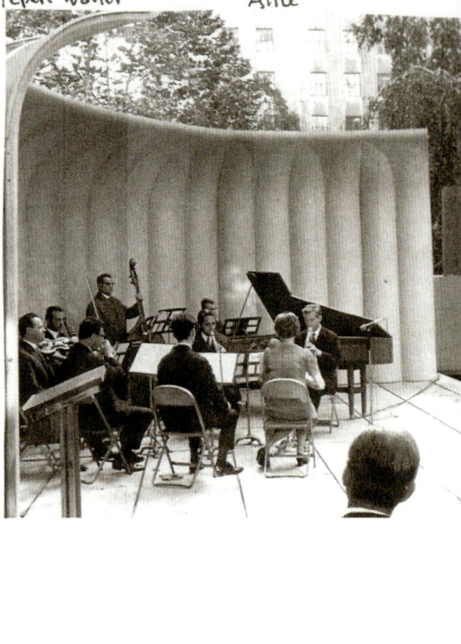

Zur Trauerfeier spielt der Concentus in der von Philipp Johnson eigens gebauten Konzertmuschel im Garten des Museums – Major Lindsey

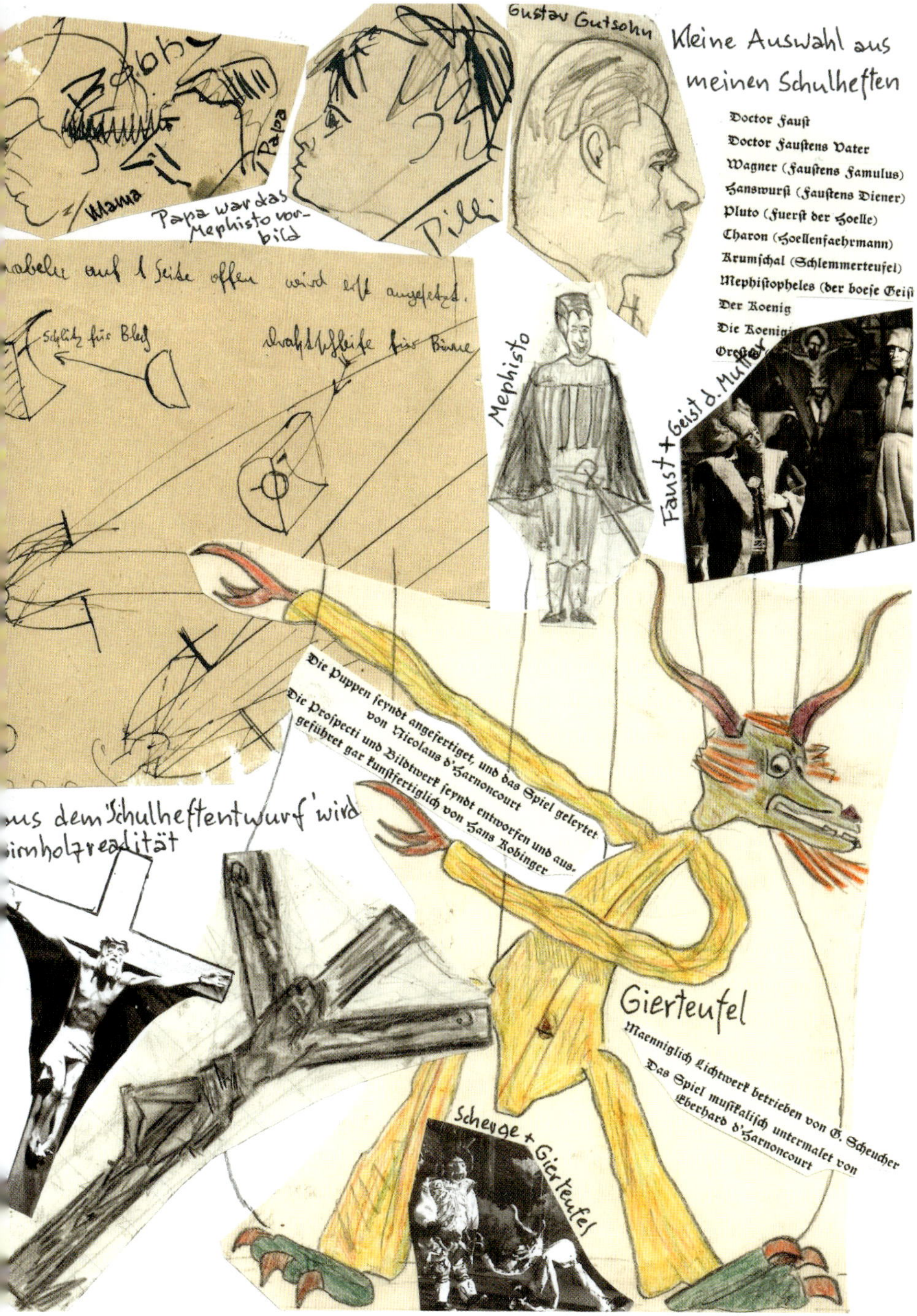
Bobby
Papa
Mama
Papa war das Mephisto vorbild
Pilli
Gustav Gutsohn
Kleine Auswahl aus meinen Schulheften
Doctor Faust
Doctor Faustens Vater
Wagner (Faustens Famulus)
Hanswurst (Faustens Diener)
Pluto (Fuerst der Hoelle)
Charon (Hoellenfaehrmann)
Krumschal (Schlemmerteufel)
Mephistopheles (der boese Geis
Der Koenig
Die Koenig
Orest
Schlitz für Blei
Drahtschleife für Birne
Mephisto
Faust + Geist d. Mutter
Die Puppen seyndt angefertiget, und das Spiel geleytet von Nicolaus d'Harnoncourt
Die Prospecti und Bildtwerk seyndt entworfen und ausgeführet gar kunstfertiglich von Hans Robinger
aus dem 'Schulheftentwurf' wird Zirmholzrealität
Gierteufel
Maenniglich Lichtwerk betrieben von G. Scheucher
Das Spiel musikalisch untermalet von Eberhard d'Harnoncourt
Scheuge + Gierteufel

T. Maritscher

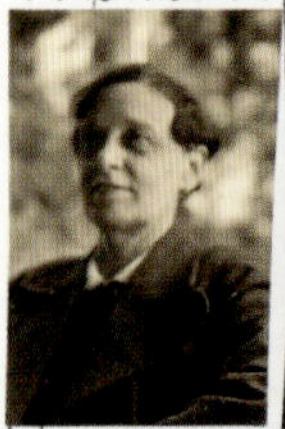

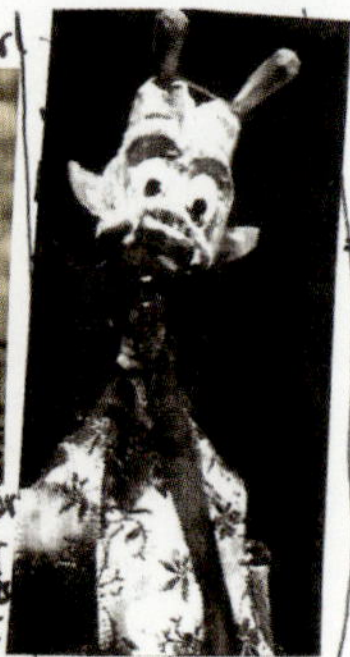

Auersperg war das Modell für den Dummheits Teufel →

Das Peperl Quartett

Alfi Schmidt

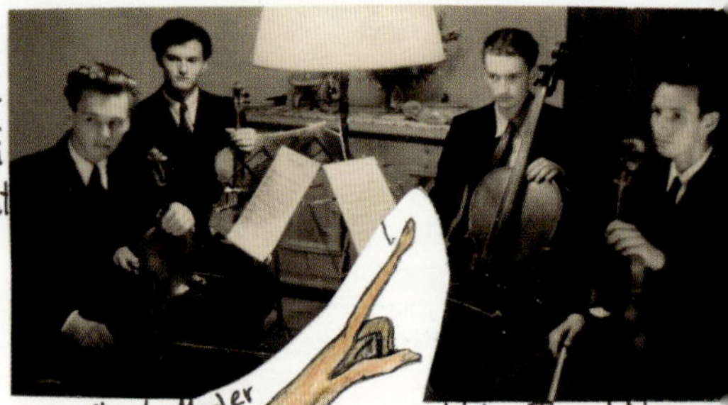

Charly Mader Niki Peperl Wagner

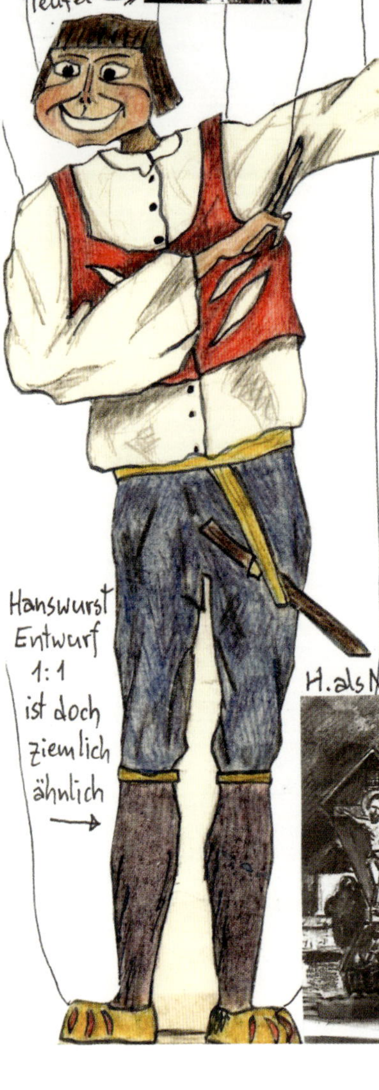

Hanswurst Entwurf 1:1 ist doch ziemlich ähnlich →

Emanuel Brabec

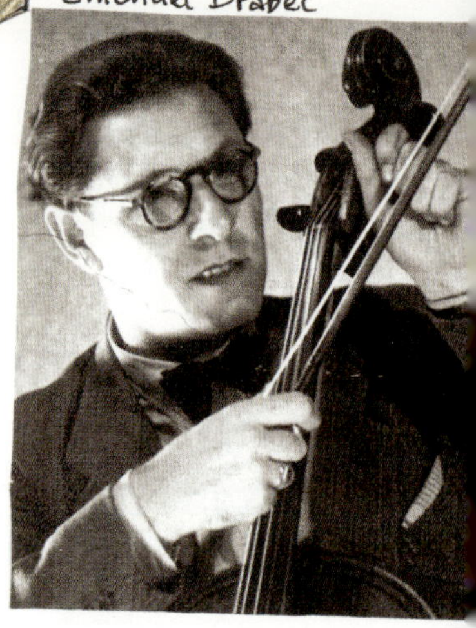

H. als Nachtwächter

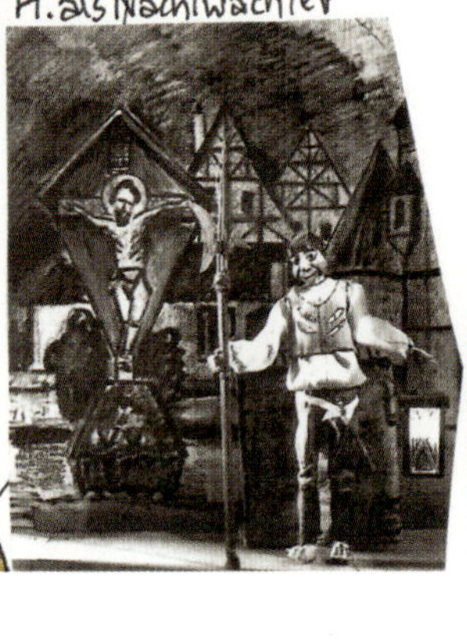

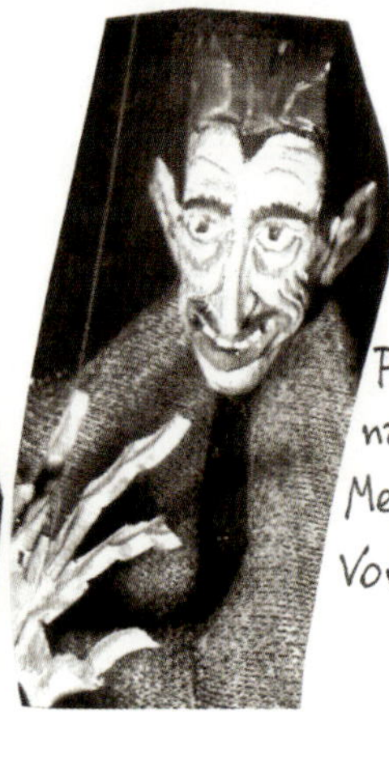

Papa war natürlich das Mephisto-Vorbild

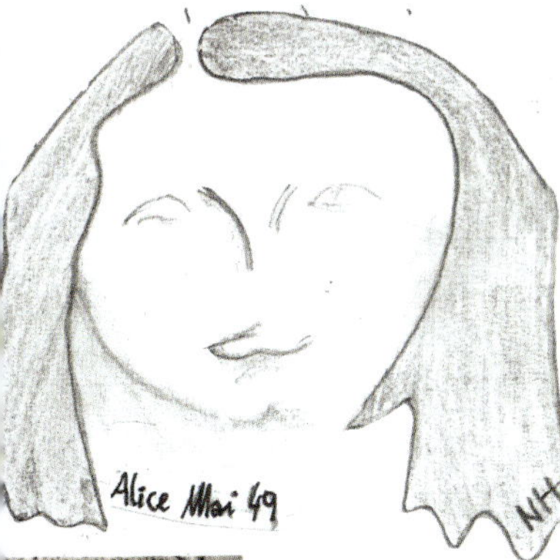

Alice Mai 49

NH

Annemarie mit Alice

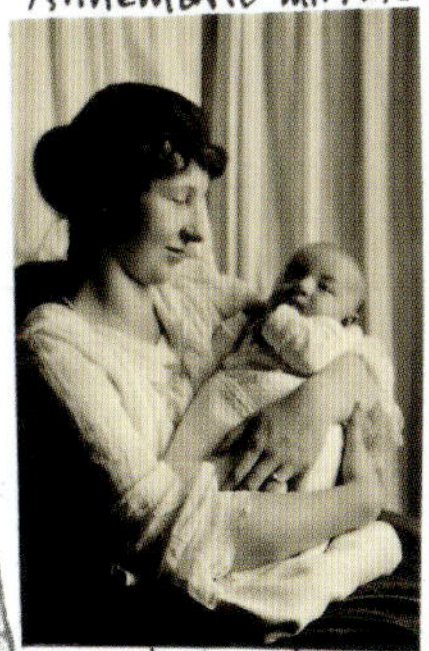

sie hatte Angst vor Dr Magg

Baronin Alice Konradsheim mit ihren Enkeln Alice + René im 'Exil' in Feldafing (+ 1933)

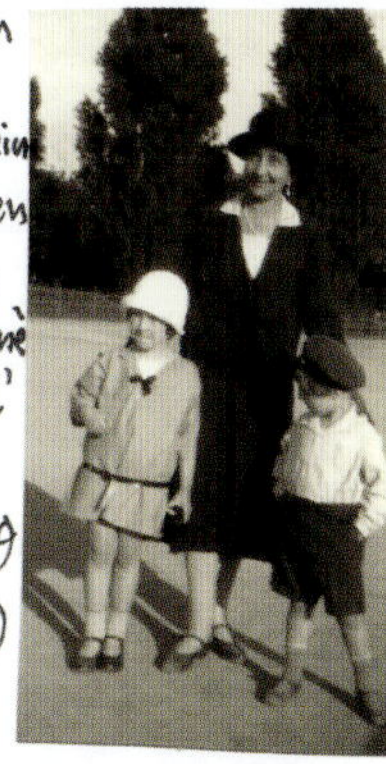

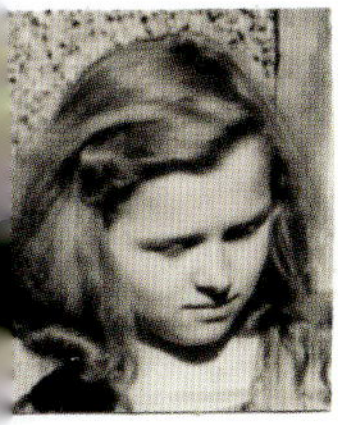

Lilly d'Ansembourg (Harnoncourt)

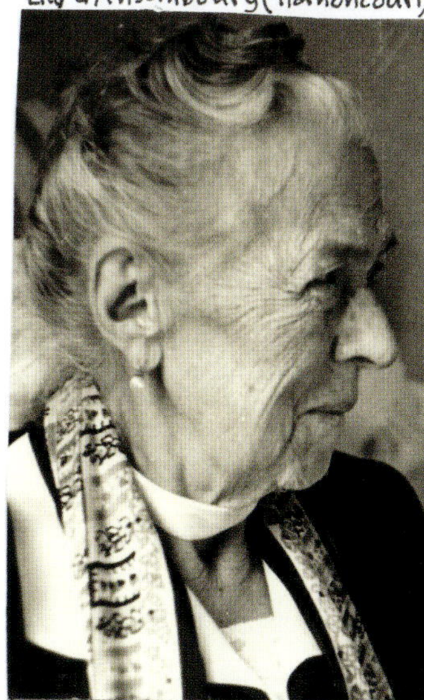

Großpapas Schwester

NH und Jürg in Amstenrade

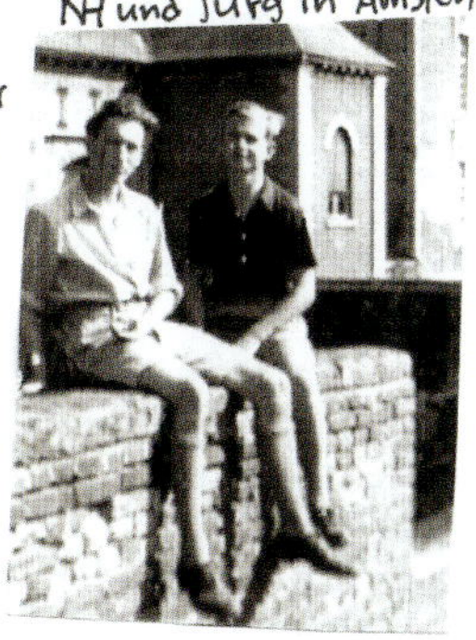

Blick aus meinem Fenster
Turm Schottenkirche

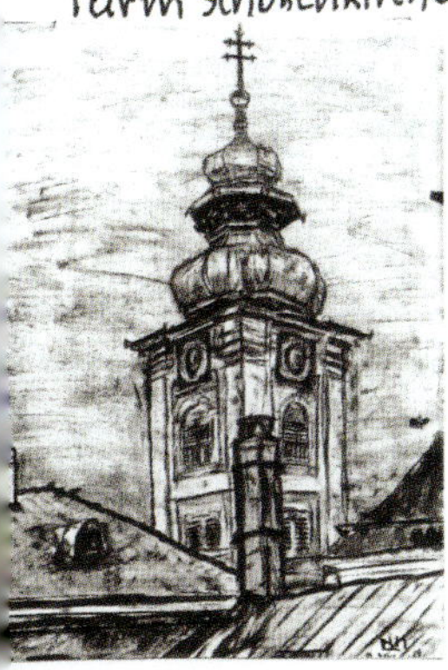

Trötzmüller mit Katze

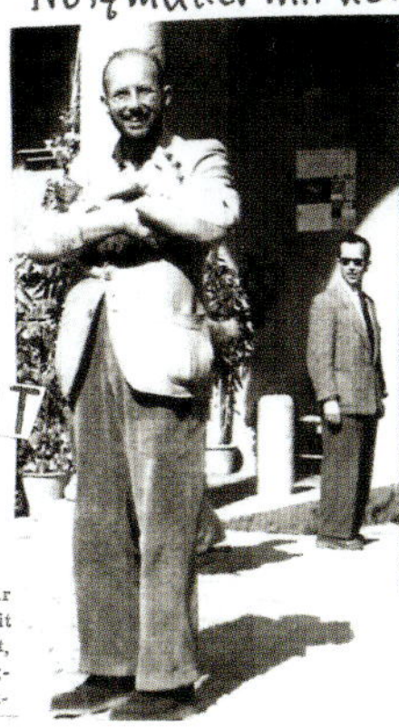

Paul Angerer – Solobratscher + Komponist + 'Trötz' flötend

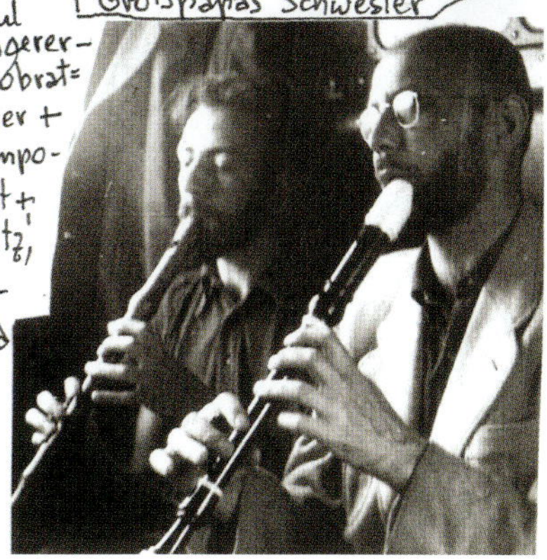

hwiegervaters Leopold Hottelner
eudonym meines späteren

VILLY BERNERT
pezialist für
raphologische
HEBERATUNG

Institut Bernert

Eine unglückliche Ehe ist nur mehr eine Nachlässigkeit, seit es so ausgezeichnete Mittel gibt, die innere Zusammengehörigkeit zweier Menschen festzustellen.

Kunst der Fuge, das große Projekt 49/50

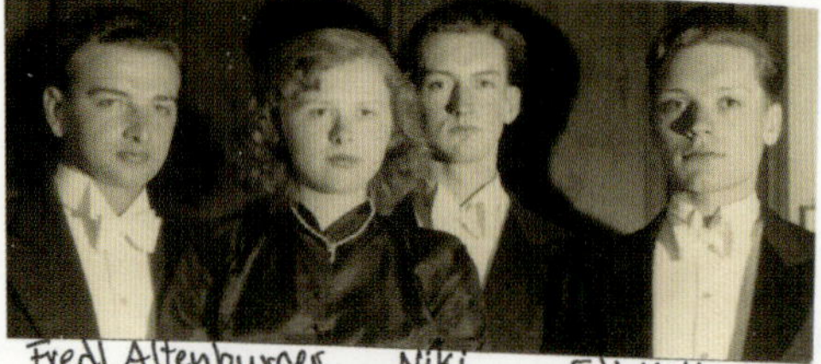

Fredl Altenburger Lizzy (Alice) Niki Hoffelner Edi Melkus

Die Schnecke von Mertin Coletti-Gambe, die ich zu einem Basilisk umgeschnitzt habe, nach diesem Entwurf

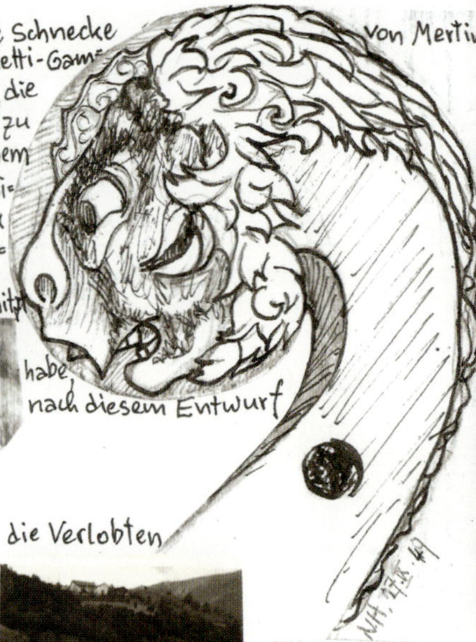

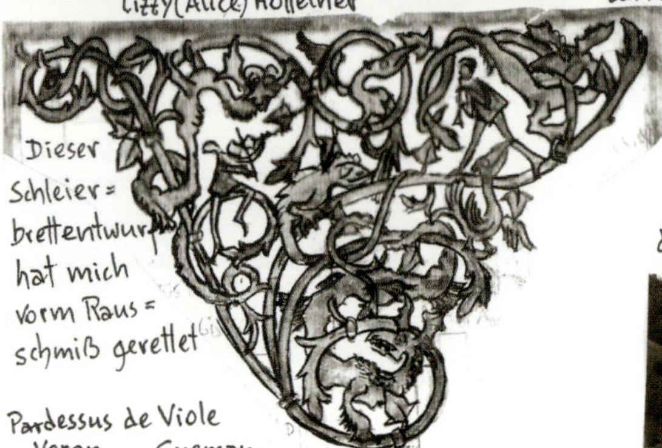

Dieser Schleierbrettentwurf hat mich vorm Rausschmiß gerettet

die Verlobten

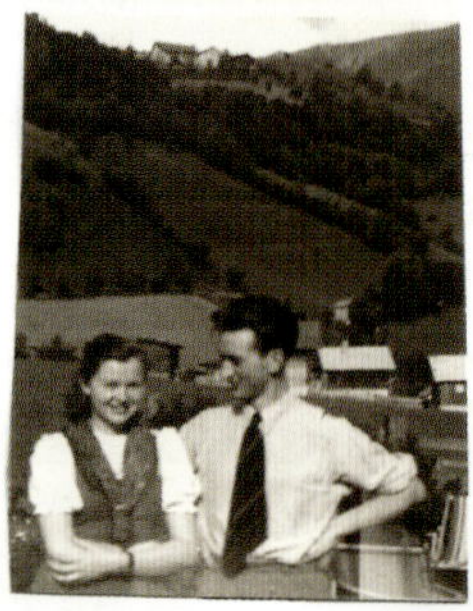

DORFGASTEIN

Pardessus de Viole
Veron Guersan

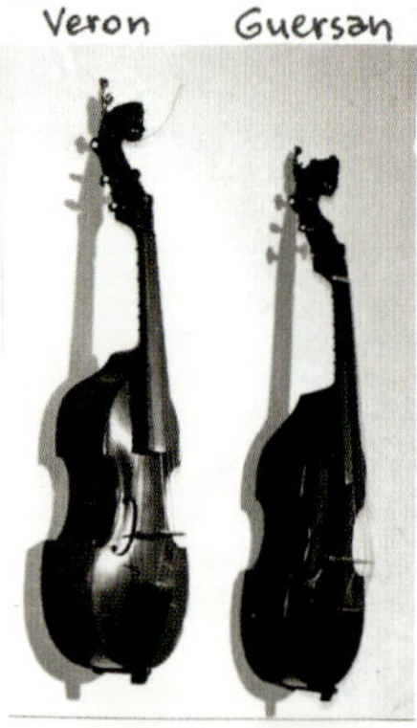

von Alice in Paris aufgetrieben

Am Zitterauertisch

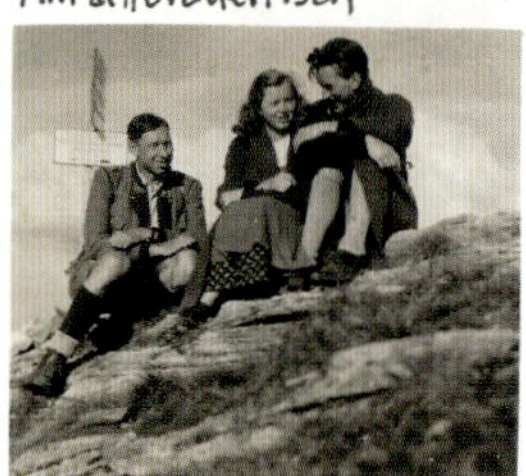

Papà Alice Niki

Pàpa Mutti Günther

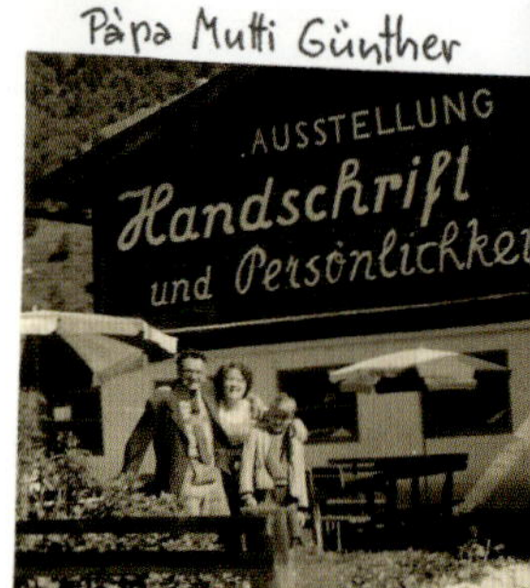

so sah ich Alfred Brendel

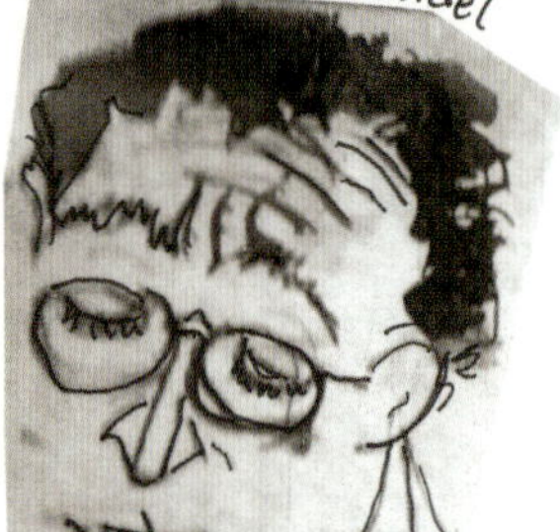

Karajan

Dr. Wilh. Furtwängler an Frau Erika Toth (Sekretärin)
Wien V Rampersdorffergasse 5

Liebe Frau Toth,

... ein gescheiter Mann: " Das System Karajan – denn er ist mehr als nur eine Person – bedeutet nicht mehr und nicht weniger als di <u>Inflation</u> der Werte der grossen Musik. Für ihn ist es gleichgültig, ob er he te die Meistersinger oder den Ring, morgen die Missa solemnis oder die H. Mes v. Bach usw. herunterdirigiert; alles wird bei diesem arbiter elegantiarum (für Snobs + Dienstmädchen) zum "gesellschaftlichen Ereignis". unter seinen Hä den wird jede Musik zu derselben parfümierten Wassersuppe, dargeboten mit Manieren, die viel von einem Scharlatan an sich haben."

Mailand, den 15. April 1951 mit besten Grüßen Ihr Wilhelm

Karajan – der Flügeltürmercedes

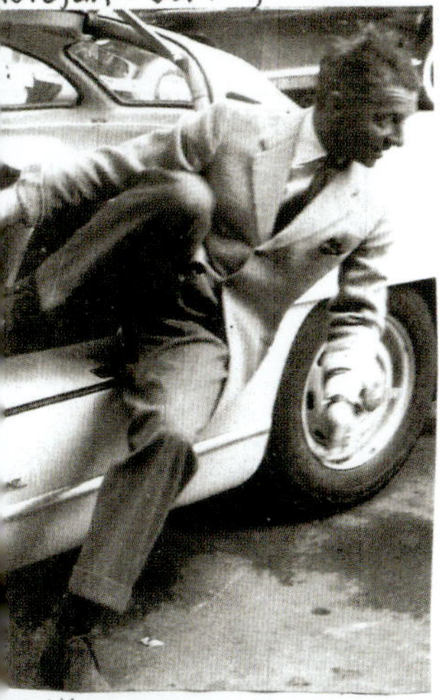

Prof Karl v. Frisch

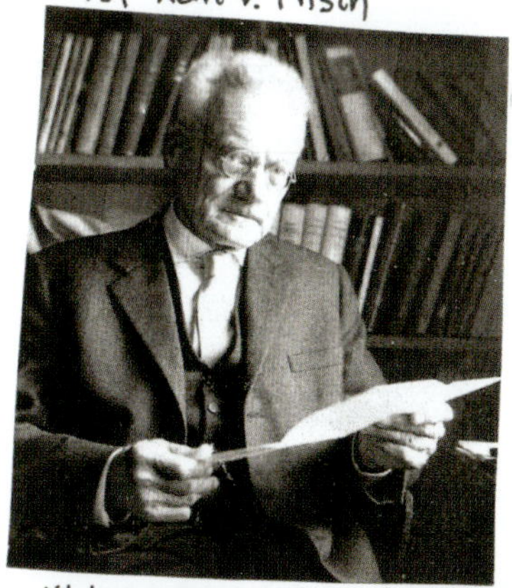

NH beim Bau der Küchenstiege

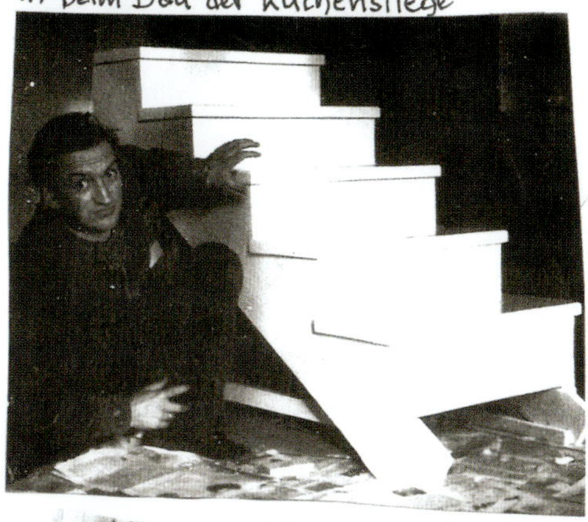

Walther Schneiderhan

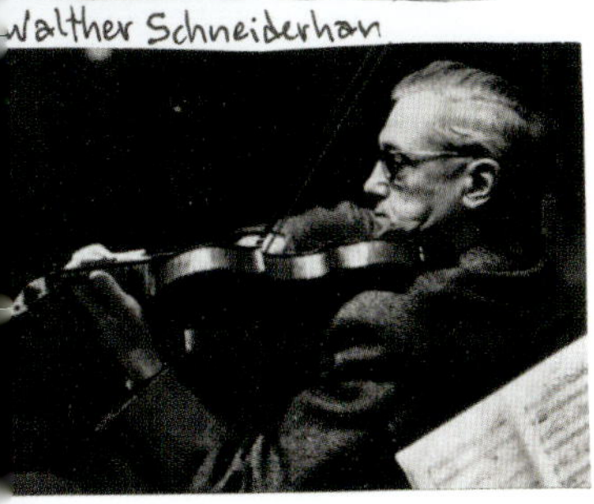

Alice und Utti (Gustav) Leonhard

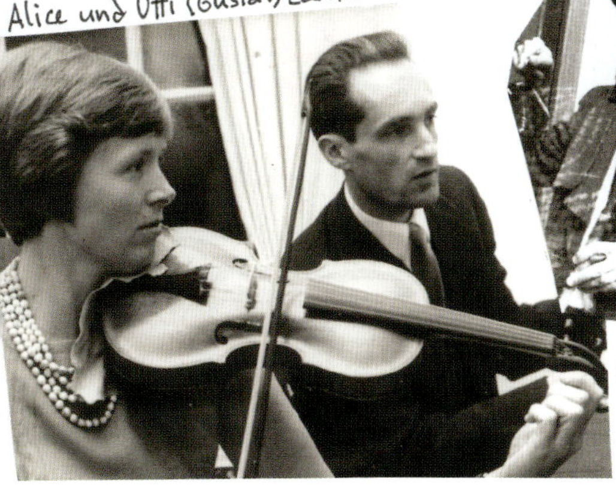

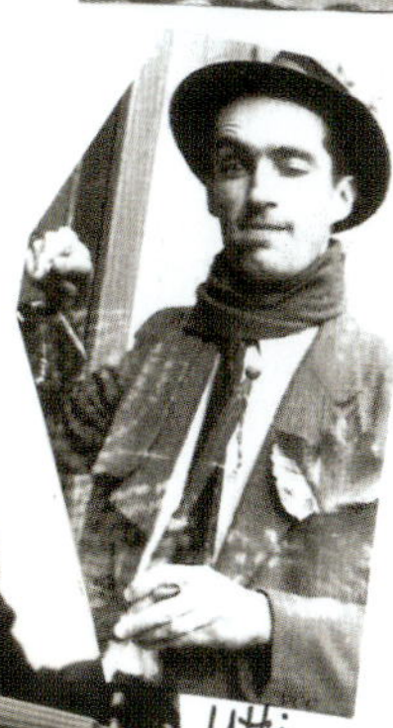

Utti blödelnd

Riko + Elisabeth am Balkon

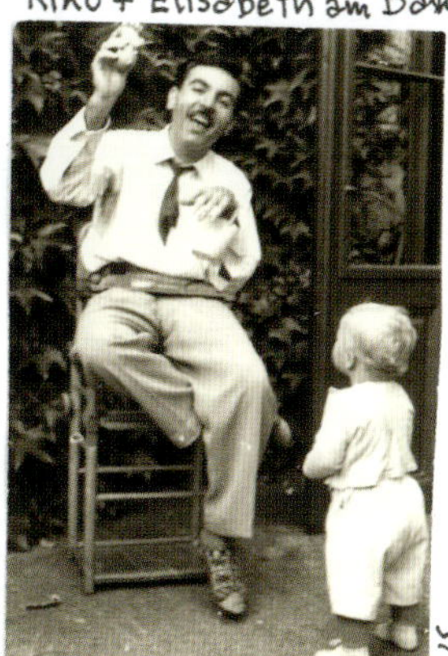

'creiert' CONCENTUS MUSICUS

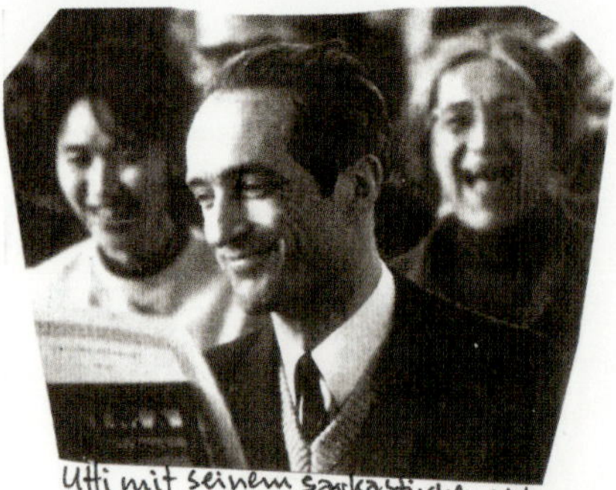

Utti mit seinem sarkastischen Witz in einem Continuo-Seminar

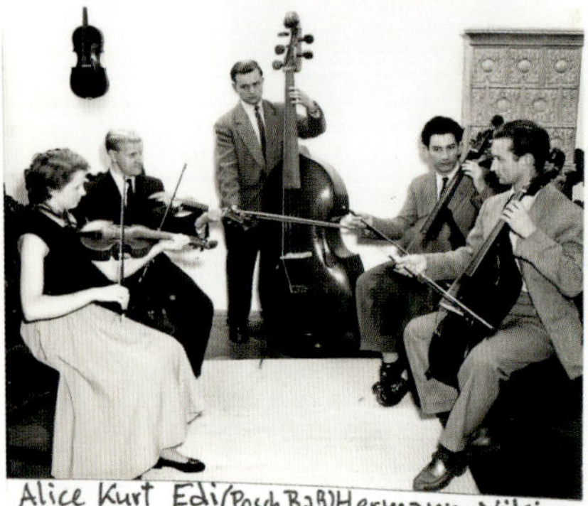

Alice (Guersan) Kurt (Veron) Edi (Posch Baß) Hermann (Precheisn) Niki (Brescianerin)
CONCENTUSprobe in der Josefstädterstr 17

Der 'Sack', das urige Instrument von Stefanus de Fantis 1558, wie ich es fand, und erwarb, mit einem Cellohals von 1916. der Steg steht viel zu hoch, zwischen den ( ) Löchern; müßte unterhalb stehen.

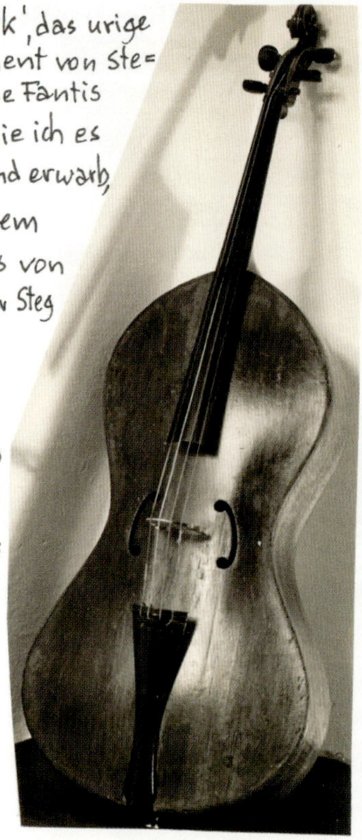

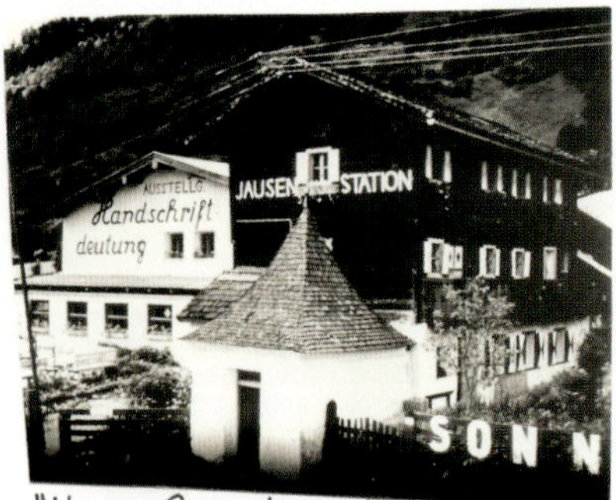

"Haus Sonnherzl" (Muttis Spitzname) in Dorfgastein

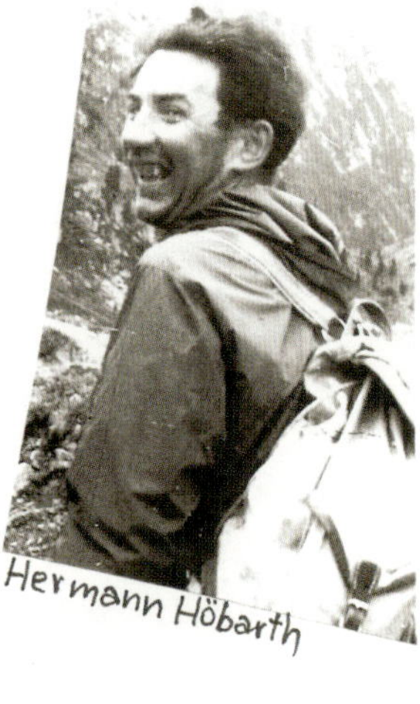

Hermann Höbarth

zurückverlangt, ca. 50 Jahre später überraschte ich sie mit der späten, aufgewerteten Rückgabe). Alice war nun Richtung USA ausgezogen, und so haben wir uns auf die kleine Wohnung in der Löwelstraße eingestellt und sie für uns eingerichtet.

Etwa ein Monat vor der Hochzeit ließen wir uns am Schlesingerplatz standesamtlich registrieren. Sowas haben die am Standesamt noch nicht gesehen: wir allein, in Straßenkleidung – ich war bewußt in kurzen Hosen, ohne Jacke –, und nur Alice' Vater (darüber entsetzt) und Kurt (Theiner, der zukünftige Mann meiner Schwester Lily). Ich sage im Büro: »So schnell wie möglich, ich habe Dienst! Ohne Ansprache!« Dann ›ziehen wir ein‹ in den leeren, riesigen Saal, die Musik haben wir uns mit einem »Um Himmels willen«-Schrei verboten, wir geben auch keine Ringe her. Wir sitzen gemütlich, bis endlich ein armer, trauriger Standesbeamter kommt in wallender Toga, der »nicht umhinkam«, uns auf den »Ernst dieses Schrittes« aufmerksam zu machen. Dann bittet er uns Sitzengebliebene, sich zu erheben, und wir beenden die heiter-traurig-groteske Amtskomödie mit einem fröhlichen »Auf Wiedersehen« – der arme Beamte wird blaß. Sie haben sich dort erst von ihrem Schrecken erholt, als ich ein Jahr später das erste Kind beim selben Beamten anmeldete.

Die Hochzeit im Dom in Graz war wunderbar. Dr. Juri hielt die Trauung. Beim Essen (Reif in der Herrengasse im 1. Stock) hielten die Väter je eine Rede, wir mußten leider vor der Nachspeise zum Zug nach Innsbruck aufbrechen. Dann fuhren wir (Fahrräder für Bregenz im Gepäckwagen, ein Zelt im Rucksack) auf eine Woche nach Schenna bei Meran. Wir sind ganz allein in diesem alten Schloß – oder eher Burg. Die Beschließerin führt uns in ein herrliches Zimmer, ohne elektrisches Licht, nur mit Kerzenbeleuchtung, sie kocht sogar für uns. Wir lesen in alten zeitgenössischen Büchern über Andreas Hofer – es ist merkwürdig, um wieviel realistischer und weniger verherrlicht die ihn damals gesehen haben, daher besonders interessant – und durchwandern die Täler und Klausen dieser Gegend. Nach einem kurzen Aufenthalt in Sirmione fahren wir noch nach Venedig und stellen unser Zelt am Campingplatz von Mestre auf (wahnsinnig viele Gelsen!). Den ganzen Tag streifen wir durch die Stadt, auch zu einem Geigenbauer kommen wir und sprechen mit ihm über alte Instrumente (mit Händen und Füßen!). Wir dringen ins Konservatorium ein, obwohl uns der Portier hinausschmeißen möchte (ich habe kurze Hosen an). Der Direktor Renato Fasano, den wir vom Dirigieren her kennen und den wir loben, zeigt uns geschmeichelt seine hochinteressante Instrumentensammlung und lädt uns ein, Kurse für Alte Musik im September bei ihm zu besuchen – haha! In Innsbruck steigen wir in den Symphoniker-Eisenbahnwaggon zu und bald sind wir in Bregenz und ich wieder im ›Dienst‹.

Der ›Dienst‹ begann zuerst einmal bei Karajan, vor dem alle zittern. Dann kommen so nach und nach alle ›Größen‹ wie Victor Quirin Plasser oder Rudolf Brauner zu Wort. Langsam bekommt man dann das Bewußtsein, daß die wenigsten Dirigenten an der Musik interessiert sind, für die meisten ist der Konzertsaal nur eine Arena und sie führen als Dompteur meisterhafte Dressurakte aus. Ich habe dann 17 Jahre lang als Orchestermusiker den besten Unterricht im Dirigieren gehabt: ich konnte alle mehr oder weniger berühmten Dirigenten beobachten – was sie sagten, wie sie es machten und was dabei herauskam. In den Dirigierklassen wird über Taktgeben gesprochen – aber wirklich wichtig ist das Konzept, die Form, die Tempo-Relationen. Es hat mich wahnsinnig irritiert, daß die meisten Dirigenten überhaupt kein Konzept hatten. Wenn einer etwas anders, als es in der Partitur stand, gemacht hat, habe ich mich gefragt: macht er es anders, weil er zu anderen Resultaten gekommen ist oder weil er sich überhaupt nichts dazu denkt (und das war das Vorwiegende)? Das musikalische Leben eines Orchestermusikers ist eine ganz problematische Sache! Die Wiener Symphoniker haben uns nun eine finanzielle Basis gegeben und auch viele musikalische und praktische Erfahrungen. Von 1952 an habe ich außer unter Furtwängler fast unter jedem der ›großen‹ Dirigenten gespielt, selbst unter dem alten Kleiber, um nur einen zu nennen. Die Symphoniker waren in Bregenz das Festspielorchester – unter anderem ein Konzert mit Karajan und Bruckner (8. Symphonie) in der Basilika des bayerischen Benediktinerstiftes Ottobeuren.

Der Dienst ist angenehm, wenig Proben, viel Freizeit und auch schönes Wetter. So unternehmen wir viele größere und kleinere Fahrradtouren in die Umgebung und Bergtouren. Auch hier gibt es viele Gelsen! Es ist ganz still, man hört nur Vogelgezwitscher oder aber einen Klatscher von mir, wenn sich wieder eine Gelse an mir gütlich getan hat. Eigentlich tun sie einem ja leid, in ihrem Verhalten ist eine Art von höchstem Grotesk-Idealismus. An allen Tieren können sie saugen, ohne daß sie getötet werden, trotzdem gehen sie immer wieder aufs Menschenblut. Wie köstlich, was für ein unfaßbarer Genuß muß das für sie sein, dieses kleine Schlücklein, für das sie doch fast alle sterben müssen, als schauriger Gatsch an irgendeinem Menschenwadl. Oder vielleicht ist es nur die Verheißung eines höchsten Genusses, den sie aber nie erreichen, weil sie, wenn sie es doch überleben, ernüchtert sehen, was für ein fades, abgeschmacktes Getränk es doch war und daß sie ihre höchsten und edelsten Gefühle, ja den fast sicheren Tod für ein Trugbild geopfert haben. Vielleicht sind es aber nur gefräßige Viecher, denen alles wurscht ist, wenn sie sich nur anfressen können. Schade, idealistische Gelsen hätten mir so gut gefallen. Die Zeit vergeht schnell und dann endlich geht es nach Wien zum Dienst, in unsere einstweilige, winzig kleine Wohnung in der Löwelstraße, unser erstes wirkliches Zuhause, und wir beginnen es uns in der ›Zündholzschachtel‹ gemütlich zu machen.

Im Urlaub (ab Ende August) fahren wir nach Grundlsee und lösen dort mit Tante Loris Hilfe unser Wohnungsproblem: von Prof. Karl von Frisch (dem Nobelpreisträger für die ›Bienensprache‹) und seiner Frau Gretl eingefädelt, nimmt uns seine verwitwete Schwägerin als Untermieter in ihre Wohnung in der Josefstädterstraße 17 auf. Wir hatten damals keine Ahnung, in was für ein aufregendes Haus wir da eingedrungen waren. Es war in seinem vorderen Teil uralt, mit zweistöckigem (!) Keller – das eigentliche noble Wohnhaus, das den Hof nach hinten abschloß, stammte wohl aus dem 19. Jahrhundert. Das Ganze hieß ›Exnerei‹ – im Garten (hinter dem Wohnhaus) war eine Büste des berühmten Philosophieprofessors Franz Exner (1802–1853) aufgestellt, daneben stand ein denkmalgeschützter

Maulbeerbaum. Seine Tochter, eine enge Freundin Gottfried Kellers (ihr aufregender Briefwechsel ist veröffentlicht)* heiratete schließlich nicht diesen, sondern den Urologen Anton Frisch (das muß so um die Mitte des 19. Jahrhunderts gewesen sein) und gebar vier Buben (in diesem Hause, in unserem späteren Schlafzimmer, wo Alice unsere vier Kinder zur Welt brachte!). Das Haus erzählte uns von der Liebe Marie Exners und vom Besuch ihres lieben Freundes Gottfried Keller, für den sie eigens ein Zimmer, in den Garten schauend, anbauen ließ.

Martha Frisch, Witwe des Sohnes Ernst, war unsere Hausherrin, wir nannten sie ›Frau Professor‹. Sie hatte uns erzählt, wie Brahms alle zwei Wochen zum Musizieren mit den Exners und dann den Frischs und mit Theodor Billroth gekommen war und sie ihm umgeblättert hatte. Sie nannte Brahms einen »ekelhaften kleinen dicken Mann mit einer kreischenden Stimme«. Sie war dann 17 Jahre lang sehr nett zu uns gewesen, aber plötzlich, 1969, wurde sie die ›Ekelhafte‹ und überraschte uns mit der Hiobsbotschaft, daß wir hinausmüssen aus unserer geliebten Wohnung, am besten sofort. Der Herwig, ihr Enkel, will heiraten und hier einziehen! Wir sollen uns halt schnell etwas suchen, wir könnten ja im Hotel wohnen (mit vier Kindern!), bis wir etwas fänden! Das liegt uns tief im Magen, wir haben uns schon ausgemalt, ganz da zu bleiben, hatten überhaupt nicht mehr mit der plötzlichen Ausweisung gerechnet. Dieses Haus war uns derart ans Herz gewachsen, jede Ecke, jedes Parkettbrett voll von Erinnerungen an die ersten Jahre, an die kleinen Kinder, die ersten musikalischen Proben (die Patschen der Kollegen im Vorzimmer), die langsame Einrichtung mit schönen Sachen! Und nicht zu vergessen die Atmosphäre von Gottfried Keller, Exner, Billroth und vor allem Brahms, die wir glaubten auf Schritt und Tritt zu fühlen. Nur das Heranwachsen der jungen Generation war uns etwas unheimlich.

---

* Aus Gottfried Kellers glücklicher Zeit. Der Dichter im Briefwechsel mit Marie und Adolf Exner; Th. Gut & Co. Verlag, Stäfa (Schweiz).

Der langsame Wechsel von der alten Zeit ins 20. Jahrhundert zeigte sich im Altern der Frau Professor, die noch Brahms kannte, im Frechwerden des jungen Enkels, der nach der Reihe die Hausmeister hinausekelte, ja und nicht zuletzt in der grotesk absteigenden Hausmeisterreihe, fast stammbaumartig – eine Hausmeisterballade: zuerst ein kleiner rotgesichtiger König des Hinterhofs und -gartens, Herr Witolowitsch – das Darmolmännchen in Eisenbahneruniform, lieb, gemütlich, kinderfreundlich und sehr ordentlich auf seinen Garten schauend. Nur wenn er (an hohen Festen) besoffen war, greinte er und schrie ganz jämmerlich mit seiner Frau. Sie war auch nett, kam sich aber etwas zu gut vor (einmal hörten wir sie sogar in den Ordinationsräumen des Dr. Fenz unter uns mit Karajan, der hier offenbar inkognito übernachtete, singen?!). Ihre Tochter Frieda war Friseurin und es gab noch einen mißratenen Sohn, der allzu elegant werden wollte. – Sie zogen aus und es kam die Frau Pammer mit dem Sohn Peter. Farblos, uninteressant (nichts gegen die Witolowitsch), herb eingeschränkt in den Kompetenzen, keine Königin, vielleicht eine verkrachte ›Bürgermeisterin‹ des Hinterhofs (nicht mehr -gartens). Ihr einziges Verdienst war Peter, der Philipp zu seinem gräßlichsten Jugendfluch, heiser und verzweifelt herausgebrüllt, hochreizte: »Du … Scheißer!« Bald danach zogen sie, zermürbt und verekelt, aus. – Mit Frau Swoboda, deren Mann immer besoffen war (sie auch oft), ihre Kinder waren besorgniserregend (»der wül immer lesn und lerna«), waren wir in der Gosse angelangt. Da gab es Brüllszenen, in denen der ganze Hof zu einem kulissenreichen Theater wurde, und nicht nur an den Feiertagen. – Auch sie blieben nicht lange und es kam die schwachsinnige Frau Benedikt mit einem Bündel Kinder und gelegentlich einem kleinen Nußknackerwicht als Mann. Das war das Ende der österreichisch-wienerischen Hausmeisterei. – Zuletzt kam eine Burgenländerin mit ihrem ›Mädi‹, das sie jedem zeigen wollte; einmal wollte sie uns stinkige Blumen aus dem Colonia-Kübel des Blumengeschäftes im vorderen Trakt des Hauses verkaufen. – Dann gingen wir.

Herbst 1953

Der Herbst in Wien war aufregend: Orchesterdienst und Wohnung! Schon am 1. Oktober, gleich nach meiner Heimkunft von einer Symphonikerreise nach Perugia zum Sagra Musicale Umbra, können wir den Vertrag über unsere neue Wohnung in der Josefstädterstraße machen. Glücklich gehen wir sofort ans Pläneschmieden: Böden, Elektriker, Installateur ... wir entfesseln eine Handwerkerei. Alice und meine Schwester Lily, die aus Graz zu Hilfe gekommen war, überwachen die Arbeiter. Die Räume mußten ja erst bewohnbar gemacht werden. Es gab zwei Niveaus: der ältere Teil (das straßenseitige Haus hat zwei Seitenflügel, die einen Hof mit einer alten Linde umschließen) mit drei Fenstern, Schlafzimmer und Küche/Bad war um ca. 1,20 m tiefer als der neue, gartenseitige Teil, der ein richtiges nobles Stiegenhaus und viel höhere Zimmer hatte. Die Fußböden in den unteren Räumen mußten herausgerissen und neu gemacht werden, weil da jahrelang Wasser gestanden war, wir entschieden uns für rötlich marmoriertes ›Steinholz‹. Das Bad und die Wasserinstallation der Küche machte ein alter Installateur, Kletecka, der von Lily einen Klaps kriegte, weil er sie in den Popo gezwickt hatte: »San Se neidig auf Ihnare Popschi?« Die kaputte Stiege zur Küche reparierte ich so, daß man von hinten den ›Eiskasten‹ hineinstellen konnte. Natürlich war es schon ein kleiner elektrischer Kühlschrank, aber wir nennen alle diese Dinger so wie früher ›Eiskasten‹: manche alte Leute und auch manche Geschäfte hatten ja noch immer solche Kästen, und einmal pro Woche fuhr der Eismann mit seinem Pferdewagen und brachte je nach Bedarf größere oder kleinere Eisblöcke von den Wiener Stadtwerken; so hieß eben der entsprechende blechverkleidete Kasten ›Eiskasten‹ – ob mit echtem Eis oder elektrisch.

Schließlich war alles so ziemlich fertig und nach dramatischen Vorbereitungen ziehen wir mit Hab und Gut, alles in einem widerrechtlich ausgeborgten Plateauwagen, um – es ist ja nicht weit von der Löwelstraße in die Josefstädterstraße. Einmal etabliert in diesem Wunderheim, ging uns langsam auf, was wir da in unverdientem Glückszufall ergattert hatten: Garten, Innenhof mit Lindenbaum, großer Balkon – 6 mal 2 m große, hohe Räume! Ober uns der Dachboden, unterhalb die Ordination des Rheumaspezialisten Dr. Egon Fenz (da sahen wir einmal Karajan und einmal Bundespräsident Theodor Körner als Patienten hereinwanken). Wir waren also völlig ungestört und konnten auch niemanden stören! Und endlich können wir auch bei uns wieder musizieren. Unser langjähriger Traum, Alte Musik auf alten Instrumenten zu machen, beginnt sich zu verwirklichen. Wir finden, zufällig, im Dorotheum auch *die* Sessel, so daß wir nicht mehr auf Obstkistln und Küchenstockerln sitzen müssen.

Der Hausarzt unserer Familie war Dr. Gunther Ludwig. Er hatte seine Ordination im 2. Bezirk in der Kleinen Pfarrgasse. Auf der Tafel stand: »Praktischer Arzt und Geburtshelfer«. Edi Melkus hatte ihn mir schon 1948/49 empfohlen, als ich verschiedene Sehnenscheiden- und Nervenentzündungen vom Celloüben bekommen hatte. Gunther hatte viele Musiker als Patienten, sah sich selbst als Geiger. Er spielte schon als Kind Geige, platzend vor Begeisterung. Er war schon in den 30er Jahren (also in der ›Verbotszeit‹) illegal bei der Hitlerjugend. 1934, beim Juliputsch der Nazis, war er zusammen mit Gottfried von Einem (dem späteren Komponisten) bei den bewaffneten Kämpfern. Er zeigte mir in der steirischen Ramsau einen großen Stein, hinter dem die beiden mit einem Maschinengewehr gekämpft hatten. Er schlug sich auch spatenschwingend mit Kommunisten und mußte schließlich nach Deutschland fliehen. Neben dem Medizinstudium, zwischen 1935 und 1938, war er in Breslau bei einem Hitlerjugendorchester, wo er im Radio Solokonzerte spielte, unter anderem das von Mendelssohn, das ja eigentlich verboten war. Die recht gute Aufnahme führte er uns stolz vor. Im Krieg war er dann Militärarzt in Rußland, immer mit einem Schwerpunkt Geburtshilfe (wie ging das?). Er erzählte von abenteuerlichen Geburten, die er, eingeklemmt zwischen Bettwand und Zimmerdecke, durchführte. Nach dem Krieg in Wien mußte er sich als Alter ego seines Vaters durchfretten – da Gunther ein wilder Nazi gewesen war, durfte er einige Jahre nicht als Arzt arbeiten. Die Praxis lief daher unter dem Namen seines alten Vaters, der aber nicht mehr in Erscheinung trat. Der richtige Name war Soucek, aber als extremer Deutschnationaler hatte sich schon sein Vater auf Ludwig umbenannt. Sie waren merkwürdigerweise keine Antisemiten und Gunther schwärmte von den jüdischen Künstlern, die sein Vater behandelt hatte: Fritz Kreisler, Emanuel Feuermann, Bronislaw Huberman und andere; auch unter den lokalen Patienten waren viele Juden, weil der 2. Bezirk ihr bevorzugter Wohnplatz war. Er war bei seinen Patienten so beliebt, daß ihn keiner verriet. Ungefähr ab 1950 durfte er wieder offiziell ordinieren. Mich und später auch Alice behandelte er gratis, dafür spielten wir mit ihm Streichquartett – er so fanatisch und hingebungsvoll, daß wir ganz berührt waren von seiner Begeisterung. Wir haben Unmengen der schönsten Streichquartette vom Blatt spielend bei ihm an den vielen Kammermusikabenden kennengelernt. Als Geburtshelfer war er unbedingt für Hausgeburten, zu denen er beim ersten Anzeichen schnellstens herbeieilte – trotzdem gelegentlich zu spät, weil Alice, durch Geburtsgymnastik trainiert, eben noch schneller war. Er war der einzige Nazi, dem ich nichts übelnehmen konnte. Friedlich, hilfsbereit, musikbegeistert. Und zuverlässiger Arzt bei unseren vier Hausgeburten.

Alice wollte das Geigenspiel aufgeben. Alice: »Als wir uns näher kennenlernten, hieß heiraten Kinder kriegen, denen man sich dann auch widmete, und darüber hinaus sich auf den Mann konzentrieren, darauf hatte ich mich schon eingestellt. Es war mein Mann, der sagte: ›Paß auf, eigentlich hast du noch genügend Zeit für die Geige.‹ ›Wunderbar‹, dachte ich mir, ›wenn er damit einverstanden ist!‹ Also nahm ich meine Geige wieder in die Hand und das war der Start für alles Folgende. Ich mußte meinen künstlerischen Beruf nicht aufgeben, sondern konnte mich weiterentwickeln.«

Es gab jetzt also – beinah wie durch ein Wunder – die Lebensstelle der Wiener Symphoniker. Wir waren wirklich sparsam, teilten jeden Monatsgehalt in Couverts auf. Miete, Essen, Kleidung – so wenig wie möglich –, der Rest für das Leben (Instrumente, Noten, Möbel etc.) Wegen unserer extremen Sparsamkeit sammelte sich bei uns, im Gegensatz zu den gleich viel verdienenden Kollegen, ein kleines, langsam wachsendes Sümmchen an. Später beschwerten sich immer wieder unsere Kinder, die wegen ihrer Kleidung (keine ›Markenware‹!) mit den Schulkollegen nicht konkurrieren können, ja verspottet werden. »Ihr habt ja nicht einmal Fernsehen!« Das nahmen wir ungerührt zur Kenntnis in Erinnerung an unsere eigene Kindheit in den 30er Jahren und empfahlen als Erwiderung: »Dafür haben wir eine Orgel!« Denn wir erwarben immerhin das Basisinstrumentarium des Concentus (die Kollegen spielten ja im Concentus auf unseren Instrumenten).

Inzwischen war Elisabeth angekommen. Utti Leonhardt schickt herzlichste Glückwünsche der »kleinen Pardessus-de-Harnoncourt«, dann folgen Philipp und nach und nach Eberhard und Franzi und vergrößern die Familie und bringen viel Leben in unsere ›stille Bude‹. Mama und Luisi kamen immer wieder aus Graz und sind wichtige Babysit-Hilfe, wie auch Freund Riko (Mirdita), der allerdings jedesmal argen Schabernack hinterließ. Ich hatte an die Küchenwand Figuren gemalt, die von oben hängend in die Töpfe schauten. Riko pickte ihnen Speisereste unter die offenen Münder, so daß sie quasi in die Schüsseln kotzten, oder er blies einige Eier aus, füllte sie mit Wasser und pickte sie zu. Als es in der Pfanne nur zischte, brachte Alice die leeren (faulen?) Eier empört zurück ins Geschäft – und bekam frische!

Wir begeisterten – noch im Dezember 1953 – meine Symphonikerkollegen Kurt Theiner und Hermann Höbarth mitzumachen und begannen zu viert mit dem Ensemble. Erst nach jahrelangen Vorbereitungen haben wir ab 1958 Konzerte im Palais Schwarzenberg veranstaltet. Wir haben alles selbst organisiert: Plakate, Sessel aufstellen, an der Garderobe saßen die Frauen unserer Musiker oder Freunde unserer Familie. Und so beginnt die Geschichte des Concentus Musicus, die aber auch lange eine unserer eigenen Familie ist.

Zwischen all den beruflichen Turbulenzen wird dann ab 1973 unser Haus in Lohen nach und nach zu unserem Lebenszentrum, Unsere Kinder wachsen heran, Elisabeth und Philipp kamen immer wieder aus Wien, hüteten das leere Haus, wenn wir weg waren, beaufsichtigten Arbeiter (den Installateur oder den oft besoffenen Polier des Baumeisters, der die Schnapsflasche als Wasserwaage benutzt, der ohne Aufsicht manches verkehrt eingemauert hätte), Eberhard, der, nach dem Werkschulheim Felbertal in Ebenau, als gelernter Tischler noch Geigenbau lernte, wollte eigentlich eine Instrumentenbausiedlung in Lohen gründen, und Franzi, der manches Wochenende von Kremsmünster nach Hause kam, arbeitete, oft wütend kämpfend gegen das Gras und gegen die widerspenstigen Mauersteine, beim Stemmen für die Stromleitungen ...

Ich sinniere dankbar zurück. Was für ein reiches Lebens war uns geschenkt worden! Dazu eine vollklingende prachtvolle Harmonie! Kinder, Enkel und Urenkel – trotz aller Hürden, die eben zum Leben gehören, eine Quelle des Glücks und bewundernden Staunens. Und für uns trotz aller Wehwehchen ein glücklicher Zustand des Erlebens (dieses Erleben haben wir in unserem ›Album‹ Jahr für Jahr ausführlich geschildert, mittlerweile sind es über 60 Bände).

Was hab' ich noch vom Brüll- oder Nein-Kind? Ich hatte es schon abgelegt, jetzt kommt es vielleicht zurück als Altersstarrsinn – als ›nein-nein‹ zur Gegenwart? Werden wir friedlich oder bleiben wir, wie wir waren? ›Ungebrochen‹ trotz ›platsch‹ und ›nein‹ und Roßknecht ... und ... und ...

Teil IV – Essays

Der gute Geschmack

oder: Über Geschmack kann man nicht streiten, nur sich – de gustibus non est disputandum – zerstreiten

Heute sah ich in einer Kirche eine grauenvolle Marienstatue, typisch ›modern-sein-wollend‹ der 30er Jahre. Sie erinnerte mich an eine furchtbare Geschmacksentgleisung von mir – es bohrt in mir ... was ist Geschmack?

Ein Apfel hat einen guten Geschmack, Frau Pimpi hat einen guten Geschmack; den einen muß man essen, um es herauszufinden, bei Frau Pimpi muß man das ablehnen.

Ich habe Geschmack – wer (auf diesem Gebiet) ist wie ich, hat natürlich Geschmack; für Teilgebiete gilt dasselbe. Wer bezüglich Geschmack anders ist als ich, hat selbstverständlich keinen Geschmack oder einen schlechten. Natürlich kann man das umdrehen, dann habe eben ich den schlechten Geschmack.

Es gibt also – quer durch alle Vermögens-, Bildungs- und sonstigen Schichten – drei Möglichkeiten:

a) guter Geschmack (ich und alle wie ich),
b) schlechter Geschmack (die anderen),
c) überhaupt null, also kein Geschmack, weder guter noch schlechter.

Was ist also Geschmack? Wohl so etwas wie Consens oder Dissens über die ästhetische Qualität von Kunst, Kleidung, Benehmen/Verhalten, Dingen des täglichen Gebrauchs ... Ich habe also guten Geschmack, bin darin bewußt ausgebildet worden durch meinen Vater, der (wie ich fand) keinen oder einen sehr schlechten Geschmack hatte (möglicherweise die Musik ausgenommen), unbewußt durch alles, was ich las und reden hörte, was ich in den Häusern und Wohnungen von Verwandten und Bekannten sah, durch Städte, Dörfer, Kirchen. Vor allem aber dadurch, daß ich das meiste scheußlich fand – warum weiß ich nicht mehr.

Als ich etwa 12 Jahre alt war, fand man in unserer Familie (inclusive Papa, exclusive Mama), ich hätte Geschmack, alle sollten sich an mir orientieren. Obwohl dies keineswegs der Wirklichkeit entsprach (ich hatte einfach mein freches Maul dauernd offen) und ich dies auch wußte, wurde ich zur geschmacksverschlingenden Bestie. So kaufte ich für Mama zum Muttertag (war es 1941?) im allgemeinen Familienauftrag eine Madonnenstatue aus Keramik für den Mai-Altar. Ein scheußliches, kitschiges Produkt, aber ›modern-seinwollend‹, das alle, ebenso wie ich, bewunderten – mich dazu und meinen fabelhaften Geschmack (die Madonna gestern in der Kirche hat gemein gegrinst). Zum 50. Geburtstag Papas (1946) besorgte ich auf dem schwarzen Markt einen sicherlich abscheulichen Weißwein, wieder im Auftrag, weil alle mich, völlig grundlos, für den Kenner in der Familie hielten; natürlich stöhnten alle hingerissen (»köstlich – da sieht man's wieder, er versteht's eben«), als er entkorkt und getrunken wurde.

In unserer Wohnung gab es nur scheußliche, zum Teil sehr gut gemachte Möbel aus der Jahrhundertwende, die allerdings nie als schön bezeichnet wurden. An den Wänden ganz oben, außer Sichtweite, zwei oder drei sehr schöne Stiche von Piranesi (mir waren sie unheimlich), ein paar recht schöne Familienbilder (Öl und Aquarell), ein Bild des Schweizer Romantikers Zünd: ›Villa Harnoncourt bei Luzern‹ – keiner fand es schön, es war aber der wertvollste Kunstgegenstand in der Wohnung. Dann noch einige grauenvolle Repliken (wohl Kohlezeichnungen) und ein Madonnenbild in Öl über dem Bett der Eltern (wahrscheinlich scheußlich). Also nichts, an dem man sich entwickeln konnte, obwohl ja das Scheußlich-Finden wohl die Basis jeden guten Geschmacks ist, was ich damals allerdings noch nicht wußte.

Die praktische Schulung durch Osmose erhielt ich wohl unbewußt von den Eltern. Ich habe sie nie etwas schön finden gehört, nie

Begeisterung über ein Kunstwerk oder auch nur eine schöne Lederhose. Papa war sehr sparsam in seinem Urteil, vielleicht verbarg er es, weil er die Sarkasmen oder gar Zynismen Mamas, die unweigerlich gefolgt wären, fürchtete. Mama erwies ihre höhere Kennerschaft in Musik, ihren Geschmack, indem sie etwa in Konzerten unzählige Fehler der ausführenden Künstler bemerkte; waren wir denn alle deppert, weil wir nichts gehört hatten, es uns am Ende gar gefallen hatte?

Später, als mir die Tücke und Hinterlist des Geschmacks klar wurde, erkannte ich, daß die Eltern das Problem mit ebensoviel List bewältigten, denn: ›Geschmack‹ ist ja fast so etwas wie ›Charakter‹. Man kann doch nicht zu seinem Partner sagen: »Du hast einen miesen Charakter« oder: »Dein Geschmack ist katastrophal«. Man muß das Thema ganz delikat anfassen (außer natürlich, wenn man die Beziehung zerdeppern will, da ist dann Charakter und Geschmack vogelfrei und von höchster Sprengkraft!): Man bekennt sich zur Geschmacks-null-Gruppe und läßt sich zum Zombie ausbilden: er in Kleiderangelegenheiten, Vorhängen, Badezimmerkacheln etc. etc., sie in Architektur, Malerei und Musik; Literatur könnte umstrittenes Niemandsland bleiben. Echte unterschiedliche Meinungsäußerungen haben zu unterbleiben, kommen auch selten vor nach dieser fast unterbewußt still vorgenommenen Ressortverteilung. (Einmal habe ich einen roten Mantel ›scheußlich‹ gefunden, ich will es nie wieder tun.) Das große Aufräumen findet nach dem Tod statt: »Vater hatte so einen gräßlichen Geschmack.« Wobei mit Tod auch das berufliche Ende gemeint sein kann. »Wie konnte der frühere Chef in so einem horriblen Büro arbeiten?« – also andere Bilder, andere Möbel. Große Beispiele des Wechsels: Regierung, Minister, Bankdirektor, Botschafter, Industrieboß, Zahnarztordination etc.

Über Geschmack streitet man nur in unpersönlichen, ungefährlichen Gebieten, dort natürlich wild und heftig und direkt – ›gut‹ gegen ›schlecht‹ (natürlich austauschbar). Aber niemals Persönliches berühren! Wer Geschmack besitzt, sagt über andere: »Dem seine Wohnung ist wirklich grauenvoll eingerichtet, er hat eben keinen Geschmack« oder: »Wie die schon wieder dahergekommen ist, sowas nennt sie Kleid, einfach geschmacklos«. Aber die Betroffenen werden nie etwas von ihrem schlechten Geschmack erfahren, die Konfrontationen bleiben aus. Die Bestie muß gezähmt bleiben, um gegebenenfalls beim großen Krach einsatzbereit zu sein und garantiert vernichtend.

Es gibt vielleicht für Eheleute (oder Partner) noch bisher unbekannte Techniken, aber wenn zwei bereits ausgeprägte Geschmäcker aufeinandertreffen, gibt's nur wenige Möglichkeiten:
1.) Sie gleichen einander bereits (fast nie).
2.) Sie umkreisen die Probleme extrem vorsichtig – keiner erfährt letzten Endes die Positionen des anderen (fast immer).
3.) Sie benützen das Thema für Kräche (immer).
4.) Sie bemühen sich, voneinander zu lernen (nur theoretisch, weil's praktisch nie vorkommt), meist wird einer zum Lehrer, der andere zum Schüler.

Ganz wichtig bleibt also: wir erfahren nie, was unsere Lieben von unserem Geschmack halten, und sie nie, was wir von dem ihren halten. Wie schade, wie unsinnig, ja traurig! Halt, einmal gab's eine Ausnahme, einen tiefen Einblick! Ein Freund, der mein Zimmer übernimmt, will die Vorhänge – Werke eines von mir langwierig aufgestöberten Textilkünstlers – auswechseln. Er sagt natürlich nicht, daß sie ihm mißfallen, aber was könnte sonst der Grund dafür sein, die Vorhänge sind ja völlig unbeschädigt, wie neu? Also sagt er auf solche wunderbar direkte – wortlose – Art: »Nein wirklich, diese Vorhänge sind derart abstoßend, widerlich, ich halte sie nicht mehr aus, die verderben ja noch den unschuldig-ungeformten Geschmack der Kinder, die mich besuchen ... nie hätte ich gedacht, daß du einen derart unmöglichen Geschmack hast.« Tapezierer reißen sie herunter ... erfrischend, köstlich! Der neue Weg, den ich immer gesucht habe. Es gibt sie also, die neue Form des Gesprächs! Man könnte also doch vielleicht auch schon zu Lebzeiten mit dem Betroffenen über Geschmack diskutieren. Klar ausdrücken, was man meint. Aber ich habe das bisher noch nie erlebt und ich fürchte, es wird eine Eintagsfliege, eine Ausnahme bleiben. – Natürlich war ich zutiefst beleidigt.

Tabus blockieren eben fast unverrückbar den offenen Austausch zwischen Freunden, Eheleuten, ›Lebensabschnittpartnern‹. Diese Tabus verhindern Streit, profunde Zerwürfnisse, Familienfehden, aber sie verhindern auch die reine, kristallklare Ehrlichkeit, die wir so gerne als Basis aller Beziehungen preisen.

So unerbittlich das Thema ist, weil ja nur ich Geschmack habe, so begierig bin ich aber – wie jeder Geschmackskollege, glaube ich –, von höheren Instanzen zu lernen. Wie ein Trüffelschwein erschnobern wir die Gurus, die Weisheitsbesitzer, die Könner und Kenner und kitzeln aus ihnen heraus, was nur geht. So erklärt sich's, daß mein gestriger unfehlbarer Geschmack zum heutigen unfehlbaren Geschmack gewaltig mutiert ist und, wie ich fürchte und hoffe, zum morgigen mutieren wird. ›Guter‹ Geschmack, hat es den Anschein, ändert sich dauernd, ja er will das geradezu; nur ›schlechter‹ Geschmack, der der anderen, bleibt stur, fest, unverrückbar.

Die Mutationen des Geschmacks, auch im Großen, sind einfach rätselhaft – die Wandlungen der Kleidermode etwa gleichen dem Gang eines Betrunkenen: kurz – lang, schwer – leicht, ölig angeklebt – luftig flatternd, bunt – Ton in Ton, mit Bart – ohne Bart ... und immer gibt's die Übereinstimmung! Was gestern anerkannt schön war, ist heute anerkannt lächerlich, ein Witz. Wie lachen wir über die Kleider und Hüte, die Mama und die Tanten in den 20er und 30er Jahren trugen (diese herrlichen Fotos!), wie lachen wir heute über unsere Jugendvorlieben, und wie wird man in 30 Jahren über die jetzige Mode lachen – hoffentlich. Oder auf einem anderen Gebiet: was mußte unsere alte florentinische Truhe an Geschmackswandlungen mitmachen! Begeistert empfing der Auftraggeber die kostbare, sehr teure Brauttruhe um 1500 aus den Händen des stolzen Kunsthandwerkers; kaum war er tot, wurde sie von den Nachkommen auf den Dachboden verbannt, von Generation zu Generation in immer miesere Umgebung, endlich war sie der Behälter für weggeworfenen Hausdreck. Nach ein paar hundert Jahren in solchem Verpuppungsstadium entdeckte sie, sagen wir, Großvater, er ließ sie restaurieren und verkaufte sie gut – der Geschmack stand gerade auf ›Renaissance‹. Aber auch der Sohn des Käufers verbannte sie, erst relativ human, später stellte er sie in die Einfahrt als Kohlenkiste. Karren und Lastfahrzeuge schrammten dagegen, ›altes Glumpert‹; denn nun war ›Maria Theresia‹ wieder geschmackskonform oder gar Louis-Seize. Ich habe die Truhe billig bekommen, von Jahr zu Jahr wird sie vornehmer, zurzeit.

Apropos Großvater – Großpapa fand Renaissancetruhen fabelhaft, er liebte Bach und Makart und zog als Heinrich VIII. kostümiert im Festzug um die Ringstraße. Seine Söhne Papa und Onkel René hatten genau dieselbe Erziehung, sahen zu Hause und bei Verwandten dieselben Sachen, hörten dieselbe Musik ... es entstanden zwei Menschen mit großem Respekt voreinander, aber diametral verschiedenem Geschmack. Onkel René sehr sicher, Papa sehr unsicher – beide bis zuletzt lernbegierig. Der große Dürer-Experte liebt Art Nouveau! Liebt die ›scheußlichen‹ Metrostationen von Guimard! Sitzt an einem Schreibtisch von van de Velde! Liebt die mittelalterlichen Fresken in der Kirche von Pürgg und Bilder von Pollock, Mondrian oder Rothko – eins davon ist riesenhaft, Querformat und ganz schwarz, das soll Kunst sein! Papa findet vieles davon scheußlich, aber er liebt René, er will einfach erkennen, warum der diese Dinge so bedeutend oder gar schön findet – will sie möglichst auch schön finden ... so wird vielleicht aus Bewunderung Geschmack? – Die Frage: woher kommt also der Geschmack?

Warum ist der röhrende Hirsch in Öl und das gipserne Herz Jesu scheußlich und geschmacklos, wo sie doch Millionen Menschen wunderschön finden? Zählen die gar nicht? Sie drehen das Radio ab, wenn sie nur »Opus« hören, aber schmelzen dahin bei den für mich unmöglichsten Klängen. Aber ich lasse nichts über Frau Hufnagl, unsere alte Nachbarin, kommen. Die hat wirklich Kultur und Geschmack, alles stimmt zusammen in ihrem kulturellen Leben, absolut ehrlich und absolut sicher, keine Zweifel. In ihrem ›Schön-Finden‹ hat so vieles Platz, es ist nicht zu glauben: Wunderbares und Grauenvolles. Unseren Geschmack findet sie seltsam, möglicherweise – taktvoll verborgen – unmöglich. Demokratie kann es also nicht geben. Soll es, darf es?

Ich habe Angst vor Geschmackskarambolagen, die bei Kunst-Geschenken unvermeidlich sind; also bitte wirklich nichts Derartiges schenken – oder sehr raffiniert. Viele Bekannte wissen, daß ich altes Glas liebe (komische Marotte), so bekommen wir gelegentlich gläserne Geschenke – fast ohne Ausnahme furchtbar, abstoßend häßlich. Die Krone war ein riesiger geschliffener Rubinglaspokal (Mitte 19. Jahrhundert, einen halben Meter hoch, 15 kg schwer und sehr teuer), in einem Festakt nach dem Konzert im Concertgebouw in Amsterdam von Shell (Öl) überreicht; ich nahm meine Kräfte zusammen, ließ ihn nicht fallen – was ich ehrlicherweise aus Geschmackshygiene hätte tun müssen (er wäre wohl kaum zerbrochen) –, grinste sogar und bedankte mich; ebenso wie für einen Silberteller von Asprey, den mir das Philharmonia Orchestra in London überreichte. Beim Salzburger Bürgermeister war ich schlauer: als er zu erkennen gab, daß er mir ein Glas (weil ich das ja so gerne hätte) schenken wolle, ließ ich ihn wissen, daß mir nur ganz besondere Exemplare (Preiskategorie 100 Schilling bis unendlich) zusagen und daß ein bestimmter Händler meinen Geschmack genau kenne. So schickten sie wirklich einen Abgeordneten nach Amsterdam zu diesem Händler, der brachte das verschlossene Päckchen zur Ehrenamtshandlung. Diesmal war der Schreck des Bürgermeisters erkennbar, als er das unscheinbare, offenbar sehr billige häßlich-armselige Glas-Tatzerl sah, peinlich berührt wunderte er sich über meine Begeisterungsausbrüche, die offensichtlich nicht geheuchelt waren (die herrliche ›Tazza‹ war aus Venedig, ca. 1550).

Immer wieder muß ich an Papa und Onkel René denken. Papa war kein Kenner, er beneidete Onkel René glühend, daß er ein solcher war. Onkel René war ein international anerkannter Kenner höchsten Grades, trotzdem hatte er ausnahmsweise auch Geschmack. Es geht ja gar nicht um Geschmack, sondern vor allem auch um Kennerschaft. Plötzlich sackt die hehre Qualität des Geschmacks zu einem Nichts zusammen, es gibt auch die Kennerschaft! Und wer Geschmack hat, ist noch lange kein Kenner, er kann über alles schimpfen (auf Grund seines Geschmacks), ohne das Geringste davon zu verstehen, und so ist es ja auch normalerweise. Hingegen kann der Kenner mit seinem Fachwissen alles Einschlägige beurteilen und deuten ... ohne ein Quentchen Geschmack zu besitzen.

Die Wohnungen mancher der erlauchten Kustoden der verschiedenen kunsthistorischen Museen (ausgewiesene Kenner) oder von allseits anerkannten Literaturpäpsten sprechen oft eine furchtbare, demaskierende, ernüchternde Sprache – mit ihren Krawatten, Teddybären und sonstigen Stofftieren, den Kleidern der ›Gattinnen‹, den angebotenen Speisen. Für Geschmack und Kennerschaft gibt es keine gemeinsame Sprache, man kann überhaupt nicht miteinander reden, nur einander zutiefst bemitleiden: der Geschmacksmensch den Kenner, der durch sein Wissen daran gehindert werde, Kunst unmittelbar zu erleben; der Kenner den Geschmacksmenschen, weil dieser keine Ahnung hat, nichts versteht, aber vorgibt, geradezu ein Kenner zu sein. Man findet also, wie gesagt, oft renommierte Kunsthistoriker und Kunstexperten, die überhaupt keinen Geschmack besitzen.

Als ich Musik zu studieren begann und anfing zu bemerken, worüber man sprach, wenn man über Musik zu sprechen vermeinte, wurde ich von allen Seiten bemitleidet: »Je mehr du von Musik verstehst, desto kritischer wirst du, desto weniger kannst du sie genießen …« Nebenbei: auch ›Gebildete‹ sprechen und schreiben selbstverständlich über Musik ohne die geringste Kenntnis! Es genügt wohl, »schön« und »scheußlich« zu sagen oder Bruckner zu loben … und schon ist man kompetent. Wehe, das täte man bei Chirurgie oder gar Quantenphysik!

Viele Menschen, die Geschmack haben (selbstverständlich schlechten, aber immerhin), hängen sich an die Kenner, um zu lernen … vielleicht kann es da wirklich einmal passieren, daß dabei etwas Wertvolles herauskommt? Ich weiß es nicht. Ich weiß nur, daß ich Geschmack habe, das beweise ich täglich: ich finde fast alles scheußlich.

Lüge – Meineid

oder: Soll man wirklich immer die Wahrheit sagen? (Sommer 1998)

Überall wird jetzt wegen der Clinton-Affaire das Verwerfliche des Lügens oder gar eines Meineides betont – nirgends habe ich diesen Fragenkomplex, der ja jeden Menschen betrifft, einigermaßen verständlich erklärt bekommen. Das wird offenbar alles staatsbürgerlich vorausgesetzt.

Nahezu 70 Jahre alt bin ich nun und es hat mir noch niemals jemand erklärt, was ein Eid ist – schon gar nicht ein Meineid. Wenn das so etwas Wichtiges ist, hätte man das doch in der Schule (ich hatte 13 Jahre davon!) oder mindestens in der Fahrschule lernen müssen, aber nein ... Jetzt stelle ich mir halt privat etwas Schreckliches vor, vielleicht wie: mein Kind soll von Säure zerfressen werden, wenn ich lüge; oder: der Teufel soll mich holen, wenn ... grüne Warzen sollen mir auf der Nase wachsen ... der Blitz etc. etc. Ich bin eigentlich nicht abergläubisch, und ich dachte immer, in der Bibel stünde, man dürfe nicht schwören. Manche sagen angeblich, man schwört ›bei Gott‹, wie soll das gehen? In den USA legen sie angeblich die Hand auf die Bibel (wo das Schwör-Verbot drinsteht!) und in christlichen Ländern steht oft ein Kruzifix am Schwörtisch! Das ist doch Blasphemie! Oder? Sind die Richter auch abergläubisch, oder ist das einfach ein Übereinkommen, wie es viele Freunde oder sogar Ehepaare haben, um ganz sicher an Wahräußerungen zu kommen, irgendein Paßwort oder eine Paßgeste oder sonstwas – dann lügt man nicht. Aber so etwas staatlich oder juristisch oder wie? Kommt das vielleicht noch von den Germanen oder Kelten? »Ich schlucke eine Kröte, wenn das nicht stimmt!« – aber dann wäre es ja nicht in der Bibel verboten, weil bei den Germanen gab's die nicht.

Ich habe bei Freunden und Bekannten herumgefragt: niemand kannte sich aus, niemand wußte wirklich präzis, was ein Eid sei oder warum man ›unter Eid‹ eher die Wahrheit sagen soll als sonst – einen leichten Schauer verspürte ich merkwürdigerweise bei allen ... Die Juristen unter den Befragten reagierten allerdings völlig anders: sie wußten ausnahmslos auch nicht, was ein Eid sei, wenigstens konnten sie es mir nicht erklären. Nur behaupteten sie einstimmig und für mich geradezu blödsinnig, ›unter Eid‹ dürfe man selbstverständlich keineswegs lügen, das sei fast wie Raub oder gar Mord – da erschienen sie mir fast wie Kelten (meine juristischen Enkel und auch die Schwiegertochter sind aber keine Kelten).

Als Kind habe ich immer gehört, ich dürfe nicht lügen. Ich habe das dann auch meinen Kindern gesagt, daß sie das nicht dürfen. Aber ich habe es nie richtig verstanden, weil ich eigentlich ständig lügen mußte und weil auch die Erwachsenen ständig logen: »War das Essen gut?« – »Ja.« ... Am Telephon: »Kind, sag, der Papi ist nicht zu Hause.« ... Nachts: »Warum kommst du erst jetzt?« – »Ich hatte im Büro noch so viel nachzuarbeiten.« ... »Wie geht's?« – »Danke, gut.« Ich kenne niemanden, der nicht lügt; auch sehr ehrliche Menschen tun es. Ehrlichkeit und Lüge schließen einander überhaupt nicht aus.

Eine subtile Unterart der Lüge ist immerhin die Höflichkeit: »Guten Morgen – Sie sehen aber gut aus« (wie eine Kröte, dick geworden) ... »Schön haben Sie es da« (kitschig, katastrophal geschmacklos) ... »Reizende, herzige Kinder!« (glotzäugige Ungeheuer) ... »Ein herrliches Konzert« (kaum zu ertragen) ... »Sehr interessantes Konzert« (ist die allgemein übliche Formel für: es war schrecklich) ... »Das ist aber ein wunderschönes Bild« (Mist) ... »Ihr Bruder, so ein netter Mensch« (arrogantes Ekel, Ratte, Parasit) ... »Sie müssen uns besuchen!« (um Himmels willen, das fehlt gerade noch!)

Polizisten und Beamte tun so, als müsse man ihnen sozusagen staatsmäßig immer die Wahrheit sagen: »Ich bin höchstens 65 gefahren« ... »Ich war nie Nazi« ... Zugleich aber scheinen sie fest damit zu rechnen, daß man lügt: ... »Haben Sie etwas im Ausland eingekauft?« – »Nein.« – »Öffnen Sie den Koffer.« ... Es wird gewühlt, gefunden, gestraft. Vielleicht darf man also doch nicht lügen. Andrerseits, vor Gericht, wo es doch am allerwichtigsten wäre, braucht man nichts zu sagen, was gegen einen verwendet werden könnte, und lügen soll man da auch ganz ungeniert dürfen – außer ›unter Eid‹; und das kann ich am wenigsten verstehen.

Kürzlich wollte das Finanzamt in Vöcklabruck eine eidesstattliche Erklärung von mir, daß ich meinen Frack ausschließlich im Konzert trage. Ich gab sie zähneknirschend – wegen meiner hier dargelegten Meinung. Man glaubte mir nicht!

Ich glaube immer ziemlich ehrlich zu sein, ich lüge nicht oder kaum (jetzt, wo ich mir das alles überlege, weiß ich überhaupt nicht, warum ich ehrlich bin), aber ich würde nicht den geringsten Unterschied machen, ob ich ›unter Eid‹ wäre oder nicht. Soll man vielleicht im einen Fall weniger lügen als im anderen? Und warum? Wenn ich vor meiner Familie etwas verheimlichen will, ein Doppelleben oder eine ›Freundin‹ oder einen Käsediebstahl aus dem Eisschrank ... warum soll ich das ›unter Eid‹ plötzlich zugeben? Bin ich abergläubisch? Bin ich ein Kelte?

Lachen und Lächeln

Papa hat alles nachgemacht: den Gang der russischen Soldaten, seine Professoren, besonders Prof. Knolls Sprache (»des iss, wie ma sokt, a Gaunerei« ... »bei uns in Jäägerndorf«), und vieles mehr; immer sehr gut, sehr treffend – wir haben gelacht, gelacht! Wir Kinder, besonders ich, haben diese Eigenschaft geerbt ... wir ahmen Stimmen nach, ernten Lachen.

Lachen ... Wie arm wäre die Welt ohne das Lachen! Das Lachen, das den ewig drohenden tiefen Ernst zerhackt, pulverisiert, ad absurdum führt – aber was ist dieser ›Reichtum‹ Lachen wirklich? Ist nicht Lachen immer Auslachen? Gibt es nicht immer ein Opfer (das im günstigsten Fall mitlacht), lachen wir nicht immer auf Kosten von jemandem? Natürlich, so ist es. Schadenfreude ist die Hauptquelle. Das Gelächter des Glücks gibt es nicht. Hohngelächter, teuflisches Gelächter – lacht Gott?

Über Schönheit gibt's wohl auch kein Gelächter. Hat man je einen Menschen vor der ›Mona Lisa‹ lachen sehen? Oder nach der Jupitersymphonie? Man kann es drehen und wenden, wie man will, diese zähnefletschende Grimasse, dieses konvulsivische Zucken des Zwerchfells unter kreischenden, brüllenden Geräuschen findet man nur als Reaktion auf ›Lächerliches‹, auf große und kleine Katastrophen. Das Lachen ist nur für die Lacher lustig, befreiend ... die Belachten müssen irgendwie damit fertig werden, daß auf ihre Kosten die Welt von ihrem unerträglichen Ernst befreit wird. Natürlich sind die lachenden Babys oder die lachenden Irrsinnigen – zu denen wohl auch die ›Backfische‹ gehören – ausgenommen. Ich zweifle nicht daran, daß Lachen – medizinisch, vor allem psychiatrisch – gesund ist: das Zwerchfell macht Gymnastik und das Gemüt wirft – mindestens für eine Zeitlang – Ballast ab.

Ich habe einen Preis ausgelobt für den, der ein liebevolles, gütiges Gelächter beschreibt. Philipp und Eberhard haben am Weg in die Schule im Bus über dieses Lachproblem diskutiert. Die Folge: die erwachsenen Fahrgäste fallen schimpfend über die Buben her: »Hörts euch des an! So ist die heutige Jugend: ollas schlecht machen – so eine giftige Brut!« Warum ist etwas so Boshaftes so wichtig für die Welt?

Macht das Leben erst lebenswert? Es ist aber so – Gott sei Dank!

Das Lächeln des Wissenden ... Sieben Menschen sitzen um den Tisch, sie diskutieren kreuz und quer, wobei ein Thema immer mehr in den Vordergrund rückt. Jeder will etwas dazu sagen, kompetent, sozusagen aus eigener Erfahrung. Einer sagt nichts, er sitzt mit halbgeschlossenen Augen da und lächelt. Nach und nach wirkt beides zunehmend penetrant: das Schweigen und das Lächeln; es ist ja kein gewöhnliches, liebevolles Lächeln. Es ist ein Lächeln zum Thema, zugleich nach innen wie nach außen gerichtet, ein kaum merkliches Lächeln, das nach und nach ins Gespräch hineinschneidet. Schließlich scheinen alle freundschaftlich und hitzig Diskutierenden ihre Partner zu verlieren, ganz langsam, und nur mehr gegen das schweigende Lächeln zu argumentieren. Das Gespräch verliert seinen Sinn und seinen Anstand. Es wird gleichsam chemisch zersetzt; keiner weiß warum, keiner hat das schweigende Lächeln richtig wahrgenommen und doch wird es immer mehr zum Zentrum, es steuert das Gespräch. »Wozu die lächerliche Diskussion – ich *weiß* es!«

Die schönste Äußerung, deren wir fähig sind – von Kindheit an, noch *vor* dem Sprechen, und bis ins höchste Alter, ist wohl das Lächeln; es strahlt Liebe aus, Zuwendung, Hilfsbereitschaft, stille Freude ... wie anrührend ist dieses selige Lächeln!

Zwei Essays zum Balthasar-Neumann-Jahr

Preisfrage des Hauses der Bayerischen Geschichte 1987:
»Die Bedeutung historischer Raumgestaltung für den Menschen der Gegenwart«
Bedingung: wenig Fremdworte – die Begriffe Kultur, Barock, Identität und Kunst höchstens einmal

Die Bewegung

An einem Frühsommertag in Würzburg. Die Menschen hasten durch die Stadt, die Einheimischen mit Einkaufstaschen, die Fremden mit Kunstführern in der Hand. Alle sehen mißmutig aus, wie vor oder nach einem unangenehmen Behördenweg. Alle Fremden landen früher oder später in der Residenz, wo sie, da es ja leider keinen Lift gibt, im riesenhaften Stiegenhaus langsam die Treppen hinaufsteigen. Ein jämmerlicher Anblick. Fast jeder scheint zu fühlen, daß man so diese Treppe so nicht bewältigen kann: man bleibt abrupt stehen, einen Fuß noch auf der unteren Stufe, man unterbricht eine Bewegung, die man nicht erfüllen kann – es kommt einem aber nicht zu Bewußtsein. Der Prospekt verweist auf das Deckenfresko, es entstehen mitten im Aufstieg mancherlei groteske Körperverrenkungen, um das soeben Gelesene mit der Realität an der Decke des Raumes zu vergleichen. Die Beine vieler Besucher scheinen mit der Stufenhöhe Probleme zu haben, so wackeln die Menschen hinauf, unharmonisch, fast ein bißchen unglücklich. Da kommt eine Gruppe von Schulkindern, das Bild hat sich gewandelt, die Treppe ist lebendig bevölkert. Die Bewegungen der Kinder sind sehr unterschiedlich. Manche laufen, manche gehen ganz langsam, alle scheinen sich in der von den Stufen geforderten Bewegung wohl zu fühlen. Ein junges Paar geht inmitten des unruhig stolpernden Besucherstroms die Treppen herunter, nach einigen etwas ausgreifenden Bewegungen finden sie zu einem herrlichen Rhythmus, ihre Körper federn entspannt von Stufe zu Stufe, die Stiege verbietet ihnen offenbar das schnelle Tempo, das sie ursprünglich wohl anschlagen wollen; sie gebietet ihnen Bewegung, Tempo und Rhythmus.

In einem solchen Stiegenhaus kann man die Freude an harmonischer Bewegung – wie sie fast alle Kinder haben – wiedergewinnen; hätte man täglich solche Treppen zu passieren, Stolz und Selbstbewußtsein könnten zu keimen beginnen.

Nun fallen mir ›Treppenerinnerungen‹ aus meiner Studienzeit ein. Ich wohnte im obersten Stock eines uralten Stiftsgebäudes in Wien; die sehr einfache Stiege erfreute mich täglich, sie erlaubte einen müden Aufstieg ebenso wie ein freudiges Hinaufstürmen; den Rhythmus aber bestimmt sie. Zweimal habe ich mich hier bei Stürzen verletzt, ich war schlecht gelaufen, wohl verdorben durch andere Treppen, die ich zu gehen hatte. Etwa die der Wiener Stadtbahn, die ich sowohl im Auf- als auch im Abstieg als sehr unangenehm empfinde. Einzeln gegangen, zerhacken die Stufen erbarmungslos Körperrhythmus und seelische Harmonie – am ehesten sind sie im Aufstieg in Zweiersprüngen, im Abstieg in einem komplizierten Zwei-Drei-Rhythmus zu bewältigen. (Nahezu jeder Wiener geht täglich mindestens eine Stadtbahntreppe, man wird verständnisvoller, wenn man dies bedenkt.) In den Wohnhäusern der letzten 80 Jahre gibt es fast nur deprimierende und destruktive Treppen.

Nach diesem geistigen Abstecher nach Wien wieder im Würzburger Treppenhaus: endlich oben angelangt, höre ich Musikinstrumente. Heute ist wohl eines der ›festlichen Schloßkonzerte‹, und die Orchestermusiker kommen nach und nach, um sich einzuspielen. Während sie ihre Übungen absolvieren, gehen sie nervös auf und ab und betrachten halb unbewußt Fresken und Möbel. Ihr Gang wird lockerer, ihre Skalen und Dreiklänge harmonischer; manch einer wird durch die ihm ungewohnte Resonanz der Räume inspiriert und die Skalen formen sich zu Musikstücken, meist sind es Teile aus den Sonaten und Partiten Bachs. Man fühlt, wie der Raum zum Instrument wird, oder eher, wie seine sehr ausgeprägte eigene Akustik sich mit der Klangqualität des Instrumentes verbindet. Schon in dieser eher chaotischen Einspielphase (jeder Musiker spielt sein Stück mit zunehmender Hingabe, ohne auf die anderen, im selben Raum spielenden Kollegen zu achten!) empfindet man die entstehende Einheit von Raum, Klang, Gebäude – eine allgemein harmonisierende Wirkung. Es fällt auch auf, wie schön die Geigen, Bratschen, Celli und Bässe zu den Möbeln und Bildern in den Räumen passen.

Die Form dieser Instrumente gilt zwar als optimale Zweckform, und doch ist sie rein barock, ist sie unverkennbar ein Kind des 17. und 18. Jahrhunderts und fügt sich – Corpus, Schnecke, F-Löcher, Steg – hier wunderbar in die Umgebung. Es ist eine Ornamentsprache, die sich wohl in der Musik fortsetzen muß oder die erst dort ihren eigentlichen Sinn entfaltet.

Ich sehe also, daß die Stiegen und Räume der alten Residenz nicht nur für den rein technischen Gebrauch sehr gut sind, sondern daß sie darüber hinaus kraftvoll in die Lebenssituation jedes Menschen eingreifen, der ihnen begegnet. Vor allem aber sehe ich mit Staunen, daß dies durchaus nicht auf die große Residenz beschränkt ist. Dieselben Prinzipien, die hier das Ganze und die Einzelheiten bestimmen, fördern auch im kleinen Rahmen Inspiration, Phantasie und Lebensmut.

Akustik als selbstverständliche Anforderung an den Architekten

Ein Raum wirkt auf vielerlei Weise. Größe, Proportion, Farbe, Ornament, Licht – einer der bedeutendsten Aspekte wird nur sehr selten erwähnt: seine Akustik. Dennoch ist die Akustik eines Raumes ein wesentlicher Teil seiner Eigenart; jeder Raum formt die in ihm erzeugten Klänge auf eine einmalige Weise, es gibt also keine zwei Räume historischer Gebäude, die gleich ›klingen‹. Man kann sogar beim Anhören von Tonaufnahmen die Räume erkennen, in denen sie gemacht wurden. Mir als Musiker fällt auf, daß alle für Musik vorgesehenen Räume, etwa aus dem 15. bis 18. Jahrhundert, für die Musik ihrer Zeit hervorragend geeignet sind; die Musik anderer Epochen klingt allerdings in manchen dieser Säle sehr fremd und unnatürlich. Herausragende Beispiele dafür sind die geistlichen und profanen Bauwerke Balthasar Neumanns (was mich fast dazu geführt hat, meinen dritten Sohn nach ihm Balthasar zu nennen), hingegen entsprechen die sogenannten ›Mehrzweck‹-Hallen und -Räume unserer Zeit normalerweise keinem der vorgesehenen Zwecke (nicht einmal für Sprache sind sie wirklich geeignet, da sie die Stimme zwar sehr gut verständlich, aber trocken und unsympathisch klingen lassen). Merkwürdigerweise sind historische Mehrzweckräume wie etwa Kirchen für jede der akustischen Anforderungen meist bestens gerüstet, allerdings nur, wenn sie in der ursprünglich beabsichtigten Weise benützt werden. Die Orgeln müssen für den jeweiligen Raum entworfen sein, und die vokale und instrumentale Kirchenmusik muß in der ursprünglich dafür vorgesehenen Aufstellung postiert werden; dann ergibt sich eine dem jeweiligen Stil entsprechende schöne Mischung von direktem Klang und Raumklang, ja der Raum wird geradezu als Resonanzkörper eines Musikinstrumentes empfunden, der den darin stattfindenden Schallereignissen ihren unverwechselbaren, nur diesem Raum zugehörigen Klang gibt. Raum und Musik verschmelzen zu einer idealen Einheit.

Ähnlich ist es mit der Sprache: wird zur Predigt die dafür vorgesehene Kanzel benutzt, so versteht man einen gut geschulten Sprecher ohne elektroakustische Verstärkung, ja das Gesagte kann durch die akustische Einbettung in einem ausstrahlenden Raum an Überzeugungskraft gewinnen. Dies setzt allerdings eine echte Sprechkultur voraus, der die herrschende Alltagssprache und das Mikrophon nicht entsprechen kann. Für mich kommt ein schwer erklärbarer, eher gefühlsmäßiger Eindruck dazu: Sprache und Musik klingen in solchen Räumen sympathisch. Akustiker werden diesen Begriff schwerlich annehmen, und es dürfte wohl unmöglich sein, einen ›sympathischen‹ Klang technisch zu erklären. Es ist merkwürdig, daß all die alten Räume, die nach den Kenntnissen jahrhundertealter Erfahrung gebaut sind, gut klingen; jeder für sich unverkennbar und interessant, während nahezu alle in neuerer Zeit von Akustikern ausgeklügelten Räume mißlingen. Ich habe noch nie einen modernen Raum mit einem wirklich schönen akustischen Profil erlebt.

Die Maßstäbe, nach denen die Baumeister vergangener Jahrhunderte arbeiteten, waren Zunftgeheimnisse oder -weisheiten, die aus der Praxis jahrhundertelanger Erfahrung erwachsen waren. Die heute aufgestellten akustischen Forderungen hingegen führen zwar zu deren Erfüllung, nicht aber zu künstlerisch brauchbaren Ergebnissen. Merkwürdig! Fragen wir falsch? Es scheint eben doch nicht zu genügen, Wärme und Schönheit von Raumklängen in Nachhallzeiten und Formanten auszudrücken.

Weg in die Irre

Abgedruckt in ›Nachdenken über Politik‹ (1985)

Von allen menschlichen Äußerungen ist die Kunst die am meisten zeitgebundene und zugleich die zeitloseste. Zeitgebunden ist sie, weil sie ja nichts anderes ausdrücken kann, als was in einer bestimmten Zeit von bestimmten Menschen gedacht und empfunden wird und wurde; zeitlos, weil gerade in seinen künstlerischen Aussagen der Mensch oft allgemeine Grundfragen behandelt, die ihre Aktualität niemals verlieren können, solange menschliches Fühlen und Denken prinzipiell gleich bleibt.

Es wurde beklagt, daß der Mensch sich moralisch, aber auch in seiner Denkweise nicht entwickelt, daß jeder Denker die Gedanken seiner geistigen Väter und Großväter nochmals denken muß, um sie zu akzeptieren; daher kann es kein ›Fortschreiten‹ geben. Ein vertrauensvolles Aufbauen auf den Resultaten der früheren Generationen gibt es nur im technischen Bereich. Wahrscheinlich ist dieses elementare ›Mißtrauen‹ ein wesentlicher und wichtiger Teil der menschlichen Natur, der uns daran hindert, auf unbemerkten Denkfehlern katastrophale Entwicklungen aufzubauen. Sokrates bleibt also immer aktuell, spätere Philosophen haben dieselben Probleme anders gesehen – und wir können unsere eigenen Ideen und Resultate zwar an den vielfältigsten Gedanken der Philosophen der Vergangenheit messen und befestigen, aber wir müssen nie von Anfang an neu denken. – Die Technik ist uns entglitten; in diesem Bereich scheint die Natur jene segensreiche Sperre des existentiellen Mißtrauens vergessen zu haben. So konnte ein Gebäude Riesenwuchs entfalten, das den moralisch-geistig kleingebliebenen Menschen zur Belastung wurde.

Es gibt natürlich Kunstarten wie die Architektur oder die Bildende Kunst, die derart beständiges Material wählen, daß ihre Werke ›für immer‹, jedenfalls für mehrere Generationen, bleiben. Sie sind auch so angelegt, die Sprache der Architektur ist also kein kurzlebiger modischer Dialekt. Am flüchtigsten sind die Dichtkunst und die Musik. Diese Künste konkretisieren sich nur bei einer Interpretation, sie sind nicht ›da‹, wie Skulptur oder Gebäude, sie werden im Ablauf erlebt. So steuert der Künstler das Erleben des Lesers oder Hörers in einer von ihm selbst oft im Rahmen einer gegebenen Form gewählten Dramaturgie. Dichtung und Musik sind daher prinzipiell zeitgebunden. Der Künstler muß ja sein Publikum kennen, mit dem er in Dialog tritt. Dessen Reaktion ist Inspirationsquelle für weitere Werke. Verbale oder musikalische Reize, die den Hörer schockieren oder ihm Sensationen bringen, nützen sich sehr bald ab; es müssen also immer neue, stärkere Reize gefunden werden.

Wir wundern uns nicht, daß im Verlauf der abendländischen Musikgeschichte bis zur Mitte des 19. Jahrhunderts praktisch nur die unmittelbar zeitgenössische Musik zur Diskussion stand – ältere Werke wurden nur zu Studienzwecken herangezogen. Häufig wird als ›Gegenbeweis‹ gegen dieses Faktum angeführt, daß viele Komponisten (etwa Bach, Mozart, Beethoven) vom zeitgenössischen Publikum verkannt und erst später voll verstanden wurden. Hier liegt wohl ein Mißverständnis vor, denn eine Ablehnung bedeutet ja keineswegs Unverständnis. Eine Provokation ruft alle denkbaren Reaktionen hervor. Viele Werke der genannten Komponisten wirkten in ihrer Zeit als Stein des Anstoßes, sie setzten leidenschaftliche Auseinandersetzungen in Gang. Es gibt nur eine wirkliche Ablehnung – und die äußert sich in Desinteresse. Jede intensive sprachliche Äußerung – und Musik spricht vielfach intensiver, direkter als dies Worte vermögen – fordert zum Dialog auf, nicht aber zum genießerischen Konsum, da ist Ab- und Auflehnung eine durchaus legitime Reaktion.

Heute sind die Literatur und die Musik der Vergangenheit anerkannt, ja sie hat nach und nach, gleichsam unmerklich die zeitgenössische Musik verdrängt und ihren Platz eingenommen: das heutige Musikleben besteht aus alter Musik. Hat diese alte Musik ihre seinerzeitige Aktualität wiedergewonnen, hat sie zeitlose Gültigkeit bewiesen? Sind die toten Altmeister in die Bresche gesprungen, weil die lebenden Meister versagen?

Kunst läßt sich nicht dirigieren. Schlechtes Gewissen gegenüber dem hungerndem Künstler kann zu Subventionen animieren, die dessen Überleben sichern – aber die Kunst kann so nicht gerettet werden.

Seit zweihundert Jahren predigt man die allgemeinverständliche Musik; jedem zugänglich, ohne ›Sprachkenntnisse‹ von jedermann mit dem Gefühl aufzufassen – eine raffinierte Sprache des Unsagbaren, ein Kommunikationsmittel außerhalb logisch-technologischer Begriffe, die vielleicht unmittelbarste menschliche Sprache; sie wurde durch langsame Entfremdung über mehrere Generationen wegerzogen, entzogen. Jetzt ›verstehen‹ wir auch von der ›alten‹ Musik nur mehr die leicht konsumierbare ästhetische Komponente, die wie die Spitze eines Eisberges auch ohne eigene Gedanken erkennbar ist.

Es hat keinen Sinn, nach Schuldigen zu suchen. Der Irrweg gehört wohl zum natürlichen historischen Entwicklungsprogramm. Es wird nur höchste Zeit, den professionellen Kulturpolitikern das Steuer zu entwinden. Sie denken in denselben Nützlichkeitskategorien, mit denen sie bereits unseren Lebensraum zerstört haben. Der Verlust kann ihnen erst bewußt werden, wenn es zu spät ist. Für den modernen Techno-Menschen unserer Zeit ist eine irrationale Menschen-Sprache wie die Musik unnötig; das Glück wird in Zahlen ausgedrückt (Digitalglück), so wird es angestrebt, so soll es erworben werden. Im Erziehungssystem wird der Raum für das Menschliche (Kunst, Sprache) immer kleiner, der für das Zahlenmäßige – was beileibe nicht mit Mathematik gleichzusetzen ist – immer größer. Der Lehrstoff ist keineswegs angewachsen, er ist katastrophal geschrumpft.

Ich sehe die geradezu naturereignishafte Hinwendung zum Historischen, zur Musik Mozarts, Beethovens, Wagners, Verdis ..., als eine letzte große Warnung – wie das krankhafte Wuchern mancher Bäume vor ihrem Tod. Es zeigt uns, was Kunst einmal war, was sie eigentlich ist oder, man muß schon sagen, wäre. Es könnte sein, wenn wir uns vom bequemen, aber letztlich destruktiven Kunstgenuß wieder zu echter Auseinandersetzung finden, daß wir so über die alte oder historische oder klassische Musik zu einem neuen Erziehungssystem finden, das dem alten trivial-quadrivialen ohne weiteres wieder entsprechen könnte.

Der einzige Sinn, den ich in der riesigen Historismuswelle des vergangenen Jahrhunderts sehen kann, ist, uns schließlich zur Gegenwart zurückzuführen.

Teil V

Auszüge aus Tante Renatas und Onkel Gerhards Bericht über ihre Zeit in sowjetischer Haft

Vom Staatsstreich in Rumänien (August 1944) bis zur Verurteilung (Juli 1948) und zur Freilassung (1955/56)

Tante Renata: Am Abend des 23. August 1944 kam ich gegen 7 Uhr nach Hause und hörte allerhand Gerüchte über »Staatsstreich«, »Umsturz« und ähnliches. Da Rumänien und besonders Bukarest ein besonders guter Boden für sensationelle Gerüchte war, schenkte ich dem wenig Beachtung. Doch plötzlich kam ein Anruf aus der Gesandtschaft ... ob mein Mann schon zu Hause wäre? Als ich verneinte, sagte der diensthabende Beamte mit verstörter Stimme, er möge *sofort* auf die Gesandtschaft zurückkehren, es wäre *äußerst* dringend ... König Michael von Rumänien hatte sich mit den Alliierten geeinigt und Deutschland den Krieg erklärt; Grund hierfür war der Einmarsch der Sowjetarmee im Osten Rumäniens. Die beiden Antonescus (der Staatsführer Marschall Ion Antonescu und sein Namensvetter und engster Mitarbeiter Mihai Antonescu (der aber kein Verwandter von ihm war) befanden sich hinter Schloß und Riegel im Keller des königlichen Palastes. Um 10 Uhr abends wurden allen Deutschen die Telefonanschlüsse gesperrt. Bukarest war in einem Freudentaumel! Aus allen Fenstern hörte man Lachen, Jubeln und immer wieder die Nationalhymne – und die Ansprache des Königs aus den Lautsprechern. Dazwischen die Freudenrufe: »Der Krieg ist zu Ende!« In der Gesandtschaft herrschte Verwirrung und Bestürzung, aber augenblicklich war nichts zu tun, so kehrten wir gegen

3 Uhr früh wieder nach Hause zurück, legten uns noch für ein paar Stunden nieder, um gegen 7 Uhr wieder in die Gesandtschaft zu fahren. Wir ahnten damals nicht, daß wir auf Jahre hinaus zum letzten Mal in einem normalen Bett geschlafen und an einem gedeckten Tisch gefrühstückt hatten! …

Ich war gerade in der Wohnung, als eine Gruppe von 6–7 »Patrioten« erschien und uns erklärte, wir wären verhaftet! Sie trugen dunkelblaue Monteuranzüge, deutsche Stahlhelme, von denen das Hakenkreuz abgekratzt war, deutsche Gewehre und gelbe Armbinden mit einem großen P darauf (Patrioten) … Tatsächlich kam eine halbe Stunde später der Partisanenführer, spätere Kriegsminister, Dr. jur. Bodnarasch, der aus der Bukowina stammte und fließend Deutsch sprach, zu uns und entschuldigte sich für das »irrtümliche Festhalten« von Diplomaten. Seine »jungen Leute« könnten nicht zwischen gewöhnlichen Deutschen und Diplomaten unterscheiden – aber wir könnten nun sofort in die Gesandtschaft zurückkehren … Schließlich fuhren wir ab, ich saß am Steuer … der Weg in die Gesandtschaft war mühsam und langwierig … Von der Gesandtschaft aus hatte man auf verschiedenste Weise versucht, uns zu befreien – aber vergebens. Dieser Tag bei den rumänischen Partisanen war meine erste Kostprobe – allerdings eine völlig unzureichende – von Gefangenschaft. Die darauffolgenden zehneinhalb Jahre waren inhaltsreicher! …

Bis zum 2. September dauerte der Zustand des »in der Gesandtschaft Interniertseins« mit Wassermangel, Überfüllung, kaum erträglicher Hitze und allen unerfreulichen Begleiterscheinungen einer solchen Situation … Sonntag, 3. September: Wir verbrachten den Nachmittag in einem Zimmer mit dem Ehepaar Clodius, um die Lage zu besprechen. Plötzlich öffnete sich die Türe und ein russischer Soldat kam herein, ging aber sogleich wieder hinaus. Als mein Mann ihm folgen wollte, um zu erfahren, was los sei, wurde ihm das verboten. Der erste, den sie hier suchten, war Clodius, ein russischer General nahm seine Personalien auf und erklärte ihm, er müsse wegen einiger Fragen ins russische Hauptquartier mitkommen. Frau Clodius erklärte sofort, sie würde ihn begleiten, die Russen schienen unschlüssig, lehnten erst ab. Als dann mein Mann an die Reihe kam und ich ebenfalls erklärte, ich würde mitkommen, gaben die Russen ihre Zustimmung ... In meinen Koffer legte ich in der Eile lauter unnütze Sachen, wie Sommerkleider, und Gott sei Dank meinen Monteuranzug, den ich immer im Auto bei mir hatte. Gegen 5 Uhr morgens führte man uns vier hinunter in den Hof, wo bereits ein Sanitätsauto auf uns wartete. Wir fuhren auf der Rückzugsstraße der deutschen Armee ostwärts; je weiter wir kamen, desto verwüsteter und unbefahrbarer wurde sie. Überall sah man steckengebliebene Panzer, Flugzeugteile, tote Menschen und Tiere, vor allem Pferde. Bei der damals noch herrschenden Wärme war die Luft von dem Geruch der verwesenden Leichen verpestet ...

Onkel Gerhard: Am späten Abend des 4. September trafen wir endlich im Hauptquartier der Roten Armee ein. Somit befanden wir uns ab 4. September 1944 in den Händen der sowjetischen Armee ... Das Licht konnte nur von außen ein- und ausgeschaltet werden! Es gelang uns aber, die Wächter davon zu überzeugen, daß wir selbst ausschalten würden, d.h. die Birnen herausdrehen, wenn wir der unzähligen Wanzen Herr wurden! Bei Licht konnte man sie wenigstens teilweise vernichten ... Am Abend des 6. September hatte uns ein russischer Oberstleutnant mitgeteilt, daß aus Moskau der Befehl gekommen sei, uns per Flugzeug dorthin zu bringen ... Am späten Nachmittag des 7. September landeten wir in Charkow, wo wir in ein anderes Flugzeug umsteigen sollten – doch es war keines vorhanden. Der Flugplatz und seine Umgebung boten ein Bild vollständiger Verwüstung. Zerbombte Gebäude, ohne Fenster, schmutzig und unbewohnt, standen da. In einem dieser ehemaligen Häuser wurden wir für die Nacht untergebracht ... wir warteten bis Mitternacht, dann legten wir uns resigniert und hungrig auf unsere verwanzten Strohsäcke, und erstaunlicherweise schliefen wir sogar etwas ... Der Weiterflug erfolgte unter den gleichen Bedingungen wie der gestrige, d.h., wir erhielten keinerlei Verpflegung. Gegen 10 Uhr landeten wir auf dem Flugplatz Wnukowo, den ich aus meiner Moskauer Zeit ... gut kannte ... Als man eine kleine Seitentüre öffnete, standen statt der erwarteten Personenautos zwei Gefängniswagen vor uns, die

Rückwand nur wenig von der Türe entfernt, eine schwarze Öffnung gähnte uns entgegen – da sollten wir einsteigen! Das war unsere erste Begegnung mit den »schwarzen Raben« – in Deutschland heißen sie »grüne Minna«! ... Daß es sich hier um den berüchtigten »Polit-Isolator I« (Lefortowskaja Tjurma) handelte, erfuhren wir erst viel später ...

Zwischendurch erkundigte ich mich, in welcher Weise wir im Gefängnis untergebracht werden sollten; auf die Antwort, alle kämen in Einzelzellen, protestierte ich energisch und verlangte, daß wir von unseren Frauen nicht getrennt würden! ... Trotz des großen Hungers – nach 30stündigem Fasten – waren wir nicht imstande, mehr als ein paar Löffel von der berüchtigten Kohlsuppe und dem völlig zerkochten, geschmacklosen Hirsebrei hinunterzuwürgen, es war zu schlecht! ... bis schließlich nur mehr wir beide übrigblieben. Getrennt verließen wir den Raum, jeder ein Bündel mit den »gestatteten Sachen« unter dem Arm ... Damals ahnten wir nicht, daß dies ein Abschied für elfeinhalb Jahre war! ... Die Verpflegung war völlig unzureichend; täglich erhielten wir 400 g Schwarzbrot, das etwa 60 % Wasser enthielt und fast ungenießbar war, ferner morgens und abends warmes oder heißes Wasser, das von den Wächtern »Tee« genannt wurde – aber nie danach schmeckte ...

In der Nacht zum 13. September wurde ich zwischen 2 und 3 Uhr geweckt und aus der Zelle geführt ... ein General – und ein Dolmetscher – erwartete mich. In barschem Ton fragte er nach meiner früheren Tätigkeit, insbesondere nach meinen Aufgaben in Moskau, wo ich von 1930 bis 1935 als 2. Sekretär der deutschen Botschaft zugeteilt war ... In der Nacht zum 1. Oktober ließ mich ein Oberst rufen, von dem ich später hörte, daß er Professor der Psychologie an der Universität in Moskau sei ... er sagte, daß etwa 40 Generäle schon Erklärungen abgegeben und unterschrieben hätten, in denen sie sich für die Sowjetunion entschieden. »Kommen Sie mir nicht mit Ihrem Eid oder sonstigen Einwänden«, fügte er hinzu. Man erwarte von mir eine ähnliche Erklärung wie die der deutschen Generäle, da die Lage Deutschlands ja hoffnungslos sei... Ich erwiderte, daß ich mir über die Situation Deutschlands mangels jeder Informationsmöglichkeit kein klares Bild machen könnte und daß ich mich bis zur Beendigung des Krieges als Beamter des Auswärtigen Amtes betrachte ...

Später erfuhren wir, daß die nun verbesserte Verpflegung ein Zeichen dafür war, daß wir nicht Untersuchungsgefangene, sondern Internierte waren ... Ich protestierte wiederholt gegen unsere Unterbringung in einem Gefängnis, worauf ich zur Antwort bekam: »Nur hinter Gefängnismauern sind Sie vor der Wut des Volkes sicher!« ... In der ersten Oktoberhälfte ... erschien eines Tages ein Major ... er machte den Eindruck eines korrekten, aber strengen Beamten, der nicht nur Phrasen drosch, sondern sachlich war. Ich kam auch in den folgenden Vernehmungen verhältnismäßig gut mit ihm aus. Ich sollte für ihn erstens eine Skizze über den Aufgabenkreis der deutschen Gesandtschaft in Bukarest fertigen, zweitens eine Beurteilung meiner Mitarbeiter geben und drittens eine kurze Notiz über die deutsch-rumänischen Beziehungen ... die Verhöre wurden mit kurzen Unterbrechungen fortgesetzt. Bei zunehmender Kälte wurde unsere Zelle immer feuchter und trostloser ...

Tante Renata: Eines Tages behauptete Frau Odeniga, daß sie aus den regelmäßigen Schritten, dem häufigen Kehren der Zelle über unserer und auch aus anderen Zeichen schließen müsse, daß sich dort oben Deutsche befänden. »Wenn dort oben Ihr Mann ist, so müssen Sie ihm doch Zeichen geben!« So beschlossen wir, mit dem Besenstiel gegen die Decke zu klopfen. Da wir »Anfänger« waren, kam man uns natürlich sofort auf unser Unterfangen ... Ich erklärte, daß ich mit dem Besenstiel nach einer Wanze gestoßen hätte, die über die Wand an die Zellendecke geflohen sei. Es gelang mir, die Aufmerksamkeit des Offiziers von der Wanze auf die russische Sprache zu lenken. Ich machte ihm klar, daß ich sie gerne lernen würde, worauf er mir sofort ... eine private russische Lektion gab.

Onkel Gerhard: Am 12. Dezember erfolgte meine persönliche Verlegung in ein anderes Gefängnis. »Wissen Sie, wo Sie sich befinden?« Auf meine verneinende Antwort erklärte er mir, daß ich in der berüchtigten Lubjanka sei ... Damals war ich über das Spitzelwesen in

Sowjet-Gefängnissen noch keineswegs orientiert ... Meine Behandlung in der Lubjanka war ausgesprochen schlecht. Die Verpflegung wurde sofort auf die kleinste Ration gesetzt und tagsüber herrschte strenges Schlaf- und Liegeverbot ... Es war mir klar, daß man durch die elende Kost, die ich erhielt, während ein Zellenkamerad eine wesentlich bessere bekam, einen gewissen Druck auf mich ausüben wollte, um mich ihren Wünschen gefügiger zu machen ... Ein Lichtblick in dieser bedrückenden Situation war die Tatsache, daß mir der Major in den ersten Januartagen ein kleines Geschenk meiner Frau übergab: eine Zahnbürste und einen Taschenkalender, der aus den aufgerollten Mundstücken der Papirossy (russische Zigaretten) zusammengeheftet und mit Lippenstift beschrieben war.

Tante Renata: In den letzten Novembertagen war ich endlich von einer gut Deutsch sprechenden Dolmetscherin, Oberstleutnant Anna, gerufen worden ... sie sagte nie »das Gefängnis«, sondern immer nur »dieses Gebäude«. Im Dezember 1944 wurde ich noch dreimal zum Verhör gerufen ... ich bat, ein kleines Geschenk an meinen Mann übergeben zu dürfen, was mir auch bewilligt wurde. Daß es tatsächlich in seine Hände gekommen ist, erfuhr ich aber erst elfeinhalb Jahre später, nach seiner Heimkehr.

Onkel Gerhard: Meine Verhöre wurden während dieser Zeit in verstärktem Maße fortgesetzt. Wiederholt wurde behauptet, daß ich während meiner Tätigkeit im Auswärtigen Amt (1926–1928) für die Abwehr tätig gewesen sei ... Nach der Konferenz von Jalta (4.–11. Februar 1945) ... teilte man mir mit, daß die deutschen Diplomaten weiter in Haft gehalten werden sollten und daß die maßgebenden Beamten der deutschen Auslandsvertreter als Kriegsverbrecher zu behandeln seien ... Die Behandlung der deutschen Diplomaten würde ab nun die gleiche sein wie die der russischen politischen Gefangenen, nur würde man von körperlichen Züchtigungen absehen ... Meine Verpflegung blieb weiterhin schlecht, für mich nahezu ungenießbar. Die Ärztin verweigerte mir sogar das bisher gestattete Acidol-Pepsin, das mir immer verordnet und auch gegeben wurde ...

Im Laufe des Februar 1945 wurde ich über Botschafter Nadolny, Schacht, Sauerbruch, Schwerin-Krosigk und verschiedene andere an führender Stelle stehende Persönlichkeiten befragt ... Wenige Tage nach dem Fall von Budapest legte mir mein Major einen Artikel der »Prawda« vor, in dem in den heftigsten Ausdrücken dagegen protestiert wurde, daß in Budapest sowjetische Parlamentäre, denen freies Geleit zugesichert war, von Deutschen aus dem Hinterhalt erschossen worden seien. Die Sowjetregierung hat daraufhin die Bekämpfung Budapests mit allen Mitteln angeordnet und fühlte sich durch die flagrante Verletzung des Völkerrechts durch die Deutschen nunmehr zu allem berechtigt. Der Major schloß daran die Bemerkung, daß auch die Gefangenen keine bessere Behandlung mehr erwarten durften.

Tante Renata: Anfang Januar 1945 hatte ich noch ein kurzes Verhör – dann wurde ich nicht mehr gerufen. Die ersten Wintermonate waren besonders bedrückend für mich ... Die abendlichen Böllerschüsse, die zur Feier jeder eroberten Stadt abgefeuert wurden, hielten wir für Hinrichtungen, was natürlich nicht zur Hebung unserer Stimmung beitrug!

Nachdem zwei ihrer Zellengenossinnen verlegt wurden, war sie nun allein in Ihrer Zelle.

Zum ersten Mal nach 6 Monaten Lefortowskaja verlor ich nun die Nerven. Es war mir immer gelungen, meine oft ganz elende Verfassung vor den Russen zu verbergen, aber diese plötzliche Stille und Einsamkeit, die Sorge um das Schicksal der beiden, Spalckes (Frau des Militärattachés Spalcke) und der armen Frau Odeniga, waren zu viel. Ich bekam einen Weinkrampf, der ungefähr 24 Stunden anhielt. Der leitende Arzt der Sanitätsstation versuchte mich mit den Worten »sdes kak doma« (hier ist es wie daheim!) zu trösten, was nur den gegenteiligen Effekt hatte. Ich antwortete so gut ich konnte, daß er keine Ahnung von meinem »doma« hätte. Man gab mir verschiedene Beruhigungsmittel, die nach und nach etwas wirkten.

Am Abend des 20. März 1945 wurde ich aufgefordert, mich warm anzuziehen und mitzukommen. Es ging »auf die Straße«. Damals wurde ich zum ersten Mal in die Lubjanka gebracht ... ich wurde dem Oberst vorgeführt. Er saß in einem kleinen Büro hinter seinem Schreibtisch, seitlich, ganz im Schatten, standen zwei jüngere Offiziere, anscheinend zur Kontrolle der Dolmetscherin. Die Schreibtischlampe schien mir grell ins Gesicht, der Oberst saß im Dunkeln. Nach einigen belanglosen Fragen kam er auf den Grund dieser Vorladung zu sprechen: er wollte mich als Agentin gewinnen ... »Ohne mit meinem Mann gesprochen zu haben, kann ich auf nichts eingehen! Das ist doch klar.« Daraufhin sprang der Oberst wütend auf, ging mehrmals im Zimmer auf und ab und schrie schließlich: »Es ist so wenig, was man von Ihnen verlangt, man möchte Ihnen helfen – aber Sie wollen nichts dafür tun!« Daraufhin wurde ich sofort hinausgeführt ... Als weitere Strafe empfand ich auch die nun folgenden 14 Tage in Einzelhaft ...

Während dieser 2 Wochen hörte ich auch zum ersten Mal das später wohlbekannte und geübte Klopfen in der Mauer. In immer gleichen Abständen wurde leise an einer Wand geklopft. Es waren keine Morsezeichen, das wußte ich, aber auch aus den immer wiederkehrenden gleichen Zahlen konnte ich nicht klug werden. Das Zellen-Alphabet – a = 1 bis z = 26 – stimmte nicht mit den Zahlen, d.h., es ergab keinen Sinn. Da ich mir aber die Zahlen merkte, konnte ich später rekonstruieren, daß mein Klopfpartner, denn ich hatte ja natürlich zurückgeklopft, auf russisch gefragt hatte: »Kto tam?« (Wer dort?) ... Dazu muß noch gesagt werden, daß dieses Klopfen natürlich verboten war, da wir aber Erlaubnis hatten, auch bei Tag auf unseren Pritschen zu liegen, ließ ich meine Hand zwischen Pritsche und Wand hängen, so daß das Klopfen von draußen nicht sichtbar war. Kam jemand in unsere Zelle, so hatten wir ein Zeichen vereinbart, worauf auf beiden Seiten das Klopfen sofort eingestellt wurde. Bald dehnte sich der Klopfkontakt auch auf die übernächste Zelle aus ... Ich begann wieder zu leben, ja sogar wieder Hoffnung zu schöpfen.

Onkel Gerhard: So sagte der als Zellenspion bekannte Dr. Schäfer z.B. mehrmals, er könne nicht begreifen, daß man mich, der so wenig politischen Instinkt besäße, zum Gesandtschaftsrat und Vertreter des Gesandten gemacht hätte. Diese provokatorische Äußerung sowie sein ganzes Benehmen führten schließlich zu seiner völligen Isolierung in der Zelle ... Es erwartete mich ein besonders scharfes Kreuzverhör, dessen Wortführer ein mir bis dahin unbekannter Oberst war. Ohne meinen Gruß zu erwidern, sagte er barsch, man erwarte kurze, konkrete Antworten von mir, man hätte wenig Zeit. Sodann erklärte er, von Papen sei in Gefangenschaft und hätte sofort über die Beziehungen zwischen Deutschland und der Türkei völlig offene Aussagen gemacht. Man erwarte nun dasselbe über das deutsch-rumänische Verhältnis zu hören. Obwohl ich nicht wissen konnte, ob Papen sich in russischer Gefangenschaft befand oder nicht, war mir klar, daß dies nur ein Druckmittel sein konnte, um meine dürftige »Notiz« zu erweitern. Ich erwähnte daher auch ganz harmlos, daß ich alles, was ich zu sagen hätte, bereits in der Notiz niedergeschrieben hatte ... Dann fügte er hinzu ... meine Frau sei wesentlich mitteilsamer. Das war anscheinend der letzte Trumpf, mit dem er mich zu einer unvorsichtigen Äußerung bringen wollte ... Niedergeschlagen kehrte ich in die Zelle zurück ...

Meine Gesundheit blieb trotz der nun wieder etwas besseren Verpflegung infolge der vorausgegangenen Strapazen weiter sehr schlecht. Ich hatte ca. 20 kg abgenommen und litt besonders unter der unverdaulichen Kohlbrühe und dem nassen Brot. Die Magenkrämpfe, die besonders mittags auftraten, waren allmählich immer stärker geworden und nun erreichten sie hier einen Grad und eine Dauer, die selbst die Sanitätsstellen aufmerksam werden ließ. Man billigte mir in Anbetracht des völligen Mangels an Magensäure und der dadurch eingetretenen Entzündung der Magenschleimhaut statt der Kohlsuppe eine Getreidesuppe und statt des frischen Brotes getrocknetes zu ...

Anfang Juli 1945 ... erklärte mir ein ganz junger Offizier in tadellosem Deutsch, daß mein Protokoll, das ich nun unterzeichnen müßte, in einer dem Gefängnisstil entsprechenden Form aufgesetzt worden sei ... Ich verbesserte alles, was nicht wenigstens einigermaßen den Tatsachen entsprach, obwohl mir klar war, daß ich der Willkür der sowjetischen Justiz völlig preisgegeben war ... Meine Verhöre waren beendet, das Protokoll unterschrieben, also erwartete ich irgendeine Veränderung ...

Am 23. August bat mich Oberstleutnant Röstel aus der Nebenzelle, durch Klopfzeichen mich zur Lage zu äußern, da er vermutete, ich wäre besser informiert als er ... ich gab schließlich nach, gestattete ihm durchzuklopfen, daß man von einer baldigen Rückkehr nach Deutschland gesprochen hätte. Die Freude nebenan war groß und der Dank für diese Mitteilung besonders herzlich. Anscheinend haben die Wächter dieses Gespräch nicht registriert, obwohl wir damals recht streng kontrolliert wurden.

Tante Renata: Im November 1945 änderte sich die Situation, denn plötzlich hörten wir einen Trommelwirbel an meiner Zellenwand – neue Nachbarn waren gekommen ... Weihnachten war natürlich eine Klippe, obwohl ich nie sentimental in Bezug auf dieses Fest war ...

Im Februar 1946 wurden wir alle zum ersten Mal richtig verhört. Am 13. kam ich an die Reihe. Es war nach längerer Pause das erste Mal, daß ich überhaupt zum »Kommissar« gerufen wurde ... Mein ganzer Lebenslauf vom Elternhaus bis zur Gefangennahme wurde minutiös erforscht. Kein Detail wurde ausgelassen. Die erste Schwierigkeit entstand, als ich ihnen erklärte, mein Vater hätte als alter Mann von den Zinsen seines Kapitals gelebt. Daß er vorher Soldat und Landwirt gewesen war, nahmen sie nicht zur Kenntnis. Auf die Frage, was er als alter Mann »getan« hätte, antwortete ich wahrheitsgemäß, daß er sich viel mit Heraldik und Genealogie befaßt hatte und sehr viel und gut zeichnete und malte. Darauf kam die Frage: »Hängen seine Bilder auch im Louvre?« Ich weiß nicht, ob er mich damit nur ärgern wollte oder ob er zeigen wollte, daß er über den Louvre Bescheid wußte. Jedenfalls war die Frage sinnlos, denn jeder Russe weiß, daß es früher in Rußland auch Gutsbesitzer gab.

Obwohl mein Mann und ich immer betont hatten, daß wir uns erst 1938 kennengelernt hatten, vermutete man immer eine geheime Verbindung zwischen uns zur Zeit der Moskauer Tätigkeit meines Mannes. Mit ganz primitiven Fangfragen nach Menschen, mit denen mein Mann damals verkehrt hatte, wollten sie mich dessen überführen. Auf meine Angabe, daß mein Mann die Sowjetunion bereits 1935 verlassen hatte, also 3 Jahre, bevor ich ihn kennenlernte, reagierten sie überhaupt nicht und fragten stur weiter. Besonders verdächtig schien ihnen, daß ich vom 1. März bis zum 1. August 1939 im amerikanischen Generalkonsulat in Wien in der Emigrationsabteilung gearbeitet hatte. Der Untersuchungsrichter behauptete, genau zu wissen, daß nur Deutsche oder Österreicher, die im Nazi-Sicherheitsdienst arbeiteten, im amerikanischen Generalkonsulat angestellt werden durften. In Wirklichkeit waren in der Emigrationsabteilung fast nur Monarchisten und Rassenverfolgte, die sich im Schutz der Amerikaner sicherer fühlten als in irgendeinem Nazibüro. Allerdings wußten wir, daß unter dem Konsulatspersonal auch Nazi-Spitzel waren – aber nur ganz wenige.

Ein weiterer Verdachtsmoment war meine Reise zu meinem Bruder (René) in die Vereinigten Staaten (USA) im Sommer 1937. Das Verhör spielte sich wörtlich folgendermaßen ab: »Warum waren Sie im Jahre 1937 in Amerika?« Ich: »Weil ich meinen Bruder dort besuchte.« Er: »Wer hat Ihre Reise bezahlt?« Ich: »Zum Teil ich selbst, zum Teil mein Bruder.« Er: »Und der österreichische Staat, hat der nichts für Sie bezahlt?« Ich: »Leider war ich nie so berühmt, daß mir irgendein Staat jemals eine Reise gezahlt hätte – die erste dieser Art war der Flug aus Rumänien in die Sowjetunion im September 1944!« Pause ... die nächste Frage: »Was macht Ihr Bruder in Amerika?« Ich versuchte, ihm die Aufgaben eines »General Manager of the Indian Arts and Crafts Board« möglichst einfach und sachlich zu erklären ... Nach einer weiteren Pause wechselte er das Thema. »Wo haben Sie Ihren Mann kennengelernt?« Ich: »In Bukarest.« Er: »Wie sind Sie nach Bukarest gekommen?« Ich: »Ich war dort von meinen Verwandten eingeladen.« Er: »Warum?« Ich: »Mein Vetter war Legationssekretär an der holländischen Gesandtschaft in Bukarest.« Er, höchst erstaunt: »Wieso an der holländischen und nicht an der deutschen Gesandtschaft?« Ich: »Weil er Holländer ist.« Er: »Und WARUM ist er Holländer?« Diese Frage klang fast empört. Mir begann es langsam Spaß zu machen und so sagte ich ruhig: »Weil sein Vater Holländer war.« Nun war es aber mit seiner Selbstbeherrschung Schluß. Er schrie fast: »Und warum war sein Vater Holländer?« Ich: »Weil die

Schwester meines Vaters, die ebenso Österreicherin war wie ich, vor etwa 60 Jahren einen Holländer geheiratet hat – ohne Sie um Erlaubnis zu fragen.« Erstaunlicherweise nahm er diesen Nachsatz nicht übel, sondern schüttelte nur verständnislos den Kopf und sagte: »Warum ihr Europäer immer gleich Ausländer heiraten müßt! Hier gibt es sowas nicht.« Mein Versuch, ihm die europäischen geographischen Verhältnisse mit den vielen Grenzen, besonders im Donauraum seit 1918, verständlich zu machen, hatte wenig Erfolg. Die Tatsache, daß meine Geschwister und nächsten Verwandten amerikanische, jugoslawische, tschechoslowakische und holländische Staatsbürger waren, verwirrte ihn vollends. »Das ist ja der reinste Cosmopolitismus!« rief er entrüstet aus. Im übrigen war das Verhör uninteressant und befaßte sich nur mit meinem Lebenslauf ... Die Tatsache, daß ich als Kind keine Schule besucht hatte, sondern Privatunterricht bekam und am Ende jedes Schuljahrs Prüfungen ablegte, schien ihm völlig unglaubwürdig. Ebenso, daß ich kein Abitur hatte. »Wenn Sie kein Abitur haben, sind Sie ja beinahe eine Analphabetin!« rief er aus. »Und Sie machen doch einen gebildeten Eindruck!« – Ich war ihm dankbar für diese Anerkennung, konnte ihm aber auch nicht helfen, mit diesen Tatsachen fertig zu werden.

Onkel Gerhard: Das Jahr 1946 verlief eintönig, ohne daß eine Tendenz in den Verhören, es waren nicht viele, erkennbar war ... Der Offizier sagte: »Der Stelzer weiß wohl etwas, aber auch nicht viel. Wie wollt ihr Ausländer uns verstehen, wenn wir uns oft selbst nicht verstehen?«

Tante Renata: Mein Prinzip war, den Mitgefangenen ernsthaft beizubringen, daß ich nie die Absicht habe, jemand zu ärgern oder zu kränken, daß aber in dieser Gefängnisatmosphäre Unstimmigkeiten unvermeidlich sind – aber nicht persönlich oder tragisch genommen werden dürfen! In den meisten Fällen funktionierte das auch gut, ich hatte fast keine wirklichen Schwierigkeiten ... Am 28. April (1946) hatte ich meinen 40. Geburtstag, der gefängnismäßig unglaublich gefeiert wurde! Margit hatte heimlich, halb unter der Bettdecke versteckt, eine Handarbeit für mich gemacht, was sehr schwierig war, da man ja kein Material hatte! Es war ein mit ungarischen Motiven besticktes kleines Taschentuch, die bunten Fäden hatte sie aus ihrem seidenen Schal gezupft, das Taschentuch selbst wohl aus einem Gefängnis-Handtuch irgendwie abgeschnitten. Liselott Spalcke hatte einen langen Glückwunsch gedichtet, in dem sie alle möglichen Ereignisse aus der Bukarester Zeit und dem »gastlichen Haus Stelzer« erwähnte ... Im September beschloß ich, koste es was es wolle, Russisch zu lernen, da man uns nach wie vor keine Bücher in einer mir verständlichen Sprache gab. Ich hatte das Gefühl, ohne irgendeine geistige Anregung, die mich wirklich beschäftigte, würde ich wahnsinnig werden. Aber die Methode war nicht einfach. Lehrbücher gab es nicht. Zuerst sammelte ich alle Mundstücke der Papirossy, rollte sie auf, glättete sie unter der Matratze und klebte schließlich je drei davon mit Haferbrei aneinander, so daß schließlich ein fester Zettel von etwa 4 mal 9 cm entstand. Mit Hilfe dieser Zettel begann ich das russisch-deutsche Wörterbuch ... nach dreimonatiger ununterbrochener Arbeit war das ... Wörterbuch fertig. Hier muß ich einfügen, daß die Wächter mich mehrmals fragten, was ich da tue, aber Gott sei Dank nie verlangten, ich solle die Zettel herausgeben, sondern eher anerkennend meine Arbeit betrachteten ... Der Klopfverkehr mit den Nachbarzellen ging natürlich auch weiter ...

Kurz nach Weihnachten begann ich mich sehr schlecht zu fühlen. Magenkrämpfe, völlige Appetitlosigkeit, ständiges leichtes Fieber machten mich immer kraftloser ... Anfang März verschlimmerte sich mein Zustand zusehends. Ich mußte unter starken Schmerzen erbrechen, anscheinend gestocktes Blut. Am 13. März abends erschien plötzlich der leitende Gefängnisarzt und erklärte mir ausnehmend freundlich, ich würde nun in ein Krankenhaus gebracht, um durchleuchtet zu werden ... Dann mußte ich mich in einem Sanitätswagen auf einer Tragbahre niederlegen. Rechts und links waren Bänke, auf denen die zwei Offiziere und der Chefarzt des Gefängnisses saßen. Nach längerer Fahrt gelangten wir in die »Butyrka«, eines der ältesten Gefängnisse Moskaus ... Mehr tot als lebendig stand ich als nacktes Skelett, vor Kälte und Fieber schlotternd, vor dieser Hexe, die, in dicke Wolltücher gehüllt, die Kälte nicht so spürte. Die Leibesvisitation – zum ersten Mal erfuhr ich sie gründlichst in allen Leibesöffnungen – war schließlich auch vorbei ...

Die Krankenzelle war etwas größer als die Zellen in der Lefortowskaja; drei Betten standen darin ... Die aufregende Tatsache, mit zwei »neuen« Deutsch sprechenden Menschen zusammenzukommen, ließ mich meinen elenden Zustand fast vergessen ... Ich war so erschöpft, daß ich trotz der Aufregung bald einschlief, umso mehr, als das Bett eine richtige Matratze hatte, ein Luxus, den ich seit unserer Gefangennahme entbehrt hatte. Am nächsten Morgen lernte ich meine beiden Leidensgenossinnen kennen: Ellen Wecke-Ott war eine große, junge, gutaussehende Frau ... Ihr Vater, ein bekannter jüdischer Berliner Zeitungsverleger, war nach längerem Aufenthalt in einem deutschen KZ zu Anfang des Krieges gestorben ... die andere, Maria, war eine Kleinbäuerin aus Oberösterreich, aus dem Waldviertel. Sie wurde gemeinsam mit ihrem Mann nach Wien ins Polizeigefängnis zum Verhör gebracht und dann, per Flugzeug, nach Moskau ... als ich erfuhr, daß ihr Mann ein entfernter Verwandter Hitlers war, verstand ich alles: kommunistische Nachbarn hatten sie angezeigt ... Sie hatte in ihrem Leben, wie sie uns erzählte, noch nie telephoniert, nie eine Zeitung gelesen, nie ein Kino besucht. Ihr Leben hatte sich in und um ihren kleinen Bauernhof abgespielt: Kinder kriegen, Kühe melken, Vieh füttern, Haus- und Feldarbeit, das war ihre Welt, die sie vollständig ausfüllte. Für anderes hatte sie weder Interesse noch Zeit noch Geld. Sie war nun Ende vierzig, sah aus wie Ende fünfzig, ein menschliches Wrack, nicht zuletzt durch den ungewohnten Mangel an frischer Luft und die Sorge um ihre sechs Kinder, von denen der Jüngste erst 10 Jahre alt war. Sie hatte wohl Tuberkulose, denn sie spuckte öfters Blut und hustete Tag und Nacht. Von rührender Bescheidenheit und Anspruchslosigkeit, fand sie die Unterbringung und das elende Essen gar nicht so unerträglich ...

Ich hatte ständig starke Schmerzen, von denen ich bisher angenommen hatte, daß sie Ausstrahlungen der Magengeschwüre wären, aber während der Untersuchung stellte sich heraus, daß ich eine akute Rippenfellentzündung hatte, die auch die Ursache für das hohe

Fieber war; durch etwa eine Woche blieb es auf etwa 40 Grad. Durch die allgemeine Schwäche – ich wog damals 47 kg – erlebte ich alles mehr oder weniger wie im Traum ... ich erhielt dann Penizillin, was mir die Ärztin immer als große Sache vorhielt. Da ich aber damals noch gar nicht wußte, was Penizillin ist, war ich zu ihrer Empörung auch nicht besonders beeindruckt. Erst später erfuhr ich, daß Anfang 1947 Penizillin eigentlich nur im Schwarzhandel erhältlich und fast unerschwinglich war ...

Ein Arzt, der mit »Professor« angeredet wurde, vermutlich der Chefarzt, war immer freundlich und behandelte uns nicht wie Gefangene, sondern wie Patienten ... »Wenn Sie gesund werden wollen, dürfen Sie nicht traurig sein, sondern müssen an etwas Fröhliches denken!« Diese gewiß gutgemeinte Bemerkung machte mich rasend. Ich fragte darauf verbittert: »Ja, woran soll ich denn denken? Ob mein Mann lebt oder tot ist, weiß ich nicht, ob jemand von meiner Familie in meiner Heimat noch lebt, weiß ich nicht. Ob ich jemals wieder frei sein werde und nach Hause komme, weiß ich nicht. Was in der Welt geschieht, weiß ich nicht ... Beschäftigung habe ich keine – nicht einmal Papier und Bleistift! Ich liege allein in einer leeren, kalten Krankenzelle – und dann soll ich noch an etwas Fröhliches denken?« Er schwieg, sichtlich beeindruckt von meinem Ausbruch.

... langsam erholte ich mich doch so weit, daß man an eine Rückführung in die Lefortowskaja dachte – ohne mir etwas davon zu sagen ... Am 5. Mai wurde ich auf dem üblichen Weg im »schwarzen Raben« in die Lefortowskaja zurückgebracht, aber nicht mehr zu unseren Internierten, sondern zu zwei angeklagten Russinnen ... Olja und Vera ... Anfang Juni (1947) wurde ich in einen anderen Flügel gebracht, wieder zu zwei jungen Russinnen, Irina und Susanna ... Nun war ich wieder allein, noch so schwach von der Krankheit und den nachfolgenden Aufregungen, daß ich eigentlich den ganzen Tag nur vor mich hindöste. Eines Tages erhielt ich das selbstgemachte russisch-deutsche Wörterbuch zurück, das man mir am 13. März im Spital abgenommen hatte. Auch das deutsch-russische gedruckte, das ich seit Anfang 1945 besaß, bekam ich wieder. Meine Freude war unbeschreiblich! Jetzt konnte ich wieder lesen! ...

In der Nacht vom 19. zum 20. Juli wurde ich nach einer Pause von anderthalb Jahren zum Verhör gerufen ... Der Offizier meinte, daß mein Mann von meiner Krankheit gehört hätte und sich um mich Sorgen mache. Ich glaubte ihm kein Wort und sagte: »Erzählen Sie mir keine Märchen, mein Mann ist längst tot.« Er: »Wieso? Es geht ihm ausgezeichnet; vor 10 Minuten saß er auf dem Stuhl, auf dem Sie jetzt sitzen. Sehen Sie die Zigarettenstummel im Aschenbecher – die haben wir gemeinsam geraucht.« Ich: »Mein Mann raucht nicht.« Er: »In diesem Gebäude hat er es sich angewöhnt.« ... dann erlaubte er mir, auf einem großen Bogen Papier ein paar Worte an meinen Mann zu schreiben ... Ich würde in den allernächsten Tagen Antwort bekommen, vielleicht schon morgen. Es verging aber eine Woche, ehe er mich wieder rufen ließ. Auf demselben Bogen, unter meinen 3 oder 4 Zeilen, hatte mein Mann ein paar Sätze geschrieben. Ich war tief beeindruckt von seiner Schrift, die auf einen sehr schlechten Gesundheitszustand schließen ließ, aber es war das erste direkte Lebenszeichen seit fast drei Jahren! ...

Dann kam eine neue Russin in meine Zelle, Vera Konstantinowna, und dann noch Barbara Walerianowna ... Während ich mit diesen beiden Frauen zusammen war, kam das einschneidendste Ereignis meiner Gefängniszeit: die Anklage.

Onkel Gerhard: Im Juni 1947 wurde ich in die Lubjanka gebracht, zu einem Verhör, das sich auf die Verhandlungen der Reichsregierung mit der Sowjetregierung während des Krieges bezog ... Ende August 1947: »angeklagt«. Im Laufe des August 1947 folgten weitere unwesentliche Verhöre, in denen ich kein Ziel erkennen konnte, bis dann am 2. September eine radikale Wendung eintrat. Erst jetzt, etwa 3 Jahre nach der Verschleppung, erfolgte die Anklage durch Oberst Botscharow in der Lubjanka, wohin ich zu diesem Zweck im Gefängnisauto gebracht wurde. Die Hauptpunkte der Anklage lauteten wie folgt:

1.) ich hätte als »Kaderdiplomat« (= Berufsdiplomat) in verschiedenen Ländern gegen die Sowjetunion »Spionagetätigkeit« entwickelt;
2.) ich hätte als ältester Rat der Bukarester Gesandtschaft aktive

Politik für die Fortsetzung des Krieges gegen die Sowjetunion gemacht und mich bemüht, Rumänien an der Seite Deutschlands zu »aktivieren«.

Mein Protest gegen Punkt 1.) wurde kurz mit der Bemerkung »Jeder Diplomat ist ein Spion und jeder wird verurteilt« zurückgewiesen ... Die Tatsache, daß ich während meiner Tätigkeit am Generalkonsulat Leningrad und an der Botschaft Moskau in den Jahren 1929–1935 besonders gute und sogar freundschaftliche Beziehungen zu den Kreisen der russischen Künstlerwelt hatte, wurde mir nun zum Verhängnis ...

In den Monaten bis zu meiner Verurteilung im Juli 1948 wurde ich noch mehrfach verhört ... Meine Frau und ich haben unabhängig voneinander festgestellt, daß die Behandlung im Gefängnis stark von der außenpolitischen Situation abhing; in Zeiten stärkerer Unstimmigkeiten zwischen UdSSR und USA wurden wir viel strenger behandelt.

Tante Renata: Am 2. August 1947 bekam ich plötzlich die schlechteste Kost ... Ich konnte mir diesen Wechsel in der Kost nicht erklären ... Ende August wurde ich eines Morgens um 4 Uhr geweckt und im bewußten »schwarzen Raben« nach den üblichen Kontrollen in die Lubjanka gefahren. Da mir der Offizier, der mir die wenigen Zeilen meines Mannes vermittelt hatte, ein baldiges Wiedersehen in Aussicht gestellt hatte, war ich eher optimistisch und zuversichtlicher Stimmung. Er hatte ja auch von meiner baldigen Freilassung gesprochen, also sah ich momentan keinen Grund, besonders besorgt zu sein. Erst nachdem ich ungefähr 26 Stunden in einer »Ein-Mann-Box« wartend verbracht hatte, war mein Optimismus weg und meine körperliche Widerstandskraft gleich null. Ich war damals so mager, daß ich höchstens eine halbe Stunde auf dem harten Hocker sitzen konnte, ohne starke Schmerzen zu bekommen. Ich war so erschöpft und teilnahmslos, daß mich selbst die völlig unerwartete Anklage kaum mehr erschütterte. Oberst Botscharow (er stellte sich mir sogar vor!), der auch der Ankläger meines Mannes war, las mir schnell und unfreundlich die Anklage vor. Ich empfand sie wie einen kleinen Klaps auf einen halbtoten Körper – nicht ärger. Man beschuldigte mich:

1.) der Spionage – als »Gehilfin« meines Mannes in Bukarest – und 2.) der Beihilfe für die Interessen der internationalen Bourgeoisie in deren Kampf gegen die Sowjetunion. Als Beispiel für diesen unklaren Paragraphen wurde mir erklärt, ich hätte deutsche Verwundete betreut, damit sie schneller gesund würden und schneller die Sowjetunion vernichten könnten.

Auf meinen Einwand, ich hatte nicht mehr, sondern eher weniger getan als die meisten Frauen in Deutschland, sagte er lächelnd: »Wenn wir alle Frauen Deutschlands hier hätten, würden wir sie auch anklagen. So aber haben wir Sie hier und klagen Sie an.« ... Als ich um einen Verteidiger in meinem bevorstehenden Prozeß bat, lachte er nur und erklärte, der wäre völlig überflüssig. Als ich daraufhin wenigstens einen Dolmetscher haben wollte, meinte er, ich verstünde und spräche absolut genug Russisch, um ohne Dolmetscher auszukommen ... »Übrigens«, fügte er nach einer kleinen Pause hinzu, »Sie können uns erzählen, was Sie wollen, das Urteil wird so gefällt, wie wir es für richtig halten.«

... in meiner alten Zelle wurde mir erst richtig klar, daß sich meine Lage – also auch die meines Mannes – aufs Ungünstigste verändert hatte: statt Freiheit – Anklage, statt Wiedersehen mit meinem Mann – Aussicht auf endlose Verhöre!

Das unvermeidliche Nachspiel der Anklage, das im Keller der Lefortowskaja stattfand, nämlich die zwei Aufnahmen für das Verbrecheralbum und die Prozedur der Fingerabrücke, war fast noch schlimmer als die Anklageschrift! (Später zeigte mir einer der Untersuchungsrichter grinsend mein Profilbild – ich sah aus wie ein böser, hungriger Geier, aber geben wollte er es mir nicht.)

Anfang September (1947) hatten mich Vera und Barbara verlassen, am 19. September erschien Nina, eine hübsche große junge Frau von 23 Jahren, sie sprach fließend Deutsch und verbrachte ihre ganze Untersuchungshaft in meiner Zelle ... Hier muß ich einfügen, daß ich mit der Nachbarzelle ... seit Juli d. J. eine rege Klopfverbindung hatte ... Zu Silvester und Neujahr (1947/48) war ich wieder allein, bekam verhältnismäßig gute Bücher aus der Gefängnisbibliothek und hatte mich an das Warten und »Nutzlos-dahin-Vegetieren«

einigermaßen gewöhnt. Vom Untersuchungsrichter kam keine Nachricht ... In den letzten Januartagen – ich war gerade sehr intensiv mit L. Tolstois »Auferstehung« beschäftigt, die ich mit Hilfe meines Wörterbuches schon recht gut verstand – ... kam Tamara Grebel in die Zelle. Tamara war in meiner Kuriositätensammlung wohl eines der erstaunlichsten Exemplare – sie war eine Tatarin von der Krim ...

Im März 1948 – es war Karfreitag –, während Tamara beim Verhör war, klopfte ich wieder einmal mit meiner Nachbarin ... da erschien ein Offizier in der Zelle und fuhr mich an, was ich mir denn erlaube, mit dem ganzen Gefängnis in Klopf-Verbindung zu stehen! Die Nachbarin hätte schon gestanden, daß wir uns verständigten – und ich würde die Folgen noch zu spüren kriegen. Da ich prinzipiell nie etwas leugnete, was man mir nachweisen konnte, gab ich ohne weiteres zu, geklopft zu haben, allerdings betonte ich, nicht zu wissen mit wem ... dann erschien ein Wächter und bedeutete mir, ich solle mitkommen ... Über mehrere Stiegen hinunter in den Keller, wo sich u. a. die künstlich kalt gehaltenen Strafzellen oder Karzer befanden. Er schob mich unsanft in so eine Strafzelle hinein und brummte böse: »So, hier kannst du klopfen, soviel du willst, meinetwegen mit dem Kopf an die Wand!« ... Die Strafzelle ist ein etwa 4 Quadratmeter großer Kellerraum, ohne Fenster, sehr schmutzig und mit einer ganz schwachen Glühbirne ... An einer Wand ist ein Brett hochgeklappt, mit Vorhängeschloß an der Mauer befestigt. Nur von Mitternacht bis 5 Uhr früh wird dieses Brett als Bett heruntergeklappt . In einer Ecke war ein kleiner halbrunder Sitz angebracht, das war alles. Die Verpflegung bestand aus zwei Bechern heißen Wassers (morgens und abends) und einem Stück Brot von etwa 200 g am Morgen. Waschen und Kämmen ist untersagt, aber auf Wunsch wurde ich auf ein WC-ähnliches, entsetzlich schmutziges Kämmerchen geführt ... Ich wurde ohnmächtig und fiel anscheinend von dem kleinen Ecksitz auf den Boden. Denn als ich erwachte, lag ich da und neben mir kniete ein alter »Starschi«, der mich ständig beim Namen rief: »Renata, Renata, was machen Sie denn da am Boden?«, worauf ich wahrheitsgetreu antwortete: »Ich weiß nicht.« Ein paar Minuten später erschien die Ärztin, eine Schwester und ein Offizier. Die erstere schien fassungslos, mich hier zu sehen. Einige Tage vorher hatte sie ein leichtes Rezidiv meiner Rippenfellentzündung konstatiert, mir einige Medikamente verschrieben und geraten, »recht vorsichtig zu sein«. Aber gegen das »Karzer-Urteil« ist auch der Arzt machtlos ... Ich saß dann mit angezogenen Beinen auf dem kleinen Ecksitz, schlang die Arme um die Knie, um der Kälte möglichst wenig »Oberfläche« zu bieten, aber auch das half natürlich nicht wirklich. Dann war die Kälte beim Schlafen noch empfindlicher und es gab natürlich keine Decke und schließlich überfiel mich ein ganzes Regiment von Wanzen – was mich bei der niedrigen Temperatur eigentlich wunderte. Sie marschierten fressend über meinen Rücken, von Schulter zu Schulter ... Ich konnte nicht annehmen, daß man erst jetzt, nachdem ich über drei Jahre mit meinen Nachbarn geklopft hatte, auf dieses »Verbrechen« gekommen war. Also konnte diese unerwartet strenge Bestrafung nur eine radikale Verschlechterung meiner Lage bedeuten ...

Tamara und eine neue Zellengefährtin ... brachen bei meinem Anblick in Tränen aus, so daß schließlich ich sie trösten mußte. Erst als ich anfing, sie zu beschimpfen, beruhigten sie sich und merkten, daß ich noch am Leben war. Wie durch ein Wunder habe ich außer ein paar erfrorenen Stellen an den Füßen keinen ernstlichen gesundheitlichen Schaden erlitten. Auch die Ärztin wunderte sich, als sie mich am nächsten Tag untersuchte ... Die Neue, Ludmilla, war eine zarte, noch junge und recht hübsche Frau ... zwischen ihr und Tamara kam es oft zu wilden Szenen. Sie beschimpften sich mit den unflätigsten Ausdrücken, unwahrscheinlichen Wortkombinationen, wie sie mir nie im Traum eingefallen wären ... in den ersten Apriltagen (1948) wurden beide weggeholt, angeblich um ihr Urteil zu bekommen.

Am 12. April wurde ich wieder in die Lubjanka gebracht, um dort mein ganzes Protokoll noch einmal durchzulesen und zu unterschreiben ... Der »Prokuror« (Staatsanwalt) sagte mir anschließend, daß ich wegen »Beihilfe zum Krieg gegen die Sowjetunion« verurteilt würde, aber man wisse genau, daß mein eigentliches Verbrechen Spionage für Amerika sei! Ich konnte nicht umhin zu bemerken: »Wie gut, daß Sie das wissen, ich hatte nämlich bisher keine Ahnung davon!« ... Mitte April bekam ich meine letzte Zellengenossin hier, die bis zu meiner Verurteilung mit mir zusammenblieb. Alice Ott, sowjetische Staatsbürgerin, aber rein französischer Abstammung ... sie arbeitete an der französischen Botschaft in Moskau ... Ehrenamtlich arbeitete sie an der einzigen noch zugelassenen katholischen Kirche. Sie war dort Organist, Mesner und Aufräumerin – kurz die einzige, die die Kirche in Ordnung hielt ... man hatte erklärt, es sei bekannt, daß sie ein Verhältnis mit dem neuen amerikanischen katholischen Priester hatte, der ... für die Moskauer Katholiken der einzige Seelsorger war. Der Grund für diese Verdächtigung – so dachte Alice – war, daß sie als ortskundige Moskauerin den noch neuen Geistlichen öfters auf seinen Fahrten zu Kranken und Sterbenden in seinem Auto begleitet hatte. Sie war natürlich entrüstet über diese Behauptung, aber der Untersuchungsrichter gab nicht nach, veranlaßte eine ärztliche Untersuchung, die ergab, daß sie Jungfrau war. Sowohl die Ärztin als auch die GPU-Offiziere konnten es nicht begreifen, daß eine gutaussehende gesunde Frau von ca. 35 Jahren nie Beziehungen zu einem Mann gehabt hatte! ...

Am Sonntag, dem 12. Juli, wurde ich zum »Untersuchungsrichter« gerufen. In einem kleinen Büro wurde mir nun von einem bisher unbekannten Zivilisten mein Urteil verlesen. Als Zeichen der Achtung vor dem sowjetischen Gesetz mußte ich das Urteil stehend anhören! Ich wurde unter Anrechnung der Untersuchungshaft zu 10 Jahren Gefängnis verurteilt. Auf meine Frage, warum ich nicht in ein Lager käme, was mir mein Untersuchungsrichter immer angekündigt hatte, und auf die Frage, was nun mit meinem Mann wäre, sagte der übrigens äußerst unsympathische Funktionär, er wisse gar nichts, er hätte nur den Auftrag, mir das Urteil vorzulesen.

Onkel Gerhard: So näherte sich der verhängnisvolle Termin, der 12. Juli ... Der »Starschi« führte mich in ein kleines Zimmer, in dem ein mir unbekannter, unangenehm wirkender Zivilist im schwarzen Anzug und offenen Hemdkragen wartete. Er fordert mich sogleich auf, stehen zu bleiben, um das Urteil zu vernehmen. In scharf akzentuierten Worten, die mich wohl einschüchtern sollten, erklärte er mir, daß aufgrund des Fernurteils der vom Innenministerium eingesetzten »Troika« (Drei-Richter-Kollegium) eine Strafe von 15 Jahren Kerker unter Anrechnung der bisher im Gefängnis verbrachten Zeit wegen Spionage (§ 58-6) verhängt sei. Hier hielt er inne und fragte, da ich ein völlig teilnahmsloses Gesicht machte, ob ich das Urteil auch verstanden hätte. Ich ließ mich dann dazu herbei, mit einem einzigen »Da« (ja) zu antworten. – Dann allerdings fragte ich nach meiner Frau und erhielt die Antwort, ich würde am Ort meiner Strafe auch Auskunft über sie bekommen ... auch ich wurde nicht in meine alte Zelle zurückgeführt, sondern ... in eine andere ... wo sich mehrere, ebenso verurteilte Russen befanden. Dort blieben wir etwa 14 Tage bis zum Abtransport.

Nach dem Urteil

Tante Renata: ... als abgeurteilter Verbrecherin stand mir nun nur mehr das schlechteste Essen zu; die Zelle war so feucht und dunkel, daß wir jetzt im Juli froren und die elektrische Birne den ganzen Tag brennen mußte; angeblich gehörte diese Zelle zu denen, die seit der Zeit Peters des Großen kaum verbessert worden waren. So fehlte z. B. die Wasserleitung und das einzementierte WC. Daher mußte ich mit einer winzigen Kaukasierin morgens und abends mit einem riesigen Kübel (der allen Rußland-Gefangenen wohlbekannten »Parascha«) auf die allgemeine »Toilette« gehen, die so unbeschreiblich schmutzig war, wie ich es mir nie hätte vorstellen können. Dort mußten wir den Kübel ausleeren und spülen ...

Am 17. Juli nachmittags wurde ich »mit allen Sachen« aus der Zelle geholt, wie immer zu äußerster Eile angetrieben und ins Bad geführt ... Nach langem Warten wurde ich endlich durch die feuchten langen Gänge des »Bades« geführt und stand plötzlich einem kahlgeschorenen splitternackten Russen gegenüber, der über diese Begegnung mindestens ebenso verblüfft war wie ich. Unsere beiden Wächter brüllten sich erst gegenseitig an ... dann ging es weiter in den Gefängnishof, wo ein »schwarzer Rabe« bereits wartete ... In der Türe war ein vergittertes viereckiges Guckfenster bzw. Luftloch von etwa 8 mal 8 cm. Ich preßte mein Gesicht an dieses »Fenster«, um zu sehen, wer noch in diesen Wagen einsteigen würde. Alle, die in das Innere des »schwarzen Raben« einsteigen würden, mußten an meinem Guckloch vorbeikommen. Viele Russen waren es, erkennbar an ihren geschorenen Köpfen und ihrer Kleidung. Plötzlich erkannte ich Schellhorn, unseren letzten Generalkonsul in Czernowitz ... Ihm folgte ein mir unbekannter, jüngerer Mann ... Ich spitzte meine Ohren und hörte, wie sich die beiden einander vorstellten. So erfuhr ich, daß der Unbekannte Dr. Pörzgen war, Presseattaché an der deutschen Gesandtschaft in Sofia ... So rief ich nach einiger Zeit auf russisch: »Öffnen Sie, mir ist schlecht, ich brauche Luft!« ... Ich erreichte verhältnismäßig schnell mein Ziel, die Türe wurde etwas geöffnet und Schellhorn reagierte mit einem lauten Freudenschrei. Die Wächter waren erst so verblüfft, daß sie uns ein paar Minuten ungehindert auf deutsch miteinander reden ließen ...

Die Fahrt dauerte endlos lange – immer wieder wurde meine Türe geschlossen, dann auf meine Bitte wieder geöffnet; so erfuhr ich allerhand Interessantes ... Am Kursker Bahnhof in Moskau wurden wir alle ausgeladen und durften sogar unkontrolliert einige Minuten miteinander sprechen ... Grotesk erschien in dieser Umgebung die feierliche Vorstellung durch Schellhorn mit Handkuß und Verbeugung! Im Zug, der in Richtung Osten abfahren sollte, wurden wir natürlich sofort wieder getrennt ... Neulinge, wie ich, wurden über das Wesen und die Gepflogenheiten der Transporte und der Transitgefängnisse aufgeklärt. Unglaubliche Typen lernte ich da kennen ...

An den Verpflegungsrationen erkennt man meist die Reisedauer bis zum nächsten Transitgefängnis oder bis zum Ziel. Da ich nur einen Salzhering bekommen hatte, war es klar, daß ich nur einen Tag unterwegs sein würde. Niemand wußte, wohin wir fuhren, aber es schien allen, daß es ostwärts ging.

In den frühen Morgenstunden kamen wir in Wladimir an ... Bei der Ankunft im Gefängnis Wladimir gab es noch und noch neue Formalitäten. Wir mußten lange Fragebogen ausfüllen, um unsere Personalien anzugeben, Koffer- und Leibesvisitation folgte. Hierbei wurde ich natürlich von den Männern getrennt und schließlich in einer riesigen Zelle ebenerdig allein untergebracht. Ich legte mich auf eines der 16 leeren Bettengestelle ... Das Essen war hier schlechter als das schlechteste in der Lefortowskaja. Wenig und fast ungenießbar ... am Abend des 19. Juli wurde ich in eine Zelle im ersten Stock geführt, in der 5 Bettgestelle waren, davon waren drei besetzt – aber die Insassen nicht im Raum – hier sollte ich also die nächsten 6 Jahre verbringen!

Onkel Gerhard: ... am 25. Juli, also etwa eine Woche nach meiner Frau, wurde ich in ganz ähnlicher Weise abtransportiert ... In Wladimir erwartete mich ... eine besondere Überraschung ... als sich jemand auf mich stürzte – es war Schellhorn! Zu ihm gesellte sich der mir damals noch unbekannte Pörzgen. Beide erzählten mir, noch ganz aufgeregt, von dem kürzlichen Zusammentreffen mit meiner Frau ... Die Tatsache, daß Schellhorn und Pörzgen erst mit meiner Frau und dann kurz darauf mit mir zusammentrafen, war natürlich ein grober Regiefehler der Gefängnisverwaltung, die jeden Kontakt zwischen den Gefangenen zu vermeiden hatten ... Wladimir sollte ja nicht so streng sein wie die Moskauer Gefängnisse, vor allem nicht so zentral gelegen, was angeblich einen großen Unterschied macht ... Daß dieses Gefängnis ein berüchtigter Meilenstein auf dem Wege nach Sibirien war, und zwar seit vielen Jahrzehnten, seit Beginn der Verschickungen, erfuhr ich erst jetzt. Heute hieß es »Polit-Isolator II« – d.h. ein Gefängnis, wo man total isoliert und von der Außenwelt abgeschnitten ist ... beim Händewaschen mußte immer ein anderer das Wasser über die Hände gießen, da wir kein Gefäß besaßen, in dem wir uns hätten waschen können. An die im Gefängnis übliche Waschmethode, den Mund voll Wasser zu nehmen und langsam über den Händen auszuspucken, konnten wir uns nicht gewöhnen ...

Wir wurden jeden Tag für etwa eine Stunde in einen der Höfe zum Spaziergang geführt. Die Wände dieser Höfe, die etwa das Ausmaß einer großen Zelle hatten, bestanden aus Holzlatten, die in allen Sprachen bekritzelt waren ... Zu meiner großen Freude entdeckte einer von uns eines Tages ein großes deutliches »RS«, was ich sofort als die von meiner Frau eingeritzten Initialen erkannte. Ich schrieb ein »G« darunter ... meine Frau schrieb einen Spitznamen, den nur ich kannte, unter mein »G«, worauf ich ihr meine »15 Jahre« mitteilte ... dann schrieb sie mir ihre »10 Jahre« und ein paar Trostworte auf. Das war allerdings die erste und letzte unkontrollierte Nachricht, die wir uns während der ganzen Trennungszeit zukommen lassen konnten!

Tante Renata: ... ich sah auf dem Tisch eine Zeitung liegen, das Lokalblatt von Wladimir, den »Prysiw« (Aufruf), das war die erste Zeitung, die ich seit vier Jahren zu Gesicht bekam! Ich stürzte mich darauf ... diese Zeitung war ein Erlebnis für mich, bedeutete sie doch das erste kleine Fenster oder besser gesagt eine winzige Kellerluke in die Außenwelt, durch welche man, wenn auch aus einer völlig verzerrten »Froschperspektive«, einen Blick in das bisher total abgesperrte Gebiet »außerhalb der Gefängnismauern« werfen konnte. Nur wer das selbst durch Jahre mitgemacht hat, kann verstehen, daß mich der bloße Anblick einer Zeitung völlig aus meiner Fassung bringen konnte. Ich möchte diesen Umstand eigentlich als den einschneidendsten Unterschied zwischen Untersuchungs- und Strafgefängnis bezeichnen.

Die drei anderen Insassinnen der Zelle waren auch eine Verbesserung gegenüber der Lefortowskaja ... Jelisaweta, eine alte Ukrainerin, war eine zaundürre, ausgemergelte Frau, und Ada Jakschtaite, eine junge Litauerin, die seit ihrer Geburt einen verkümmerten linken Arm hatte, so daß ich mir hier wie in einem Invalidenheim vorkam, aber keineswegs wie in einem politischen Gefängnis ... Natascha hatte nur ein Bein, das andere war oberhalb des Knies amputiert – »während des Bürgerkriegs abgeschossen«.

Russische Bücher gab es in Hülle und Fülle, auch gute Literatur, die aber – so sagte man mir – immer vergriffen war. Ada konnte ganz gut Russisch sprechen, hatte aber keine Ahnung von Lesen und Schreiben, wohl wegen der cyrillischen Buchstaben ...

In den ersten Augusttagen (1948) hatten wir die erste Sensation in der Zelle. Ein Staatsanwalt kam, um das Gefängnis zu inspizieren, und fragte uns der Reihe nach, weswegen wir verurteilt waren.

Jelisaweta, die uns immer gesagt hatte, sie hätte im Kolchos aus Hunger Brot gestohlen, gab nun leise zur Antwort: »Wegen Mordes«, worauf der Staatsanwalt empört ausrief: »Warum sind Sie dann hier?«, was sie selbst natürlich nicht wußte. Aber gleich darauf wurde sie aus der »politischen« Zelle entfernt … wir trauten dieser friedlichen, bescheidenen alten Frau, die den ganzen Tag nur abwechselnd betete und schlief, absolut keinen Mord zu. Später erfuhr ich durch andere Gefangene, die vorher mit ihr zusammen waren, den Sachverhalt: Angeblich hatte ihre Tochter während der ärgsten Hungerzeit ihr kleines Kind getötet und gemeinsam mit der Großmutter (Jelisaweta) das Kind gegessen!

Nun waren wir nur mehr drei in der Zelle. Natascha, die sich selbst als überzeugte Kommunistin bezeichnete, war zu 10 Jahren verurteilt, weil sie während der deutschen Besetzung in Rostow deutsche Soldaten bei sich aufgenommen hatte … Ada, die Tochter reicher litauischer Bauern, war als Schwester eines Widerstandskämpfers, der inzwischen von den Sowjets erschossen worden war, ebenfalls zu 10 Jahren Gefängnis verurteilt … Einige Tage später wurde Natascha dann abgeholt, anscheinend in ein anderes Gefängnis oder, wie sie hoffte, in ein Lager … einmal öffnete sich die Türe ganz weit und herein stolperten, mit großen Bündeln und Matratzen beladen, drei erschütternde Gestalten … Der nähere Anblick dieser drei Frauen brachte uns fast aus der Fassung. Unwillkürlich dachte ich an die erste Unterredung mit dem »Natschalnik«, der mir versprochen hatte, ich würde bald mit »gebildeten Russinnen, die mehrere Sprachen sprechen«, zusammenkommen!

Katja (Jekaterina Terentjewna) hatte ein blasses, breites Bauerngesicht, untersetzt, fast dick … mit ihrem guten Herzen und ihrer oft urkomisch zutage tretenden Bauernschlauheit wurde sie bald eine sehr angenehme Zellengenossin, mit der man natürlich keine wissenschaftlichen Probleme lösen konnte, die aber immer hilfsbereit und guter Laune war … Sie liebte mich abgöttisch, ließ nicht zu, daß ich irgendeine schmutzige Arbeit verrichte, und wenn die Reihe an mir war, die »Ubornaja« (der WC-Raum) sauber zu machen, riß sie mir den Fetzen aus der Hand und sagte: »Das ist nichts für dich, du machst es ja doch nicht richtig!«, womit sie vielleicht sogar recht hatte – aber sie war die einzige – bisher –, die mir auch ihre Hilfe aufdrängte. Als Gegenleistung bat sie mich, ihr Geschichten zu erzählen. Ich kramte aus meinen Erinnerungen alles, was ich an sentimentalen Romanen, Novellen und Märchen noch wußte, erfand noch einiges dazu und so war fast jeden Abend »Erzählstunde«. Dabei saß Katja mit offenem Mund und strahlenden Augen neben mir. Als eine der anderen Frauen sie fragte, ob sie denn auch alles verstünde (denn mein Russisch war noch sehr mangelhaft und ihr Wortschatz ein ganz anderer!), sagte sie fröhlich: »Oh nein, nicht alles, aber es ist so schön, ihr zuzuhören!«

Maria war Evangelistin, manchmal bezeichnete sie sich auch als Baptistin ... sie hatte als Kind eine üble Eiterung an der Nase gehabt und da hatte man ihr kurzerhand – es war in den ersten Jahren der Revolution und ärztliche Hilfe am Land fast unerreichbar – die Nase amputiert ... Sie war wesentlich gebildeter als Katja, las recht viel ... im täglichen Leben war sie oft schwierig.

Nastja war eine arme kleine Mißgeburt, blind – es waren nur verkümmerte Augäpfel vorhanden ... Nastja hatte während des Krieges bei einer Bekannten im Dorf gewohnt. Der abergläubische, primitive Russe hält die Berührung einer Mißgeburt für glückbringend und schützend vor Unheil; aus diesem Aberglauben hatte die Bekannte ein gutes Geschäft gemacht. Jeder Soldat aus dem Dorf, der in den Krieg zog, durfte Nastja berühren, wenn er dafür Lebensmittel brachte ... Nastja sagte, sie hätte nie so gut gelebt wie während des Krieges ... Sie war ein infantiles, unglückliches Geschöpf, die nur einen Wunsch hatte: dauernd zu essen.

Kurz nach der Ankunft der drei Frauen in unserer Zelle ereignete sich die Episode des Kontakts mit meinem Mann über Zeichen im Hof. Ich hatte in mehreren Höfen, in denen wir täglich etwa 50 Minuten spazierengingen, auf gut Glück meine Initialen in die Holzwände geritzt. Eines Tages sah ich zu meiner namenlosen Freude ein »G« darunter! Auf diese Weise erfuhr ich dann auch, daß mein Mann zu 15 Jahren verurteilt war – aber das war und blieb die einzige unerlaubte Verbindung, die uns in all den Jahren gelungen ist.

Zu meinem Erstaunen erhielt ich ein Blatt Papier mit der Bemerkung, ich dürfe an meinen Mann schreiben, aber 1.) nur auf russisch, 2.) nichts über die Zelle oder meine Mitgefangenen und 3.) wäre die Adresse »Stadt Wladimir, Postfach 49«. Meine Freude war unbeschreiblich! Der Gedanke, zweimal im Monat schreiben zu dürfen und auch eine Antwort zu bekommen, schien mir fast zu schön, um wahr zu sein! ... Ich bekam keine Antwort. Später erfuhr ich, daß mein Mann weder den ersten noch den zweiten Brief erhalten hat ... ich war ja nun über 4 Jahre ohne Verbindung mit meiner Familie.

Onkel Gerhard: Der politische Offizier des Gefängnisses, wegen seines goldstrotzenden Gebisses nur »Goldzahn« genannt ... war jahrelang unser politischer »Betreuer«, ein aalglatter typischer GPU-Mann ... Am 24. Dezember 1948 erwartete uns eine besondere Weihnachtsüberraschung. Wir wurden alle in eine andere Zelle geführt und mußten unsere eigene Kleidung abgeben. Statt dessen erhielten wir die bekannte gestreifte Sträflingskleidung, Jacke und Hose aus dünnem Baumwollstoff; als Kopfbedeckung eine randlose runde Mütze aus dem gleichen Material, die wir beim Spaziergang aufsetzen mußten. Durch diese neue Maßnahme niedergeschlagen und bedrückt, kehrten wir in unsere Zelle zurück, wo wir versuchten, trotz allem, wenigstens innerlich Weihnachten zu feiern.

Am 28. Dezember 1948 wurden alle außer mir weggeführt – ich blieb allein zurück. Der Augenblick, in dem einen alle Zellengenossen verlassen, ist einer der schwersten im Gefängnisdasein. Selbst wenn man sich nicht immer gut mit allen verstanden hat, so wird man von dem Bewußtsein, daß sich die Türe vielleicht auf immer zwischen den Scheidenden und dem Zurückbleibenden geschlossen hat, wie gelähmt und erdrückt. Die Hilflosigkeit und Trostlosigkeit der Lage wird einem besonders klar. Wie groß war daher meine Freude, als nach einigen Stunden des Alleinseins Pörzgen, Schellhorn, Supprian und Ritgen hereinkamen ...

Unsere Zelle wurde als sogenannte Krankenzelle behandelt, d.h., wir erhielten eine wesentlich bessere Krankenkost und die Erlaubnis, auch tagsüber auf unseren Pritschen zu liegen ...

Tante Renata: Mitte November 1948 wurde ich zum politischen Offizier gerufen, der mir kurz mitteilte, daß meine gesamten Wertsachen durch ein »Zusatzurteil« vom 13. November 1948 beschlagnahmt worden seien ... Anfang Dezember erhielt ich die offizielle Mitteilung, daß ich mit meinem Mann nicht korrespondieren dürfe ... So kam ein Schlag nach dem anderen. Bei uns erfolgte die Einkleidung in die gestreiften Zuchthaus-Gewänder ... wie wir später hörten, war in anderen Zellen von den Frauen heftigst Widerstand gegen diese »Einkleidung« geleistet worden. Vor allem die sogenannten »Betenden«, die religiösen Bäuerinnen, die alles ablehnten, was vom Staat kam, weigerten sich, die gestreiften Röcke und Jacken anzuziehen ... Einige alte Frauen hatten sich einfach geweigert, sich umzuziehen, hatten passive Resistenz gemacht und so blieb den Wächtern nichts anders übrig, als sie wie Puppen aus- und wieder anzuziehen. Sie standen unbeweglich da, streiften aber blitzschnell die gestreiften Kleidungsstücke wieder ab, sobald die Wächter sie losließen. Eine von den alten Frauen soll tagelang im Hemd auf ihrem Bett sitzengeblieben sein, obwohl es bitter kalt war. Schließlich gaben sie aber doch alle klein bei, nur im Kampf um die Kopftücher siegten die Frauen ...

Im Februar hatte Nastja ihre drei Jahre abgesessen – aber sie kam nicht gleich weg. Man wußte nicht, was man mit ihr anfangen sollte ... erst vier Monate später, im Juni, wurde sie abgeholt. Auf unsere versuchten Interventionen, man dürfe so ein armes Geschöpf nicht länger als ihre Strafzeit im Gefängnis halten, bekamen wir zur Antwort: »Was will sie denn? In der Freiheit wird es ihr nicht besser gehen als hier. Sie hat zu essen, kann hier schlafen, hat nette Gesellschaft und geheizt wird im Winter sogar auch. Damit kann sie ganz zufrieden sein.« Tragisch, daß der Mann eigentlich recht hatte, denn ob bei den gegebenen Umständen die Freiheit für sie besser wäre als die Haft, ist mehr als fraglich.

Anfang April wurde Katja, unser bestes Stück, plötzlich aus der Zelle geholt. Unmittelbar darauf erschien Klawa, die Taschendiebin, von der wir durch die drei Frauen schon viel und eigentlich nur Schlimmes gehört hatten. Sie war berüchtigt wegen ihrer Grobheit, ihrer Streitsucht und galt als »Zellengeißel«, d.h. als Strafe für die anderen Gefangenen. Außer der Gefängnisverwaltung kannte niemand ihren Familien- oder Vatersnamen. Sie selbst sagte es nicht. Auch ist anzunehmen, daß selbst Klawa nicht ihr richtiger Name war, denn die sogenannten »Kriminellen« legen sich meist falsche Namen zu. Sie war 32 Jahre alt und befand sich bereits seit 18 Jahren in Gewahrsam ... Im nächsten Lager befreundete sie sich mit einem Einbrecher und bekam ein Kind von ihm. Kurz darauf wurde sie erneut angeklagt, diesmal wegen »Trotzkismus«; das Urteil hieß 10 Jahre Gefängnis! Auf unsere Frage, was sie denn getan hätte, meinte sie achselzuckend, sie wisse es nicht, sie hatte auch tatsächlich keine Ahnung, wer Trotzki war, folglich war ihr auch der Begriff Trotzkismus völlig fremd ... Im Gefängnis bekam sie auch das Kind, ein Mädchen, das nach einigen Monaten von ihr getrennt wurde. Sie vermutete, daß es von einem kinderlosen Arzt des Gefängnisses adoptiert worden ist, der immer besonders nett zu der Kleinen war ... ich war auf das Schlimmste gefaßt. Ihr Äußeres war eine angenehme Enttäuschung: trotz der mehr als unvorteilhaften Kleidung und der falschen oberen Schneidezähne aus Stahl machte sie einen sauberen, fast gepflegten Eindruck. Sie hatte prachtvolles langes schwarzes Haar, das sie als Zopf geflochten trug, schöne große dunkle Augen und den etwas zarten, leicht geröteten Teint der Tuberkulosen. Man sah ihr die lange Haftzeit nicht an! Ihr Bett stand neben dem meinen. Anfangs war sie mir gegenüber sehr mißtrauisch, war ich doch die erste Ausländerin, die ihr je begegnet war. Sie nannte mich nie anders als »Sosedka« (Nachbarin), denn Renata Hubertowna, wie mich die anderen nannten, war ihr zu kompliziert und unbekannt. Ich war die einzige in der Zelle, mit der sie nie stritt oder handgreiflich wurde. Das hatte ich wohl hauptsächlich dem Umstand zu verdanken, daß ich von mir aus nie ihre Diebstähle oder ihre merkwürdige Vergangenheit kritisierte oder auch nur erwähnte. Für mich war sie eben ein bedauernswertes Opfer – wie wir alle. Sie konnte kaum lesen, liebte es aber, wenn man ihr Geschichten erzählte. So war sie für mich eine Art Ersatz für Katja, denn auch sie nahm mir alle schwere Arbeit ab, d.h. das Saubermachen der »Ubornaja«.

Für mich war der 30. April 1949 ein Tag von besonderer Bedeutung. In Sowjetrußland ist der Vorabend des großen Maifeiertages ein Tag, an dem niemand arbeitet, der nicht gerade dazu gezwungen ist, aber dafür sind die meisten – selbst einige der Wächter – schon in der Vorfreude betrunken. Zu meinem großen Erstaunen wurde ich nach dem Abendessen hinausgerufen. In einem kleinen Bürozimmer saßen zwei Offiziere, den einen erkannte ich als denjenigen, der mir die Konfiskation meines Schmuckes mitgeteilt hatte. Nun stellte er mir eine Menge Fragen über Neubacher, ob ich ihn persönlich gekannt hätte, was für ein Mensch er wäre, ob er mit Tito Verbindung gehabt hätte, was er mir und meinem Mann über Tito erzählt hätte usw. Als ich ihm erklärte, ich hätte mit Neubacher nie über Politik gesprochen, was absolut den Tatsachen entsprach, glaubte er mir natürlich nicht und ließ seinem Unmut freien Lauf. Plötzlich zog er ein Papier aus der Tasche und hielt es mir hin. Es war ein in deutscher Sprache abgefaßtes Schreiben meines Mannes, das er mich aufforderte ins Russische zu übersetzen. Ich tat es zögernd und vielleicht etwas schlechter, als ich möglicherweise gekonnt hätte; er war jedenfalls nicht zufrieden und nahm das Papier bald wieder weg. Nach einer Weile unfreundlichen Schweigens zog er dann plötzlich ein anderes Papier aus seiner Mappe und überreichte es mir mit den Worten: »Eigentlich haben Sie das nicht verdient, denn Sie haben uns NICHTS erzählt, obwohl Sie viel wissen. Aber wir wollen Gnade vor Recht ergehen lassen – hier!« Es war ein Brief von meinem Mann, das erste offiziell erhaltene Lebenszeichen seit zwei Jahren. Eine ganze Seite, bedeckt mit russischer Schrift! ... Aber nun kam das Schrecklichste! Ich konnte die russische Schrift meines Mannes nicht entziffern – es war das erste geschriebene Russisch, das ich zu sehen bekam – und mußte »Goldzahn« bitten mir zu helfen. Zweimal lasen wir den Geburtstagsbrief gemeinsam durch ...

Onkel Gerhard: ... ich erhielt in der gleichen Nacht von dem in Feststimmung befindlichen »Goldzahn« die Antwort meiner Frau und damit die Bestätigung, daß sie meine Nachricht erhalten hatte. Das war für mich das wichtigste Ereignis des Jahres 1949!

Tante Renata: Anfang Mai 1949 wurden wir in eine große und sehr kalte Zelle im Erdgeschoß gebracht. Da man uns unsere »Buschlaty« (Mäntel) bereits weggenommen hatte, litten wir besonders unter der Kälte ... Im Herbst wurden wir hinauf in den ersten Stock gebracht, wo wir in einer großen Zelle zu 11 Personen bleiben sollten. Es waren lauter Russinnen, von denen einige so interessante Schicksale hatten, daß sie nicht unerwähnt bleiben dürfen.

Da war Anna Iljinitschna Pjawko-Dozenko, eine alte Dame, der ich sehr viel zu verdanken habe. Sie war die Witwe eines Obersten aus der Zarenzeit, die seit der Revolution in Charbin (Mandschurei) gelebt hatte ... Sie erzählte interessant von der Zeit, als die Mandschurei noch ganz chinesisch war, dann von der Besetzung durch die Japaner und schließlich vom Einmarsch der Russen. Sie war die erste gebildete Russin, mit der ich zusammenkam. Ihre Haltung und Würde, besonders den Organen der Gefängnisverwaltung gegenüber, war beeindruckend. Ihr habe ich zu verdanken, daß ich Russisch nicht nur einigermaßen richtig sprechen lernte, sondern auch von Grammatik und Rechtschreibung so viel mitbekam, daß ich einigermaßen leichte Diktate fehlerlos schreiben lernte ... Wir hatten regelrechte Stunden, wobei sie unerbittlich streng mit mir war, mir fast auf die Finger geklopft hat, wenn ich einen »unverzeihlichen« Fehler beim Diktat machte. Auch Ausdrücke, die Katja und Klawa täglich gebrauchten, verbot sie mir energisch und fügte immer hinzu: »SIE dürfen so ein Wort nicht gebrauchen, SIE nicht!« Sie war in einem sehr guten Internat erzogen worden und sprach recht gut Englisch und Französisch – wie seinerzeit wohl alle gebildeten Russinnen.

Die zweite erwähnenswerte Person in dieser Zelle war Pawa Grigorjewna, eine Pianistin und – wie sie von sich selbst behauptete – eine Komponistin. Sie war sehr intelligent, rechthaberisch und nervös, manchmal aber auch gutmütig und hilfsbereit. Ihr Schicksal glich einem Kriminalroman. Sie bekam von ihren Angehörigen regelmäßig etwas Geld geschickt und galt daher in der Zelle als »reich«. Durch ihren schwierigen Charakter war sie in der Zelle nicht beliebt.

Ihre ärgste Feindin war eine russische Filmschauspielerin, Soja Alexejewna Fjodorowa. Sie war der Prototyp der sehr charmanten, faulen Russin, hemmungslos in ihren Gefühlsausbrüchen, aber wenn man sie richtig zu nehmen wußte, gut zu leiden ... Außer den »unerwünschten Beziehungen zu einem Ausländer« warf man ihr Hochverrat, Verschwörung und Spionage vor – für jedes dieser Delikte war sie zu 25 Jahren verurteilt, aber zeitlich machte das keinen Unterschied, denn selbst wenn sie von einem Anklagepunkt freigesprochen worden wäre, hätte sie immer noch die 25 Jahre der anderen Punkte behalten. Sie hatte in dieser Beziehung wohl den Rekord aller meiner Zellengenossinnen. Einmal gab sie freimütig zu, bei einem feuchtfröhlichen Abend auf der amerikanischen Botschaft zu einem Flieger gesagt zu haben: »Ich verstehe nicht, warum ihr Berlin bombardiert und nicht den Kreml!« Anscheinend war dieser Ausspruch »berichtet« worden, denn er war auch den Sowjetbehörden bekannt. Soja und Pawa waren die einzigen in unserer Zelle, die 25 Jahre bekommen hatten; Anna Iljinitschna nur acht. Da sie aber bereits über 60 Jahre alt war, schien das wohl ausreichend! – Die anderen neuen Zellengenossinnen waren mehr oder weniger uninteressant.

Zwei Tage blieben wir in dieser großen Zelle zusammen. Der Lärm, der Luftmangel und vor allem die Gerüche hier waren unerträglich. Ich konnte fast gar nicht schlafen, ringsum wurde in allen Lautstärken und Tonarten geschnarcht. Nach zwei Tagen wurden fünf Frauen aus der Zelle geholt und wir blieben zu sechst: Anna Iljinitschna, Pawa Grigorjewna, Ada, Maria, eine etwas senile alte Frau, an deren Namen ich mich nicht erinnern kann, und ich. Wir verbrachten unsere Tage mit Sprachstunden, Übersetzungen und Lesen ... Die meisten von uns hatten in diesem Winter die Erlaubnis erhalten, ihre eigenen Wolljacken unter der Gefängniskleidung zu tragen, aber da ich selbst im Sommer verschleppt worden war, besaß ich gar keine warmen Sachen.

Im April (1950) bekamen wir plötzlich die Weisung, uns mit unseren Sachen fertigzumachen. So ein Befehl war immer mit der bangen Frage verbunden: Was geschieht nun mit uns? Verlegung in ein anderes Gefängnis, Amnestie, neue Verhöre – alles war möglich.

Auch diesmal sagte man uns nichts! Und so zogen wir mit unseren Bündeln die Treppen hinunter, dann über den Hof und in den sogenannten »Korpus I«, einen ziemlich neuen, aber sehr schlecht gebauten Teil des Gefängniskomplexes. Dort sollten wir bleiben, während unser »Korpus II« renoviert wurde. Hier waren die Zellen sehr unbequem. In der Mitte stand ein Tisch, an seinen Seiten schmale Bänke, alles war in den Fußboden einzementiert, so daß man nichts verschieben konnte. Die Bänke waren so weit entfernt vom Tisch, daß man kaum sitzend essen konnte. Auf den Pritschen, die auch besonders hoch und unbequem waren, durfte man unter Tag auch nicht sitzen. Die Zellen waren sehr niedrig, also besonders heiß im Sommer, die Fenster undicht, also zog es und wurde eisig, sobald es draußen kühler war... Nun waren wir zu dritt: die schwierige Pawa mit ziemlich viel Geld, Ada und ich – Ada und ich hatten Krankenkost, die hier etwas besser war als in Moskau, also ging es uns verhältnismäßig nicht ganz schlecht.

Onkel Gerhard: ... kam ich mit zwei Japanern und einem Ägypter namens Rachim zusammen. Dieser war – wie sich später herausstellte – ein ebenso begabter wie korrupter Mensch. Er war etwa 25 Jahre alt, sehr gebildet und behauptete, mit dem ägyptischen Königshaus verwandt zu sein. Er sprach mehrere Sprachen und sein ganzes Benehmen ließ auf eine gute Kinderstube schließen. Der Grund seiner Inhaftierung blieb uns immer unklar. Daß er ein Zellenspion war, entdeckte ich erst viel später; sein verbindliches Wesen täuschte uns alle ... Die beiden Japaner waren Offiziere, mit denen ich mich auf englisch unterhielt. Sie waren umgänglich und angenehme Zellengenossen. Immer wieder betonten sie ihre Enttäuschung über Stalin, der Japan gegenüber sein Versprechen nicht gehalten hatte.

Im September kehrten wir endlich zurück in unser altes Gebäude. Die Zellen waren tatsächlich wesentlich verbessert worden. Ein langer Tisch, an dem fast alle Platz hatten, stand in der Mitte des Raumes. An einer Wand konnte man nun an primitiven Haken seine Kleider aufhängen und die größte Leistung war ein Schrank mit 16 Fächern, also für jeden ein Fach, in dem man seine Kleinigkeiten – Becher,

Brot, Zahnbürste usw. – unterbringen konnte. Auch der Zementfußboden war geebnet und frisch gestrichen worden, so daß das tägliche Aufwaschen wesentlich leichter war …

Als ich einmal während des Spazierganges im Hof laut und heftig niesen mußte, öffnete sich sofort die Klappe in der Tür und der Wächter, der außerhalb auf und ab ging, fragte streng: »Wer hat hier geniest?« Der Ägypter, der gerade »Tagesdienst« für die Zelle hatte, sprang sofort hin und sagte ruhig: »Niemand.« Dieser Zwischenfall wurde jedoch dem »Goldzahn« gemeldet und sowohl Rachim als auch ich mußten dazu Stellung nehmen, und zwar schriftlich (!). Anschließend wurden wir beide noch einmal dazu verhört, wobei mir »Goldzahn« erklärte, ich hätte durch mein Niesen unerlaubte Verbindung mit anderen Gefangenen aufgenommen. Auch bezeichnete er es als Disziplinlosigkeit! Nach langem Palaver über lautes und leises Niesen, das selbst in unserer Situation an grotesker Komik kaum zu überbieten war, entließ er mich schließlich mit dem Hinweis, eigentlich hätte ich Karzer verdient, aber er wolle noch einmal Gnade vor Recht ergehen lassen.

Am 28. Februar 1951 kam wieder einmal der Schock, an den man sich nicht gewöhnen konnte – obwohl er uns immer wieder ereilte. Ich mußte allein mit allen meinen Sachen die Zelle verlassen. Meine Kameraden halfen mir bereitwillig meine Habseligkeiten zu bündeln, dann ging es hinaus aus der gewohnten Zelle in die Ungewißheit. Nach den üblichen Untersuchungen wurde ich allein in das Gefängnisauto gesperrt und – ohne zu ahnen, wohin es ging – über 200 km nach Moskau gefahren. Bei den schlechten russischen Straßen war das immerhin eine Fahrt von etwa vier Stunden und das absolute »Nicht-Wissen-Wohin« wird in so einem Fall fast unerträglich und die Stunden werden zu Ewigkeiten. Als ich schließlich, völlig gerädert, endlich aussteigen durfte, stellte ich fest, daß ich mich im alten Gefängnis Butyrka befand. Körperlich durch die Fahrt, seelisch durch die Ungewißheit ganz zermürbt, befand ich mich in einem jämmerlichen Zustand. Mein Lebenswille war auf ein Minimum gesunken … zum Glück blieb ich nur etwa 2 Stunden in einer Übergangszelle der Butyrka, dann brachte man mich in die Lubjanka … Ich bekam nun

Zusatzverpflegung, hatte aber Liegeverbot bei Tag, was bei meiner Magerkeit und Schwäche sehr erschwerend war. Trotz der »guten« Zelle war meine Situation schlimmer als in Wladimir, denn ich litt vor allem unter der Isolierung. Sechs Wochen vergingen ganz ergebnislos ohne Verhör. Da begann ich schriftlich und mündlich zu protestieren und Aufklärung zu verlangen. Als Ergebnis wurde ich vom Arzt sorgfältig untersucht und erhielt sofort Liegeerlaubnis. Zwei Tage später kam ich in eine Gemeinschaftszelle, in der sich nur Russen befanden. Es waren lauter Intellektuelle, ein Professor, ein Schriftsteller und ein junger Mann namens Kulagin, der anscheinend in einen Prozeß gegen die Österreicherin Ottillinger verwickelt war ...

Etwa Ende April begannen neuerliche Verhöre, aus denen ich endlich ersah, was man mit mir vorhatte: mich und einige meiner alten Moskauer Freunde zu belasten... Eines Tages stand mir gegenüber der oben erwähnte Ägypter Rachim, der mich mit folgender Erzählung, die er behauptete von mir gehört zu haben, belastete: während meiner Moskauer Zeit (vor dem Krieg) hätte einmal die Maxakowa, eine der besten Carmen-Interpretinnen, an einem großen Gesellschaftsabend in meiner Wohnung freiwillig eine ihrer berühmten Arien gesungen, ich hätte ihr daraufhin teures französisches Parfum geschenkt und dabei interessante Nachrichten aus dem Kreml von ihr erhalten.

Tatsächlich hatte es sich aber folgendermaßen zugetragen:

1.) Maxakowa hatte in ihrer großzügigen russischen Art mit einer Anspielung auf meinen Geburtstag, der gerade in größerem Kreis gefeiert wurde, freiwillig die Arie aus der »Zarenbraut« gesungen.

2.) Ich war völlig überrascht und hatte daher auch weder Blumen noch Konfekt oder ähnliches vorbereitet. Verzweifelt suchte ich unter meinen Mitbringseln aus Deutschland etwas für sie Geeignetes und verfiel schließlich auf eine große Dose Nivea-Creme. Mich für die prosaische Gabe entschuldigend, bot ich sie ihr an. Sie erwiderte: »Obwohl ich mir hier viel kaufen kann, ist so etwas auch für mich schwer zu bekommen«, und nahm es dankend an. Ich weiß allerdings bis heute nicht, ob es eine Höflichkeit von ihr war oder ob sie es wirklich schwer bekommen hätte.

3.) Völlig aus der Luft gegriffen war natürlich die Mitteilung, ich hätte durch sie Nachrichten aus dem Kreml bekommen ...

Nach langem zähen Kampf, wobei ich oft glaubte, dem Stärkeren zu unterliegen, wurde der inzwischen abgeführte Rachim doch ins Unrecht gesetzt. Eine Majorin, die mit zwei anderen Offizieren das Verhör durchgeführt hatte, fragte schließlich, ob ich behaupte, daß Rachim gelogen habe. Ich sagte kurz, daß ich zu meiner Schilderung der Angelegenheit nichts hinzuzufügen hätte. Daraufhin meinte die Majorin zu meinem großen Erstaunen: »Wir haben keinen Grund anzunehmen, daß Sie gelogen haben«, womit dieses Verhör für mich zu Ende war. Was das für mich bedeutete, kann nur der ermessen, der in einer ähnlichen Lage war!

Ein weiteres Verhör, das mich sehr in Erstaunen versetzte, war über den damaligen rumänischen Kriegsminister Bodnarasch, der zur Zeit unserer Verschleppung aus Bukarest der Anführer der kommunistischen Opposition war ... »Hat Bodnarasch Ihrer Frau die Hand geküßt oder ähnliche trotzkistische Angewohnheiten gezeigt?« Es wunderte mich in erster Linie, daß gegen einen so bewährten Kommunisten überhaupt ein Verdacht bestand, doch mehr noch befremdete es mich, daß dieser Handkuß den Sowjets bekannt war und auch noch als verdächtiges Anzeichen erschien.

... nach meiner Rückkehr nach Wladimir kam ich in die Krankenstation mit Krankenkost. Mein Zellengenosse war ein alter Russe namens Bessonow, mit dem ich bis Anfang 1952 zusammenblieb. Er war ein Mann des alten Stils, anscheinend war er in seiner Jugend in den Diensten des Zaren in der »Ochrana« (Sicherheitspolizei) gewesen, kannte also das System aus einer früheren Sicht.

Tante Renata: Das Leben zu dritt mit Pawa und Ada dauerte nicht lange. Im Juni 1950 öffnete sich plötzlich die Türe und eine große ältere Frau in Sträflingskleidern stand mit einem Bündel vor uns ... Da gab sich die Fremde zu erkennen. »Lydia Andrejewna Ruslanowa!« Der Name wirkte wie eine Bombe ... anscheinend handelte es sich um eine Sängerin, die mit Pawa zusammen konzertiert hatte ... Sie hatte als kleines Kind ihre Eltern verloren und war in einem

Waisenhaus aufgewachsen ... als sie merkte, daß sie mit Schlagern und Volksliedern ein Vermögen verdienen konnte, verzichtete sie auf die mühsame Ausbildung zur Opernsängerin, obwohl ihr eine erfolgreiche Laufbahn prophezeit wurde. Sie hatte unerwarteten Erfolg, verdiente glänzend, fuhr von Stadt zu Stadt, wo sie oft mehrmals an einem Abend in verschiedenen »bunten Abenden« hintereinander auftrat. Ihr Privatleben war fast so bunt wie ihre Künstlerlaufbahn. Sie war nun mit ihrem dritten Mann verheiratet. Den ersten erwähnte sie kaum. Der zweite war ein bekannter Conférencier ... sie erwähnte ihn ebensooft wie ihren dritten, jetzigen Mann, Wolodja (Wladimir), ein General, diesen liebte sie abgöttisch, ebenso wie seine 14jährige Tochter aus erster Ehe. Ihr Mann hatte unter Marschall Schukow, dem Eroberer von Berlin, gedient ... Ursprünglich war sie zu 10 Jahren Lager verurteilt worden, hatte auch einige Wochen in einem Lager zugebracht, wo sie dem sogenannten »Künstler-Artel« angehörte. Das bedeutete eine wesentlich bessere Sonderbehandlung mit allerlei Vergünstigungen: sie brauchte nicht zu arbeiten, mußte aber dafür als Sängerin auftreten. Ihren Erzählungen zufolge, die ich für absolut glaubhaft halte, war das ganze Lager und seine Umgebung aus dem Geleise gekommen. Jeder wollte sie hören, sie feierte Triumphe – fast wie in der Freiheit –, nur ohne Verdienst! Aber aus politischen Gründen konnte das nicht geduldet werden, denn sie war ja doch ein »Volksschädling«. – Also wurde ihr ein neuer Prozeß gemacht, das Urteil lautete 10 Jahre Gefängnis! ...

Einmal fragte ich sie, ob sie nicht um 1930 meinen Mann kennengelernt hätte, da er mit vielen Künstlern bekannt und befreundet gewesen war. Darauf wehrte sie energisch ab. »Nein, mit Ausländern habe ich mich nie abgegeben – die Bekanntschaft allein konnte ja schon Gefängnis bedeuten. Noch dazu ein DEUTSCHER! Ich habe nur einen einzigen Deutschen einmal zufällig kennengelernt, und das war nach einem Auftritt im WOKS (Gesellschaft für kulturelle Beziehungen mit dem Ausland) und der hieß ...« Sie zögerte und dachte angestrengt nach. Ich fragte: »... vielleicht Stelzer?« Sie sah mich mißtrauisch an und meinte: »Woher wissen Sie das?« Ich erklärte ihr, daß Stelzer mein Mann wäre und die Wahrscheinlichkeit groß, daß sie, wenn sie nur *einen* Deutschen gekannt hätte, eben ihm begegnet war. Mit der Zeit verlor sie ihr Mißtrauen und war eine besonders anregende, wenn auch manchmal anstrengende Zellengenossin.

Der 5. November war ein großer Festtag für unsere Zelle. Die Klappe öffnete sich und Ruslanowa erhielt eine Gutschrift über 6000 Rubel. Vergessen waren alle Streitigkeiten, jetzt mußte gefeiert werden! Daß es dabei großzügig russisch zuging, verstand sich beim Charakter der Ruslanowa von selbst. Ausnahmsweise wurde gestattet, daß der Kantineur außerhalb der Reihe eine Bestellung entgegennahm. »Bring alles, was du hast – wir müssen ein Fest feiern!« Tatsächlich erschien er nach einer Weile mit großen Kartons, gefüllt mit Margarine, Wurst, Weißbrot, Käse, Obst und Gebäck – wie ich es seit 1944 nicht gesehen hatte ...

Auf die Dauer wurde diese Zelle mit den 7 eng nebeneinanderstehenden Betten für uns 6 Personen unerträglich eng und nach mehrmaligen Bitten wurden wir in eine große 16-Betten-Zelle im ersten Stock verlegt, wobei aber 4 an der Wand stehende Betten Stockbetten waren. Dort verbrachten wir auch Weihnachten 1950 und das Neue Jahr 1950/51. Ruslanowa verfertigte aus Brot, Zucker, Margarine und elenden kleinen sauren Bonbons eine Torte, die kunstvoll verziert wurde und für uns ein wahrer Leckerbissen war. Wir hatten nun einigermaßen genug zu essen, Platz in der Zelle und mit Anna I. konnte ich mich immer gut beschäftigen: entweder gab sie mir Russischstunden, was für mich eine reine Freude war, oder wir übersetzten gemeinsam die anspruchsvollsten Texte (russisch-französisch-englisch!). So war der Winter 1950/51 fast erträglich ...

Die nächsten Ereignisse waren zwei neue Frauen in der Zelle. Zuerst erschien Taissija, eine kleine blasse Person, von der ich annahm, sie wäre Ausländerin, weil sie so stockend sprach. Es stellte sich aber heraus, daß sie fast ein ganzes Jahr in Einzelhaft verbracht hatte und daher nervlich völlig am Ende war ... Man hatte ihr angelastet, daß sie eine Verschwörung gegen Stalin nicht gemeldet bzw. nicht bemerkt hätte. Nach vielen schweren Verhören wurde sie zu 10 Jahren Einzelhaft verurteilt, und erst als sie dem völligen Zusammenbruch nahe war, hatte man die Einzelhaft in »Gefängnis« abgeändert ... Einige Tage nach ihr erschien Cäcilia, eine bildschöne Jüdin, die Jahre hindurch die Sekretärin von Frau Molotow gewesen war. Als diese in Ungnade fiel und verhaftet wurde, angeblich wegen unerlaubten Kontaktes zu Israel und israelischen Kapitalisten, mußte auch ihre Sekretärin daran glauben, weil sie nichts von den staatsfeindlichen »Umtrieben« ihrer Chefin berichtet hatte. Cäcilia hatte 10 Jahre Gefängnis verpaßt bekommen ... Cäcilia war ebenso dumm wie schön und überzeugte Kommunistin ... Nach außen blieb sie die unerschütterliche Parteigenossin, bezichtigte sich der »Achtlosigkeit«, lobte alle Errungenschaften und Einrichtungen der UdSSR über den grünen Klee! Sie brachte auch Taissija dazu, wieder fest an die Sowjetmacht und den Kommunismus zu glauben ...

Die nächste Neue war eine Frau, die sich Serebrjakowa nannte, etwa 45 Jahre alt, entweder Zigeunerin oder Jüdin. Sie behauptete, aus der südlichen Ukraine zu stammen, und berichtete ausführlich ihren phantastischen Werdegang ...

Ende November wurden wir wieder in eine andere Zelle gebracht und waren nun alte Bekannte wieder zusammen: Anna I., Soja, Ruslanowa, Ada und ich, große Wiedersehensfreude anfangs, obwohl das Verhältnis Soja–Ada immer gespannt war. Zu Weihnachten 1951 verfertigten wir unter der Anleitung von Ruslanowa wieder mit unendlicher Mühe und Geduld wie im Vorjahr aus geriebenem Brot, Zucker etc. eine große quadratische Torte, die wir in tagelanger Arbeit kunstvoll verziert hatten. Aus nächtelang gesammeltem Wachs – bei Kurzschluß, was recht häufig passierte, bekamen wir Kerzen auf den Tisch gestellt – und aus zusammengedrehtem Nähgarn hatten wir kleine Kerzen angefertigt und am 31. Dezember abends (die Russen feiern ja die Jahreswende) gab es ein großes Fest mit Torte und Kerzen bei uns ...

Das Jahr 1952 verlief ohne besondere einschneidende Ereignisse ... Nach und nach kamen neue Frauen zu uns ... Außerdem kamen noch zwei oder drei der sogenannten »Betenden« zu uns. Eine – die von den anderen mit besonderer Ehrfurcht behandelt wurde – war Analphabetin, konnte aber die ganze Bibel auswendig, wußte alle

Feiertage und hielt sich streng an alle Vorschriften, z.B. das Fasten. Sie hieß Fjokla Schiwotikowa (etwa Thekla Bäuchlein). Ihre Gebete verrichtete sie mit Kniefall und Berühren des Fußbodens mit der Stirne, wie übrigens viele der »Betenden«. In der Fastenzeit aßen sie fast nichts, hoben aber Brot und Zucker, manchmal auch die Kascha auf. Kompromißlos lehnten sie alles ab, was vom Staat kam – Stalin bzw. die Regierung waren gleichbedeutend mit Teufel und Hölle. Wenn eine der Betenden aus dem Gefängnis entlassen wurde, so zerriß sie sofort den eben erhaltenen Personalausweis, den jeder Sowjetbürger besitzen muß. Bei der nächsten Kontrolle wurde sie naturgemäß sofort wieder verhaftet.

Als einmal der Direktor in die Zelle kam, während Fjokla betete, stieß einer der Wächter die am Boden Kniende mit dem Fuß an und sagte: »Steh auf, wenn der Natschalnik kommt!«, worauf sie, ohne sich umzudrehen, antwortete: »Ich habe nur einen Natschalnik, und das ist der Herrgott!« – Als sie einmal aufgefordert wurde, die Hände auf den Rücken zu legen (was bei verschiedenen Anlässen Vorschrift war), sagte sie ganz ruhig: »Mir hat Gott die Hände nach vorne gegeben!« Drohte man den Betenden mit dem Karzer, so bekreuzten sie sich und sagten: »Dann sind wir wieder etwas näher zu Gott gekommen!« ... in einem Brief aus ihrem Dorf ... wurde Fjokla mitgeteilt, daß ihr blinder Sohn, der mit einer fast blinden Frau in einem Blindenheim lebte, einen Radioapparat geschenkt bekommen hatte und sich darüber sehr freute ... brach sie in Tränen aus ... sie weine um ihren Sohn, der nun durch sein Höllenradio dem Bösen für immer verfallen wäre.

Ein anderes Erlebnis mit den Betenden: Diese taten wohl alles, was für sie und ihre Mitgefangenen in der Zelle nötig war, aber nichts für den Staat. So weigerten sie sich einmal – es waren nur »Betende« in einer Zelle zusammen –, als die Reihe an ihnen war, das WC zu reinigen. Wütend sperrte der Wächter die Frauen im Waschraum-WC ein und erklärte, er ließe sie erst in ihre Zelle zurück, wenn alles saubergemacht wäre. Darauf stellten sich die Frauen zusammen, sangen mit gefalteten Händen religiöse Lieder, ohne sich im geringsten um den Befehl zu kümmern. Schließlich mußten die Aufseher klein beigeben, als sie selbst – nach Stunden – das WC benützen wollten, und führten die Frauen in ihre Zelle zurück. – Diese orthodoxen Gläubigen waren eigentlich die einzigen Gefangenen, die ihre passive Resistenz mit einigem Erfolg und ohne Prestigeverlust durchsetzen konnten.

Im Oktober oder November 1952 hatte ich ein unangenehmes Erlebnis. Kurz vor dem Staatsfeiertag wurden, wie üblich, die ganze Zelle und die privaten Habseligkeiten nach etwas »Verbotenem« durchsucht. Dabei entdeckte man, daß ich von einem alten Bodenlappen, den wir vor kurzem erhalten hatten, ein Stück abgeschnitten hatte, um meinen »Lumpenpantoffeln« eine neue Sohle zu geben. Der größere Rest des Lappens genügte lang, um den Fußboden damit aufzuwischen, aber – es war »Beschädigung des staatlichen Eigentums«. Der Direktor schrie mich an, so etwas könne mit 5 Tagen Karzer bestraft werden.

Ich wußte aus Moskau, was Karzer bedeutete, und im Herbst ist es dort besonders kalt ... Ich versuchte meine Angst vor dem Karzer so gut es ging zu verbergen und sagte ziemlich ruhig: »Ich habe den Bodenlappen nicht als besonders wertvolles Staatseigentum betrachtet, sondern als einen Gegenstand, um die Zelle sauber zu machen ... Ich kann mir nicht denken, daß in der Sowjetunion ein Stück Bodenlappen von solcher Bedeutung ist. Darum habe ich mir auch keine Gedanken über den angeblichen ›Mißbrauch‹ gemacht.« Er hörte mich ruhig, aber mit finsterem Stirnrunzeln an, schwieg erst eine Weile und donnerte schließlich los: »Die Sowjetunion ist so reich, daß Sie tausend Lappen zerschneiden könnten! Es geht hier aber um das Prinzip! Auch der Bodenlappen ist Staatseigentum und muß als solcher respektiert werden – und dafür werden Sie bestraft!« ... Schließlich brummte er: »Na, wir wollen sehen, ob sich etwas machen läßt, aber versprechen kann ich nichts.« Etwas erleichtert kehrte ich wieder in meine Zelle zurück, aber ruhig war ich erst, nachdem mehrere Wochen ohne Karzer vergangen waren.

Onkel Gerhard: In den ersten Märztagen des Jahres 1953 kam eine Sonderkommission aus Moskau, die mich äußerst scharf und hartnäckig verhörte. Gleich zu Beginn erklärte man mir, daß ich nicht 15, sondern 20 Jahre Gefängnis verdient hätte und daß man mich so lange verhören würde, bis ich meine Verbrechen zugäbe. Es handelte sich um völlig haltlose Anschuldigungen der GPU aus dem Jahre 1931 – also vor mehr als 21 Jahren! Die Polizeiberichte wurden mir auszugsweise vorgelegt, um jede Widerrede auszuschließen. Im Jahre 1931 war der bekannte Geiger Professor Kulenkampff nach Moskau gekommen, um dort zu konzertieren. In meiner Eigenschaft als Kulturreferent der Botschaft hatte ich ihn am Bahnhof abgeholt ... Mein Gedächtnis war aber damals noch so gut, daß ich genau die wahren Begebenheiten von den unterschobenen unterscheiden konnte ... Während eines Verhörs, das durch seine besondere Härte und Unnachgiebigkeit gekennzeichnet war, fiel mir auf, daß einer der Funktionäre von Zeit zu Zeit das Radio einschaltete und mit Kopfhörern – also für mich nicht verständlich – Nachrichten anhörte ... Am Abend des 5. März 1953 sagte mir der Vorsitzende, die Kommission würde so lange in Wladimir bleiben, bis ich mein Geständnis abgelegt hätte. Ich sollte mir in der Nacht überlegen, was ich zu gestehen hätte. In dieser Nacht machte ich kein Auge zu ... Als ich morgens wieder vorgeführt wurde, sah ich, daß die ganze Kommission in schwarzen Anzügen war, was mich etwas befremdete ... Aus meiner verzweifelten Stimmung heraus sagte ich: »Ohne Rücksicht darauf, was mich bei Ihnen erwartet, bitte ich, meine Aussage, die ich mir gut überlegt habe und die nur der Wahrheit entspricht, erst anzuhören und dann zu Protokoll zu nehmen.« ... Die Abfassung von meinem Protokoll wurde von dem Oberstleutnant niedergeschrieben, wie ich es diktierte. Daraufhin wurde das Protokoll von mir und ihm unterzeichnet. Im Anschluss daran unterhielten sich die beiden Offiziere plötzlich ganz freundlich mit mir, sprachen über Rumänien, seine landschaftlichen Schönheiten und die Stellung, die ich dort gehabt hatte. Dann kamen sie auf meine Tätigkeit in Moskau zu sprechen, wobei mein ungehinderter Verkehr mit russischen Künstlern und Gelehrten nicht erwähnt wurde. Zum Schluß sagte ich: »Wenn ich auch jetzt darunter zu leiden habe, so betrachte ich doch die Zeit an der deutschen Botschaft in Moskau als den Höhepunkt meiner Karriere.«

Der Umschwung in der Haltung der Russen mir gegenüber seit dem vorigen Abend war zwar erfreulich, aber mir völlig unverständlich ...

Daß in dieser Nacht Stalin gestorben war und damit die Lage der politischen Gefangenen eine völlig veränderte war, erfuhr ich erst viele Wochen später.

Tante Renata: In dieser Zeit (März 1953) bekamen wir die Zeitungen immer erst zwei Monate nach ihrem Erscheinen, so daß man das Weltgeschehen immer erst erfuhr, wenn es längst nicht mehr aktuell war ... Montag, den 9. März ... wurden wir um 11 Uhr vormittags durch das plötzliche Einsetzen von sehr lauten Sirenen erschreckt, die durch 5 Minuten ununterbrochen heulten.

Es war so laut, daß man sein eigenes Wort nicht verstand und sich die Ohren zuhalten mußte. Wir sahen uns alle verwirrt an, bis plötzlich der »Igel« aufschrie: »Die Bestie ist tot! Es kann nichts anderes sein, so haben nur bei Lenins Tod die Sirenen geheult!« Die Kommunistin Cäcilia empörte sich natürlich über diese »lästerlichen« Worte, es gab einen heftigen Streit, der mit der Erklärung Cäcilias »Der Name Stalin ist für mich heilig« endete.

Die Reaktion in der Zelle war natürlich sehr verschieden! Es gab triumphierende (z.B. der »Igel«), schluchzende (Cäcilia), beeindruckte (Ruslanowa) und abwartend hoffende Gemüter. Die letzte Gruppe war die größte. Es gab auch bald darauf tatsächlich etliche Erleichterungen im Gefängnisregime. Die Fenster wurden weiter geöffnet, die Wächter waren nachsichtiger ... Als schließlich die Zeitung mit breitem schwarzen Rand um das Portrait Stalins erschien, war die Wirkung in unserer Zelle ebenso verschiedenartig wie am Tag des Begräbnisses. Von kaum unterdrücktem Jubel bis zu bitteren Tränen war jede Stimmung vertreten ...

Im Juni 1953 wurde uns verkündet, daß wir nun bald unsere eigenen Kleider würden tragen dürfen, einmal im Monat ein Paket erhalten und auch einen Brief schreiben. Selbst mir machte man Hoffnung auf die Erlaubnis zu schreiben ... Im September erhielt auch ich endlich die prinzipielle Erlaubnis, meinem Mann zu schreiben ... Ab Anfang November durften wir den zweiten Brief schreiben und von da ab jeden Monat. Damit hatte eine neue, hoffnungsvollere Periode begonnen.

Onkel Gerhard: Kurz nach dem Tode Stalins, von dem wir noch nichts wußten, im April, erschien ein junger russischer Häftling bei uns, der behauptete, auf dem Transport etwa Anfang März eine Zeitung gesehen zu haben, auf welcher das Begräbnis Stalins abgebildet war. In diesem Moment fiel es mir wie Schuppen von den Augen! Der unerwartete Ausgang des Verhörs am 5. März hing mit Stalins Tod zusammen! …

Eine der interessantesten Persönlichkeiten, die mir in russischen Gefängnissen begegnet sind, war der ehemalige Ministerpräsident Finno-Kareliens, Kuprijanow, Mitglied des Obersten Sowjets, der im Krieg den militärischen Rang eines Generals bekleidet hatte. Er kam kurz vor dem Aufstand des 17. Juni in unsere Zelle und erzählte, daß er und seine Frau zu 25 Jahren Gefängnis verurteilt wären … Auf Stalin angesprochen, erklärte Kuprijanow, daß dieser alle Anordnungen bis ins Einzelne persönlich getroffen habe, so z. B. auch die Festnahme der deutschen Diplomaten … Die Tatsache, daß Diplomaten in Gefängnissen festgehalten wurden, bezeichnete er rundweg als Verbrechen und riet mir, sofort nach dem Abgang Berias erneut einen Antrag auf Freilassung für meine Frau und mich zu stellen.

Wenn in einem sowjetischen Gefängnis zwei nahe Verwandte inhaftiert sind (Eheleute, Geschwister, Eltern und Kinder), von denen ein Teil früher entlassen wird als der andere, steht ihnen ein Wiedersehen kurz vor der Entlassung zu … Als ich am 20. Januar 1954 »mit allen meinen Sachen« aus der Zelle geholt wurde, dachte ich natürlich, nun käme das lang ersehnte Wiedersehen … Umso größer war die Enttäuschung, als ich mit meinen Habseligkeiten in das Gefängnisauto steigen mußte und zum Bahnhof gefahren wurde.

Dort stand ein richtiger Gefangenen-Transportzug mit starker Bewachung, der mich mit unbekanntem Ziel aufnahm! … 33 Tage dauerte der Transport über Kirow und Swerdlowsk nach Werchneuralsk. Jeder, der einen solchen Transport mitgemacht hat, weiß, was das bedeutet – wer es nicht erlebt hat, kann es sich nicht vorstellen: unterwegs kaum Platz zum Sitzen, völlig unzureichende, oft ungenießbare Verpflegung, keine Möglichkeit, sich zu waschen, morgens und abends einmal auf das total verschmutzte WC geführt werden usw. usw. ... Mehrmals wurde der Transport unterbrochen und wir blieben ein paar Tage in einer »Peressylka« (Transitgefängnis). In so einer »Peressylka« ist ein ständiges Kommen und Gehen verwahrloster, kranker, schmutziger und verzweifelter Menschen. Die Luft ist unerträglich. Trotz der Außentemperaturen von minus 30 Grad beteiligte ich mich wenn möglich am Spaziergang, um endlich etwas reine Luft zu atmen; allerdings mußte ich wegen meiner viel zu leichten Bekleidung ständig auf und ab hüpfen, um nicht zu erfrieren ...

Ende April erfolgte mein Abtransport in östlicher Richtung, der 20 Tage dauerte. Unterwegs erkrankte ich an einer schweren Grippe und wurde in ein Gefängnislazarett, ich glaube in Tscheljabinsk, eingeliefert. Ich befand mich in einem elenden Zustand. Die Oberaufsicht in diesem Lazarett hatte eine jüdische Ärztin, die sich meiner in rührender, vorbildlicher Weise annahm; ja, ich meine, daß ich ihr mein Leben zu verdanken habe ...

Einigermaßen wiederhergestellt, ging es weiter nach Osten, einem unbekannten Ziel entgegen ... Ich wußte nur, daß ich mich bereits in Sibirien befand. Ende Mai (1954) traf ich endlich an meinem Bestimmungsort ein: Alexandrowski Zentral am Baikalsee – in der Nähe von Irkutsk.

Das Gefängnis von Alexandrowskoje war ein historisch bekanntes und berüchtigtes. Das uralte Gebäude – meines Erinnerns früher eine Schnapsfabrik – war zur Zeit der Dekabristen (1825) in ein Gefängnis für diese umgewandelt worden. Inzwischen war wohl eine gewisse »Modernisierung« vorgenommen worden – immerhin war es das primitivste Gefängnis, das ich bisher gesehen hatte. Hinzu kam das Klima mit Winter-Temperaturen von 40 bis 50 Grad Kälte.

Hier bekam ich nun wieder – nach langer Pause – einen Brief von meiner Frau ... in meiner Antwort versuchte ich, das Positivste aus meiner sibirischen Verbannung zu berichten, soweit dies bei der strengen Briefkontrolle möglich war ... Zum ersten Mal seit über 9 Jahren konnte ich hier beim täglichen Spaziergang, der hier eine Stunde dauerte, freie, weite Landschaft sehen – Wälder, Felder und Berge. Wir waren hier so weit ab von der Stadt und ihren Bewohnern, daß die in anderen Gefängnishöfen üblichen hohen Mauern nicht nötig waren.

Am 23. Juli ... erschien der »Starschi«, bedeutete mir, mitzukommen und meine Schüssel mitzunehmen. In einem anderen Raum standen auf einem Tisch sechs größere Pakete, die nun in meinem Beisein geöffnet wurden. Ich war völlig überwältigt und konnte kaum realisieren, was da vor sich ging. Nach neuneinhalb Jahren Nachricht aus der Heimat! Man wußte also, daß ich noch lebte! Während der »Starschi« ein Paket nach dem anderen aufriß und den Inhalt wahllos in meine und noch einige andere Schüsseln leerte, gelang es mir, einige der Absender auf den Paketadressen festzustellen. Da war das Internationale Rote Kreuz, das Evangelische Hilfswerk und der Name meiner Schwester, die ich entziffern konnte. Noch völlig benommen kehrte ich mit meinen Liebesgaben zurück, baute alles auf dem Tisch in der Krankenzelle auf und erklärte: »Nun können wir ein Freudenfest feiern!« Es begann auch ein echt russisches Gelage – allerdings ohne Alkohol! –, das drei Tage dauerte ...

Da ich annahm, daß Renata im September nach Ablauf der 10 Jahre Wladimir verlassen würde, zählte ich mit Besorgnis die Wochen ... Im September erhielt ich offiziell die Mitteilung, daß sie sich nicht mehr im Gefängnis befinde. Zugleich versprach man mir, daß sie den Brief, den ich nun schreiben durfte, bestimmt erhalten würde ... Als ich im Oktober einen Brief von ihr aus dem Entlassungslager Potma erhielt, der vom 27. September, unserem Hochzeitstag, datiert war, wußte ich endlich, daß sie nun auf den Transport in die Heimat wartete ... Anfang März teilte sie mir in zwei kurzen Briefen und einem Telegramm aus Moskau mit, daß sie sich auf dem Heimtransport befinde ... Nach drei Monaten voll quälender Ungewißheit über ihr Schicksal konnte ich nun beruhigt sein ... sie war statt der üblichen 2–3 Wochen fast ein halbes Jahr im Entlassungslager geblieben.

Tante Renata: Am 5. Dezember 1953 wurde ich mit meinen Sachen aus der Zelle geholt ... ich kam in eine kleine 5-Bett-Zelle zu vier Österreicherinnen. Da war Margarethe Ottillinger, die rechte Hand des Ministers Krauland, Frau Kastner ... Fini ... und eine junge Kellnerin aus Kärnten. Mein erster Eindruck war überwältigend. Seit sechseinhalb Jahren hatte ich mit niemand mehr deutsch gesprochen, außer anfangs mit der Dolmetscherin. Zuerst mußte ich immer nach den deutschen Worten suchen, immer kamen die russischen Ausdrücke über meine Lippen. Es war daher nicht verwunderlich, daß die Österreicherinnen mich für eine Spionin hielten und zunächst sehr zurückhaltend waren ...

Margarethe Ottillinger war eine sehr interessante und gebildete Frau, die trotz ihrer jungen Jahre bereits den Rang eines Sektionschefs innehatte. Sie war im Jahre 1948 aus dem Auto ihres Chefs, des Ministers Krauland, an der Zonengrenze (Amerika–Sowjetunion) an der Ennsbrücke verhaftet worden. Die Gründe waren nicht ganz klar – es spielten sowohl ihre Beziehungen zu den Amerikanern als auch gewisse persönliche Fragen eine Rolle. Die Amerikaner hatten ihr angeboten, sie aus der russischen Zone herauszufliegen, da sie gefährdet sei; sie hatte dies abgelehnt, meinend, bei ihren guten Beziehungen zu den Russen und mit ihrem guten Gewissen könne ihr nichts geschehen. Nach vielen grausamen Verhören im Hauptquartier der Sowjets in Baden bei Wien hatte man sie in die UdSSR gebracht, zu 25 Jahren verurteilt, aber anfangs in einem Lager arbeiten lassen. Anscheinend war sie aber eine zu wichtige Person gewesen, so hatte man ihre Strafe in 25 Jahre Gefängnis verwandelt.

Es gab noch mehrere, meist erschütternde Gestalten in dieser Zelle, in der ich bis zu meinem Abtransport am 2. September verblieb. Die schlimmste Person, von allen gefürchtet, die sie schon kannten, war ein Wiener Straßenmädchen mit dem Spitznamen »der Tiger«. Sie war die Tochter eines Russen und einer Wienerin ... Als sie in unsere Zelle kam, erstarrten alle vor Schreck bis auf Ottillinger und mich, denn wir waren die einzigen, die sie nicht kannten ... Sie verlangte die Ärztin und verlangte so nebenbei, ihre »Krankheit« sei wieder einmal akut und müsse behandelt werden. Das stimmte auch und wir waren uns alle einig, daß dieses unglückliche Geschöpf in eine Krankenzelle und nicht in eine Gemeinschaftszelle gehöre ... Ottillinger meldete sich zum Offizier und zur Ärztin, mit unser aller Zustimmung, und am nächsten Tag trat die ganze Zelle in Hungerstreik mit der Begründung, daß wir so lange nichts essen würden, bis die Kranke ins Lazarett gebracht würde. Zwei Tage hungerten wir, nahmen nur etwas Wasser zu uns. Die einzige, die unbekümmert aß, war der »Tiger«. Sie fand unsere Maßnahme »einfach blöd«! ... später wurde sie abgeholt und kam nie wieder zu uns. Wir aber aßen nun befriedigt und mit ziemlichem Hunger! Anschließend wurden wir verwarnt, so etwas dürfe nie mehr vorkommen, sonst würden wir exemplarisch bestraft werden.

Mitte Februar (1954) erhielt ich zum ersten Mal einen Brief mit Marke und Stempel, auf dem ich mit Mühe »Kirow« entziffern konnte. Gerhard teilte mir darin mit, daß er auf dem Wege nach dem Osten sei ... Am 9. August erhielt ich endlich seine neue Anschrift: Alexandrowskoje. Ich hatte schon vorher durch eine Österreicherin erfahren, daß in Werchneuralsk keine politischen Gefangenen bleiben sollten. Auch hatte ich durch eine andere Gefangene Informationen über Alexandrowskoje, die mich sehr bekümmerten ... Tatsächlich öffnete sich am nächsten Tag die Klappe und ich wurde gerufen, um meine Pakete in Empfang zu nehmen! Die Pakete waren schon geöffnet, so daß ich weder Adresse noch Absender lesen konnte ...

Die Lockerung des Regimes, die bereits nach Stalins Tod begonnen hatte, nahm im Laufe des Jahres noch weiter zu. So war es nun auch möglich, durch Klopfzeichen mit den anderen Zellen Verbindung aufzunehmen ... Im Sommer 1954 erfuhren wir auch die Namen vieler Deutscher, auch Österreicher, die sich durch die Rohre des WC meldeten ...

Immer näher rückte der 8. September, der Tag, an dem wir vor 10 Jahren ins Gefängnis eingeliefert worden waren. Am Abend des 2. September, meiner Berechnung nach 6 Tage zu früh, wurde ich aus der Zelle geholt und sofort in ein anderes Gebäude geführt ... In den ersten Morgenstunden erschien eine mir schon bekannte Wächterin, brachte meinen Koffer mit den letzten Habseligkeiten aus dem Depot ... Briefe und Aufzeichnungen wurden beschlagnahmt, nichts Schriftliches durfte mitgenommen werden ... Dann ging es noch vor Tagesanbruch im Gefängniswagen zum Bahnhof Wladimir ... Im Gefangenenwaggon befand sich meist nur ein Frauenabteil und dieses war zunächst leer. Nach einer Weile kam eine junge, zarte, recht hübsche Person herein, die so unflätig schimpfte und fluchte, daß ich wieder einmal verstört und fast ängstlich dasaß. Alle Gewalttaten der Kriminellen gegenüber den Politischen, von denen man mir erzählt hatte, fielen mir ein und ich überlegte, wie wohl die nächsten Stunden mit dieser Furie in einem Abteil vergehen würden ... Sie entpuppte sich als freundliches und höfliches Geschöpf und sagte: »Aber das hat doch mit Ihnen nichts zu tun. Diese Hundesöhne haben mir versprochen, meine warmen Kleider aus meinem Zimmer zu holen – jetzt muß ich in diesem Sommerkleid nach Sibirien fahren und kann dort erfrieren!«

... in Moskau wurden wir nun wieder mit vielen anderen in ein Gefängnisauto verladen und in eines der berüchtigten »Übergangsgefängnisse« (Peressylka) gebracht... Niemals vorher oder nachher habe ich eine so üble Mischung von Gedränge, Hitze, Gestank und Geschrei erlebt. Wenn man sehr viel Glück hatte, bekam man am Rande einer Pritsche einen etwa 40 cm breiten Platz zum Liegen, doch meist mußte man sich in die Mitte zwängen, wo man sich nur rühren durfte, wenn die ganze Reihe sich umdrehte! Sonst störte man die Nachbarn! ... Zwei Tage verbrachte ich dort ... Es ging wie üblich durch alle Prozeduren von Dusche, Leibesvisitation, Kontrolle des Gepäcks, dann schließlich auf den Bahnhof ... Auf dem Bahnhof sah ich zum ersten Mal, wie die männlichen Gefangenen alle niederknien mußten, bis der Zug hielt und sie alle schnell einsteigen durften. Es war ein erschütternder Anblick, diese ohnehin so jämmerlichen Gestalten auch noch so absichtlich erniedrigt zu sehen.

Am Vormittag des 8. September – also genau 10 Jahre nach unserer Einlieferung in der Lefortowskaja – wurde ich in das Entlassungslager geführt. Damit war das Gefängnisregime für mich endgültig vorbei ... Mir schien es der schönste Ort der Welt – keine Zementmauern, die Türen der Baracken mit Klinken von beiden Seiten, mit elektrischem Licht, das man selbst ein- und ausschalten konnte, sooft und wann man wollte, das alles waren Eindrücke, die mich nach den 10 Jahren Kerkerdasein fast überwältigten. Das war der Beginn der letzten Etappe meiner Gefangenschaft ... zum ersten Mal seit 10 Jahren sah ich Teller, Löffel, Gabel und Messer vor mir auf dem

Tisch liegen ... Fünf Monate blieb ich in diesem Lager, das mir anfangs wie ein Paradies erschienen war ...

Das erste Problem, an das ich nie gedacht hätte, war der Frauenmangel. Ein serbischer königstreuer Offizier erzählte mir später, daß meine erste Betreuerin ihm sofort nach dem Eintreffen gesagt hätte, ich wäre die »Lagerfrau« für ihn. Glücklicherweise war er etwas weniger primitiv als die meisten Lagerinsassen und so kam es zu keinen unerfreulichen Auseinandersetzungen. Entweder hatte er selbst keine Lust auf diese »Lagerehe«, was kein Wunder gewesen wäre, denn erstens war ich gute 10 Jahre älter als er und sah damals aus wie ein verhungertes graues Gespenst, oder aber merkte er gleich aus unseren Gesprächen, daß ich nicht die mindeste Lust hatte, eine »Lagerehe« einzugehen. Trotzdem blieben mir auch in dieser Hinsicht einige komische und groteske Erfahrungen nicht erspart.

Absolut ehrliche und treue Helfer im Lager waren mein Gefängniskamerad Warschauer und ein Lkw-Fahrer aus Jugoslawien, Stefan Skribisch, die beide alle schweren Arbeiten für mich verrichteten, ohne den üblichen »Lagerlohn« zu erwarten. Holz fällen und zersägen und einbringen mußten ja die Männer, ich selbst war viel zu schwach dazu ...

Ein Kapitel für sich war das Lazarett. Eine sehr unselbständige, fast unfähige russische Ärztin, eine mittelmäßige Krankenschwester und ein ausgezeichneter Sanitäter (Feldscher) waren die Belegschaft. Der Feldscher, Sepp Horak, machte alles. Es lagen immer einige Schwerkranke dort, die er persönlich liebevoll betreute und behandelte. Zwei andere volksdeutsche Männer halfen ihm als Pfleger. Die russische Schwester begnügte sich damit, Medikamente auszuteilen, dachte aber gar nicht daran, die Kranken zu waschen oder die Betten zu machen ... Im November hatte ich großes Pech ... meine rechte Hand und der Arm bis zum Ellbogen waren (durch starken Dampf) total verbrüht ... in der Lazarettbaracke übergoß Horak Hand und Arm mit sehr viel Lebertran und verband alles locker und sorgfältig mit Mull ... ein Pole behandelte alles nach den »neuesten Methoden«, nahm den Verband ab, legte auf die Hand eine Kompresse mit reinem Alkohol ... meine Hand glich nur einer

Masse aus rohem Fleisch und Eiter ... Ich konnte gerade noch sagen: »Es ist alles schwarz vor den Augen ...« Wie lange meine Ohnmacht gedauert hat, weiß ich nicht, nur hörte ich beim Erwachen einen mehr als scharfen Wortwechsel. Ich lag auf einer Pritsche, neben mir kniete Stefan Skribisch und beschimpfte den polnischen »Arzt« mit allen ihm zur Verfügung stehenden Kraftausdrücken – und sein Repertoire war groß! Der vorgebliche Arzt versuchte sich zu verteidigen ... Arm- und Handbäder in heißer Hypermanganlösung, so ging es doch langsam, aber sicher aufwärts. Horak hatte befürchtet, daß ich die Hand verlieren würde, aber dank der guten Pflege und meiner gesunden Natur konnte ich nach 5 Wochen wieder anfangen sie zu gebrauchen ...

Anfang Jänner 1955 ging wieder ein Transport, diesmal hauptsächliche aus Österreichern und Volksdeutschen bestehend, aber wieder ohne mich. Endlich, Anfang Februar, kam auch ich an die Reihe. Bis dahin hatte ich genug zu tun! Ich betreute Horaks Schützlinge (im Lazarett) ...

In Moskau angekommen, brachte man uns sofort in eine Datscha in Bykowo ... Dort trafen wir eine ganze Reihe von alten Bekannten, die hier noch immer auf den Heimtransport warteten. So auch Warschauer, von dem ich gedacht und gehofft hatte, daß er längst in Deutschland wäre und meine Familie verständigt hätte. Alle diese warteten nun schon über 6 Wochen auf den Heimtransport! ...

Bei einer Rücksprache mit einem der Offiziere bat ich, doch etwas von Moskau sehen zu dürfen, und begründete das mit: »Was werden die Menschen in Deutschland denken, wenn ich 10 Jahre in der UdSSR verbracht habe und nicht einmal den Kreml und den Roten Platz gesehen habe!« Ich wußte, daß dies ein Argument war, das schon öfters Erfolg gehabt hatte. Er schien eine Weile zu überlegen, dann sagte er: »Gut, morgen können Sie eine Autobus-Rundfahrt durch Moskau machen.« Tatsächlich geschah das auch, wobei wir zweimal sogar aussteigen durften. Einmal, um die berühmte Lomonossow-Universität zu sehen, allerdings nur aus weiter (sicherer) Entfernung, das andere Mal, um eine kurze Fahrt mit der »herrlichen« Metro zu machen. Dabei wurden wir natürlich strengstens bewacht, fielen aber überhaupt nicht auf, da die meisten Metrobenützer ebenso dürftig aussahen wie wir in unserer Lagerkluft.

Am 15. Februar (1955) begann die allerletzte Etappe meiner Rückreise. Zu unser aller Erstaunen bekam jeder von uns einen tadellosen Schlafwagenplatz in einem Viererbett-Abteil zugewiesen. Die Bettwäsche war sauber, die Wolldecken weich und warm, es gab Tischlampen und Radio! In letzter Minute sollte die »Kulturpropaganda« uns alles Böse vergessen lassen! Am 16. Februar passierten wir die polnische Grenze und trafen am gleichen Abend in Fürstenwalde ein. Das war das sowjetzonale Auffanglager bei Frankfurt/Oder. Hier wurden wir erst eingekleidet, d.h., wir sollten alles, was an Russenlager erinnerte, abgeben und erhielten dafür Zivilkleider ... Dann erhielten wir jeder eine Fahrkarte dritter Klasse bis zu unserem jeweiligen Zielort. An der Zonengrenze in Helmstedt verließen uns die Russen – manche sogar mit »do swidanja!« (auf Wiedersehen!) –, und einige Minuten später waren wir auf westdeutschem Boden. Alle meine Reisegefährten, es waren etwa 15 oder 16, brachen in lauten Jubel aus, konnten ihr Glück, auf das sie so lange und oft fast verzagend gewartet hatten, kaum fassen.

Ich war natürlich mit kaum halbem Herzen dabei – denn nun lag eine noch strengere Grenze und eine noch größere Entfernung zwischen mir und meinem Mann! Ob und wann er nachkommen würde, war völlig ungewiß ... man hatte mir versichert, daß »alle deutschen Kriegsgefangenen und Diplomaten im Laufe des Jahres 1955 entlassen und heimgeführt« würden ... das war natürlich kein Anlaß für restlose Freude, aber immerhin ein Hoffnungsschimmer, und den hatte ich nötig, um alle Aufregungen, Umstellungen und das »neue Leben in Freiheit«, das nun beginnen sollte, zu bewältigen.

Onkel Gerhard: Meine Frau war also nun zu Hause und frei! ... Am 29. März 1955 erhielt ich zu meiner unbeschreiblichen Freude die Erlaubnis, meiner Frau eine Rote-Kreuz-Karte zu schreiben. Die direkten Nachrichten von meiner Frau und meiner Schwester, die Pakete, in denen sich nun auch jedesmal ein paar Photos befanden, schienen die Entfernung von mehreren tausend Kilometern plötzlich stark zu vermindern. Nach mehr als 10 Jahren völliger Isolierung befand ich mich plötzlich in der Lage, an den Ereignissen des Familienlebens, wenn auch nur am Rande und aus weiter Ferne, teilzunehmen.

Nach Bekanntgabe der Amnestie (September 1955) ... wurden wir nach Swerdlowsk gebracht. Diese Fahrt war die erste erträgliche Reise seit unserer Verschleppung, wir konnten liegen, uns frei bewegen, bekamen gute Verpflegung und fühlten uns von so viel »Luxus« und Freiheit ganz überwältigt. Beim Verlassen von Alexandrowskoje wurden unsere Habseligkeiten kaum kontrolliert. Diesem Umstand habe ich zu verdanken, daß unsere ganze Korrespondenz mit Renata erhalten geblieben ist ... Daß diese Reise uns allen wie ein unbegreiflicher Traum erschien, ist wohl kein Wunder. Nach elf Jahren strengster Kerkerhaft plötzlich fast ganz frei zu sein ist mehr, als man innerhalb weniger Tage verkraften kann.

Ein Transport nach dem anderen verließ Swerdlowsk – aber ich war nie dabei. Im Oktober stand ich bereits startbereit, mit gepackten Bündeln, am Bahnhof und mußte dann wieder zurück ins Lager. Dann wurden plötzlich alle Transporte gestoppt, wie ich später erfuhr, wegen äußerst unangebrachter und undiplomatischer Veröffentlichungen in der deutschen Presse ... Anfang Dezember begannen die Transporte plötzlich wieder anzulaufen. Es wurde mir fest versprochen, daß ich am 14. Dezember abfahren und daher noch vor Weihnachten bei meiner Frau sein würde ... Am 6. Januar, als das Agrément für den deutschen Botschafter im Kreml eingeholt war, setzte sich unser Transport – eigentlich ein Krankentransport – in Bewegung. Es war angeblich der letzte! Auch wir fuhren im Schlafwagen los ...

Am 15. Januar – von irgendwelchen Transporten war schon lange nicht mehr die Rede gewesen – entschloß sich Renata, für zwei Tage nach Nürnberg zu fahren, um dort ihre Cousine und eine alte Freundin zu treffen. Und gerade in der Zeit kam ich zurück! Das war am 16. Januar 1956 um 9 Uhr morgens!

Renata, die im Hotel beim Frühstück saß mit ihrer Cousine, hatte auf die durch das Radio gehörte Mitteilung von einem Heimkehrertransport sofort in Friedland angerufen. Durch das lange vergebliche

Warten entmutigt, sagte sie zu ihrer Cousine: »Ach, er ist doch sicher wieder nicht dabei!« Gleich darauf wurde sie zum Telephon gerufen und meine Schwester rief, kaum ihrer Stimme mächtig, daß ich angekommen wäre …

Am gleichen Nachmittag hatte ich mein erstes Telephongespräch mit ihr, hörte ihre Stimme nach elfeinhalb Jahren!

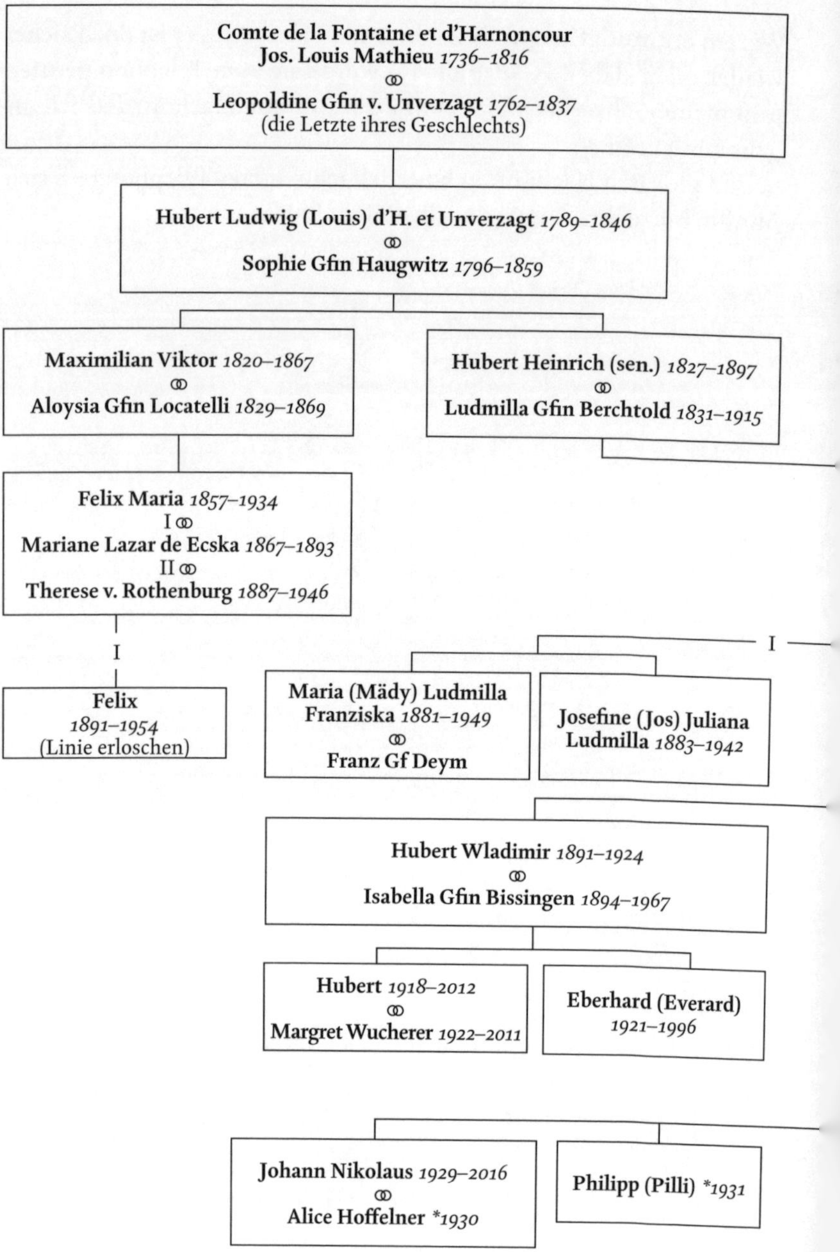
Comte de la Fontaine et d'Harnoncour
Jos. Louis Mathieu *1736–1816*
⚭
Leopoldine Gfin v. Unverzagt *1762–1837*
(die Letzte ihres Geschlechts)
Hubert Ludwig (Louis) d'H. et Unverzagt *1789–1846*
⚭
Sophie Gfin Haugwitz *1796–1859*
Maximilian Viktor *1820–1867*
⚭
Aloysia Gfin Locatelli *1829–1869*
Hubert Heinrich (sen.) *1827–1897*
⚭
Ludmilla Gfin Berchtold *1831–1915*
Felix Maria *1857–1934*
I ⚭
Mariane Lazar de Ecska *1867–1893*
II ⚭
Therese v. Rothenburg *1887–1946*
I
Felix
1891–1954
(Linie erloschen)
I
Maria (Mädy) Ludmilla
Franziska *1881–1949*
⚭
Franz Gf Deym
Josefine (Jos) Juliana
Ludmilla *1883–1942*
Hubert Wladimir *1891–1924*
⚭
Isabella Gfin Bissingen *1894–1967*
Hubert *1918–2012*
⚭
Margret Wucherer *1922–2011*
Eberhard (Everard)
1921–1996
Johann Nikolaus *1929–2016*
⚭
Alice Hoffelner **1930*
Philipp (Pilli) **1931*

Stammbaum der Familie Harnoncourt

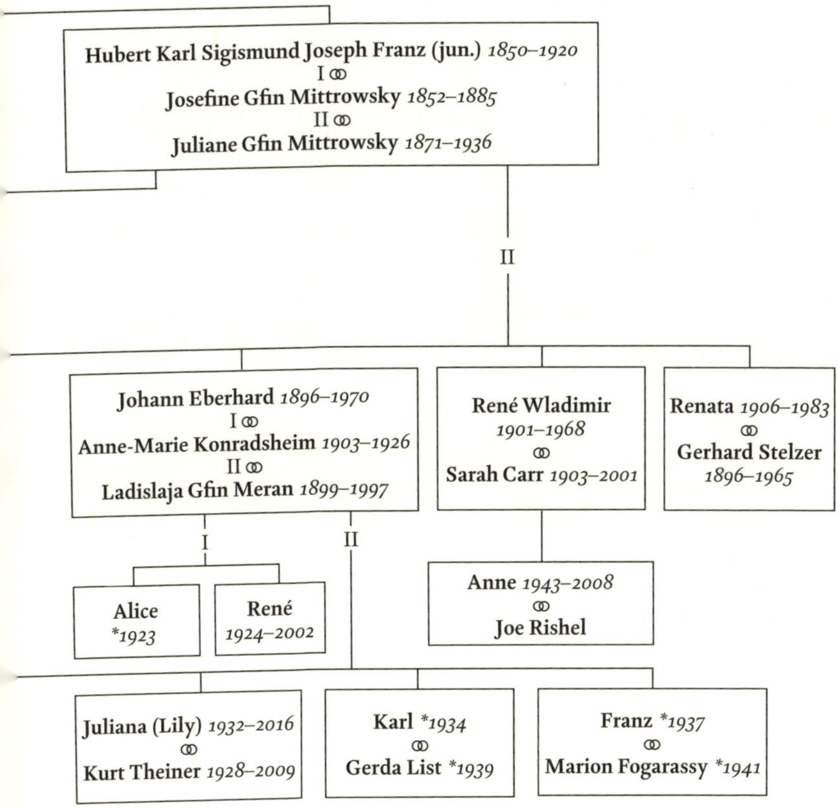

- **Erzherzog Johann von Österreich** *1782–1859* ⚭ **Anna Maria Plochl** *1804–1885*
  - **Franz Ludwig Gf von Meran** *1839–1891* ⚭ **Theresa Gfin Lamberg** *1836–1913*
    - **Anna** *1864–1935* I ⚭ **Alfons Stefenelli** II ⚭ **Johann Radey**
    - **Maria** *1865–1933*
    - **Johann Gf von Meran** *1867–1947* ⚭ **Ladislaja Gfin Lamberg** *1870–1952*
      - **Franz** *1891–1983* ⚭ **Wilhelmine Auersperg**
        - **Maritzi** **1924*
        - **Laja** **1926*
        - **Lotti** **1929*
        - **Fanny** **1933*
        - **Hansi** *1934–1978*
      - **Maria Therese** *1893–1981* ⚭ **Kunata Kottulinsky**
        - **Hans** *1913–1984*
        - **Kunata** *1924–2004*
        - **Rusch** *1917–1959*
        - **Josef** *1919–1945*
        - **Dorli** *1921–2006*
      - **Philipp** *1894–1950* ⚭ **Marianne Eltz**
        - **Anna** *1922–1999*
        - **Christl** *1923–2015*
        - **Fery** *1924–2014*
        - **Phippi** **1926*
        - **Maxi** **1930*
        - **Lori** **1930*
      - **Johann** *1896–1970* ⚭ **Ilona Almásy**
        - **Maria** *1920–1992*
        - **Hansi** *1921–1984*
        - **Helli** **1927*
      - **Marianne** *1897–1983* ⚭ **Friedrich Mayr Melnhof**
        - **Manni** **1919*
        - **Laja** **1920*
        - **Gritti** **1923*
        - **Fritz** **1924*
        - **Thesi** **1926*
        - **Gabrielle** **1928*
        - **Elisabeth** **1930*
        - **Huberta** **1932*
        - **Johanna** **1935*

Stammbaum der Familie Meran

- **Franz** *1868–1949* ⚭ **Marie Liechtenstein**
  - **Ladislaja** *1899–1997* ⚭ **Eberhard Harnoncourt**
    - **Niki (Nikolaus)** *1929–2016*
    - **Pilli** **1931*
    - **Lily** *1932–2016*
    - **Karl** **1934*
    - **Franz** **1937*
  - **Eleonore (Tante Lori)** *1901–1987*
  - **Marie-Valerie** *1902–1990* ⚭ **Johann Anton Goess**
    - **Mariandl** *1922–2010*
    - **Fanny** *1923–1989*
    - **Zeno** *1925–1974*
    - **Ulrich** **1926*
    - **Lori** *1928–2004*
    - **Franzi** **1929*
    - **Ernst** *1932–1999*
    - **Hemma** **1934*
    - **Georg** **1938*
    - **Andreas** *1946–1994*
  - **Franziska** *1905–1905*
  - **Karl** *1907–1969* ⚭ **Hermenegilde**
- **Karoline** *1870–1944* ⚭ **Heinrich Doblhoff**
- **Rudolf** *1872–1959* ⚭ **Johanna Auersperg**
- **Albrecht** *1874–1928*